はじめに

本書《ほんしょ》は，日々《ひび》の仕事《しごと》や学業《がくぎょう》が忙《いそが》しいなど，まと 時間《かん》がとれない方《かた》でも，短《みじか》い時間《じかん》でムリなく ようになっています。

ムリなく

○ポケットサイズなので，

○「一問一答《いちもんいっとう》」形式《けいしき》なので， 間でも勉強《べんきょう》できる！

ムダなく

○「一問一答《いちもんいっとう》」では，「問題《もんだい》を解《と》く➡解説《かいせつ》を読《よ》む」の繰《く》り返《かえ》しで，よく出《で》る知識《ちしき》を効率的《こうりつてき》に身《み》につけることができる！

○「POINT」では，重要《じゅうよう》な知識《ちしき》が図《ず》や表《ひょう》でまとまっているので，知識《ちしき》を整理《せいり》して，さらに深《ふか》めることができる！

○「事例問題《じれいもんだい》」「イラスト問題《もんだい》」では，国家試験《こっかしけん》で求《もと》められる応用力《おうようりょく》や国家試験《こっかしけん》の出題傾向《しゅつだいけいこう》など，対策《たいさく》のコツをつかむことができる！

国家試験《こっかしけん》に合格《ごうかく》するための基本《きほん》は，よく出《で》る知識《ちしき》を覚《おぼ》えることです。本書《ほんしょ》は，勉強《べんきょう》のスタートから試験直前《しけんちょくぜん》まで，よく出《で》る知識《ちしき》を勉強《べんきょう》するのに役立《やくだ》ちます。

本書《ほんしょ》を有効《ゆうこう》に活用《かつよう》し，読者《どくしゃ》のみなさんが国家試験《こっかしけん》に無事合格《ぶじごうかく》され，介護福祉士《かいごふくしし》として福祉《ふくし》の現場《げんば》で活躍《かつやく》されることを心《こころ》より願《ねが》っています。

2024年《ねん》5月《がつ》

中央法規介護福祉士受験対策研究会《ちゅうおうほうきかいごふくしししじゅけんたいさくけんきゅうかい》

本書《ほんしょ》の使《つか》い方《かた》

1

国家《こっか》試験《しけん》でよく出《で》る問《もん》題《だい》をピックアップ！

サクサク解《と》いて勉強《べんきょう》を進《すす》めよう。

2

チェックボックスに解《と》けたかどうかをチェック！

繰《く》り返《かえ》し解《と》いて知識《ちしき》を定着《ていちゃく》させよう。

問題《もんだい》

1 2	001	失語《しつご》は，ICIDH※1（国際障害分類《こくさいしょうがいぶんるい》）における能力障害《のうりょくしょうがい》である。
1 2	002	ICF※2（国際生活機能分類《こくさいせいかつきのうぶんるい》）は，医学《いがく》モデルから社会《しゃかい》モデルへの転換《てんかん》として位置《いち》づけられた。
1 2	003	ICF※2（国際生活機能分類《こくさいせいかつきのうぶんるい》）の社会《しゃかい》モデルでは，障害《しょうがい》は環境《かんきょう》によって生《しょう》じるものである。
1 2	004	バンク - ミケルセン（Bank-Mikkelsen, N.）は，ノーマライゼーション（normalization）の理念《りねん》を最初《さいしょ》に理論化《りろんか》した人物《じんぶつ》である。
1 2	005	ニィリエ（Nirje, B.）は，ノーマライゼーション（normalization）の理念《りねん》を 8 つの原理《げんり》にまとめた人《じん》物《ぶつ》である。
1 2	006	1981 年《ねん》（昭和《しょうわ》 56 年《ねん》）の国際障害者年《こくさいしょうがいしゃねん》は，ノーマライゼーション（normalization）の理念《りねん》を社会《しゃかい》に広《ひろ》める契機《けいき》となった。
1 2	007	世界保健機関《せかいほけんきかん》（WHO）によるリハビリテーションの定義《ていぎ》で，「利《き》き手《て》の交換《こうかん》」が該当《がいとう》するものは，職業的《しょくぎょうてき》リハビリテーションである。

※1 International Classification of Impairments, Disabilities and Handicaps

※2 International Classification of Functioning, Disability and Health

186

事例問題《じれいもんだい》・イラスト問題《もんだい》

応用力《おうようりょく》を問《と》われるもの，一問一答形式《いちもんいっとうけいしき》では対応《たいおう》できないものの対策《たいさく》ができます。

POINTで確実《かくじつ》に覚《おぼ》えよう！

各科目《かくかもく》の最後《さいご》に，その科目《かもく》で覚《おぼ》えてほしい内容《ないよう》をまとめました。

POINT 障害《しょうがい》の理解《りかい》

■ICIDH（国際障害分類《こくさいしょうがいぶんるい》）

機能障害《きのうしょうがい》 → 能力障害《のうりょくしょうがい》 → 社会的不利《しゃかいてきふり》

障害分類《しょうがいぶんるい》		
	機能障害《きのうしょうがい》	●心理的《しんりてき》，生理的《せいりてき》または解剖学的《かいぼうがくてき》な構造《こうぞう》・機能《きのう》の何《なん》らかの障害《しょうがい》
	能力障害《のうりょくしょうがい》	●機能障害《きのうしょうがい》に起因《きいん》して，活動《かつどう》していく能力《のうりょく》が何《なん》らかの制限《せいげん》をされること
	社会的不利《しゃかいてきふり》	●機能障害《きのうしょうがい》や能力障害《のうりょくしょうがい》の結果《けっか》，社会的《しゃかいてき》な役割《やくわり》を果《は》たすことが制限《せいげん》されること

解答《かいとう》・

× 001 失語《しつご》は，ICIDH（国際障害《こくさいしょうがい》分
る（p. 204 参照《さんしょう》）。

× 002 ICFは，医学《いがく》モデルと社会《しゃかい》モ
位置《いち》づけられた（p. 204 参照《さんしょう》

○ 003 ICFの社会《しゃかい》モデルでは，環境
が生《しょう》じるとしている（p. 204

○ 004 バンク－ミケルセンは，デンマークで，ノーマライゼーションの理念《りねん》（p. 10 参照《さんしょう》）を最初《さいしょ》に法律《ほうりつ》（1959年法《ねんほう》）に盛《も》り込《こ》み，ノーマライゼーションの父《ちち》と呼《よ》ばれた。

○ 005 バンク－ミケルセンの影響《えいきょう》を受《う》けたスウェーデンのニィリエは，ノーマライゼーションの理念《りねん》を8つの原理《げんり》にまとめ，通常《つうじょう》の暮《く》らしにできるだけ近《ちか》い生活《せいかつ》を実現《じつげん》しようとした。

○ 006 1981年《ねん》（昭和《しょうわ》56年《ねん》）の国際障害者年《こくさいしょうがいしゃねん》において，「完全《かんぜん》参加《さんか》と平等《びょうどう》」というテーマのもと，ノーマライゼーションの理念《りねん》が広《ひろ》く社会《しゃかい》に知《し》られるようになった。

× 007 世界保健機関《せかいほけんきかん》（WHO）によるリハビリテーションの定《てい》義《ぎ》で，「利《き》き手《て》の交換《こうかん》」が該当《がいとう》するものは，医学的《いがくてき》リハビリテーションである（p. 256 参照《さんしょう》）。

障《しょう》害《がい》の理《り》解《かい》

187

POINTへの参照《さんしょう》を示《しめ》しています。

キーワードやポイントを赤字《あかじ》にしています。

3
解説《かいせつ》を読《よ》んで○×ポイントをおさえよう。

赤《あか》シート

「赤《あか》シート」を活用《かつよう》し，○×を隠《かく》したり，キーワードを覚《おぼ》えたりしながら繰《く》り返《かえ》し学習《がくしゅう》できます。

目《もく》次《じ》

人間《にんげん》の尊厳《そんげん》と自立《じりつ》

問題《もんだい》

1 2 **001**

マルサス（Malthus, T.）は，『人口論《じんこうろん》』の中《なか》で貧困《ひんこん》原因《げんいん》を個人《こじん》の人格《じんかく》の問題《もんだい》とした。

1 2 **002**

ダーウィン（Darwin, C.）は，人間《にんげん》の無意識《むいしき》の研究《けんきゅう》を行《おこな》って，『精神分析学入門《せいしんぶんせきがくにゅうもん》』をまとめた。

1 2 **003**

フロイト（Freud, S.）がまとめた『種《しゅ》の起源《きげん》』の考《かんが》え方《かた》は，後《のち》の「優生思想《ゆうせいしそう》」につながった。

1 2 **004**

リッチモンド（Richmond, M.）は，『ソーシャル・ケース・ワークとは何《なに》か』をまとめ，現在《げんざい》の社会福祉《しゃかいふくし》，介《かい》護福祉《ごふくし》に影響《えいきょう》を及《およ》ぼした。

1 2 **005**

ナイチンゲール（Nightingale, F.）は，『看護覚《かんごおぼ》え書《がき》』の中《なか》で「療養上《りょうようじょう》の世話《せわ》」を看護《かんご》の役割《やくわり》として示《しめ》した。

1 2 **006**

『夜《よる》と霧《きり》』や『死《し》と愛《あい》』の著作《ちょさく》があるフランクル（Frankl, V.）が提唱《ていしょう》した価値《かち》の説明《せつめい》として，生命《せいめい》が制限《せいげん》される状況《じょうきょう》において，いかなる態度《たいど》をとるかということが挙《あ》げられる。

1 2 **007**

糸賀一雄《いとがかずお》の「この子《こ》らを世《よ》の光《ひかり》に」という思想《しそう》は，人《にん》間《げん》の発達《はったつ》を保障《ほしょう》するというものである。

解答《かいとう》・解説《かいせつ》

○ **001** 経済学者《けいざいがくしゃ》であるマルサスは，『人口論《じんこうろん》』の中《なか》で貧困原因《ひんこんげんいん》を個人《こじん》の人格《じんかく》の問題《もんだい》ととらえ，貧困者《ひんこんしゃ》への救済《きゅうさい》は道徳的《どうとくてき》な助言《じょげん》が最善《さいぜん》であるとした。

× **002** フロイト（Freud, S.）は，人間《にんげん》の無意識《むいしき》の研究《けんきゅう》を行《おこな》って，『精神分析学入門《せいしんぶんせきがくにゅうもん》』をまとめた。

× **003** ダーウィン（Darwin, C.）がまとめた『種《しゅ》の起源《きげん》』の考《かんが》え方《かた》は，後《のち》の「優生思想《ゆうせいしそう》」につながった。

○ **004** リッチモンドは，1899 年《ねん》に『貧《まず》しい人々《ひとびと》への友愛訪問《ゆうあいほうもん》』を，1917 年《ねん》に『社会診断《しゃかいしんだん》』を，1922 年《ねん》に『ソーシャル・ケース・ワークとは何《なに》か』をまとめ，現在《げんざい》の社会福祉《しゃかいふくし》，介護福祉《かいごふくし》に影響《えいきょう》を及《およ》ぼした。

○ **005** ナイチンゲールは，『看護覚《かんごおぼ》え書《がき》』の中《なか》で「診療《しんりょう》の補助《ほじょ》」とともに「療養上《りょうようじょう》の世話《せわ》」を看護《かんご》の役割《やくわり》として示《しめ》した。

○ **006** オーストリアの精神科医《せいしんかい》であるフランクルは，人間《にんげん》が実現《じつげん》できる価値《かち》を，創造価値《そうぞうかち》，体験価値《たいけんかち》，態度価値《たいどかち》の 3 つに分類《ぶんるい》し，生命《せいめい》が制限《せいげん》される状況《じょうきょう》において，いかなる態度《たいど》をとるべきかについて，その価値《かち》を説《と》いた。

○ **007** 糸賀一雄《いとがかずお》の著書《ちょしょ》である『この子《こ》らを世《よ》の光《ひかり》に』の中《なか》では，すべての人間《にんげん》の発達《はったつ》を保障《ほしょう》するという考《かんが》え方《かた》が示《しめ》されている。

008 神谷美恵子《かみやみえこ》は，『ケアの本質《ほんしつ》――生《い》きることの意味《いみ》』の中《なか》で，「一人《ひとり》の人格《じんかく》をケアするとは，最《もっと》も深《ふか》い意味《いみ》で，その人《ひと》が成長《せいちょう》すること，実現《じつげん》することをたすけることである」と述《の》べた。

---

009 「すべて国民《こくみん》は，健康《けんこう》で文化的《ぶんかてき》な最低限度《さいていげんど》の生活《せいかつ》を営《いとな》む権利《けんり》を有《ゆう》する」と，日本国憲法第《にほんこくけんぽうだい》25条《じょう》において定《さだ》められているのは，幸福追求権《こうふくついきゅうけん》である。

---

010 障害児《しょうがいじ》・者《しゃ》に対《たい》して，ノーマライゼーション（normalization）の理念《りねん》を実現《じつげん》するための方策《ほうさく》として，普通《ふつう》の生活環境《せいかつかんきょう》に近《ちか》づけることが挙《あ》げられる。

---

011 利用者《りようしゃ》の生活《せいかつ》の質《しつ》（QOL）を高《たか》めるための介護実践《かいごじっせん》は，家族《かぞく》のニーズに応《おう》じて行《おこな》う。

---

012 「価値《かち》のある社会的役割《しゃかいてきやくわり》の獲得《かくとく》」を目指《めざ》すソーシャルロール・バロリゼーション（Social Role Valorization）を提唱《ていしょう》した人物《じんぶつ》は，バンク‐ミケルセン（Bank-Mikkelsen, N.）である。

---

013 介護《かいご》における自立《じりつ》に向《む》けた支援《しえん》で大切《たいせつ》なことは，他者《たしゃ》の支援《しえん》を受《う》けていても社会参加《しゃかいさんか》できるように支援《しえん》することである。

---

014 1960年代後半《ねんだいこうはん》からアメリカで展開《てんかい》した障害者《しょうがいしゃ》の自立《じりつ》生活運動《せいかつうんどう》は，介助《かいじょ》なしで生活《せいかつ》することを目標《もくひょう》としている。

× **008** 神谷美恵子《かみやみえこ》は，ハンセン病患者《びょうかんじゃ》の行動《こうどう》と心《こころ》の関連《かんれん》を分析《ぶんせき》して，独自《どくじ》の「生《い》きがい論《ろん》」を確立《かくりつ》した。『ケアの本質《ほんしつ》――生《い》きることの意味《いみ》』の著者《ちょしゃ》はメイヤロフ（Mayeroff, M.）である。

× **009** 「すべて国民《こくみん》は，健康《けんこう》で文化的《ぶんかてき》な最低限度《さいていげんど》の生活《せいかつ》を営《いとな》む権利《けんり》を有《ゆう》する」と，日本国憲法第《にほんこくけんぽうだい》25条《じょう》において定《さだ》められているのは，生存権《せいぞんけん》である。

○ **010** 障害児《しょうがいじ》・者《しゃ》に対《たい》して，ノーマライゼーションの理念《りねん》を実現《じつげん》するための方策《ほうさく》として，普通《ふつう》の生活《せいかつ》ができるように支援《しえん》していくことが必要《ひつよう》である（p. 10 参照《さんしょう》）。

× **011** 利用者《りようしゃ》の生活《せいかつ》の質《しつ》（QOL）を高《たか》めるための介護実践《かいごじっせん》は，利用者《りようしゃ》のニーズに応《おう》じて行《おこな》う（p.10 参照《さんしょう》）。

× **012** 「価値《かち》のある社会的役割《しゃかいてきやくわり》の獲得《かくとく》」を目指《めざ》すソーシャルロール・バロリゼーションを提唱《ていしょう》した人物《じんぶつ》は，ヴォルフェンスベルガー（Wolfensberger, W.）である。

○ **013** 自立支援《じりつしえん》では，他者《たしゃ》の支援《しえん》を受《う》けていても，その人《ひと》の状《じょう》況《きょう》に応《おう》じて，できる限《かぎ》り社会参加《しゃかいさんか》することができるように支援《しえん》することが大切《たいせつ》である（p. 10 参照《さんしょう》）。

× **014** 自立生活運動《じりつせいかつうんどう》は，重度《じゅうど》の障害者《しょうがいしゃ》であっても，必要《ひつよう》な援助《えんじょ》を受《う》けながら，障害者自身《しょうがいしゃじしん》の自己決定《じこけってい》・自己選択《じこせんたく》に基《もと》づく自立的《じりつてき》な生活《せいかつ》を送《おく》ることを目標《もくひょう》としている（p. 10 参《さん》照《しょう》）。

015 社会福祉法第《しゃかいふくしほうだい》3条《じょう》では，福祉《ふくし》サービスについて，身体《しんたい》機能《きのう》の低下《ていか》に応《おう》じ自立《じりつ》した日常生活《にちじょうせいかつ》を営《いとな》むことができるように支援《しえん》するものと明記《めいき》している。

016 障害者総合支援法《しょうがいしゃそうごうしえんほう》※1では，すべての国民《こくみん》は，障害者《しょうがいしゃ》等《とう》が自立《じりつ》した生活《せいかつ》を営《いとな》めるような地域社会《ちいきしゃかい》の実現《じつげん》に協《きょう》力《りょく》するよう努《つと》めなければならないと規定《きてい》している。

017 老人福祉法第《ろうじんふくしほうだい》1条《じょう》の「目的《もくてき》」では，すべての高齢者《こうれいしゃ》が，尊厳《そんげん》を保持《ほじ》し，その有《ゆう》する能力《のうりょく》に応《おう》じ自立《じりつ》した日常生《にちじょうせい》活《かつ》を営《いとな》むことができるようにすることであると明記《めいき》している。

018 梅毒《ばいどく》（syphilis）の患者《かんじゃ》を強制的《きょうせいてき》に国立《こくりつ》の療養所《りょうようじょ》に入《にゅう》所《しょ》させる根拠《こんきょ》となったらい予防法《よぼうほう》は，1996年《ねん》（平成《へいせい》8年《ねん》）に廃止《はいし》された。

019 障害者差別解消法《しょうがいしゃさべつかいしょうほう》※2では，障害者《しょうがいしゃ》を身体障害《しんたいしょうがい》，知的《ちてき》障害及《しょうがいおよ》び精神障害《せいしんしょうがい》のある者《もの》に限定《げんてい》している。

020 利用者《りようしゃ》の意思《いし》を代弁《だいべん》することを表《あらわ》す用語《ようご》は，エンパワメント（empowerment）である。

※1　障害者《しょうがいしゃ》の日常生活及《にちじょうせいかつおよ》び社会生活《しゃかいせいかつ》を総合的《そうごうてき》に支援《しえん》するための法律《ほうりつ》
※2　障害《しょうがい》を理由《りゆう》とする差別《さべつ》の解消《かいしょう》の推進《すいしん》に関《かん》する法律《ほうりつ》

× **015** 社会福祉法《しゃかいふくしほう》第《だい》3条《じょう》では，福祉《ふくし》サービスについて，有《ゆう》する能力《のうりょく》に応《おう》じ自立《じりつ》した日常生活《にちじょうせいかつ》を営《いとな》むことができるように支援《しえん》するものと明記《めいき》している。

○ **016** 障害者総合支援法《しょうがいしゃそうごうしえんほう》第《だい》3条《じょう》では，「すべての国民《こくみん》は，その障害《しょうがい》の有無《うむ》にかかわらず，障害者等《しょうがいしゃとう》が自立《じりつ》した日常生活《にちじょうせいかつ》又《また》は社会生活《しゃかいせいかつ》を営《いとな》めるような地域社会《ちいきしゃかい》の実現《じつげん》に協力《きょうりょく》するよう努《つと》めなければならない」と規定《きてい》している。

× **017** 老人福祉法《ろうじんふくしほう》第《だい》1条《じょう》の「目的《もくてき》」では，「老人《ろうじん》の福祉《ふくし》に関《かん》する原理《げんり》を明《あき》らかにするとともに，老人《ろうじん》に対《たい》し，その心身《しんしん》の健康《けんこう》の保持《ほじ》及《およ》び生活《せいかつ》の安定《あんてい》のために必要《ひつよう》な措置《そち》を講《こう》じ，もって老人《ろうじん》の福祉《ふくし》を図《はか》ることを目的《もくてき》とする」と規定《きてい》している。

× **018** ハンセン病《びょう》（Hansen’s disease）の患者《かんじゃ》を強制的《きょうせいてき》に国立《こくりつ》の療養所《りょうようじょ》に入所《にゅうしょ》させる根拠《こんきょ》となったらい予防法《よぼうほう》は，1996年《ねん》（平成《へいせい》8年《ねん》）に廃止《はいし》された。

× **019** 障害者差別解消法《しょうがいしゃさべつかいしょうほう》では，障害者《しょうがいしゃ》を「身体障害《しんたいしょうがい》，知的障害《ちてきしょうがい》，精神障害《せいしんしょうがい》（発達障害《はったつしょうがい》を含《ふく》む。）その他《た》の心身《しんしん》の機能《きのう》の障害《しょうがい》がある者《もの》であって，障害及《しょうがいおよ》び社会的障壁《しゃかいてきしょうへき》により継続的《けいぞくてき》に日常生活又《にちじょうせいかつまた》は社会生活《しゃかいせいかつ》に相当《そうとう》な制限《せいげん》を受《う》ける状態《じょうたい》にあるもの」と規定《きてい》している。

× **020** 利用者《りようしゃ》の意思《いし》を代弁《だいべん》することを表《あらわ》す用語《ようご》は，アドボカシー（advocacy）である（p. 10参照《さんしょう》）。

事例問題《じれいもんだい》

1 2

問題《もんだい》

Aさん（65歳《さい》，男性《だんせい》）は，昨年《さくねん》，アルツハイマー型認知症《がたにんちしょう》（dementia of the Alzheimer's type）と診断《しんだん》された。妻《つま》はすでに亡《な》くなり，娘《むすめ》のBさん（35歳《さい》）は遠方《えんぽう》に嫁《とつ》いでいる。Aさんは，現在《げんざい》，認知症対《にんちしょうたい》応型共同生活介護《おうがたきょうどうせいかつかいご》（認知症高齢者《にんちしょうこうれいしゃ》グループホーム）で生活《せいかつ》している。Aさんは介護福祉職《かいごふくししょく》に対《たい》して，「Bは頭《あたま》もいいし，かわいいし，きっと妻《つま》に似《に》たんだな」とよく話《はな》していた。

Bさんが面会《めんかい》に来《き》たとき，「誰《だれ》だい。ご親切《しんせつ》にありがとうございます」というAさんの声《こえ》と，「私《わたし》はあなたの娘《むすめ》のBよ，忘《わす》れちゃったの」「お父《とう》さん，しっかりしてよ」と怒鳴《どな》るBさんの声《こえ》が部屋《へや》から聞《き》こえた。

介護福祉職《かいごふくししょく》がAさんへのアドボカシー（advocacy）の視点《してん》からBさんに行《おこな》う対応《たいおう》として，**最《もっと》も適切《てきせつ》なもの**を1つ選《えら》びなさい。

1　Aさんへの行動《こうどう》は間違《まちが》っていると話《はな》す。
2　Bさんに対《たい》するAさんの思《おも》いを話《はな》す。
3　Aさんの成年後見制度《せいねんこうけんせいど》の利用《りよう》を勧《すす》める。
4　Aさんとはしばらく面会《めんかい》しないように話《はな》す。
5　Bさんの思《おも》いをAさんに伝《つた》えると話《はな》す。

解《かい》答《とう》・解《かい》説《せつ》

解説《かいせつ》

020で学習《がくしゅう》した，アドボカシーをテーマとした事例《じれい》問題《もんだい》である。アドボカシーとは，「利用者《りようしゃ》の意思《いし》を代弁《だいべん》すること」を表《あらわ》す用語《ようご》であるため，Aさんの意思《いし》を代弁《だいべん》した対応《たいおう》が正答《せいとう》となる。

選択肢《せんたくし》をみていくと，Aさんの意思《いし》を代弁《だいべん》した対応《たいおう》は，「Bさんに対《たい》するAさんの思《おも》いを話《はな》す」であるため，選《せん》択肢《たくし》2が正答《せいとう》となる。

× 1 Aさんの意思《いし》を代弁《だいべん》した対応《たいおう》でない。
○ 2 Aさんの意思《いし》を代弁《だいべん》した対応《たいおう》である。
× 3 Aさんの意思《いし》を代弁《だいべん》した対応《たいおう》でない。
× 4 Aさんの意思《いし》を代弁《だいべん》した対応《たいおう》でない。
× 5 Aさんの意思《いし》を代弁《だいべん》した対応《たいおう》でない。

事例問題《じれいもんだい》を解《と》くためには，基礎《きそ》知識《ちしき》をしっかり学習《がくしゅう》しておくことが重要《じゅうよう》だよ！

POINT 人間《にんげん》の尊厳《そんげん》と自立《じりつ》

■「人間《にんげん》の尊厳《そんげん》と自立《じりつ》」で問《と》われる基本的《きほんてき》な用語《ようご》の整理《せいり》

ノーマライゼーション	高齢者《こうれいしゃ》や障害者《しょうがいしゃ》が，1人《ひとり》の市民《しみん》として普通《ふつう》の生活《せいかつ》ができるように，社会《しゃかい》のしくみを変《か》えていくことである。
QOL	「生活《せいかつ》の質《しつ》」と訳《やく》される。QOLの向上《こうじょう》のためには，利用者《りようしゃ》のニーズに沿《そ》いながら，提供《ていきょう》するサービスの調整《ちょうせい》を図《はか》ることが大切《たいせつ》である。また，身体的側《しんたいてきそく》面《めん》だけでなく，心理的《しんりてき》・社会的側面《しゃかいてきそくめん》も含《ふく》む支援《しえん》を行《おこな》うことが大切《たいせつ》である。
自立《じりつ》	他者《たしゃ》の支援《しえん》を受《う》けながらも，自分《じぶん》の有《ゆう》する能力《のうりょく》に応《おう》じて自立《じりつ》した生活《せいかつ》を送《おく》ることである。自立支援《じりつしえん》とは，単《たん》に身体的《しんたいてき》な自立《じりつ》だけでなく，精神的《せいしんてき》な自《じ》立《りつ》を支援《しえん》することも重要《じゅうよう》である。そのためには，自己決定《じこけってい》・自己選択《じこせんたく》ができるように支援《しえん》することが重要《じゅうよう》である。
自己決定《じこけってい》	利用者《りようしゃ》が自《みずか》らの意思《いし》で自《みずか》らの方向《ほうこう》を決定《けってい》することである。介護福祉職《かいごふくししょく》は，利用者《りようしゃ》が自己決定《じこけってい》できるように働《はたら》きかけることが求《もと》められる。自己決定《じこけってい》が困難《こんなん》な利用者《りようしゃ》の場合《ばあい》でも，介護福祉職《かいごふくししょく》の判断《はんだん》で決《けっ》定《てい》するのではなく，利用者《りようしゃ》の最善《さいぜん》の利益《りえき》のために，利用者《りようしゃ》の意思《いし》を推定《すいてい》することなどが求《もと》められる。
アドボカシー	利用者《りようしゃ》の側《がわ》に立《た》ち，利用者《りようしゃ》の権利《けんり》などを擁護《ようご》するために，利用者《りようしゃ》の意思《いし》を代弁《だいべん》することである。

人間関係《にんげんかんけい》と
コミュニケーション

問題《もんだい》

1 2 **001** 自己覚知《じこかくち》とは，自己《じこ》の行動《こうどう》を主観的《しゅかんてき》に分析《ぶんせき》することである。

1 2 **002** 自己開示《じこかいじ》は，良好《りょうこう》な人間関係《にんげんかんけい》や信頼関係《しんらいかんけい》を形成《けいせい》するために行《おこな》う。

1 2 **003** 自己開示《じこかいじ》は，ジョハリの窓《まど》（Johari Window）の「開放《かいほう》された部分《ぶぶん》」（open area）を狭《せま》くするために行《おこな》う。

1 2 **004** ラポール形成《けいせい》の初期段階《しょきだんかい》では，利用者《りようしゃ》の家庭環境《かていかんきょう》を詳《くわ》しく聞《き》く。

1 2 **005** 同調行動《どうちょうこうどう》とは，自分《じぶん》が所属《しょぞく》している集団《しゅうだん》に好意的《こういてき》な態《たい》度《ど》をとることである。

1 2 **006** 対人援助関係《たいじんえんじょかんけい》におけるコミュニケーションとは，一方《いっぽう》的《てき》な意思表示《いしひょうじ》ではない。

1 2 **007** バイステック（Biestek, F.）の７原則《げんそく》における「意《い》図的《とてき》な感情表出《かんじょうひょうしゅつ》」とは，介護福祉職《かいごふくししょく》の感情表出《かんじょうひょうしゅつ》を大切《たいせつ》にすることである。

1 2 **008** バイステック（Biestek, F.）の７原則《げんそく》における「非《ひ》審判的態度《しんぱんてきたいど》」とは，介護福祉職《かいごふくししょく》の価値観《かちかん》で評価《ひょうか》せずに利用者《りようしゃ》に関《かか》わることである。

解答《かいとう》・解説《かいせつ》

× 001 自己覚知《じこかくち》とは，自己《じこ》の行動《こうどう》，価値観《かちかん》，偏見《へんけん》，先入観《せんにゅうかん》，性《せい》格《かく》などを客観的《きゃっかんてき》に分析《ぶんせき》することである。

○ 002 自己開示《じこかいじ》は，良好《りょうこう》な人間関係《にんげんかんけい》や信頼関係《しんらいかんけい》を形成《けいせい》するために，自分自身《じぶんじしん》のことについて相手《あいて》に話《はな》すことである。

× 003 自己開示《じこかいじ》は，ジョハリの窓《まど》（p. 24 参照《さんしょう》）の「開放《かいほう》された部分《ぶぶん》」を広《ひろ》くするために行《おこな》う。「開放《かいほう》された部分《ぶぶん》」を徐々《じょじょ》に広《ひろ》げながら，信頼関係《しんらいかんけい》を築《きず》いていく。

× 004 ラポール（信頼関係《しんらいかんけい》）形成《けいせい》の初期段階《しょきだんかい》では，利用者《りようしゃ》が安《あん》心《しん》できるように，共感《きょうかん》し受容《じゅよう》することが大切《たいせつ》である。詳《くわ》しい話《はなし》は，ラポール形成《けいせい》の後《あと》で行《おこな》うのが適切《てきせつ》である。

× 005 同調行動《どうちょうこうどう》とは，集団《しゅうだん》の中《なか》で自分《じぶん》の考《かんが》えや行動《こうどう》が他《ほか》の（特《とく》に多数派《たすうは》の）メンバーと異《こと》なるとき，自分《じぶん》の意見《いけん》や行動《こうどう》を他《ほか》のメンバーと合致《がっち》するように変化《へんか》させることである（p. 24 参照《さんしょう》）。

○ 006 対人援助関係《たいじんえんじょかんけい》におけるコミュニケーションとは，一方的《いっぽうてき》な意思表示《いしひょうじ》ではなく，双方向《そうほうこう》のやり取《と》りである。

× 007 バイステックの 7 原則《げんそく》における「意図的《いとてき》な感情表出《かんじょうひょうしゅつ》」とは，利用者《りようしゃ》が自由《じゆう》に感情表現《かんじょうひょうげん》できるよう意図的《いとてき》に関《かか》わることである（p. 25 参照《さんしょう》）。

○ 008 バイステックの 7 原則《げんそく》における「非審判的態度《ひしんぱんてきたいど》」とは，介護福祉職《かいごふくししょく》の価値観《かちかん》で一方的《いっぽうてき》に非難《ひなん》したり，決《き》めつけたりせずに利用者《りようしゃ》に関《かか》わることである（p. 25 参照《さんしょう》）。

009 トラブルの原因《げんいん》に働《はたら》きかけて解決《かいけつ》しようとすることは，ストレス対処行動《たいしょこうどう》の１つである問題焦点型《もんだいしょうてんがた》コーピングに当《あ》てはまる行動《こうどう》である。

010 メッセージの伝達経路《でんたつけいろ》には，言語的《げんごてき》チャンネルと非言《ひげん》語的《ごてき》チャンネルがあり，非言語的《ひげんごてき》チャンネルがより多《おお》くを占《し》めるといわれる。

011 非言語的《ひげんごてき》チャンネルの中《なか》で，言葉《ことば》の周辺部分《しゅうへんぶぶん》に当《あ》たる口調《くちょう》などのことを準言語《じゅんげんご》という。

012 利用者《りようしゃ》が話《はな》しているときは，目《め》を閉《と》じて話《はなし》を聴《き》くようにする。

013 高齢者《こうれいしゃ》とのコミュニケーションでは，初対面《しょたいめん》のときから利用者《りようしゃ》と密着《みっちゃく》した距離《きょり》で話《はな》すと，利用者《りようしゃ》は話《はな》しやすい。

014 利用者《りようしゃ》との関係性《かんけいせい》をつくる座《すわ》り方《かた》として，対面法《たいめんほう》より直角法《ちょっかくほう》のほうが有効《ゆうこう》である。

015 介護福祉職《かいごふくししょく》が腕《うで》や足《あし》を組《く》んだ姿勢《しせい》をとると，利用者《りようしゃ》はより話《はな》しやすくなる。

○ **009** 問題焦点型《もんだいしょうてんがた》コーピングは，ストレスの原因《げんいん》へ働《はたら》きかけてストレスに対処《たいしょ》しようとする方法《ほうほう》である。情動焦点型《じょうどうしょうてんがた》コーピングは，ストレス反応《はんのう》へ働《はたら》きかけてストレスに対《たい》処《しょ》しようとする方法《ほうほう》である。

○ **010** メッセージの伝達経路《でんたつけいろ》には，話《はな》し言葉《ことば》や書《か》き言葉《ことば》などの言語的《げんごてき》チャンネルと，ジェスチャーや表情《ひょうじょう》，身体接触《しんたいせっしょく》などの非言語的《ひげんごてき》チャンネルがある。言語的《げんごてき》チャンネルが全《ぜん》体《たい》の 2 ～ 3 割《わり》であるのに対《たい》し，非言語的《ひげんごてき》チャンネルは 7 ～ 8 割《わり》を占《し》めている。

○ **011** 非言語的《ひげんごてき》チャンネルの中《なか》で，言葉《ことば》の周辺部分《しゅうへんぶぶん》に当《あ》たる口《く》調《ちょう》，声《こえ》の大《おお》きさ・高《たか》さ，抑揚《よくよう》，話《はな》す速《はや》さなどのことを準《じゅん》言語《げんご》（周辺言語《しゅうへんげんご》）という。

× **012** 目《め》を閉《と》じて話《はなし》を聴《き》くと相手《あいて》の様子《ようす》を観察《かんさつ》することができない。言語《げんご》のみならず，視線《しせん》や表情《ひょうじょう》，身体《しんたい》の動《うご》き等《とう》の非《ひ》言語的《げんごてき》メッセージにも気《き》を配《くば》りながら話《はなし》を聴《き》くことが求《もと》められる。

× **013** 関係性《かんけいせい》ができていない初対面《しょたいめん》のときから利用者《りようしゃ》と密着《みっちゃく》した距離《きょり》で話《はな》すと，利用者《りようしゃ》は緊張《きんちょう》したり不快《ふかい》な思《おも》いをしたりして話《はな》しにくくなることがある。

○ **014** 対面法《たいめんほう》は，緊張《きんちょう》を伴《ともな》う形式的《けいしきてき》な面接相談《めんせつそうだん》に向《む》く。利用者《りようしゃ》との関係性《かんけいせい》をつくるには，リラックスできる直角法《ちょっかくほう》が有《ゆう》効《こう》である（p. 25 参照《さんしょう》）。

× **015** 介護福祉職《かいごふくししょく》が腕《うで》や足《あし》を組《く》んだ姿勢《しせい》をとると，利用者《りようしゃ》に威《い》圧感《あつかん》や嫌悪感《けんおかん》を与《あた》えるため，利用者《りようしゃ》は話《はな》しにくくなる。

1 2 **016**

介護福祉職《かいごふくししょく》が利用者《りようしゃ》とコミュニケーションを図《はか》るときは，緊張感《きんちょうかん》が伝《つた》わるように，背《せ》すじを伸《の》ばして接《せっ》する。

1 2 **017**

介護福祉職《かいごふくししょく》が利用者《りようしゃ》とコミュニケーションを図《はか》るときは，上半身《じょうはんしん》を少《すこ》し利用者《りようしゃ》のほうへ傾《かたむ》けた姿勢《しせい》で話《はなし》を聞《き》く。

1 2 **018**

介護福祉職《かいごふくししょく》が利用者《りようしゃ》とコミュニケーションを図《はか》るときは，利用者《りようしゃ》の目《め》を見《み》つめ続《つづ》ける。

1 2 **019**

コミュニケーション技術《ぎじゅつ》における受容《じゅよう》とは，価値観《かちかん》を尊重《そんちょう》することである。

1 2 **020**

共感的態度《きょうかんてきたいど》とは，利用者《りようしゃ》の感情《かんじょう》をその人《ひと》の立場《たちば》になって理解《りかい》して関《かか》わることである。

1 2 **021**

サービスの特性《とくせい》における「不可分性《ふかぶんせい》」とは，介護《かいご》サービスの内容《ないよう》を利用者《りようしゃ》に具体的《ぐたいてき》に伝《つた》えることが難《むずか》しいことである。

1 2 **022**

介護福祉士《かいごふくしし》には，介護福祉職《かいごふくししょく》のリーダーとして，介護《かいご》過程《かてい》の展開《てんかい》における介護実践《かいごじっせん》をマネジメントする役割《やくわり》が求《もと》められる。

× **016** 介護福祉職《かいごふくししょく》の緊張感《きんちょうかん》が利用者《りようしゃ》に伝《つた》わると，利用者自身《りようしゃじしん》も緊張《きんちょう》してしまい，ぎくしゃくしたやり取《と》りとなってしまう。リラックスして心《こころ》を開《ひら》いた姿勢《しせい》を，介護福祉職《かいごふくししょく》から示《しめ》していくことが大切《たいせつ》である。

○ **017** 介護福祉職《かいごふくししょく》が利用者《りようしゃ》とコミュニケーションを図《はか》るときは，上半身《じょうはんしん》を少《すこ》し利用者《りようしゃ》のほうへ傾《かたむ》けた姿勢《しせい》で話《はなし》を聞《き》くと，傾聴《けいちょう》していることが相手《あいて》に伝《つた》わる。

× **018** 介護福祉職《かいごふくししょく》が利用者《りようしゃ》とコミュニケーションを図《はか》るときは，利用者《りようしゃ》の目《め》を見《み》つめ続《つづ》けると緊張《きんちょう》を高《たか》めてしまうため，適度《てきど》にアイコンタクトをとるようにする。

○ **019** 受容《じゅよう》とは，相手《あいて》の価値観《かちかん》を尊重《そんちょう》して，その人《ひと》をあるがままに受《う》け入《い》れることである。

○ **020** 共感《きょうかん》とは，利用者《りようしゃ》の感情《かんじょう》をその人《ひと》の立場《たちば》になって理解《りかい》し，その感情《かんじょう》に寄《よ》り添《そ》うことである。

× **021** サービスの特性《とくせい》における「不可分性《ふかぶんせい》」とは，介護《かいご》サービスは生産《せいさん》された瞬間《しゅんかん》に利用者《りようしゃ》に消費《しょうひ》されるため，生産《せいさん》と消費《しょうひ》を切《き》り離《はな》すことができず，やり直《なお》しがきかないことである（p. 26 参照《さんしょう》）。

○ **022** 介護福祉士《かいごふくしし》には，介護福祉職《かいごふくししょく》のリーダーとして，①高度《こうど》な知識《ちしき》・技術《ぎじゅつ》を実践《じっせん》する役割《やくわり》，②介護技術《かいごぎじゅつ》を指導《しどう》する役《やく》割《わり》，③介護福祉職《かいごふくししょく》のグループにおけるサービスをマネジメントする役割《やくわり》が求《もと》められる。

023 組織《そしき》の指揮命令系統《しきめいれいけいとう》は，組織図《そしきず》に示《しめ》されている。

024 PDCA サイクルのアクション（Action）とは，計画《けいかく》を実行《じっこう》することである。

025 OJT とは，研修会《けんしゅうかい》や通信教育等《つうしんきょういくとう》による介護《かいご》の現場《げんば》を離《はな》れての学《まな》びのことである。

026 OJT の長所《ちょうしょ》として，学《まな》びのメニューが豊富《ほうふ》でタイミングを選《えら》ぶことができるということがある。

027 リーダーが質問《しつもん》をすることで，スタッフに考《かんが》える機会《きかい》を提供《ていきょう》し，答《こた》えを引《ひ》き出《だ》していくことは，コーチングである。

028 新人職員《しんじんしょくいん》への最初《さいしょ》の指導教育《しどうきょういく》では，コーチングで教《おし》えることが中心《ちゅうしん》となる。

029 フォロワーシップには，メンバーを支《ささ》えて育成《いくせい》する機《き》能《のう》が含《ふく》まれる。

○ **023** 組織《そしき》の指揮命令系統《しきめいれいけいとう》は，組織図《そしきず》に示《しめ》されている。この指《し》揮命令系統《きめいれいけいとう》は上下関係《じょうげかんけい》を前提《ぜんてい》としており，言語的《げんごてき》コミュニケーションによって情報《じょうほう》が伝達《でんたつ》される。

× **024** PDCA サイクルとは，P（Plan：計画《けいかく》）→ D（Do：実《じっ》行《こう》）→ C（Check：評価《ひょうか》）→ A（Action：改善《かいぜん》）を繰《く》り返《かえ》し，業務《ぎょうむ》を継続的《けいぞくてき》に改善《かいぜん》する手法《しゅほう》である。

× **025** OJT とは，現場《げんば》で実際《じっさい》の仕事《しごと》を通《とお》しての学《まな》びのことである。研修会《けんしゅうかい》や通信教育等《つうしんきょういくとう》による介護《かいご》の現場《げんば》を離《はな》れての学《まな》びは，Off-JT である。

× **026** Off-JT の長所《ちょうしょ》として，学《まな》びのメニューが豊富《ほうふ》でタイミングを選《えら》ぶことができるということがある (p. 26 参照《さんしょう》)。

○ **027** ティーチングがスタッフへ知識《ちしき》や技術《ぎじゅつ》をインプットする方法《ほうほう》であるのに対《たい》して，コーチングはスタッフの考《かんが》えや答《こた》えなどのアウトプットを引《ひ》き出《だ》す方法《ほうほう》である。

× **028** 新人職員《しんじんしょくいん》への最初《さいしょ》の指導教育《しどうきょういく》では，ティーチングで教《おし》えることが中心《ちゅうしん》となる。その後《ご》，スタッフが自分《じぶん》で考《かんが》えて判断《はんだん》する能力《のうりょく》を育《そだ》てるために，徐々《じょじょ》にコーチングの機会《きかい》を増《ふ》やす必要《ひつよう》がある。

× **029** フォロワーシップは，リーダーを支《ささ》える機能《きのう》のことである。メンバーを支《ささ》えて育成《いくせい》する指導力《しどうりょく》，チームをまとめ目標《もくひょう》に導《みちび》く統率力《とうそつりょく》は，リーダーシップの機能《きのう》である。

1 2

030

スーパービジョン（supervision）には，教育的《きょういくてき》機《き》能《のう》，管理的機能《かんりてききのう》，支持的機能《しじてききのう》がある。

○ 030

スーパービジョンには，「教育《きょういく》」「管理《かんり》」「支持《しじ》」という3つの機能《きのう》がある。形式《けいしき》としては，1対《たい》1の面談形式《めんだんけいしき》で行《おこな》う個別《こべつ》スーパービジョン，複数《ふくすう》のメンバーで行《おこな》うグループスーパービジョン（group supervision），指導《しどう》者《しゃ》が参加《さんか》しないピアスーパービジョン（peer supervision）がある。

事例問題《じれいもんだい》

1	2

問題《もんだい》

C介護福祉職《かいごふくししょく》はDさんから，「認知症《にんちしょう》（dementia）の母《はは》の介護《かいご》がなぜかうまくいかない。深夜《しんや》に徘徊《はいかい》するので，心身共《しんしんとも》に疲《つか》れてきた」と相談《そうだん》された。

C介護福祉職《かいごふくししょく》のDさんに対《たい》する返答《へんとう》として，最《もっと》も適切《てきせつ》なものを1つ選《えら》びなさい。

1 「お母《かあ》さんに施設《しせつ》へ入所《にゅうしょ》してもらうことを検討《けんとう》してはどうですか」

2 「私《わたし》も疲《つか》れているので，よくわかります」

3 「認知症《にんちしょう》の方《かた》を介護《かいご》しているご家族《かぞく》は，皆《みな》さん疲《つか》れていますよ」

4 「近所《きんじょ》の人《ひと》に助《たす》けてもらえるように，私《わたし》から言《い》っておきます」

5 「お母《かあ》さんのために頑張《がんば》ってきたのですね」

解答《かいとう》・解説《かいせつ》

解説《かいせつ》

019 ～ 020 で学習《がくしゅう》した受容《じゅよう》・共感《きょうかん》をテーマとした事例問題《じれいもんだい》である。事例《じれい》からも読《よ》み取《と》れるように，認知症《にんちしょう》の人《ひと》を介護《かいご》する家族《かぞく》は「気《き》の休《やす》まるときのない介護《かいご》で心《しん》身共《しんとも》に疲《つか》れている」という苦《くる》しみを抱《かか》えていることを理《り》解《かい》する必要《ひつよう》がある。

そのため，C介護福祉職《かいごふくししょく》のDさんへの返答《へんとう》としては，まずはDさんが抱《かか》える苦《くる》しみを受容《じゅよう》・共感《きょうかん》し，ねぎらうことが大切《たいせつ》である。

× 1
× 2
× 3
× 4
○ 5

国家試験《こっかしけん》では，総合問題《そうごうもんだい》でも利用《りよう》者《しゃ》や家族《かぞく》に対《たい》する「受容《じゅよう》」「共感《きょうかん》」をポイントとした問題《もんだい》が出題《しゅつだい》されるよ！　対人援助《たいじんえんじょ》の基本《きほん》としてしっかり理解《りかい》しておこう！

POINT

人間関係《にんげんかんけい》とコミュニケーション

■ジョハリの窓《まど》

	自分《じぶん》が知《し》っている	自分《じぶん》が知《し》らない
他人《たにん》が知《し》っている	①開放《かいほう》された部分《ぶぶん》	②盲点《もうてん》の部分《ぶぶん》
他人《たにん》が知《し》らない	③隠《いん》ぺいの部分《ぶぶん》	④未知《みち》の部分《ぶぶん》

■グループダイナミクス

集団規範《しゅうだんきはん》	集団内《しゅうだんない》の大多数《だいたすう》のメンバーが共有《きょうゆう》する判断《はんだん》の枠組《わくぐ》みや思考様式《しこうようしき》のことである。メンバーの行動《こうどう》を評価《ひょうか》する規準《きじゅん》となる。
集団凝集性《しゅうだんぎょうしゅうせい》	メンバーをその集団《しゅうだん》にとどまらせようとする力《ちから》のことである。集団凝集性《しゅうだんぎょうしゅうせい》が高《たか》いほど，活動《かつどう》が活発《かっぱつ》で，人間関係《にんげんかんけい》が安定《あんてい》し，目的達成《もくてきたっせい》を容易《ようい》にする。
同調行動《どうちょうこうどう》	集団《しゅうだん》の中《なか》で自分《じぶん》の考《かんが》えや行動《こうどう》が他《ほか》の(特《とく》に多数派《たすうは》の)メンバーと異《こと》なるとき，自分《じぶん》の意見《いけん》や行動《こうどう》を他《ほか》のメンバーと合致《がっち》するように変化《へんか》させることである。集《しゅう》団《だん》としてのまとまりを強《つよ》める反面《はんめん》，社会的《しゃかいてき》に許《ゆる》されない行動《こうどう》をエスカレートさせる危険《きけん》もある。
集団圧力《しゅうだんあつりょく》	例《たと》えば，他《ほか》のメンバーが誤《あやま》った答《こた》えを述《の》べた場合《ばあい》，誤《あやま》っているとわかっていても他《ほか》のメンバーと同《おな》じ答《こた》えを述《の》べてしまうなど，集団《しゅうだん》の圧力《あつりょく》がかかった場合《ばあい》に同調行動《どうちょうこうどう》をとりやすくなることである。
内集団《ないしゅうだん》バイアス	自分《じぶん》が所属《しょぞく》している集団《しゅうだん》（内集団《ないしゅうだん》）に好意的《こういてき》な態度《たいど》をとることである。内集団《ないしゅうだん》バイアスが生《しょう》じると，自《じ》分《ぶん》が所属《しょぞく》していない集団《しゅうだん》（外集団《がいしゅうだん》）には差別的《さべつてき》な態《たい》度《ど》をとる傾向《けいこう》がある。

■バイステックの7原則《げんそく》

個別化《こべつか》	利用者《りようしゃ》を個人《こじん》としてとらえ，それぞれの利用者《りようしゃ》に最適《さいてき》な援助方法《えんじょほうほう》を実現《じつげん》しようとすること
意図的《いとてき》な感情表出《かんじょうひょうしゅつ》	利用者《りようしゃ》が自由《じゆう》に感情表現《かんじょうひょうげん》できるよう意図的《いとてき》に関《かか》わること
統制《とうせい》された情緒的関与《じょうちょてきかんよ》	援助者《えんじょしゃ》が自分《じぶん》の感情《かんじょう》を自覚《じかく》して吟味《ぎんみ》しつつ，利用者《りようしゃ》には意図的《いとてき》に反応《はんのう》すること
受容《じゅよう》	利用者《りようしゃ》の態度《たいど》や行動《こうどう》を，あるがままに受《う》け入《い》れること
非審判的《ひしんぱんてき》態度《たいど》	利用者《りようしゃ》を一方的《いっぽうてき》に非難《ひなん》したり，決《き》めつけたり，裁《さば》いてはならないということ
自己決定《じこけってい》	利用者《りようしゃ》が自己《じこ》の判断《はんだん》をもとに自立《じりつ》の方策《ほうさく》を決定《けってい》すること
秘密保持《ひみつほじ》	利用者《りようしゃ》から知《し》り得《え》た秘密《ひみつ》を保持《ほじ》すること

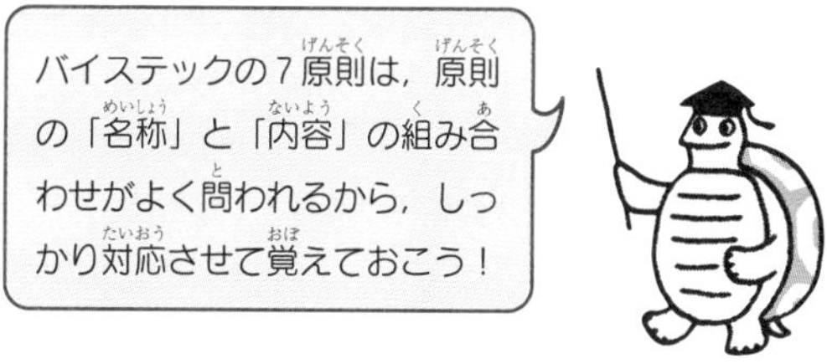

■対面法《たいめんほう》

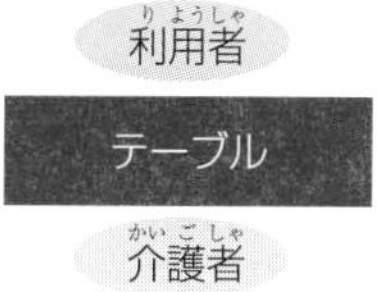

■直角法《ちょっかくほう》

サービスの特性《とくせい》と介護《かいご》からの視点《してん》

無形性《むけいせい》	物質的《ぶっしつてき》な形《かたち》がないこと。介護《かいご》サービスは形《かたち》がないため，利用者《りようしゃ》に具体的《ぐたいてき》なサービス内容《ないよう》を伝《つた》えること，サービス提供後《ていきょうご》に評価《ひょうか》することが難《むずか》しい。
不可分性《ふかぶんせい》	「生産《せいさん》」と「消費《しょうひ》」を切《き》り離《はな》すことができないこと。介護《かいご》サービスは生産《せいさん》された瞬間《しゅんかん》に利用者《りようしゃ》に消費《しょうひ》されるため，やり直《なお》しがきかない。
品質《ひんしつ》の変動性《へんどうせい》	提供《ていきょう》される品質《ひんしつ》が同《おな》じではないこと。スタッフが異《こと》なること，同《おな》じスタッフであってもそのときの状況《じょうきょう》が異《こと》なることによって，同《おな》じ品質《ひんしつ》の介護《かいご》サービスを提供《ていきょう》することは難《むずか》しい。
消滅性《しょうめつせい》	形《かたち》がないため，保管《ほかん》できないこと。介護《かいご》サービスそのものをためておくことはできない。

OJTとOff-JTの長所《ちょうしょ》と短所《たんしょ》

	長所《ちょうしょ》	短所《たんしょ》
OJT	●学《まな》びと仕事《しごと》のずれが少《すく》ない。 ●チームの人間関係《にんげんかんけい》づくりが進《すす》む。 ●指導者《しどうしゃ》やチーム全体《ぜんたい》への教育効果《きょういくこうか》がある。	●指導者《しどうしゃ》の負担《ふたん》が大《おお》きい。 ●指導者《しどうしゃ》によって内容《ないよう》に差《さ》が出《で》る。 ●業務《ぎょうむ》に合《あ》わせるので体系《たいけい》的《てき》になりにくい。
Off-JT	●知識《ちしき》の整理《せいり》や土台《どだい》づくり，現場《げんば》にない新《あたら》しい取《と》り組《く》みに向《む》いている。 ●学《まな》びのメニューが豊富《ほうふ》でタイミングを選《えら》ぶことができる。	●費用《ひよう》や時間《じかん》がかかる。 ●実践《じっせん》とのずれが生《しょう》じやすい。 ●効果《こうか》が出《で》るまでに時間《じかん》がかかる。

社会《しゃかい》の理解《りかい》

問題《もんだい》

001

育児《いくじ》・介護休業法《かいごきゅうぎょうほう》※に基《もと》づく育児休業《いくじきゅうぎょう》は，男性《だんせい》も取得《しゅとく》できる。

002

育児《いくじ》・介護休業法《かいごきゅうぎょうほう》※に基《もと》づく育児休業期間《いくじきゅうぎょうきかん》は，最大《さいだい》で子《こ》どもが１歳《さい》になるまでである。

003

育児《いくじ》・介護休業法《かいごきゅうぎょうほう》※においては，配偶者《はいぐうしゃ》，父母《ふぼ》，子《こ》，配偶者《はいぐうしゃ》の父母《ふぼ》は，介護休業《かいごきゅうぎょう》の対象家族《たいしょうかぞく》である。

004

育児《いくじ》・介護休業法《かいごきゅうぎょうほう》※に基《もと》づく介護休業《かいごきゅうぎょう》とは，10週間以上《しゅうかんいじょう》要介護状態《ようかいごじょうたい》が続《つづ》いている家族《かぞく》を介護《かいご》するためのものである。

005

育児《いくじ》・介護休業法《かいごきゅうぎょうほう》※に基《もと》づく看護休暇《かんごきゅうか》は，小学校就学前《しょうがっこうしゅうがくまえ》の子《こ》ども１人《ひとり》につき年《ねん》に10日間取得《とおかかんしゅとく》できる。

006

育児《いくじ》・介護休業法《かいごきゅうぎょうほう》※に基《もと》づく介護休暇《かいごきゅうか》は，要介護状態《ようかいごじょうたい》にある家族《かぞく》の通院《つういん》の付添《つきそ》いに使《つか》うことができる。

※　育児休業《いくじきゅうぎょう》，介護休業等育児《かいごきゅうぎょうとういくじ》又《また》は家族介護《かぞくかいご》を行《おこな》う労働者《ろうどうしゃ》の福祉《ふくし》に関《かん》する法律《ほうりつ》

解答《かいとう》・解説《かいせつ》

○ **001** 育児《いくじ》・介護休業法《かいごきゅうぎょうほう》に基《もと》づく育児休業《いくじきゅうぎょう》は，夫婦《ふうふ》どちらも取《しゅ》得《とく》できる。男性《だんせい》は，育児休業《いくじきゅうぎょう》とは別《べつ》に，子《こ》の出生後《しゅっせいご》8週《しゅう》間以内《かんいない》に4週間《しゅうかん》まで出生時育児休業《しゅっせいじいくじきゅうぎょう》（産後《さんご》パパ育休《いくきゅう》）を取得《しゅとく》できる（2回《かい》まで分割可能《ぶんかつかのう》）。

× **002** 育児《いくじ》・介護休業法《かいごきゅうぎょうほう》に基《もと》づく育児休業期間《いくじきゅうぎょうきかん》は，原則《げんそく》として子《こ》どもが1歳《さい》になるまでであるが，最大《さいだい》で2歳《さい》まで延長《えんちょう》できる（1歳《さい》までの育児休業《いくじきゅうぎょう》は，2回《かい》まで分割可能《ぶんかつかのう》）。

○ **003** 育児《いくじ》・介護休業法《かいごきゅうぎょうほう》に基《もと》づく介護休業《かいごきゅうぎょう》の対象家族《たいしょうかぞく》は，「配《はい》偶者《ぐうしゃ》，父母《ふぼ》，子《こ》，配偶者《はいぐうしゃ》の父母《ふぼ》」に加《くわ》えて，「祖父母《そふぼ》，兄弟姉妹《きょうだいしまい》，孫《まご》」も対象《たいしょう》となる。

× **004** 育児《いくじ》・介護休業法《かいごきゅうぎょうほう》に基《もと》づく介護休業《かいごきゅうぎょう》とは，2週間以上要《しゅうかんいじょうよう》介護状態《かいごじょうたい》が続《つづ》いている家族《かぞく》を介護《かいご》するためのものである。対象家族《たいしょうかぞく》1人《ひとり》につき，3回《かい》を上限《じょうげん》として通算《つうさん》93日《にち》まで取《と》ることができる。

× **005** 育児《いくじ》・介護休業法《かいごきゅうぎょうほう》に基《もと》づく看護休暇《かんごきゅうか》は，小学校就学前《しょうがっこうしゅうがくまえ》の子《こ》ども1人《ひとり》につき年《ねん》に5日間取得《いつかかんしゅとく》できる（子《こ》どもが2人《ふたり》以上《いじょう》の場合《ばあい》は10日間《とおかかん》）。

○ **006** 育児《いくじ》・介護休業法《かいごきゅうぎょうほう》に基《もと》づく介護休暇《かいごきゅうか》は，要介護状態《ようかいごじょうたい》にある家族《かぞく》の「通院《つういん》の付添《つきそ》い」「介護《かいご》サービスの手続《てつづ》きの代《だい》行《こう》」などに使《つか》うことができる。

1 2 **007**

育児《いくじ》・介護休業法《かいごきゅうぎょうほう》※に基《もと》づく介護休暇《かいごきゅうか》は，対象《たいしょう》家族《かぞく》1人《ひとり》につき年《ねん》に5日間取得《いつかかんしゅとく》できる。

1 2 **008**

家族《かぞく》の機能《きのう》のうち，個人《こじん》の生存《せいぞん》に関《かか》わる食欲《しょくよく》や性欲《せいよく》の充足《じゅうそく》，安全《あんぜん》を求《もと》める機能《きのう》は，生活維持機能《せいかついじきのう》である。

1 2 **009**

家族《かぞく》の機能《きのう》のうち，子育《こそだ》てにより子《こ》どもを社会化《しゃかいか》する機能《きのう》は，パーソナリティの安定化機能《あんていかきのう》である。

1 2 **010**

家族《かぞく》の機能《きのう》のうち，介護《かいご》が必要《ひつよう》な構成員《こうせいいん》を家族《かぞく》で支《ささ》える機能《きのう》は，ケア機能《きのう》である。

1 2 **011**

「2022年《ねん》（令和《れいわ》4年《ねん》）国民生活基礎調査《こくみんせいかつきそちょうさ》」（厚生労働省《こうせいろうどうしょう》）によると，世帯数《せたいすう》で最《もっと》も多《おお》いのは，3人世帯《にんせたい》である。

1 2 **012**

「2022年《ねん》（令和《れいわ》4年《ねん》）国民生活基礎調査《こくみんせいかつきそちょうさ》」（厚生労働省《こうせいろうどうしょう》）によると，「高齢者世帯《こうれいしゃせたい》」は全世帯《ぜんせたい》の30％を上回《うわまわ》っていない。

※ 育児休業《いくじきゅうぎょう》，介護休業等育児《かいごきゅうぎょうとういくじ》又《また》は家族介護《かぞくかいご》を行《おこな》う労働者《ろうどうしゃ》の福祉《ふくし》に関《かん》する法律《ほうりつ》

○ 007

育児《いくじ》・介護休業法《かいごきゅうぎょうほう》に基《もと》づく介護休暇《かいごきゅうか》は，対象家族《たいしょうかぞく》1人《ひとり》につき年《ねん》に5日間取得《いつかかんしゅとく》できる（対象家族《たいしょうかぞく》が2人《ふたり》以上《いじょう》の場合《ばあい》は10日間《とおかかん》）。

× 008

家族《かぞく》の機能《きのう》のうち，個人《こじん》の生存《せいぞん》に関《かか》わる食欲《しょくよく》や性欲《せいよく》の充《じゅう》足《そく》，安全《あんぜん》を求《もと》める機能《きのう》は，生命維持機能《せいめいいじきのう》である。生活維《せいかつい》持機能《じきのう》は，衣食住《いしょくじゅう》などの生活水準《せいかつすいじゅん》を維持《いじ》しようとする機《き》能《のう》のことである。

× 009

家族《かぞく》の機能《きのう》のうち，子育《こそだ》てにより子《こ》どもを社会化《しゃかいか》する機《き》能《のう》は，パーソナリティの形成機能《けいせいきのう》である。パーソナリティの安定化機能《あんていかきのう》は，家族《かぞく》だけで共有《きょうゆう》できる安定《あんてい》してくつろげる機能《きのう》のことである。

○ 010

家族《かぞく》の機能《きのう》のうち，家族《かぞく》が病気《びょうき》やけが，加齢《かれい》などにより介護《かいご》が必要《ひつよう》になったときに支《ささ》える機能《きのう》は，ケア機能《きのう》である。家族《かぞく》の機能《きのう》の低下《ていか》によって，ケア機能《きのう》は社会《しゃかい》で代替《だいたい》する必要《ひつよう》が生《しょう》じた。

× 011

「2022年《ねん》（令和《れいわ》4年《ねん》）国民生活基礎調査《こくみんせいかつきそちょうさ》」（厚生労働《こうせいろうどう》省《しょう》）によると，平均世帯人員《へいきんせたいじんいん》は2.25人《にん》となっており，世帯数《せたいすう》で最《もっと》も多《おお》いのは，2人《ふたり》世帯《せたい》である。

× 012

「2022年《ねん》（令和《れいわ》4年《ねん》）国民生活基礎調査《こくみんせいかつきそちょうさ》」（厚生労働《こうせいろうどう》省《しょう》）によると，「高齢者世帯《こうれいしゃせたい》」は全世帯《ぜんせたい》の31.2％であり，30％を上回《うわまわ》っている。また，「母子世帯《ぼしせたい》」は全世帯《ぜんせたい》の1.0％，「父子世帯《ふしせたい》」は全世帯《ぜんせたい》の0.1％となっており，5％を上回《うわまわ》っていない。

1 2 **013**

「2022年《ねん》（令和《れいわ》4年《ねん》）国民生活基礎調査《こくみんせいかつきそちょうさ》」（厚生労働《こうせいろうどう》省《しょう》）によると，65歳以上《さいいじょう》の「単独世帯《たんどくせたい》」では，男性《だんせい》よりも女性《じょせい》が多《おお》い。

1 2 **014**

「2022年《ねん》（令和《れいわ》4年《ねん》）国民生活基礎調査《こくみんせいかつきそちょうさ》」（厚生労働《こうせいろうどう》省《しょう》）によると，65歳以上《さいいじょう》の者《もの》のいる世帯《せたい》は，単独世《たんどくせ》帯《たい》が最《もっと》も多《おお》い。

1 2 **015**

ボランティア団体《だんたい》は，セルフヘルプグループ（self-help group）に該当《がいとう》する。

1 2 **016**

民生委員《みんせいいいん》は，都道府県知事《とどうふけんちじ》の推薦《すいせん》によって厚生労働大《こうせいろうどうだい》臣《じん》が委嘱《いしょく》する。

1 2 **017**

民生委員《みんせいいいん》を，児童福祉法《じどうふくしほう》による児童委員《じどういいん》に委嘱《いしょく》することは禁《きん》じられている。

1 2 **018**

限界集落《げんかいしゅうらく》を定義《ていぎ》するときの人口構成《じんこうこうせい》は，65歳以上《さいいじょう》の人口比率《じんこうひりつ》が14%以上《いじょう》である。

1 2 **019**

社会福祉法人《しゃかいふくしほうじん》の設立《せつりつ》にあたっては，所在地《しょざいち》の都道府県《とどうふけん》知事《ちじ》が厚生労働大臣《こうせいろうどうだいじん》に届出《とどけで》を行《おこな》う。

○ 013 「2022年《ねん》（令和《れいわ》4年《ねん》）国民生活基礎調査《こくみんせいかつきそちょうさ》」（厚生労働《こうせいろうどう》省《しょう》）によると，65歳以上《さいいじょう》の「単独世帯《たんどくせたい》」は，男性《だんせい》が35.9％，女性《じょせい》が64.1％で女性《じょせい》が多《おお》い。

× 014 「2022年《ねん》（令和《れいわ》4年《ねん》）国民生活基礎調査《こくみんせいかつきそちょうさ》」（厚生労働《こうせいろうどう》省《しょう》）によると，65歳以上《さいいじょう》の者《もの》のいる世帯《せたい》は，夫婦《ふうふ》のみの世帯《せたい》(32.1％)が最《もっと》も多《おお》い。次《つ》いで，単独世帯《たんどくせたい》(31.8％)，親《おや》と未婚《みこん》の子《こ》のみの世帯《せたい》（20.1％）である。

× 015 セルフヘルプグループは，「疾病《しっぺい》」「障害《しょうがい》」「依存症《いぞんしょう》」「犯《はん》罪被害《ざいひがい》」など何《なん》らかの共通課題《きょうつうかだい》を抱《かか》えた当事者《とうじしゃ》の集《あつ》まりである。

○ 016 民生委員法第《みんせいいいんほうだい》5条《じょう》において，「民生委員《みんせいいいん》は，都道府県知《とどうふけんち》事《じ》の推薦《すいせん》によって，厚生労働大臣《こうせいろうどうだいじん》がこれを委嘱《いしょく》する」と規定《きてい》されている。

× 017 民生委員《みんせいいいん》は，児童福祉法《じどうふくしほう》による児童委員《じどういいん》を兼務《けんむ》する。そのため，民生委員《みんせいいいん》は，児童委員《じどういいん》としても適当《てきとう》である者《もの》に委嘱《いしょく》される。

× 018 65歳以上人口《さいいじょうじんこう》が50％以上《いじょう》となった集落《しゅうらく》を限界集落《げんかいしゅうらく》と呼《よ》ぶ。65歳以上《さいいじょう》の人口比率《じんこうひりつ》が14％以上《いじょう》となっている状態《じょうたい》のことを高齢社会《こうれいしゃかい》という。

× 019 社会福祉法人《しゃかいふくしほうじん》の設立《せつりつ》にあたっては，主《しゅ》たる事務所《じむしょ》の所在《しょざい》地《ち》と経営《けいえい》する事業《じぎょう》の実施地域《じっしちいき》に応《おう》じた，所轄庁《しょかつちょう》（市長《しちょう》，都道府県知事《とどうふけんちじ》または厚生労働大臣《こうせいろうどうだいじん》）が許可《きょか》を行《おこな》う。所轄《しょかつ》庁《ちょう》が届出《とどけで》を行《おこな》うことはない。

---

020 社会福祉法人《しゃかいふくしほうじん》の事業運営《じぎょううんえい》の透明性《とうめいせい》を高《たか》めるために，財《ざい》務諸表《むしょひょう》を公表《こうひょう》することとされている。

---

021 社会福祉法人《しゃかいふくしほうじん》における評議員会《ひょうぎいんかい》の設置《せっち》は任意《にんい》である。

---

022 社会福祉法人《しゃかいふくしほうじん》の監事《かんじ》は，その法人《ほうじん》の理事《りじ》や職員《しょくいん》を兼《か》ねることができる。

---

023 社会福祉法人《しゃかいふくしほうじん》は，収益事業《しゅうえきじぎょう》を行《おこな》うことができる。

---

024 特定非営利活動法人《とくていひえいりかつどうほうじん》（NPO 法人《ほうじん》）は，社会福祉法《しゃかいふくしほう》に基《もと》づいて法人格《ほうじんかく》を取得《しゅとく》した法人《ほうじん》である。

---

025 特定非営利活動法人《とくていひえいりかつどうほうじん》（NPO 法人《ほうじん》）は，市町村《しちょうそん》が認証《にんしょう》する。

---

026 特定非営利活動法人《とくていひえいりかつどうほうじん》（NPO 法人《ほうじん》）は，収益《しゅうえき》を上《あ》げることは禁《きん》じられている。

---

027 特定非営利活動法人《とくていひえいりかつどうほうじん》（NPO 法人《ほうじん》）の活動分野別《かつどうぶんやべつ》の認《にん》証数《しょうすう》は，保健《ほけん》，医療又《いりょうまた》は福祉《ふくし》の増進《ぞうしん》を図《はか》る活動《かつどう》が最《もっと》も多《おお》い。

○ **020** 社会福祉法人《しゃかいふくしほうじん》の事業運営《じぎょううんえい》の透明性《とうめいせい》を確保《かくほ》することを目的《もくてき》として，すべての法人《ほうじん》において，財務諸表《ざいむしょひょう》の公表《こうひょう》が義務《ぎむ》づけられている。

× **021** 社会福祉法人《しゃかいふくしほうじん》における評議員《ひょうぎいん》，評議員会《ひょうぎいんかい》，理事《りじ》，理事会《りじかい》及《およ》び監事《かんじ》の設置《せっち》は義務《ぎむ》である。

× **022** 社会福祉法人《しゃかいふくしほうじん》の監事《かんじ》・理事《りじ》・評議員《ひょうぎいん》は，互《たが》いに兼《か》ねることができない。また，このうち理事《りじ》のみは，職員《しょくいん》を兼《か》ねることができる。

○ **023** 社会福祉法人《しゃかいふくしほうじん》は，その経営《けいえい》する社会福祉事業《しゃかいふくしじぎょう》に支障《ししょう》がない限《かぎ》り，社会福祉事業《しゃかいふくしじぎょう》のほか，必要《ひつよう》に応《おう》じ公益事業《こうえきじぎょう》又《また》は収益事業《しゅうえきじぎょう》を行《おこな》うことができる。

× **024** 特定非営利活動法人《とくていひえいりかつどうほうじん》は，特定非営利活動促進法《とくていひえいりかつどうそくしんほう》に基《もと》づいて法人格《ほうじんかく》を取得《しゅとく》した法人《ほうじん》である。社会福祉法《しゃかいふくしほう》に基《もと》づいて法人格《ほうじんかく》を取得《しゅとく》した法人《ほうじん》は，社会福祉法人《しゃかいふくしほうじん》である。

× **025** 特定非営利活動法人《とくていひえいりかつどうほうじん》は，都道府県《とどうふけん》又《また》は指定都市《していとし》が認証《にんしょう》する。

× **026** 特定非営利活動法人《とくていひえいりかつどうほうじん》は，その行《おこな》う特定非営利活動《とくていひえいりかつどう》にかかる事業《じぎょう》に支障《ししょう》がない限《かぎ》り，収益《しゅうえき》を上《あ》げる事業《じぎょう》を行《おこな》うことができる。この場合《ばあい》，収益《しゅうえき》は特定非営利活動《とくていひえいりかつどう》にかかる事《じ》業《ぎょう》のために使用《しよう》しなければならない。

○ **027** 特定非営利活動法人《とくていひえいりかつどうほうじん》の活動分野別《かつどうぶんやべつ》の認証数《にんしょうすう》は，保健《ほけん》，医《い》療《りょう》又《また》は福祉《ふくし》の増進《ぞうしん》を図《はか》る活動《かつどう》が最《もっと》も多《おお》い。

028 社会福祉法《しゃかいふくしほう》に基《もと》づく，都道府県《とどうふけん》や市町村《しちょうそん》において地域《ちいき》福祉《ふくし》の推進《すいしん》を図《はか》ることを目的《もくてき》とする団体《だんたい》は，社会福祉《しゃかいふくし》協議会《きょうぎかい》である。

029 福祉事務所《ふくしじむしょ》は，生活保護法《せいかつほごほう》に定《さだ》める措置《そち》に関《かん》する事務《じむ》をつかさどる。

030 社会福祉法第《しゃかいふくしほうだい》1条《じょう》の目的《もくてき》には，地域福祉《ちいきふくし》の推進《すいしん》が規定《きてい》されている。

031 「地域共生社会《ちいききょうせいしゃかい》」が目指《めざ》すものとして，公的《こうてき》サービスに重点《じゅうてん》を置《お》いた地域福祉《ちいきふくし》の充実《じゅうじつ》がある。

032 「ニッポン一億総活躍《いちおくそうかつやく》プラン」では，「地域共生社会《ちいききょうせいしゃかい》の実現《じつげん》」について「我《わ》が事《こと》・丸《まる》ごとの地域《ちいき》づくり」が記述《きじゅつ》されている。

033 地域包括《ちいきほうかつ》ケアの理念《りねん》として，地域住民《ちいきじゅうみん》が住《す》み慣《な》れた地《ち》域《いき》で安心《あんしん》して尊厳《そんげん》あるその人《ひと》らしい生活《せいかつ》を継続《けいぞく》することがある。

○ 028

社会福祉法《しゃかいふくしほう》に基《もと》づく，都道府県《とどうふけん》や市町村《しちょうそん》において地域福《ちいきふく》祉《し》の推進《すいしん》を図《はか》ることを目的《もくてき》とする団体《だんたい》は，社会福祉協議《しゃかいふくしきょうぎ》会《かい》である。都道府県《とどうふけん》や市町村《しちょうそん》の社会福祉協議会《しゃかいふくしきょうぎかい》は，日常《にちじょう》生活自立支援事業《せいかつじりつしえんじぎょう》の実施主体《じっししゅたい》である。

○ 029

都道府県《とどうふけん》の設置《せっち》する福祉事務所《ふくしじむしょ》は，生活保護法《せいかつほごほう》，児童福《じどうふく》祉法《しほう》，母子及《ぼしおよ》び父子並《ふしなら》びに寡婦福祉法《かふふくしほう》に定《さだ》める措置《そち》に関《かん》する事務《じむ》をつかさどる。市町村《しちょうそん》の設置《せっち》する福祉事務所《ふくしじむしょ》は，上記《じょうき》の三法《さんぽう》に加《くわ》えて，老人福祉法《ろうじんふくしほう》，身体障害者福祉法《しんたいしょうがいしゃふくしほう》，知的障害者福祉法《ちてきしょうがいしゃふくしほう》に定《さだ》める措置《そち》に関《かん》する事務《じむ》をつかさどる。

○ 030

社会福祉法第《しゃかいふくしほうだい》１条《じょう》の目的《もくてき》には，「福祉《ふくし》サービスの利用者《りようしゃ》の利益《りえき》の保護《ほご》」「地域福祉《ちいきふくし》の推進《すいしん》」「社会福祉事業《しゃかいふくしじぎょう》の公明《こうめい》かつ適正《てきせい》な実施《じっし》の確保《かくほ》」などが規定《きてい》されている。

× 031

「地域共生社会《ちいききょうせいしゃかい》」が目指《めざ》すものとして，全《すべ》ての住民《じゅうみん》が支《ささ》え合《あ》い，自分《じぶん》らしく活躍《かつやく》できる地域《ちいき》コミュニティの創出《そうしゅつ》がある。

○ 032

「ニッポン一億総活躍《いちおくそうかつやく》プラン」では，「地域共生社会《ちいききょうせいしゃかい》の実現《じつげん》」について，他人事《たにんごと》を「我《わ》が事《こと》」ととらえ，地域課《ちいきか》題《だい》を「丸《まる》ごと」受《う》け止《と》め助《たす》け合《あ》うという「我《わ》が事《こと》・丸《まる》ごとの地域《ちいき》づくり」が記述《きじゅつ》されている。

○ 033

地域包括《ちいきほうかつ》ケアの理念《りねん》として，地域住民《ちいきじゅうみん》が住《す》み慣《な》れた地域《ちいき》で安心《あんしん》して尊厳《そんげん》あるその人《ひと》らしい生活《せいかつ》を継続《けいぞく》することがある。そのためには，フォーマルサービスだけでなく，インフォーマルサービスが活用《かつよう》できるように支援《しえん》が行《おこな》われる。

034 地域包括《ちいきほうかつ》ケアシステムでの「自助《じじょ》」は，公的扶助《こうてきふじょ》を利《り》用《よう》して，自《みずか》ら生活《せいかつ》を維持《いじ》することをいう。

035 地域包括《ちいきほうかつ》ケアシステムでの「互助《ごじょ》」は，社会保険《しゃかいほけん》のように制度化《せいどか》された相互扶助《そうごふじょ》をいう。

036 社会保障《しゃかいほしょう》の機能《きのう》には，所得再分配《しょとくさいぶんぱい》の機能《きのう》がある。

037 国民年金法《こくみんねんきんほう》による国民皆年金《こくみんかいねんきん》と，国民健康保険法《こくみんけんこうほけんほう》による国民皆保険《こくみんかいほけん》は，1961 年《ねん》（昭和《しょうわ》 36 年《ねん》）に実現《じつげん》した。

038 昭和《しょうわ》 20 年代《ねんだい》には，知的障害者福祉法《ちてきしょうがいしゃふくしほう》を含《ふく》む福祉三法《ふくしさんぽう》が制定《せいてい》された。

039 昭和《しょうわ》 30 年代《ねんだい》には，老人福祉法《ろうじんふくしほう》などが制定《せいてい》され，福祉《ふくし》六法体制《ろっぽうたいせい》になった。

040 社会福祉基礎構造改革《しゃかいふくしきそこうぞうかいかく》により，1990 年《ねん》（平成《へいせい》 2 年《ねん》）に社会福祉事業法《しゃかいふくしじぎょうほう》が社会福祉法《しゃかいふくしほう》に改正《かいせい》された。

041 社会福祉基礎構造改革《しゃかいふくしきそこうぞうかいかく》により，利用契約制度《りようけいやくせいど》から措置《そち》制度《せいど》に変更《へんこう》された。

× **034** 地域包括《ちいきほうかつ》ケアシステムでの「自助《じじょ》」は，自《みずか》ら得《え》た収入《しゅうにゅう》を利用《りよう》して，自《みずか》ら生活《せいかつ》を維持《いじ》することをいう。生活保護《せいかつほご》などの公的扶助《こうてきふじょ》は，「公助《こうじょ》」である。

× **035** 地域包括《ちいきほうかつ》ケアシステムでの「互助《ごじょ》」は，住民同士《じゅうみんどうし》の支《ささ》え合《あ》いやボランティアなどのインフォーマルな相互扶助《そうごふじょ》のことである。社会保険《しゃかいほけん》のように制度化《せいどか》された相互扶助《そうごふじょ》は，「共助《きょうじょ》」である。

○ **036** 社会保障《しゃかいほしょう》の機能《きのう》には，所得再分配《しょとくさいぶんぱい》の機能《きのう》のほか，家庭機《かていき》能《のう》を社会的《しゃかいてき》に支援《しえん》する機能《きのう》，経済《けいざい》の安定《あんてい》や成長《せいちょう》を支《ささ》える機能《きのう》などがある。

○ **037** 国民年金法《こくみんねんきんほう》による国民皆年金《こくみんかいねんきん》と，国民健康保険法《こくみんけんこうほけんほう》による国民皆保険《こくみんかいほけん》は，1961 年《ねん》（昭和《しょうわ》36 年《ねん》）に実現《じつげん》した。

× **038** 昭和《しょうわ》20 年代《ねんだい》には，児童福祉法《じどうふくしほう》・身体障害者福祉法《しんたいしょうがいしゃふくしほう》・生《せい》活保護法《かつほごほう》の福祉三法《ふくしさんぽう》が制定《せいてい》された。

○ **039** 昭和《しょうわ》30 年代《ねんだい》には，精神薄弱者福祉法《せいしんはくじゃくしゃふくしほう》（現《げん》・知的障害者《ちてきしょうがいしゃ》福祉法《ふくしほう》）・老人福祉法《ろうじんふくしほう》・母子福祉法《ぼしふくしほう》（現《げん》・母子及《ぼしおよ》び父子《ふし》並《なら》びに寡婦福祉法《かふふくしほう》）が制定《せいてい》され，福祉六法体制《ふくしろっぽうたいせい》になった。

× **040** 1990 年《ねん》（平成《へいせい》2 年《ねん》）には福祉関係八法《ふくしかんけいはっぽう》の改正《かいせい》により，在宅福祉《ざいたくふくし》サービスが積極的《せっきょくてき》に推進《すいしん》されることとなった。社会福祉基礎構造改革《しゃかいふくしきそこうぞうかいかく》により，社会福祉事業法《しゃかいふくしじぎょうほう》が社会福《しゃかいふく》祉法《しほう》に改正《かいせい》されたのは，2000 年《ねん》（平成《へいせい》12 年《ねん》）である。

× **041** 社会福祉基礎構造改革《しゃかいふくしきそこうぞうかいかく》により，障害福祉分野《しょうがいふくしぶんや》も含《ふく》めた福《ふく》祉制度《しせいど》が措置制度《そちせいど》から利用契約制度《りようけいやくせいど》に変更《へんこう》された。

---

042 社会福祉《しゃかいふくし》基礎《きそ》構造改革《こうぞうかいかく》により，地域福祉《ちいきふくし》権利《けんり》擁護《ようご》事業《じぎょう》が創設《そうせつ》された。

043 日本《にほん》の社会保険制度《しゃかいほけんせいど》には，医療保険《いりょうほけん》，年金保険《ねんきんほけん》，雇用《こよう》保険《ほけん》，労働者災害補償保険《ろうどうしゃさいがいほしょうほけん》，介護保険《かいごほけん》の 5 つがある。

044 日本《にほん》の社会保険制度《しゃかいほけんせいど》への加入《かにゅう》は，個人《こじん》が選択《せんたく》できる。

045 厚生年金《こうせいねんきん》の被保険者《ひほけんしゃ》である者《もの》は，国民年金《こくみんねんきん》の被保険者《ひほけんしゃ》にはなれない。

046 老齢基礎年金《ろうれいきそねんきん》は，原則《げんそく》として 65 歳以上《さいいじょう》の者《もの》に支給《しきゅう》される。

047 厚生年金《こうせいねんきん》の被保険者《ひほけんしゃ》は,20歳以上《さいいじょう》60歳未満《さいみまん》の者《もの》である。

048 適用事業所《てきようじぎょうしょ》に使用《しよう》される者《もの》は，国民健康保険《こくみんけんこうほけん》の被保険《ひほけん》者《しゃ》となる。

○ **042** 社会福祉基礎構造改革《しゃかいふくしきそこうぞうかいかく》により，地域福祉権利擁護事業《ちいきふくしけんりようごじぎょう》（現《げん》・日常生活自立支援事業《にちじょうせいかつじりつしえんじぎょう》）が創設《そうせつ》された。

○ **043** 日本《にほん》の社会保険制度《しゃかいほけんせいど》には，医療保険《いりょうほけん》，年金保険《ねんきんほけん》，雇用保《こようほ》険《けん》，労働者災害補償保険《ろうどうしゃさいがいほしょうほけん》，介護保険《かいごほけん》の 5 つがある。

× **044** 日本《にほん》の社会保険制度《しゃかいほけんせいど》への加入《かにゅう》は，原則《げんそく》として強制《きょうせい》である。

× **045** 国民年金《こくみんねんきん》の被保険者《ひほけんしゃ》は，① 20 歳以上《さいいじょう》 60 歳未満《さいみまん》の自営業《じえいぎょう》者等《しゃとう》（第一号被保険者《だいいちごうひほけんしゃ》），②厚生年金《こうせいねんきん》の被保険者《ひほけんしゃ》（第二《だいに》号被保険者《ごうひほけんしゃ》），③第二号被保険者《だいにごうひほけんしゃ》の被扶養配偶者《ひふようはいぐうしゃ》で 20 歳《さい》以上《いじょう》 60 歳未満《さいみまん》の者《もの》（第三号被保険者《だいさんごうひほけんしゃ》）である。

○ **046** 老齢基礎年金《ろうれいきそねんきん》は，原則《げんそく》として 65 歳以上《さいいじょう》の者《もの》に支給《しきゅう》される。ただし，60 歳《さい》から 65 歳《さい》になるまでの間《あいだ》で繰《く》り上《あ》げて支給《しきゅう》を受《う》けること，66 歳《さい》から 75 歳《さい》になるまでの間《あいだ》で繰《く》り下《さ》げて支給《しきゅう》を受《う》けることもできる。

× **047** 厚生年金《こうせいねんきん》の被保険者《ひほけんしゃ》は，適用事業所《てきようじぎょうしょ》に使用《しよう》される 70 歳《さい》未満《みまん》の者《もの》である。

× **048** 適用事業所《てきようじぎょうしょ》に使用《しよう》される者《もの》は，健康保険《けんこうほけん》の被保険者《ひほけんしゃ》となる。国民健康保険《こくみんけんこうほけん》の被保険者《ひほけんしゃ》は，74 歳以下《さいいか》で，会社《かいしゃ》などの医療保険《いりょうほけん》に入《はい》っていない自営業者《じえいぎょうしゃ》や無職《むしょく》の人《ひと》などである。

---

049 生活保護《せいかつほご》の受給者《じゅきゅうしゃ》（停止中《ていしちゅう》の者《もの》を除《のぞ》く）は，国民健康保険《こくみんけんこうほけん》の被保険者《ひほけんしゃ》になることはない。

050 公務員《こうむいん》であった 75 歳以上《さいいじょう》の者《もの》は，共済組合保険《きょうさいくみあいほけん》の被保険者《ひほけんしゃ》となる。

051 産休中《さんきゅうちゅう》の所得《しょとく》の喪失又《そうしつまた》は減少《げんしょう》を補填《ほてん》するために，医療保険制度《いりょうほけんせいど》から支給《しきゅう》されるものとして，出産育児一時金《しゅっさんいくじいちじきん》がある。

052 雇用保険制度《こようほけんせいど》では，事業主《じぎょうぬし》が保険料《ほけんりょう》を全額負担《ぜんがくふたん》する。

053 労働者災害補償保険制度《ろうどうしゃさいがいほしょうほけんせいど》では，事業主《じぎょうぬし》と労働者《ろうどうしゃ》がそれぞれ保険料《ほけんりょう》を負担《ふたん》する。

054 通勤途上《つうきんとじょう》の事故《じこ》は，労働者災害補償保険制度《ろうどうしゃさいがいほしょうほけんせいど》の保険給付《ほけんきゅうふ》の対象《たいしょう》となる。

055 2021 年度《ねんど》（令和《れいわ》 3 年度《ねんど》）の国《くに》の一般会計当初予算《いっぱんかいけいとうしょよさん》は，社会保障給付費《しゃかいほしょうきゅうふひ》を上回《うわまわ》っている。

○ **049** 生活保護《せいかつほご》の受給者《じゅきゅうしゃ》（停止中《ていしちゅう》の者《もの》を除《のぞ》く）は，国民健康保《こくみんけんこうほ》険《けん》の被保険者《ひほけんしゃ》になることはない。なお，健康保険《けんこうほけん》の場合《ばあい》は，生活保護《せいかつほご》の受給者《じゅきゅうしゃ》であっても被保険者《ひほけんしゃ》となることができる。

× **050** 75 歳以上《さいいじょう》の者《もの》は，後期高齢者医療制度《こうきこうれいしゃいりょうせいど》の被保険者《ひほけんしゃ》となる。共済組合保険《きょうさいくみあいほけん》の被保険者《ひほけんしゃ》は，現役《げんえき》の公務員《こうむいん》である。

× **051** 産休中《さんきゅうちゅう》の所得《しょとく》の喪失又《そうしつまた》は減少《げんしょう》を補填《ほてん》するために，医療保《いりょうほ》険制度《けんせいど》から支給《しきゅう》されるものは，出産手当金《しゅっさんてあてきん》である。出産《しゅっさん》育児一時金《いくじいちじきん》は，出産費用《しゅっさんひよう》の補助《ほじょ》として支給《しきゅう》されるものである。

× **052** 雇用保険《こようほけん》の保険料《ほけんりょう》は，事業主《じぎょうぬし》と労働者《ろうどうしゃ》が双方《そうほう》で負担《ふたん》する。失業等給付《しつぎょうとうきゅうふ》にかかる保険料《ほけんりょう》は事業主《じぎょうぬし》と労働者《ろうどうしゃ》で折半《せっぱん》するが，雇用安定事業《こようあんていじぎょう》と能力開発事業《のうりょくかいはつじぎょう》にかかる保険料《ほけんりょう》は事業《じぎょう》主《ぬし》が全額負担《ぜんがくふたん》する。

× **053** 労働者災害補償保険制度《ろうどうしゃさいがいほしょうほけんせいど》では，事業主《じぎょうぬし》が保険料《ほけんりょう》を全額負《ぜんがくふ》担《たん》する。

○ **054** 労働者災害補償保険制度《ろうどうしゃさいがいほしょうほけんせいど》の保険給付《ほけんきゅうふ》の対象《たいしょう》となるのは，「業務上《ぎょうむじょう》の事由《じゆう》」「通勤《つうきん》」による労働者《ろうどうしゃ》の負傷《ふしょう》，疾病《しっぺい》，障害《しょうがい》，死亡等《しぼうとう》である。

× **055** 2021 年度《ねんど》（令和《れいわ》 3 年度《ねんど》）の国《くに》の一般会計当初予算《いっぱんかいけいとうしょよさん》（106 兆《ちょう》 6097 億円《おくえん》）は，社会保障給付費《しゃかいほしょうきゅうふひ》（138 兆《ちょう》 7433 億円《おくえん》）を下回《したまわ》っている。

1 2 **056**

2021年度《ねんど》（令和《れいわ》3年度《ねんど》）の社会保障財源《しゃかいほしょうざいげん》では，公費《こうひ》負担《ふたん》の占《し》める割合《わりあい》が最《もっと》も大《おお》きい。

1 2 **057**

社会保障給付費《しゃかいほしょうきゅうふひ》とは，サービス関連《かんれん》の給付費《きゅうふひ》を除《のぞ》いて，1年間《ねんかん》に給付《きゅうふ》される現金《げんきん》の総額《そうがく》である。

1 2 **058**

2021年度《ねんど》（令和《れいわ》3年度《ねんど》）の社会保障給付費《しゃかいほしょうきゅうふひ》の部門別《ぶもんべつ》割合《わりあい》では，「医療《いりょう》」の割合《わりあい》が最《もっと》も大《おお》きい。

1 2 **059**

介護保険法第《かいごほけんほうだい》1条《じょう》では，福祉《ふくし》サービス利用者《りようしゃ》の利益《りえき》の保護及《ほごおよ》び地域福祉《ちいきふくし》の推進《すいしん》を図《はか》ることが規定《きてい》されている。

1 2 **060**

介護保険制度《かいごほけんせいど》における要介護認定《ようかいごにんてい》の基準《きじゅん》を定《さだ》めるのは，市町村《しちょうそん》の役割《やくわり》である。

1 2 **061**

介護保険制度《かいごほけんせいど》における保険給付《ほけんきゅうふ》に関《かん》する事務《じむ》を行《おこな》うのは，市町村《しちょうそん》の役割《やくわり》である。

1 2 **062**

介護保険審査会《かいごほけんしんさかい》を設置《せっち》するのは，都道府県《とどうふけん》の役割《やくわり》である。

1 2 **063**

介護保険制度《かいごほけんせいど》における居宅《きょたく》サービス事業者《じぎょうしゃ》の指定《してい》は，市町村《しちょうそん》の役割《やくわり》である。

× **056** 2021年度《ねんど》（令和《れいわ》3年度《ねんど》）の社会保障財源《しゃかいほしょうざいげん》では，社会保《しゃかいほ》険料《けんりょう》の占《し》める割合《わりあい》が最《もっと》も大《おお》きい。社会保険料《しゃかいほけんりょう》が46.2%，公費負担《こうひふたん》（税《ぜい》）が40.4%である。

× **057** 社会保障給付費《しゃかいほしょうきゅうふひ》とは，1年間《ねんかん》に給付《きゅうふ》される現物給付《げんぶつきゅうふ》(サービス関連《かんれん》の給付費《きゅうふひ》）と現金給付《げんきんきゅうふ》を合《あ》わせた総額《そうがく》である。

× **058** 2021年度《ねんど》（令和《れいわ》3年度《ねんど》）の社会保障給付費《しゃかいほしょうきゅうふひ》の部門別割《ぶもんべつわり》合《あい》では，「年金《ねんきん》」の割合《わりあい》が最《もっと》も大《おお》きく，次《つ》いで「医療《いりょう》」「福祉《ふくし》その他《た》（介護対策《かいごたいさく》)」となっている。

× **059** 介護保険法第《かいごほけんほうだい》1条《じょう》では，その目的《もくてき》として，介護《かいご》が必要《ひつよう》となった者等《ものとう》が尊厳《そんげん》を保持《ほじ》し，その有《ゆう》する能力《のうりょく》に応《おう》じ自立《じりつ》した日常生活《にちじょうせいかつ》を営《いとな》めるよう，保険給付《ほけんきゅうふ》を行《おこな》うことが規定《きてい》されている。

× **060** 介護保険制度《かいごほけんせいど》における要介護認定《ようかいごにんてい》の基準《きじゅん》を定《さだ》めるのは，国《くに》の役割《やくわり》である。

○ **061** 介護保険制度《かいごほけんせいど》における保険給付《ほけんきゅうふ》に関《かん》する事務《じむ》，要介護認《ようかいごにん》定《てい》に関《かん》する事務《じむ》，被保険者《ひほけんしゃ》の資格管理《しかくかんり》に関《かん》する事務《じむ》などを行《おこな》うのは，市町村《しちょうそん》の役割《やくわり》である。

○ **062** 介護保険審査会《かいごほけんしんさかい》を設置《せっち》するのは，都道府県《とどうふけん》の役割《やくわり》である。要介護認定《ようかいごにんてい》や保険料《ほけんりょう》などに関《かん》する処分《しょぶん》に不服《ふふく》がある場合《ばあい》は，介護保険審査会《かいごほけんしんさかい》に審査請求《しんさせいきゅう》できる。

× **063** 介護保険制度《かいごほけんせいど》における居宅《きょたく》サービス事業者《じぎょうしゃ》・介護予防《かいごよぼう》サービス事業者《じぎょうしゃ》の指定《してい》，介護保険施設《かいごほけんしせつ》の指定《してい》（許可《きょか》）は，都道府県《とどうふけん》の役割《やくわり》である。

064 介護保険制度《かいごほけんせいど》における地域密着型《ちいきみっちゃくがた》サービス事業者《じぎょうしゃ》の指定《してい》は，都道府県《とどうふけん》の役割《やくわり》である。

065 国民健康保険団体連合会《こくみんけんこうほけんだんたいれんごうかい》は，介護保険《かいごほけん》サービスの利用者《りようしゃ》からの苦情《くじょう》を処理《しょり》する役割《やくわり》がある。

066 介護保険《かいごほけん》の保険者《ほけんしゃ》は，都道府県《とどうふけん》である。

067 介護保険《かいごほけん》の第一号被保険者《だいいちごうひほけんしゃ》は，65 歳以上《さいいじょう》の者《もの》である。

068 介護保険《かいごほけん》の第二号被保険者《だいにごうひほけんしゃ》は，20 歳以上《さいいじょう》65 歳未満《さいみまん》の医療保険加入者《いりょうほけんかにゅうしゃ》である。

069 介護保険制度《かいごほけんせいど》の保険給付《ほけんきゅうふ》の財源《ざいげん》は，公費《こうひ》と第一号保険料《だいいちごうほけんりょう》で構成《こうせい》される。

070 介護保険《かいごほけん》の第一号被保険者《だいいちごうひほけんしゃ》の保険料《ほけんりょう》は，市町村《しちょうそん》が直接徴収《ちょくせつちょうしゅう》する普通徴収《ふつうちょうしゅう》と年金《ねんきん》からの天引《てんび》きによる特別徴収《とくべつちょうしゅう》がある。

071 介護保険《かいごほけん》の第二号被保険者《だいにごうひほけんしゃ》の保険料《ほけんりょう》は，市町村《しちょうそん》が徴収《ちょうしゅう》する。

× **064** 介護保険制度《かいごほけんせいど》における地域密着型《ちいきみっちゃくがた》サービス事業者《じぎょうしゃ》・地域《ちいき》密着型介護予防《みっちゃくがたかいごよぼう》サービス事業者《じぎょうしゃ》・居宅介護支援事業者《きょたくかいごしえんじぎょうしゃ》・介護予防支援事業者《かいごよぼうしえんじぎょうしゃ》の指定《してい》は，市町村《しちょうそん》の役割《やくわり》である。

○ **065** 国民健康保険団体連合会《こくみんけんこうほけんだんたいれんごうかい》は，介護保険《かいごほけん》サービスの費用《ひよう》の請求《せいきゅう》に関《かん》する審査《しんさ》・支払《しはらい》，利用者《りようしゃ》からの苦情《くじょう》の処理《しょり》などの役割《やくわり》がある。

× **066** 介護保険《かいごほけん》の保険者《ほけんしゃ》は，市町村及《しちょうそんおよ》び特別区《とくべつく》（他《ほか》では単《たん》に市《し》町村《ちょうそん》としている）である。

○ **067** 介護保険《かいごほけん》の第一号被保険者《だいいちごうひほけんしゃ》は，市町村《しちょうそん》の区域内《くいきない》に住所《じゅうしょ》を有《ゆう》する 65 歳以上《さいいじょう》の者《もの》である。

× **068** 介護保険《かいごほけん》の第二号被保険者《だいにごうひほけんしゃ》は，市町村《しちょうそん》の区域内《くいきない》に住所《じゅうしょ》を有《ゆう》する 40 歳以上《さいいじょう》 65 歳未満《さいみまん》の医療保険加入者《いりょうほけんかにゅうしゃ》である。

× **069** 介護保険制度《かいごほけんせいど》の保険給付《ほけんきゅうふ》の財源《ざいげん》は，公費《こうひ》，第一号被保険《だいいちごうひほけん》者《しゃ》から徴収《ちょうしゅう》した第一号保険料《だいいちごうほけんりょう》，第二号被保険者《だいにごうひほけんしゃ》から徴収《ちょうしゅう》した第二号保険料《だいにごうほけんりょう》で構成《こうせい》される。

○ **070** 介護保険《かいごほけん》の第一号被保険者《だいいちごうひほけんしゃ》の保険料《ほけんりょう》は，市町村《しちょうそん》が直接徴《ちょくせつちょう》収《しゅう》する普通徴収《ふつうちょうしゅう》と年金《ねんきん》からの天引《てんび》きによる特別徴収《とくべつちょうしゅう》がある。

× **071** 介護保険《かいごほけん》の第二号被保険者《だいにごうひほけんしゃ》の保険料《ほけんりょう》は，医療保険者《いりょうほけんしゃ》が医《い》療保険《りょうほけん》の保険料《ほけんりょう》と一緒《いっしょ》に徴収《ちょうしゅう》する。

072 介護保険《かいごほけん》サービスの利用者負担《りようしゃふたん》は，原則《げんそく》として2割《わり》負《ふ》担《たん》である。

073 介護保険施設《かいごほけんしせつ》の食費《しょくひ》と居住費《きょじゅうひ》については，原則《げんそく》は利用《りよう》者《しゃ》の自己負担《じこふたん》となるが，所得《しょとく》の状況《じょうきょう》，その他《た》の事情《じじょう》を考慮《こうりょ》して給付《きゅうふ》が行《おこな》われる。

074 介護保険制度《かいごほけんせいど》を利用《りよう》するために，要介護認定《ようかいごにんてい》の申請書《しんせいしょ》を提出《ていしゅつ》する場合《ばあい》，介護保険被保険者証《かいごほけんひほけんしゃしょう》を添付《てんぷ》する。

075 要介護認定《ようかいごにんてい》には，認定調査《にんていちょうさ》が必要《ひつよう》であるが，主治医《しゅじい》の意見書《いけんしょ》は必要《ひつよう》ない。

076 要介護認定《ようかいごにんてい》の審査《しんさ》及《およ》び判定《はんてい》は，市町村《しちょうそん》に設置《せっち》される介《かい》護認定審査会《ごにんていしんさかい》によって行《おこな》われる。

077 要介護《ようかいご》及《およ》び要支援《ようしえん》の認定《にんてい》は，併《あわ》せて6つに区分《くぶん》して行《おこな》われる。

078 地域包括支援《ちいきほうかつしえん》センターは，要介護認定《ようかいごにんてい》の申請手続《しんせいてつづ》きの代行《だいこう》ができる。

× **072** 介護保険《かいごほけん》サービスの利用者負担《りようしゃふたん》は，原則《げんそく》として1割負担《わりふたん》である。ただし，2015年度《ねんど》（平成《へいせい》27年度《ねんど》）からは，一定所得《いっていしょとく》のある利用者《りようしゃ》の自己負担《じこふたん》が2割《わり》に，2018年度《ねんど》（平成《へいせい》30年度《ねんど》）からは，特《とく》に所得《しょとく》の高《たか》い利用者《りようしゃ》の自己負担《じこふたん》が3割《わり》に引《ひ》き上《あ》げられている。

○ **073** 介護保険施設《かいごほけんしせつ》の食費《しょくひ》と居住費《きょじゅうひ》については，原則《げんそく》は利用者《りようしゃ》の自己負担《じこふたん》となるが，所得《しょとく》の状況《じょうきょう》，その他《た》の事情《じじょう》を考慮《こうりょ》して特定入所者介護《とくていにゅうしょしゃかいご》サービス費《ひ》の給付《きゅうふ》が行《おこな》われる。

○ **074** 要介護認定《ようかいごにんてい》の申請書《しんせいしょ》は，介護保険被保険者証《かいごほけんひほけんしゃしょう》を添付《てんぷ》して，保険者《ほけんしゃ》である市町村《しちょうそん》の担当窓口《たんとうまどぐち》に提出《ていしゅつ》する。

× **075** 要介護認定《ようかいごにんてい》には，認定調査《にんていちょうさ》と主治医《しゅじい》の意見書《いけんしょ》が必要《ひつよう》である。主治医《しゅじい》がいない場合《ばあい》などは，市町村《しちょうそん》が指定《してい》する医師《いし》又《また》は市町村《しちょうそん》の職員《しょくいん》で医師《いし》であるものの診断《しんだん》を受《う》けることになる。

○ **076** 要介護認定《ようかいごにんてい》は，市町村《しちょうそん》に申請《しんせい》をし，その後《ご》，市町村《しちょうそん》に設置《せっち》される介護認定審査会《かいごにんていしんさかい》によって審査《しんさ》及《およ》び判定《はんてい》が行《おこな》われる。介護認定審査会《かいごにんていしんさかい》は，保健《ほけん》，医療《いりょう》又《また》は福祉《ふくし》に関《かん》する学識経験者《がくしきけいけんしゃ》から構成《こうせい》される。

× **077** 要介護《ようかいご》及《およ》び要支援《ようしえん》の認定《にんてい》は，要介護《ようかいご》1から5及《およ》び要支援《ようしえん》1から2の併《あわ》せて7つに区分《くぶん》して行《おこな》われる。

○ **078** 要介護認定《ようかいごにんてい》の申請手続《しんせいてつづ》きの代行《だいこう》ができるのは，地域包括支援《ちいきほうかつしえん》センター，居宅介護支援事業者《きょたくかいごしえんじぎょうしゃ》，地域密着型介護老人福祉施設《ちいきみっちゃくがたかいごろうじんふくししせつ》，介護保険施設《かいごほけんしせつ》である。

1 2 **079**

要介護者《ようかいごしゃ》の居宅《きょたく》サービス計画《けいかく》の作成《さくせい》は，原則《げんそく》として要《よう》介護認定《かいごにんてい》の後《あと》に，地域包括支援《ちいきほうかつしえん》センターが行《おこな》う。

1 2 **080**

要介護者《ようかいごしゃ》の施設《しせつ》サービス計画《けいかく》の作成《さくせい》は，原則《げんそく》として要《よう》介護認定《かいごにんてい》の後《あと》に，入所《にゅうしょ》する介護保険施設《かいごほけんしせつ》の介護支援専《かいごしえんせん》門員《もんいん》（ケアマネジャー）が行《おこな》う。

1 2 **081**

要介護者《ようかいごしゃ》が認知症対応型共同生活介護《にんちしょうたいおうがたきょうどうせいかつかいご》（認知症高齢者《にんちしょうこうれいしゃ》グループホーム）に入居《にゅうきょ》する場合《ばあい》，居宅介護支援事業《きょたくかいごしえんじぎょう》所《しょ》の介護支援専門員《かいごしえんせんもんいん》（ケアマネジャー）が居宅《きょたく》サービス計画《けいかく》を作成《さくせい》する。

1 2 **082**

通帳《つうちょう》と印鑑《いんかん》の預《あず》かりは，介護保険制度《かいごほけんせいど》における訪問介《ほうもんかい》護《ご》（ホームヘルプサービス）のサービスに含《ふく》まれる。

1 2 **083**

庭《にわ》の草《くさ》むしりは，介護保険制度《かいごほけんせいど》における訪問介護《ほうもんかいご》（ホームヘルプサービス）のサービスに含《ふく》まれる。

1 2 **084**

都道府県知事《とどうふけんちじ》から介護保険《かいごほけん》サービス事業者《じぎょうしゃ》の指定《してい》を受《う》けている有料老人《ゆうりょうろうじん》ホームの入居者《にゅうきょしゃ》は，特定施設入居者《とくていしせつにゅうきょしゃ》生活介護《せいかつかいご》を利用《りよう》することができる。

× 079 要介護者《ようかいごしゃ》の居宅《きょたく》サービス計画《けいかく》の作成《さくせい》は，原則《げんそく》として要介護認定《ようかいごにんてい》の後《あと》に，居宅介護支援事業所《きょたくかいごしえんじぎょうしょ》の介護支援専門員《かいごしえんせんもんいん》（ケアマネジャー）が行《おこな》う。地域包括支援《ちいきほうかつしえん》センターが作成《さくせい》するのは，要支援者《ようしえんしゃ》の介護予防《かいごよぼう》サービス計画《けいかく》である。

○ 080 要介護者《ようかいごしゃ》の施設《しせつ》サービス計画《けいかく》の作成《さくせい》は，原則《げんそく》として要介護認定《ようかいごにんてい》の後《あと》に，入所《にゅうしょ》する介護保険施設《かいごほけんしせつ》の介護支援専門員《かいごしえんせんもんいん》が行《おこな》う。

× 081 要介護者《ようかいごしゃ》が認知症高齢者《にんちしょうこうれいしゃ》グループホームに入居《にゅうきょ》する場合《ばあい》，認知症高齢者《にんちしょうこうれいしゃ》グループホームの計画作成担当者《けいかくさくせいたんとうしゃ》（そのうち1人《ひとり》以上《いじょう》は介護支援専門員《かいごしえんせんもんいん》）が認知症対応型共同生活介護計画《にんちしょうたいおうがたきょうどうせいかつかいごけいかく》を作成《さくせい》する。

× 082 訪問介護《ほうもんかいご》のサービスに含《ふく》まれるのは，入浴《にゅうよく》，排泄《はいせつ》，食事《しょくじ》等《とう》の介護《かいご》，調理《ちょうり》，洗濯《せんたく》，掃除等《そうじとう》の家事《かじ》，生活等《せいかつとう》に関《かん》する相談《そうだん》・助言《じょげん》などである。通帳《つうちょう》と印鑑《いんかん》の預《あず》かりなど，日常的《にちじょうてき》な金銭管理《きんせんかんり》を行《おこな》うことはできない。

× 083 庭《にわ》の草《くさ》むしり・ペットの世話《せわ》・大掃除《おおそうじ》・特別《とくべつ》な調理《ちょうり》などの「日常生活《にちじょうせいかつ》の援助《えんじょ》に該当《がいとう》しない行為《こうい》」，利用者《りようしゃ》のもの以外《いがい》の洗濯《せんたく》・掃除《そうじ》などの「直接本人《ちょくせつほんにん》の援助《えんじょ》に該当《がいとう》しない行為《こうい》」は，訪問介護《ほうもんかいご》のサービスに含《ふく》まれない。

○ 084 都道府県知事《とどうふけんちじ》から介護保険《かいごほけん》サービス事業者《じぎょうしゃ》の指定《してい》を受《う》けている有料老人《ゆうりょうろうじん》ホーム・養護老人《ようごろうじん》ホーム・軽費老人《けいひろうじん》ホーム（地域密着型特定施設《ちいきみっちゃくがたとくていしせつ》でないもの）の入居者《にゅうきょしゃ》は，特定施設入居者生活介護《とくていしせつにゅうきょしゃせいかつかいご》を利用《りよう》することができる（p. 85参照《さんしょう》）。

1 2 **085**

短期入所療養介護《たんきにゅうしょりょうようかいご》（ショートステイ）は，家族介護者《かぞくかいごしゃ》が旅行《りょこう》などで一定期間家《いっていきかんいえ》を空《あ》ける場合《ばあい》にも利用《りよう》できるサービスである。

1 2 **086**

定期巡回《ていきじゅんかい》・随時対応型訪問介護看護《ずいじたいおうがたほうもんかいごかんご》は，利用者《りようしゃ》の状態《じょうたい》の変化《へんか》に応《おう》じて，随時訪問《ずいじほうもん》サービスを利用《りよう》することができる。

1 2 **087**

小規模多機能型居宅介護《しょうきぼたきのうがたきょたくかいご》は，「通《かよ》い」と「訪問《ほうもん》」の2つを組《く》み合《あ》わせて利用《りよう》するサービスである。

1 2 **088**

看護小規模多機能型居宅介護《かんごしょうきぼたきのうがたきょたくかいご》は，看護《かんご》と介護《かいご》を一体的《いったいてき》に提供《ていきょう》する。

1 2 **089**

原則《げんそく》として要介護《ようかいご》3以上《いじょう》であることを入所要件《にゅうしょようけん》にしているのは，介護医療院《かいごいりょういん》である。

1 2 **090**

地域包括支援《ちいきほうかつしえん》センターには，主任介護支援専門員《しゅにんかいごしえんせんもんいん》の配《はい》置《ち》が義務《ぎむ》づけられている。

1 2 **091**

介護保険制度《かいごほけんせいど》における地域《ちいき》ケア会議《かいぎ》の目的《もくてき》には，個別《こべつ》ケースの課題分析等《かだいぶんせきとう》を行《おこな》うことによる地域課題《ちいきかだい》の把握《はあく》がある。

1 2 **092**

2009年《ねん》（平成《へいせい》21年《ねん》）に施行《せこう》された介護保険制度《かいごほけんせいど》の改《かい》正《せい》によって，介護予防《かいごよぼう》を重視《じゅうし》した新予防給付《しんよぼうきゅうふ》が創設《そうせつ》された。

○ **085** 短期入所療養介護《たんきにゅうしょりょうようかいご》は，家族《かぞく》の疾病《しっぺい》，冠婚葬祭《かんこんそうさい》，出張等《しゅっちょうとう》の理由《りゆう》や，利用者《りようしゃ》の家族《かぞく》の身体的《しんたいてき》・精神的《せいしんてき》な負担《ふたん》の軽減等《けいげんとう》を図《はか》る目的《もくてき》で，一時的《いちじてき》に入所《にゅうしょ》して利用《りよう》できるサービスである。短期入所生活介護《たんきにゅうしょせいかつかいご》（ショートステイ）についても同様《どうよう》である。

○ **086** 定期巡回《ていきじゅんかい》・随時対応型訪問介護看護《ずいじたいおうがたほうもんかいごかんご》は，日中《にっちゅう》・夜間《やかん》を通《つう》じて定期的《ていきてき》な訪問《ほうもん》や利用者《りようしゃ》からの通報《つうほう》に応《おう》じることにより，随時訪問《ずいじほうもん》サービスを提供《ていきょう》する（p. 85 参照《さんしょう》）。

× **087** 小規模多機能型居宅介護《しょうきぼたきのうがたきょたくかいご》は，「通《かよ》い」を中心《ちゅうしん》として，「訪問《ほうもん》」と「泊《と》まり」の 3 つを組《く》み合《あ》わせて利用《りよう》するサービスである（p. 86 参照《さんしょう》）。

○ **088** 看護小規模多機能型居宅介護《かんごしょうきぼたきのうがたきょたくかいご》は，医療《いりょう》ニーズへの対応《たいおう》が必要《ひつよう》な利用者《りようしゃ》に対《たい》して，看護《かんご》と介護《かいご》を一体的《いったいてき》に提供《ていきょう》する（p. 86 参照《さんしょう》）。

× **089** 原則《げんそく》として要介護《ようかいご》3 以上《いじょう》であることを入所要件《にゅうしょようけん》にしているのは，介護老人福祉施設《かいごろうじんふくししせつ》である（p. 86 参照《さんしょう》）。

○ **090** 地域包括支援《ちいきほうかつしえん》センターには，保健師《ほけんし》，社会福祉士《しゃかいふくしし》，主任《しゅにん》介護支援専門員《かいごしえんせんもんいん》の配置《はいち》が義務《ぎむ》づけられている。

○ **091** 介護保険制度《かいごほけんせいど》における地域《ちいき》ケア会議《かいぎ》の目的《もくてき》には，地域課《ちいきか》題《だい》の把握《はあく》，個別課題《こべつかだい》の解決《かいけつ》，ネットワークの構築《こうちく》，資源《しげん》開発《かいはつ》，政策形成《せいさくけいせい》の 5 つがある。

× **092** 介護予防《かいごよぼう》を重視《じゅうし》した新予防給付《しんよぼうきゅうふ》が創設《そうせつ》されたのは，2006 年《ねん》（平成《へいせい》18 年《ねん》）に施行《せこう》された介護保険制度《かいごほけんせいど》の改正《かいせい》によってである（p. 87 参照《さんしょう》）。

1 2 **093**

2012年《ねん》（平成《へいせい》24年《ねん》）に施行《せこう》された介護保険制度《かいごほけんせいど》の改《かい》正《せい》によって，地域密着型《ちいきみっちゃくがた》サービスが創設《そうせつ》された。

1 2 **094**

2015年《ねん》（平成《へいせい》27年《ねん》）に施行《せこう》された介護保険制度《かいごほけんせいど》の改《かい》正《せい》によって，予防給付《よぼうきゅうふ》の訪問介護《ほうもんかいご》（ホームヘルプサービス）・通所介護《つうしょかいご》（デイサービス）が，介護予防《かいごよぼう》・日《にち》常生活支援総合事業《じょうせいかつしえんそうごうじぎょう》に移行《いこう》された。

1 2 **095**

2018年《ねん》（平成《へいせい》30年《ねん》）に施行《せこう》された介護保険制度《かいごほけんせいど》の改《かい》正《せい》によって，介護医療院《かいごいりょういん》が創設《そうせつ》された。

1 2 **096**

短期入所生活介護《たんきにゅうしょせいかつかいご》（ショートステイ）は，2018年度《ねんど》（平成《へいせい》30年度《ねんど》）に創設《そうせつ》された共生型《きょうせいがた》サービスの対象《たいしょう》となる。

1 2 **097**

障害者基本計画《しょうがいしゃきほんけいかく》※1の策定《さくてい》は，障害者総合支援法《しょうがいしゃそうごうしえんほう》※2に定《さだ》められている。

1 2 **098**

障害者基本計画《しょうがいしゃきほんけいかく》※1は，政府《せいふ》が策定《さくてい》しなければならない。

1 2 **099**

障害者総合支援法《しょうがいしゃそうごうしえんほう》※2では，「障害者《しょうがいしゃ》」を20歳以上《さいいじょう》のものと定義《ていぎ》している。

※1　障害者《しょうがいしゃ》のための施策《せさく》に関《かん》する基本的《きほんてき》な計画《けいかく》

※2　障害者《しょうがいしゃ》の日常生活及《にちじょうせいかつおよ》び社会生活《しゃかいせいかつ》を総合的《そうごうてき》に支援《しえん》するための法律《ほうりつ》

× **093** 地域密着型《ちいきみっちゃくがた》サービスが創設《そうせつ》されたのは，2006年《ねん》（平成《へいせい》18年《ねん》）に施行《せこう》された介護保険制度《かいごほけんせいど》の改正《かいせい》によってである（p. 87参照《さんしょう》）。

○ **094** 2015年《ねん》（平成《へいせい》27年《ねん》）に施行《せこう》された介護保険制度《かいごほけんせいど》の改正《かいせい》によって，予防給付《よぼうきゅうふ》の訪問介護《ほうもんかいご》・通所介護《つうしょかいご》が，地域支援《ちいきしえん》事業《じぎょう》の中《なか》の介護予防《かいごよぼう》・日常生活支援総合事業《にちじょうせいかつしえんそうごうじぎょう》に移行《いこう》され，第一号訪問事業《だいいちごうほうもんじぎょう》（訪問型《ほうもんがた》サービス），第一号通所事業《だいいちごうつうしょじぎょう》（通所型《つうしょがた》サービス）として位置《いち》づけられた（p. 87参照《さんしょう》）。

○ **095** 2018年《ねん》（平成《へいせい》30年《ねん》）に施行《せこう》された介護保険制度《かいごほけんせいど》の改正《かいせい》によって，介護医療院《かいごいりょういん》が創設《そうせつ》された（p. 88参照《さんしょう》）。

○ **096** 共生型《きょうせいがた》サービスの対象《たいしょう》となるのは，ホームヘルプサービス，デイサービス，ショートステイのいずれかのサービスである（p. 88参照《さんしょう》）。

× **097** 障害者基本計画《しょうがいしゃきほんけいかく》の策定《さくてい》は，障害者基本法《しょうがいしゃきほんほう》に定《さだ》められている。障害者総合支援法《しょうがいしゃそうごうしえんほう》に定《さだ》められているのは，障害福祉《しょうがいふくし》計画《けいかく》の策定《さくてい》である。

○ **098** 政府《せいふ》は，障害者《しょうがいしゃ》の自立及《じりつおよ》び社会参加《しゃかいさんか》の支援等《しえんとう》のための施《せ》策《さく》の総合的《そうごうてき》かつ計画的《けいかくてき》な推進《すいしん》を図《はか》るため，障害者基本計《しょうがいしゃきほんけい》画《かく》を策定《さくてい》しなければならない。

× **099** 障害者総合支援法《しょうがいしゃそうごうしえんほう》では，「障害者《しょうがいしゃ》」を18歳以上《さいいじょう》のものと定義《ていぎ》している。また，年齢《ねんれい》の上限《じょうげん》は定《さだ》められていない。

1 2 **100** 障害者総合支援法《しょうがいしゃそうごうしえんほう》※1では，「障害者《しょうがいしゃ》」の定義《ていぎ》に発達障《はったつしょう》害者《がいしゃ》も含《ふく》まれる。

1 2 **101** 障害者総合支援法《しょうがいしゃそうごうしえんほう》※1では，「障害者《しょうがいしゃ》」の定義《ていぎ》に精神作《せいしんさ》用物質《ようぶっしつ》による依存症《いぞんしょう》の者《もの》も含《ふく》まれる。

1 2 **102** 我《わ》が国《くに》の障害者権利条約《しょうがいしゃけんりじょうやく》※2の批准《ひじゅん》（2014年《ねん》（平成《へいせい》26年《ねん》））に向《む》けて，障害者基本法《しょうがいしゃきほんほう》の改正《かいせい》や障害者差別解《しょうがいしゃさべつかい》消法《しょうほう》※3の成立《せいりつ》などの法整備《ほうせいび》が行《おこな》われた。

1 2 **103** 障害者差別解消法《しょうがいしゃさべつかいしょうほう》※3は，共生社会《きょうせいしゃかい》の実現《じつげん》を目指《めざ》している。

1 2 **104** 障害者差別解消法《しょうがいしゃさべつかいしょうほう》※3では，差別《さべつ》について具体的《ぐたいてき》に定《てい》義《ぎ》を定《さだ》めている。

1 2 **105** 障害者差別解消法《しょうがいしゃさべつかいしょうほう》※3では，行政機関等《ぎょうせいきかんとう》と事業者《じぎょうしゃ》に対《たい》して，不当《ふとう》な差別的取扱《さべつてきとりあつか》いを禁止《きんし》している。

※1　障害者《しょうがいしゃ》の日常生活及《にちじょうせいかつおよ》び社会生活《しゃかいせいかつ》を総合的《そうごうてき》に支援《しえん》するための法律《ほうりつ》
※2　障害者《しょうがいしゃ》の権利《けんり》に関《かん》する条約《じょうやく》
※3　障害《しょうがい》を理由《りゆう》とする差別《さべつ》の解消《かいしょう》の推進《すいしん》に関《かん》する法律《ほうりつ》

○ **100** 障害者総合支援法《しょうがいしゃそうごうしえんほう》では，「障害者《しょうがいしゃ》」を身体障害者《しんたいしょうがいしゃ》，知的《ちてき》障害者《しょうがいしゃ》，精神障害者《せいしんしょうがいしゃ》（発達障害者《はったつしょうがいしゃ》を含《ふく》み，知的障害者《ちてきしょうがいしゃ》を除《のぞ》く），難病患者等《なんびょうかんじゃとう》と定義《ていぎ》している。

○ **101** 精神作用物質《せいしんさようぶっしつ》による依存症《いぞんしょう》の者《もの》は，精神障害者《せいしんしょうがいしゃ》の定義《ていぎ》に含《ふく》まれるため，障害者総合支援法《しょうがいしゃそうごうしえんほう》の「障害者《しょうがいしゃ》」の定義《ていぎ》に含《ふく》まれる（p. 89 参照《さんしょう》）。

○ **102** 我《わ》が国《くに》の障害者権利条約《しょうがいしゃけんりじょうやく》の批准《ひじゅん》（2014 年《ねん》（平成《へいせい》26 年《ねん》））に向《む》けて，障害者基本法《しょうがいしゃきほんほう》の改正《かいせい》や障害者差別解消法《しょうがいしゃさべつかいしょうほう》の成《せい》立《りつ》などの法整備《ほうせいび》が行《おこな》われ，社会的障壁《しゃかいてきしょうへき》の除去《じょきょ》について規《き》定《てい》された。

○ **103** 障害者差別解消法《しょうがいしゃさべつかいしょうほう》は，障害者基本法《しょうがいしゃきほんほう》の基本的《きほんてき》な理念《りねん》にのっとり，全《すべ》ての国民《こくみん》が，障害《しょうがい》の有無《うむ》によって分《わ》け隔《へだ》てられることなく，相互《そうご》に人格《じんかく》と個性《こせい》を尊重《そんちょう》し合《あ》いながら共生《きょうせい》する社会《しゃかい》の実現《じつげん》に資《し》することを目指《めざ》している。

× **104** 障害者差別解消法《しょうがいしゃさべつかいしょうほう》では，差別《さべつ》について具体的《ぐたいてき》に定義《ていぎ》を定《さだ》めていない。

○ **105** 障害者差別解消法《しょうがいしゃさべつかいしょうほう》では，行政機関等《ぎょうせいきかんとう》と事業者《じぎょうしゃ》に対《たい》して，「不当《ふとう》な差別的取扱《さべつてきとりあつか》いをすることにより，障害者《しょうがいしゃ》の権利《けんり》利益《りえき》を侵害《しんがい》してはならない」と定《さだ》めている。

1 2 **106**

障害者差別解消法《しょうがいしゃさべつかいしょうほう》※1では，行政機関《ぎょうせいきかん》に対《たい》して，障害者《しょうがいしゃ》に対《たい》する合理的配慮《ごうりてきはいりょ》を法的義務《ほうてきぎむ》としている。

---

1 2 **107**

市町村《しちょうそん》は，障害者差別解消支援地域協議会《しょうがいしゃさべつかいしょうしえんちいききょうぎかい》を設置《せっち》しなければならない。

---

1 2 **108**

精神保健福祉法《せいしんほけんふくしほう》※2に規定《きてい》されている入院形態《にゅういんけいたい》のうち，本人《ほんにん》から入院《にゅういん》の同意《どうい》が得《え》られず，家族《かぞく》の同意《どうい》による精神科病院《せいしんかびょういん》への入院《にゅういん》は，任意入院《にんいにゅういん》である。

---

1 2 **109**

精神保健福祉法《せいしんほけんふくしほう》※2に規定《きてい》されている入院形態《にゅういんけいたい》のうち，2名以上《めいいじょう》の精神保健指定医《せいしんほけんしていい》の診察《しんさつ》を経《へ》て，都道府県知事《とどうふけんちじ》が認《みと》めた場合《ばあい》に行《おこな》う入院《にゅういん》は，応急入院《おうきゅうにゅういん》である。

---

1 2 **110**

障害者総合支援法《しょうがいしゃそうごうしえんほう》※3は，社会福祉法《しゃかいふくしほう》の基本的《きほんてき》な理念《りねん》にのっとり，障害《しょうがい》の有無《うむ》にかかわらず国民《こくみん》が相互《そうご》に人格《じんかく》と個性《こせい》を尊重《そんちょう》し安心《あんしん》して暮《く》らすことのできる地域社会《ちいきしゃかい》の実現《じつげん》に寄与《きよ》することを目的《もくてき》としている。

---

1 2 **111**

主務大臣《しゅむだいじん》（内閣総理大臣及《ないかくそうりだいじんおよ》び厚生労働大臣《こうせいろうどうだいじん》）は，市町村《しちょうそん》と都道府県《とどうふけん》が障害福祉計画《しょうがいふくしけいかく》を定《さだ》めるための基本的《きほんてき》な指針《ししん》を定《さだ》めなければならない。

※1　障害《しょうがい》を理由《りゆう》とする差別《さべつ》の解消《かいしょう》の推進《すいしん》に関《かん》する法律《ほうりつ》

※2　精神保健及《せいしんほけんおよ》び精神障害者福祉《せいしんしょうがいしゃふくし》に関《かん》する法律《ほうりつ》

※3　障害者《しょうがいしゃ》の日常生活及《にちじょうせいかつおよ》び社会生活《しゃかいせいかつ》を総合的《そうごうてき》に支援《しえん》するための法律《ほうりつ》

○ **106** 障害者差別解消法《しょうがいしゃさべつかいしょうほう》では，行政機関《ぎょうせいきかん》に対《たい》して，「負担《ふたん》が過《か》重《じゅう》でないときは，障害者《しょうがいしゃ》の権利利益《けんりりえき》を侵害《しんがい》することとならないよう，当該障害者《とうがいしょうがいしゃ》の性別《せいべつ》，年齢及《ねんれいおよ》び障害《しょうがい》の状態《じょうたい》に応《おう》じて，社会的障壁《しゃかいてきしょうへき》の除去《じょきょ》の実施《じっし》について必要《ひつよう》かつ合理《ごうり》的《てき》な配慮《はいりょ》をしなければならない」と義務《ぎむ》づけている。

× **107** 国及《くにおよ》び地方公共団体《ちほうこうきょうだんたい》の関係機関《かんけいきかん》は，障害《しょうがい》を理由《りゆう》とする差《さ》別《べつ》に関《かん》する相談《そうだん》や相談《そうだん》にかかる事例《じれい》を踏《ふ》まえた取《と》り組《く》みを効果的《こうかてき》かつ円滑《えんかつ》に行《おこな》うため，関係機関《かんけいきかん》により構成《こうせい》される障害者差別解消支援地域協議会《しょうがいしゃさべつかいしょうしえんちいききょうぎかい》を組織《そしき》することができるとされており，設置《せっち》は任意《にんい》である。

× **108** 精神保健福祉法《せいしんほけんふくしほう》に規定《きてい》されている入院形態《にゅういんけいたい》のうち，本人《ほんにん》から入院《にゅういん》の同意《どうい》が得《え》られず，家族《かぞく》の同意《どうい》による精神科病《せいしんかびょう》院《いん》への入院《にゅういん》は，医療保護入院《いりょうほごにゅういん》である（p. 89 参照《さんしょう》）。

× **109** 精神保健福祉法《せいしんほけんふくしほう》に規定《きてい》されている入院形態《にゅういんけいたい》のうち，2名《めい》以上《いじょう》の精神保健指定医《せいしんほけんしていい》の診察《しんさつ》を経《へ》て，都道府県知事《とどうふけんちじ》が認《みと》めた場合《ばあい》に行《おこな》う入院《にゅういん》は，措置入院《そちにゅういん》である（p. 89 参照《さんしょう》）。

× **110** 障害者総合支援法《しょうがいしゃそうごうしえんほう》は，障害者基本法《しょうがいしゃきほんほう》の基本的《きほんてき》な理念《りねん》にのっとり，障害《しょうがい》の有無《うむ》にかかわらず国民《こくみん》が相互《そうご》に人格《じんかく》と個性《こせい》を尊重《そんちょう》し安心《あんしん》して暮《く》らすことのできる地域社会《ちいきしゃかい》の実《じつ》現《げん》に寄与《きよ》することを目的《もくてき》としている。

○ **111** 主務大臣《しゅむだいじん》（内閣総理大臣及《ないかくそうりだいじんおよ》び厚生労働大臣《こうせいろうどうだいじん》）は，自立支《じりつし》援給付及《えんきゅうふおよ》び地域生活支援事業《ちいきせいかつしえんじぎょう》の円滑《えんかつ》な実施《じっし》を確保《かくほ》するための基本的《きほんてき》な指針《ししん》（基本指針《きほんししん》）を定《さだ》めなければならない。

1 2 **112** 障害福祉計画《しょうがいふくしけいかく》の策定《さくてい》は，市町村《しちょうそん》と都道府県《とどうふけん》の任意《にんい》である。

1 2 **113** 障害福祉《しょうがいふくし》サービス事業者及《じぎょうしゃおよ》び障害者支援施設《しょうがいしゃしえんしせつ》の指定《してい》は，厚生労働大臣《こうせいろうどうだいじん》が行《おこな》う。

1 2 **114** 障害者総合支援法《しょうがいしゃそうごうしえんほう》※に規定《きてい》されている協議会《きょうぎかい》は，地域《ちいき》における障害者等《しょうがいしゃとう》への支援体制《しえんたいせい》に関《かん》する課題《かだい》について情報《じょうほう》の共有《きょうゆう》を行《おこな》う。

1 2 **115** 障害者総合支援法《しょうがいしゃそうごうしえんほう》※では，市町村《しちょうそん》の介護給付費等《かいごきゅうふひとう》に関《かん》する処分《しょぶん》に不服《ふふく》があるときは，都道府県知事《とどうふけんちじ》に審査請求《しんさせいきゅう》を行《おこな》うことができる。

1 2 **116** 障害者総合支援法《しょうがいしゃそうごうしえんほう》※における自立支援給付《じりつしえんきゅうふ》の財源《ざいげん》は，国《くに》・都道府県《とどうふけん》・市町村《しちょうそん》が3分《ぶん》の1ずつ負担《ふたん》する。

1 2 **117** 障害者総合支援法《しょうがいしゃそうごうしえんほう》※に基《もと》づく障害福祉《しょうがいふくし》サービスを利用《りよう》する場合《ばあい》の利用者負担《りようしゃふたん》は，応益負担《おうえきふたん》である。

1 2 **118** 障害者総合支援法《しょうがいしゃそうごうしえんほう》※に基《もと》づく介護給付費《かいごきゅうふひ》の支給《しきゅう》を受《う》けようとする場合《ばあい》，まず市町村《しちょうそん》に申請《しんせい》をし，障害支援区分《しょうがいしえんくぶん》の認定《にんてい》を受《う》ける必要《ひつよう》がある。

1 2 **119** 障害者総合支援法《しょうがいしゃそうごうしえんほう》※に基《もと》づく訓練等給付費《くんれんとうきゅうふひ》の支給《しきゅう》を受《う》けようとする場合《ばあい》，まず障害支援区分《しょうがいしえんくぶん》の認定《にんてい》を受《う》ける必要《ひつよう》がある。

※　障害者《しょうがいしゃ》の日常生活及《にちじょうせいかつおよ》び社会生活《しゃかいせいかつ》を総合的《そうごうてき》に支援《しえん》するための法律《ほうりつ》

× **112** 障害福祉《しょうがいふくし》サービスの提供体制《ていきょうたいせい》の確保《かくほ》などの障害者総合支《しょうがいしゃそうごうし》援法《えんほう》※に基《もと》づく業務《ぎょうむ》の円滑《えんかつ》な実施《じっし》に関《かん》する障害福祉計画《しょうがいふくしけいかく》の策定《さくてい》は，市町村《しちょうそん》と都道府県《とどうふけん》の義務《ぎむ》である。

× **113** 障害福祉《しょうがいふくし》サービス事業者及《じぎょうしゃおよ》び障害者支援施設《しょうがいしゃしえんしせつ》の指定《してい》は，都道府県知事《とどうふけんちじ》が行《おこな》う。指定《してい》の有効期間《ゆうこうきかん》は，6年《ねん》である。

○ **114** 障害者総合支援法《しょうがいしゃそうごうしえんほう》に規定《きてい》されている協議会《きょうぎかい》は，地域《ちいき》における障害者等《しょうがいしゃとう》への支援体制《しえんたいせい》に関《かん》する課題《かだい》について情報《じょうほう》を共有《きょうゆう》し，地域《ちいき》の実情《じつじょう》に応《おう》じた体制《たいせい》の整備《せいび》について協議《きょうぎ》を行《おこな》う。

○ **115** 障害者総合支援法《しょうがいしゃそうごうしえんほう》では，市町村《しちょうそん》の介護給付費等《かいごきゅうふひとう》に関《かん》する処分《しょぶん》に不服《ふふく》があるときは，都道府県知事《とどうふけんちじ》に審査請求《しんさせいきゅう》を行《おこな》うことができる。

× **116** 障害者総合支援法《しょうがいしゃそうごうしえんほう》における自立支援給付《じりつしえんきゅうふ》の財源《ざいげん》は，国《くに》が2分《ぶん》の1，都道府県《とどうふけん》と市町村《しちょうそん》が4分《ぶん》の1ずつ負担《ふたん》する。

× **117** 障害者総合支援法《しょうがいしゃそうごうしえんほう》に基《もと》づく障害福祉《しょうがいふくし》サービスを利用《りよう》する場合《ばあい》の利用者負担《りようしゃふたん》は，家計《かけい》の負担能力《ふたんのうりょく》に応《おう》じた応能負担《おうのうふたん》である。

○ **118** 障害者総合支援法《しょうがいしゃそうごうしえんほう》に基《もと》づく介護給付費《かいごきゅうふひ》の支給《しきゅう》を受《う》けようとする場合《ばあい》，まず市町村《しちょうそん》に申請《しんせい》をし，障害支援区分《しょうがいしえんくぶん》の認《にん》定《てい》を受《う》ける必要《ひつよう》がある。

× **119** 障害者総合支援法《しょうがいしゃそうごうしえんほう》に基《もと》づく訓練等給付費《くんれんとうきゅうふひ》の支給《しきゅう》を受《う》けようとする場合《ばあい》，共同生活援助以外《きょうどうせいかつえんじょいがい》のサービスについては障害支援区分《しょうがいしえんくぶん》の認定《にんてい》を受《う》ける必要《ひつよう》はない。

1 2 **120**

障害支援区分《しょうがいしえんくぶん》の審査及《しんさおよ》び判定《はんてい》は，市町村審査会《しちょうそんしんさかい》が行《おこな》う。

1 2 **121**

障害支援区分《しょうがいしえんくぶん》の審査及《しんさおよ》び判定《はんてい》を行《おこな》う場合《ばあい》，市町村審査《しちょうそんしんさ》会《かい》は，その対象《たいしょう》となる障害者《しょうがいしゃ》の家族《かぞく》に意見《いけん》を聴《き》くことができる。

1 2 **122**

障害者総合支援法《しょうがいしゃそうごうしえんほう》※における障害支援区分《しょうがいしえんくぶん》は，区分《くぶん》1から区分《くぶん》5までの5区分《くぶん》である。

1 2 **123**

障害者総合支援法《しょうがいしゃそうごうしえんほう》※に基《もと》づく障害福祉《しょうがいふくし》サービスを利用《りよう》する場合《ばあい》，一般相談支援事業者《いっぱんそうだんしえんじぎょうしゃ》がサービス等利用計画《とうりようけいかく》を作成《さくせい》する。

1 2 **124**

障害者総合支援法《しょうがいしゃそうごうしえんほう》※に基《もと》づく障害福祉《しょうがいふくし》サービスを利用《りよう》する場合《ばあい》，サービス等利用計画《とうりようけいかく》を作成《さくせい》するのは相談支《そうだんし》援専門員《えんせんもんいん》の業務《ぎょうむ》である。

1 2 **125**

重度訪問介護《じゅうどほうもんかいご》には，外出時《がいしゅつじ》の移動中《いどうちゅう》の介護《かいご》はサービスに含《ふく》まれない。

1 2 **126**

行動援護《こうどうえんご》は，視覚障害《しかくしょうがい》のために移動《いどう》に著《いちじる》しい困難《こんなん》のある障害者《しょうがいしゃ》・障害児《しょうがいじ》を対象《たいしょう》とする。

1 2 **127**

自立生活援助《じりつせいかつえんじょ》は，共同生活援助《きょうどうせいかつえんじょ》（グループホーム）を受《う》けていた障害者《しょうがいしゃ》が一人暮《ひとりぐ》らしの生活《せいかつ》を始《はじ》めるに当《あ》たり，必要《ひつよう》な援助《えんじょ》を行《おこな》うサービスである。

※　障害者《しょうがいしゃ》の日常生活及《にちじょうせいかつおよ》び社会生活《しゃかいせいかつ》を総合的《そうごうてき》に支援《しえん》するための法律《ほうりつ》

○ **120** 障害支援区分《しょうがいしえんくぶん》の審査及《しんさおよ》び判定《はんてい》は，市町村審査会《しちょうそんしんさかい》が行《おこな》う。その結果《けっか》に基《もと》づいて，障害支援区分《しょうがいしえんくぶん》の認定《にんてい》を市町村《しちょうそん》が行《おこな》う。

○ **121** 障害支援区分《しょうがいしえんくぶん》の審査及《しんさおよ》び判定《はんてい》を行《おこな》う場合《ばあい》，市町村審査会《しちょうそんしんさかい》は，障害者《しょうがいしゃ》・障害児《しょうがいじ》，その家族《かぞく》，医師《いし》などの関係者《かんけいしゃ》の意見《いけん》を聴《き》くことができる。

× **122** 障害者総合支援法《しょうがいしゃそうごうしえんほう》における障害支援区分《しょうがいしえんくぶん》は，区分《くぶん》1から区分《くぶん》6までの6区分《くぶん》である。

× **123** 障害者総合支援法《しょうがいしゃそうごうしえんほう》に基《もと》づく障害福祉《しょうがいふくし》サービスを利用《りよう》する場合《ばあい》，特定相談支援事業者《とくていそうだんしえんじぎょうしゃ》がサービス等利用計画《とうりようけいかく》を作成《さくせい》する（p. 93参照《さんしょう》）。

○ **124** 障害者総合支援法《しょうがいしゃそうごうしえんほう》に基《もと》づく障害福祉《しょうがいふくし》サービスを利用《りよう》する場合《ばあい》，サービス担当者会議《たんとうしゃかいぎ》を開催《かいさい》した上《うえ》で，サービス等《とう》利用計画《りようけいかく》を作成《さくせい》するのは相談支援専門員《そうだんしえんせんもんいん》の業務《ぎょうむ》である。

× **125** 重度訪問介護《じゅうどほうもんかいご》は，居宅《きょたく》における介護《かいご》，家事《かじ》，相談《そうだん》や助言《じょげん》などの生活全般《せいかつぜんぱん》にわたる援助《えんじょ》と，外出時《がいしゅつじ》の移動中《いどうちゅう》の介護《かいご》を総合的《そうごうてき》に行《おこな》うサービスである（p. 90参照《さんしょう》）。

× **126** 行動援護《こうどうえんご》は，知的障害《ちてきしょうがい》や精神障害《せいしんしょうがい》のために行動上著《こうどうじょういちじる》しい困難《こんなん》のある障害者《しょうがいしゃ》・障害児《しょうがいじ》を対象《たいしょう》とする（p. 90参照《さんしょう》）。

○ **127** 自立生活援助《じりつせいかつえんじょ》は，施設入所支援《しせつにゅうしょしえん》や共同生活援助《きょうどうせいかつえんじょ》を受《う》けていた障害者《しょうがいしゃ》が一人暮《ひとりぐ》らしの生活《せいかつ》を始《はじ》めるに当《あ》たり，必要《ひつよう》な援助《えんじょ》を行《おこな》うサービスである（p. 92参照《さんしょう》）。

128 地域《ちいき》移行《いこう》支援《しえん》は，居宅《きょたく》において単身《たんしん》で生活《せいかつ》する障害者《しょうがいしゃ》などを対象《たいしょう》に，障害《しょうがい》の特性《とくせい》に起因《きいん》して生《しょう》じた緊急《きんきゅう》の事《じ》態等《たいとう》に相談等《そうだんとう》の支援《しえん》を行《おこな》うサービスである。

129 床《とこ》ずれ防止用具《ぼうしようぐ》は，障害者総合支援法《しょうがいしゃそうごうしえんほう》※に定《さだ》められている補装具《ほそうぐ》である。

130 車《くるま》いすは，障害者総合支援法《しょうがいしゃそうごうしえんほう》※に定《さだ》められている補装《ほそう》具《ぐ》である。

131 放課後等《ほうかごとう》デイサービスは，学校《がっこう》（幼稚園《ようちえん》･大学《だいがく》を除《のぞ》く）に就学《しゅうがく》している障害児《しょうがいじ》を対象《たいしょう》に，学校《がっこう》の休業日《きゅうぎょうび》に，社《しゃ》会《かい》との交流《こうりゅう》の促進《そくしん》を支援《しえん》するサービスである。

132 共生型《きょうせいがた》サービスの対象《たいしょう》となっている障害者総合支援《しょうがいしゃそうごうしえん》法《ほう》※に基《もと》づく居宅介護事業所《きょたくかいごじぎょうしょ》は，介護保険法《かいごほけんほう》に基《もと》づく通所介護事業所《つうしょかいごじぎょうしょ》の指定《してい》を受《う》けることができる。

133 2010年《ねん》（平成《へいせい》22年《ねん》）の障害者自立支援法《しょうがいしゃじりつしえんほう》の改正《かいせい》により，障害者《しょうがいしゃ》の定義《ていぎ》に難病等《なんびょうとう》が加《くわ》えられた。

134 2016年《ねん》（平成《へいせい》28年《ねん》）の障害者総合支援法《しょうがいしゃそうごうしえんほう》※の改正《かいせい》により，自立生活援助《じりつせいかつえんじょ》が創設《そうせつ》された。

※ 障害者《しょうがいしゃ》の日常生活及《にちじょうせいかつおよ》び社会生活《しゃかいせいかつ》を総合的《そうごうてき》に支援《しえん》するための法律《ほうりつ》

× **128** 地域移行支援《ちいきいこうしえん》は，地域《ちいき》における生活《せいかつ》に移行《いこう》するために重《じゅう》点的《てんてき》な支援《しえん》を必要《ひつよう》とする障害者《しょうがいしゃ》に，住居《じゅうきょ》の確保《かくほ》，地域《ちいき》における生活《せいかつ》に移行《いこう》するための活動《かつどう》に関《かん》する相談《そうだん》などの支《し》援《えん》を行《おこな》うサービスである（p. 93 参照《さんしょう》）。

× **129** 床《とこ》ずれ防止用具《ぼうしようぐ》は，介護保険法《かいごほけんほう》に定《さだ》められている福祉用《ふくしよう》具《ぐ》である（p. 94 参照《さんしょう》）。

○ **130** 車《くるま》いすは，障害者総合支援法《しょうがいしゃそうごうしえんほう》に定《さだ》められている補装具《ほそうぐ》である（p. 94 参照《さんしょう》）。

○ **131** 放課後等《ほうかごとう》デイサービスは，学校《がっこう》（幼稚園《ようちえん》・大学《だいがく》を除《のぞ》く）に就学《しゅうがく》している障害児《しょうがいじ》を対象《たいしょう》に，授業《じゅぎょう》の終了後又《しゅうりょうごまた》は学校《がっこう》の休業日《きゅうぎょうび》に，生活能力向上《せいかつのうりょくこうじょう》のために必要《ひつよう》な訓練《くんれん》，社会《しゃかい》との交流《こうりゅう》の促進《そくしん》を支援《しえん》するサービスである（p. 95 参照《さんしょう》）。

× **132** 共生型《きょうせいがた》サービスの対象《たいしょう》となっている障害者総合支援法《しょうがいしゃそうごうしえんほう》に基《もと》づく居宅介護事業所《きょたくかいごじぎょうしょ》は，介護保険法《かいごほけんほう》に基《もと》づく訪問介護《ほうもんかいご》事業所《じぎょうしょ》の指定《してい》を受《う》けることができる（p. 88 参照《さんしょう》）。

× **133** 障害者《しょうがいしゃ》の定義《ていぎ》に難病等《なんびょうとう》が加《くわ》えられたのは，2012 年《ねん》（平《へい》成《せい》24 年《ねん》）の障害者自立支援法《しょうがいしゃじりつしえんほう》（現《げん》・障害者総合支援法《しょうがいしゃそうごうしえんほう》※）の改正《かいせい》によってである（p. 96 参照《さんしょう》）。

○ **134** 2016 年《ねん》（平成《へいせい》28 年《ねん》）の障害者総合支援法《しょうがいしゃそうごうしえんほう》の改正《かいせい》により，自立生活援助《じりつせいかつえんじょ》が創設《そうせつ》された（p. 96 参照《さんしょう》）。

1 2 **135**

映像《えいぞう》や音声《おんせい》の情報《じょうほう》は，個人情報《こじんじょうほう》の保護《ほご》に関《かん》する法律《ほうりつ》に規定《きてい》されている個人情報《こじんじょうほう》に含《ふく》まれる。

1 2 **136**

個人情報《こじんじょうほう》の保護《ほご》に関《かん》する法律《ほうりつ》では，本人《ほんにん》の同意《どうい》のない個人情報《こじんじょうほう》の第三者《だいさんしゃ》への提供《ていきょう》は例外《れいがい》なく禁止《きんし》している。

1 2 **137**

本人《ほんにん》から個人情報《こじんじょうほう》の開示《かいじ》を求《もと》められた場合《ばあい》，いかなる場合《ばあい》も開示《かいじ》しなければならない。

1 2 **138**

成年後見制度《せいねんこうけんせいど》には，法定後見制度《ほうていこうけんせいど》と任意後見制度《にんいこうけんせいど》がある。

1 2 **139**

法定後見制度《ほうていこうけんせいど》は，「後見《こうけん》」「保佐《ほさ》」の 2 類型《るいけい》で構成《こうせい》される。

1 2 **140**

法定後見《ほうていこうけん》の申立《もうした》て先《さき》は，本人《ほんにん》の住所地《じゅうしょち》の都道府県《とどうふけん》である。

1 2 **141**

法定後見開始《ほうていこうけんかいし》の申立《もうした》ては，四親等内《よんしんとうない》の親族《しんぞく》であれば行《おこな》うことができる。

○ **135** 個人情報《こじんじょうほう》の保護《ほご》に関《かん》する法律《ほうりつ》では，生存《せいぞん》する個人《こじん》に関《かん》する情報《じょうほう》であって，①氏名《しめい》，生年月日《せいねんがっぴ》，文書《ぶんしょ》，図画《ずが》，音《おん》声《せい》，動作《どうさ》などにより特定《とくてい》の個人《こじん》を識別《しきべつ》することができるもの，②個人識別符号《こじんしきべつふごう》（特定《とくてい》の個人《こじん》を識別《しきべつ》できる文字《もじ》，番号《ばんごう》，記号《きごう》など）が個人情報《こじんじょうほう》に含《ふく》まれる。

× **136** 個人情報《こじんじょうほう》の保護《ほご》に関《かん》する法律《ほうりつ》では，原則《げんそく》として，本人《ほんにん》の同意《どうい》のない個人情報《こじんじょうほう》の第三者《だいさんしゃ》への提供《ていきょう》は禁止《きんし》している。ただし，「法令《ほうれい》に基《もと》づく場合《ばあい》」「人《ひと》の生命《せいめい》，身体又《しんたいまた》は財産《ざいさん》の保護《ほご》のために必要《ひつよう》がある場合《ばあい》であって，本人《ほんにん》の同意《どうい》を得《え》ることが困難《こんなん》であるとき」などは例外《れいがい》とされている。

× **137** 本人《ほんにん》から個人情報《こじんじょうほう》の開示《かいじ》を求《もと》められた場合《ばあい》，遅滞《ちたい》なく，情報《じょうほう》を開示《かいじ》しなければならない。ただし，「本人又《ほんにんまた》は第《だい》三者《さんしゃ》の生命《せいめい》，身体《しんたい》，財産《ざいさん》その他《た》の権利《けんり》利益《りえき》を害《がい》するおそれがある場合《ばあい》」などは，その全部又《ぜんぶまた》は一部《いちぶ》を開示《かいじ》しないことができる。

○ **138** 成年後見制度《せいねんこうけんせいど》には，法定後見制度《ほうていこうけんせいど》と任意後見制度《にんいこうけんせいど》がある。

× **139** 法定後見制度《ほうていこうけんせいど》は，「後見《こうけん》」「保佐《ほさ》」「補助《ほじょ》」の3類型《るいけい》で構《こう》成《せい》される（p. 96 参照《さんしょう》）。

× **140** 法定後見《ほうていこうけん》の申立《もうした》て先《さき》は，本人《ほんにん》の住所地《じゅうしょち》の家庭裁判所《かていさいばんしょ》である。

○ **141** 法定後見開始《ほうていこうけんかいし》の申立《もうした》ては，本人《ほんにん》，配偶者《はいぐうしゃ》，四親等内《よんしんとうない》の親《しん》族《ぞく》，未成年後見人《みせいねんこうけんにん》，未成年後見監督人《みせいねんこうけんかんとくにん》，保佐人《ほさにん》，保佐監《ほさかん》督人《とくにん》，補助人《ほじょにん》，補助監督人《ほじょかんとくにん》，検察官《けんさつかん》，市町村長《しちょうそんちょう》が行《おこな》うことができる（p. 96 参照《さんしょう》）。

142 法定後見《ほうていこうけん》の後見人《こうけんにん》には，法人《ほうじん》が選《えら》ばれることもある。

143 法定後見《ほうていこうけん》の後見人《こうけんにん》は，介護《かいご》サービスの契約《けいやく》だけでなく介護《かいご》も行《おこな》う。

144 任意後見制度《にんいこうけんせいど》では，候補者《こうほしゃ》の中《なか》から家庭裁判所《かていさいばんしょ》が成年《せいねん》後見人《こうけんにん》を選任《せんにん》する。

145 高齢者虐待防止法《こうれいしゃぎゃくたいぼうしほう》※1で規定《きてい》しているのは，養護者《ようごしゃ》と養介護施設従事者等《ようかいごしせつじゅうじしゃとう》による高齢者虐待《こうれいしゃぎゃくたい》の2つである。

146 高齢者虐待防止法《こうれいしゃぎゃくたいぼうしほう》※1に規定《きてい》されている，養護者《ようごしゃ》による高齢者虐待《こうれいしゃぎゃくたい》を受《う》けたと思《おも》われる高齢者《こうれいしゃ》を発見《はっけん》した場《ば》合《あい》の通報先《つうほうさき》は，警察《けいさつ》である。

147 高齢者虐待防止法《こうれいしゃぎゃくたいぼうしほう》※1では，高齢者《こうれいしゃ》の財産《ざいさん》を不当《ふとう》に処《しょ》分《ぶん》しても高齢者虐待《こうれいしゃぎゃくたい》には該当《がいとう》しないと規定《きてい》している。

148 障害者虐待防止法《しょうがいしゃぎゃくたいぼうしほう》※2で規定《きてい》しているのは，養護者《ようごしゃ》と障害者福祉施設従事者等《しょうがいしゃふくししせつじゅうじしゃとう》による障害者虐待《しょうがいしゃぎゃくたい》の2つである。

※1　高齢者虐待《こうれいしゃぎゃくたい》の防止《ぼうし》，高齢者《こうれいしゃ》の養護者《ようごしゃ》に対《たい》する支援等《しえんとう》に関《かん》する法律《ほうりつ》
※2　障害者虐待《しょうがいしゃぎゃくたい》の防止《ぼうし》，障害者《しょうがいしゃ》の養護者《ようごしゃ》に対《たい》する支援等《しえんとう》に関《かん》する法律《ほうりつ》

○ **142** 法定後見《ほうていこうけん》の後見人《こうけんにん》には，福祉関係《ふくしかんけい》の法人《ほうじん》などが選《えら》ばれることもある（p. 97 参照《さんしょう》）。

× **143** 法定後見《ほうていこうけん》の後見人《こうけんにん》は，財産管理《ざいさんかんり》と身上監護《しんじょうかんご》に関《かか》わる法律《ほうりつ》行為《こうい》を代理《だいり》で行《おこな》う。介護《かいご》はこれに当《あ》たらないため，後見《こうけん》人《にん》の仕事《しごと》とはならない。

× **144** 任意後見制度《にんいこうけんせいど》では，本人《ほんにん》の判断能力《はんだんのうりょく》が低下《ていか》する前《まえ》に本人《ほんにん》が任意後見人《にんいこうけんにん》を選《えら》んで契約《けいやく》することができる。候補者《こうほしゃ》の中《なか》から家庭裁判所《かていさいばんしょ》が成年後見人《せいねんこうけんにん》を選任《せんにん》するのは，法定後《ほうていこう》見制度《けんせいど》である。

○ **145** 高齢者虐待防止法《こうれいしゃぎゃくたいぼうしほう》で規定《きてい》しているのは，高齢者《こうれいしゃ》を現《げん》に養《よう》護《ご》する養護者《ようごしゃ》と養介護施設従事者等《ようかいごしせつじゅうじしゃとう》による高齢者虐待《こうれいしゃぎゃくたい》の２つである。

× **146** 養護者《ようごしゃ》による高齢者虐待《こうれいしゃぎゃくたい》を受《う》けたと思《おも》われる高齢者《こうれいしゃ》を発《はっ》見《けん》した場合《ばあい》の通報先《つうほうさき》は，市町村《しちょうそん》である。このとき，通報《つうほう》は守秘義務《しゅひぎむ》よりも優先《ゆうせん》される。

× **147** 高齢者虐待防止法《こうれいしゃぎゃくたいぼうしほう》では，「高齢者虐待《こうれいしゃぎゃくたい》」として，身体的《しんたいてき》虐待《ぎゃくたい》，介護等放棄《かいごとうほうき》，心理的虐待《しんりてきぎゃくたい》，性的虐待《せいてきぎゃくたい》，経済的虐待《けいざいてきぎゃくたい》の５つを規定《きてい》している。

× **148** 障害者虐待防止法《しょうがいしゃぎゃくたいぼうしほう》で規定《きてい》しているのは，養護者《ようごしゃ》と障害者《しょうがいしゃ》福祉施設従事者等《ふくししせつじゅうじしゃとう》，使用者《しようしゃ》による障害者虐待《しょうがいしゃぎゃくたい》の３つである。

149 障害者虐待防止法《しょうがいしゃぎゃくたいぼうしほう》※では，対象《たいしょう》となる虐待《ぎゃくたい》の範囲《はんい》を，身体的虐待《しんたいてきぎゃくたい》，心理的虐待《しんりてきぎゃくたい》，性的虐待《せいてきぎゃくたい》の3つと規定《きてい》している。

150 障害者虐待防止法《しょうがいしゃぎゃくたいぼうしほう》※に規定《きてい》されている，使用者《しようしゃ》による障害者虐待《しょうがいしゃぎゃくたい》を受《う》けたと思《おも》われる障害者《しょうがいしゃ》を発見《はっけん》した場合《ばあい》の通報先《つうほうさき》は，都道府県《とどうふけん》でもよい。

151 日常生活自立支援事業《にちじょうせいかつじりつしえんじぎょう》の実施主体《じっししゅたい》は，地域包括支援《ちいきほうかつしえん》センターである。

152 日常生活自立支援事業《にちじょうせいかつじりつしえんじぎょう》は，本人《ほんにん》に契約内容《けいやくないよう》について判《はん》
断《だん》できる能力《のうりょく》がある場合《ばあい》に利用《りよう》することができる。

153 日常生活自立支援事業《にちじょうせいかつじりつしえんじぎょう》の専門員《せんもんいん》は，利用者《りようしゃ》の代《か》わりに財産処分《ざいさんしょぶん》や契約《けいやく》を行《おこな》うことができる。

154 日常生活自立支援事業《にちじょうせいかつじりつしえんじぎょう》の生活支援員《せいかつしえんいん》は，利用者《りようしゃ》の依頼《いらい》によって，日常《にちじょう》の金銭管理《きんせんかんり》に伴《ともな》う預貯金《よちょきん》の払《はら》い戻《もど》し等《とう》を行《おこな》うことができる。

155 サービス付《つ》き高齢者向《こうれいしゃむ》け住宅《じゅうたく》の対象者《たいしょうしゃ》は，要介護認定《ようかいごにんてい》を受《う》けている60歳以上《さいいじょう》の者《もの》である。

※ 障害者虐待《しょうがいしゃぎゃくたい》の防止《ぼうし》，障害者《しょうがいしゃ》の養護者《ようごしゃ》に対《たい》する支援等《しえんとう》に関《かん》する法律《ほうりつ》

✕ **149** 障害者虐待防止法《しょうがいしゃぎゃくたいぼうしほう》では，対象《たいしょう》となる虐待《ぎゃくたい》の範囲《はんい》を，身体《しんたい》的虐待《てきぎゃくたい》，性的虐待《せいてきぎゃくたい》，心理的虐待《しんりてきぎゃくたい》，放棄《ほうき》・放置《ほうち》，経済的虐《けいざいてきぎゃく》待《たい》の5つと規定《きてい》している。

○ **150** 障害者虐待防止法《しょうがいしゃぎゃくたいぼうしほう》に規定《きてい》されている，障害者虐待《しょうがいしゃぎゃくたい》を発見《はっけん》した場合《ばあい》の通報先《つうほうさき》は，養護者《ようごしゃ》と障害者福祉施設従事者等《しょうがいしゃふくししせつじゅうじしゃとう》によるものは市町村《しちょうそん》，使用者《しようしゃ》によるものは市町村又《しちょうそんまた》は都《と》道府県《どうふけん》である。

✕ **151** 日常生活自立支援事業《にちじょうせいかつじりつしえんじぎょう》の実施主体《じっししゅたい》は，都道府県社会福祉《とどうふけんしゃかいふくし》協議会又《きょうぎかいまた》は指定都市社会福祉協議会《していとししゃかいふくしきょうぎかい》である。相談窓口《そうだんまどぐち》は，市町村社会福祉協議会《しちょうそんしゃかいふくしきょうぎかい》である。

○ **152** 日常生活自立支援事業《にちじょうせいかつじりつしえんじぎょう》は，認知症高齢者《にんちしょうこうれいしゃ》，知的障害者《ちてきしょうがいしゃ》，精神障害者等《せいしんしょうがいしゃとう》が対象《たいしょう》となるが，本人《ほんにん》に契約内容《けいやくないよう》について判断《はんだん》できる能力《のうりょく》がある場合《ばあい》に利用《りよう》することができる。

✕ **153** 利用者《りようしゃ》の代《か》わりに財産処分《ざいさんしょぶん》や契約《けいやく》を行《おこな》うことができるのは成年後見人等《せいねんこうけんにんとう》である。日常生活自立支援事業《にちじょうせいかつじりつしえんじぎょう》の専門員《せんもんいん》は，支援計画《しえんけいかく》の作成《さくせい》や本事業《ほんじぎょう》の契約《けいやく》の締結《ていけつ》などを行《おこな》う。

○ **154** 日常生活自立支援事業《にちじょうせいかつじりつしえんじぎょう》の生活支援員《せいかつしえんいん》は，福祉《ふくし》サービスの利用援助《りようえんじょ》，苦情解決制度《くじょうかいけつせいど》の利用援助《りようえんじょ》，公共料金《こうきょうりょうきん》の支払《しはら》いや預貯金《よちょきん》の払《はら》い戻《もど》し等《とう》の日常的金銭管理《にちじょうてききんせんかんり》を行《おこな》うことができる。

✕ **155** サービス付《つ》き高齢者向《こうれいしゃむ》け住宅《じゅうたく》の対象者《たいしょうしゃ》は，60歳以上《さいいじょう》の者《もの》もしくは要介護認定《ようかいごにんてい》・要支援認定《ようしえんにんてい》を受《う》けている60歳《さい》未満《みまん》の者《もの》である。

---

156 サービス付《つ》き高齢者《こうれいしゃ》向《む》け住宅《じゅうたく》の入居者《にゅうきょしゃ》は，必要《ひつよう》に応《おう》じて介護保険《かいごほけん》サービスの利用《りよう》ができる。

157 サービス付《つ》き高齢者《こうれいしゃ》向《む》け住宅《じゅうたく》は，食事《しょくじ》の提供《ていきょう》が義務《ぎむ》づけられている。

158 福祉避難所《ふくしひなんじょ》は，介護保険法《かいごほけんほう》に基《もと》づいて指定《してい》される避難《ひなん》所《じょ》である。

159 福祉避難所《ふくしひなんじょ》の対象《たいしょう》には，介護老人福祉施設《かいごろうじんふくししせつ》の入所者《にゅうしょしゃ》は含《ふく》まれない。

160 福祉避難所《ふくしひなんじょ》への訪問介護員《ほうもんかいごいん》（ホームヘルパー）の派遣《はけん》は，災害対策基本法《さいがいたいさくきほんほう》に基《もと》づいて実施《じっし》される。

161 特定健康診査《とくていけんこうしんさ》には，生活習慣病《せいかつしゅうかんびょう》（life-style related disease）の検査《けんさ》が含《ふく》まれる。

162 特定健康診査《とくていけんこうしんさ》の受診《じゅしん》の後《あと》で，希望者《きぼうしゃ》には特定保健指導《とくていほけんしどう》が行《おこな》われる。

163 特定健康診査《とくていけんこうしんさ》には，胸囲《きょうい》の検査《けんさ》が含《ふく》まれる。

164 医療法《いりょうほう》において，病院《びょういん》は，20 人以上《にんいじょう》の入院施設《にゅういんしせつ》がなくてはならないと定《さだ》められている。

○ 156 サービス付《つ》き高齢者《こうれいしゃ》向《む》け住宅《じゅうたく》が介護保険法《かいごほけんほう》の特定施設《とくていしせつ》の指定《してい》を受《う》けている場合《ばあい》は，特定施設入居者生活介護《とくていしせつにゅうきょしゃせいかつかいご》が提《てい》供《きょう》される。指定《してい》を受《う》けていない場合《ばあい》は，入居者自身《にゅうきょしゃじしん》で訪《ほう》問介護《もんかいご》（ホームヘルプサービス）等《とう》の介護保険《かいごほけん》サービスの利用《りよう》ができる。

× 157 サービス付《つ》き高齢者《こうれいしゃ》向《む》け住宅《じゅうたく》に義務《ぎむ》づけられているのは，状況把握《じょうきょうはあく》サービスと生活相談《せいかつそうだん》サービスである。

× 158 福祉避難所《ふくしひなんじょ》は，災害対策基本法《さいがいたいさくきほんほう》に基《もと》づいて指定《してい》される避《ひ》難所《なんじょ》である。

○ 159 福祉避難所《ふくしひなんじょ》の対象《たいしょう》には，高齢者《こうれいしゃ》・障害者《しょうがいしゃ》・乳幼児等《にゅうようじとう》の配《はい》慮《りょ》を要《よう》するものが含《ふく》まれる。介護老人福祉施設等《かいごろうじんふくししせつとう》の入所《にゅうしょ》者《しゃ》は施設《しせつ》での対応《たいおう》となるため，対象《たいしょう》には含《ふく》まれない。

× 160 福祉避難所《ふくしひなんじょ》への訪問介護員等《ほうもんかいごいんとう》の派遣《はけん》は，福祉各法《ふくしかくほう》に基《もと》づいて実施《じっし》される。

○ 161 特定健康診査《とくていけんこうしんさ》は，生活習慣病《せいかつしゅうかんびょう》の予防《よぼう》のために，40〜74歳《さい》の人《ひと》を対象《たいしょう》に，メタボリックシンドローム（metabolic syndrome）に着目《ちゃくもく》して行《おこな》われる。

× 162 特定保健指導《とくていほけんしどう》は，希望者《きぼうしゃ》ではなく，特定健康診査《とくていけんこうしんさ》の結果《けっか》により行《おこな》われる。

× 163 特定健康診査《とくていけんこうしんさ》には，身長《しんちょう》，体重《たいじゅう》，腹囲《ふくい》の検査《けんさ》があり，肥《ひ》満度《まんど》の指標《しひょう》である体格指数《たいかくしすう》（BMI）を算出《さんしゅつ》する。

○ 164 医療法《いりょうほう》において，病院《びょういん》は，「20人以上《にんいじょう》の患者《かんじゃ》を入院《にゅういん》させるための施設《しせつ》を有《ゆう》するもの」と定《さだ》められている。

1 2 **165** 医療法《いりょうほう》において，診療所《しんりょうじょ》は，10 人以上《にんいじょう》の患者《かんじゃ》を入院《にゅういん》させるための施設《しせつ》を有《ゆう》してはならないと定《さだ》められている。

1 2 **166** 介護医療院《かいごいりょういん》は，医療法《いりょうほう》に基《もと》づく施設《しせつ》である。

1 2 **167** 地域保健法《ちいきほけんほう》において，保健所《ほけんじょ》は，市町村《しちょうそん》に設置《せっち》すると定《さだ》められている。

1 2 **168** 保健所《ほけんじょ》の所長《しょちょう》は，保健師《ほけんし》でなければならない。

1 2 **169** 地域保健法《ちいきほけんほう》において，保健所《ほけんじょ》の事業《じぎょう》として難病対策《なんびょうたいさく》が位置《いち》づけられている。

1 2 **170** 地域保健法《ちいきほけんほう》において，市町村保健《しちょうそんほけん》センターは，各市町《かくしちょう》村《そん》に設置《せっち》することが義務《ぎむ》づけられている。

1 2 **171** 地域保健法《ちいきほけんほう》において，市町村保健《しちょうそんほけん》センターは，住民《じゅうみん》に対《たい》して，健康相談《けんこうそうだん》，保健指導及《ほけんしどうおよ》び健康診査《けんこうしんさ》その他地域《たちいき》保健《ほけん》に関《かん》する必要《ひつよう》な事業《じぎょう》を行《おこな》う施設《しせつ》と定《さだ》められている。

1 2 **172** 生活保護《せいかつほご》の保護《ほご》の種類《しゅるい》は，8 種類《しゅるい》である。

× **165** 医療法《いりょうほう》において，診療所《しんりょうじょ》は，「患者《かんじゃ》を入院《にゅういん》させるための施設《しせつ》を有《ゆう》しないもの又《また》は 19 人以下《にんいか》の患者《かんじゃ》を入院《にゅういん》させるための施設《しせつ》を有《ゆう》するもの」と定《さだ》められている。

× **166** 介護老人保健施設《かいごろうじんほけんしせつ》と介護医療院《かいごいりょういん》は，介護保険法《かいごほけんほう》に基《もと》づく施設《しせつ》である。

× **167** 地域保健法《ちいきほけんほう》において，保健所《ほけんじょ》は，都道府県《とどうふけん》，指定都市《していとし》，中核市《ちゅうかくし》，その他《た》の政令《せいれい》で定《さだ》める市《し》，特別区《とくべつく》に設置《せっち》すると定《さだ》められている。

× **168** 保健所《ほけんじょ》の所長《しょちょう》は，医師《いし》でなければならない。なお，保健《ほけん》所《じょ》は，保健所《ほけんじょ》を設置《せっち》する地方自治体《ちほうじちたい》によって運営《うんえい》されている。

○ **169** 地域保健法《ちいきほけんほう》において，保健所《ほけんじょ》の事業《じぎょう》として「精神保健《せいしんほけん》」「難病《なんびょう》」「感染症《かんせんしょう》その他《た》の疾病《しっぺい》の予防《よぼう》」などに関《かん》する事《じ》項《こう》が位置《いち》づけられている。

× **170** 地域保健法《ちいきほけんほう》において，「市町村《しちょうそん》は，市町村保健《しちょうそんほけん》センターを設置《せっち》することができる」と定《さだ》められており，設置《せっち》は任《にん》意《い》である。

○ **171** 地域保健法《ちいきほけんほう》において，「市町村保健《しちょうそんほけん》センターは，住民《じゅうみん》に対《たい》し，健康相談《けんこうそうだん》，保健指導及《ほけんしどうおよ》び健康診査《けんこうしんさ》その他地域保健《たちいきほけん》に関《かん》し必要《ひつよう》な事業《じぎょう》を行《おこな》うことを目的《もくてき》とする施設《しせつ》とする」と定《さだ》められている。

○ **172** 生活保護《せいかつほご》の保護《ほご》の種類《しゅるい》は，生活扶助《せいかつふじょ》，教育扶助《きょういくふじょ》，住宅扶《じゅうたくふ》助《じょ》，医療扶助《いりょうふじょ》，介護扶助《かいごふじょ》，出産扶助《しゅっさんふじょ》，生業扶助《せいぎょうふじょ》，葬祭扶《そうさいふ》助《じょ》の 8 種類《しゅるい》である（p. 97 参照《さんしょう》）。

173 生活《せいかつ》保護《ほご》における生活《せいかつ》扶助《ふじょ》は，現物給付《げんぶつきゅうふ》が原則《げんそく》である。

174 生活《せいかつ》保護《ほご》における医療《いりょう》扶助《ふじょ》は，金銭給付《きんせんきゅうふ》が原則《げんそく》である。

175 健康《けんこう》で文化的《ぶんかてき》な生活水準《せいかつすいじゅん》を維持《いじ》できる保護《ほご》を行《おこな》うことは，生活保護法《せいかつほごほう》における最低生活保障《さいていせいかつほしょう》の原理《げんり》の説明《せつめい》として適切《てきせつ》である。

176 すべての国民《こくみん》に無差別平等《むさべつびょうどう》な保護《ほご》を行《おこな》うことは，生活《せいかつ》保護法《ほごほう》における補足性《ほそくせい》の原理《げんり》の説明《せつめい》として適切《てきせつ》である。

177 生活《せいかつ》保護《ほご》は，世帯《せたい》を分離《ぶんり》して実施《じっし》することはできない。

178 生活困窮者自立支援法《せいかつこんきゅうしゃじりつしえんほう》は，生活困窮者《せいかつこんきゅうしゃ》に対《たい》する自立支《じりつし》援策《えんさく》を強化《きょうか》して，その自立促進《じりつそくしん》を図《はか》ることを目的《もくてき》としている。

179 生活困窮者自立支援法《せいかつこんきゅうしゃじりつしえんほう》の対象《たいしょう》となる「生活困窮者《せいかつこんきゅうしゃ》」とは，最低限度《さいていげんど》の生活《せいかつ》が維持《いじ》できなくなった者《もの》である。

180 生活困窮者自立支援法《せいかつこんきゅうしゃじりつしえんほう》における必須事業《ひっすじぎょう》として，自立《じりつ》相談支援事業《そうだんしえんじぎょう》がある。

× 173 生活保護《せいかつほご》における生活扶助《せいかつふじょ》は，金銭給付《きんせんきゅうふ》が原則《げんそく》である（p. 97 参照《さんしょう》）。

× 174 生活保護《せいかつほご》における医療扶助《いりょうふじょ》は，現物給付《げんぶつきゅうふ》が原則《げんそく》である（p. 97 参照《さんしょう》）。

○ 175 生活保護法《せいかつほごほう》における最低生活保障《さいていせいかつほしょう》の原理《げんり》とは，健康《けんこう》で文《ぶん》化的《かてき》な生活水準《せいかつすいじゅん》を維持《いじ》することができる最低限度《さいていげんど》の生活《せいかつ》を保障《ほしょう》することである（p. 97 参照《さんしょう》）。

× 176 生活保護法《せいかつほごほう》における補足性《ほそくせい》の原理《げんり》とは，利用《りよう》し得《う》る資《し》産《さん》・能力等《のうりょくとう》を活用《かつよう》することを要件《ようけん》に保護《ほご》を行《おこな》うことである（p. 98 参照《さんしょう》）。

× 177 生活保護《せいかつほご》は，原則《げんそく》として世帯《せたい》を単位《たんい》として実施《じっし》するとされているが，これによりがたいときは個人《こじん》を単位《たんい》として実施《じっし》することができる（p. 98 参照《さんしょう》）。

○ 178 生活困窮者自立支援法第《せいかつこんきゅうしゃじりつしえんほうだい》1条《じょう》で，「生活困窮者《せいかつこんきゅうしゃ》に対《たい》する自立《じりつ》の支援《しえん》に関《かん》する措置《そち》を講《こう》ずることにより，生活困窮《せいかつこんきゅう》者《しゃ》の自立《じりつ》の促進《そくしん》を図《はか》ることを目的《もくてき》とする」と規定《きてい》されている。

× 179 生活困窮者自立支援法《せいかつこんきゅうしゃじりつしえんほう》の対象《たいしょう》となる「生活困窮者《せいかつこんきゅうしゃ》」とは，最低限度《さいていげんど》の生活《せいかつ》が維持《いじ》できなくなるおそれのある者《もの》である。

○ 180 生活困窮者自立支援法《せいかつこんきゅうしゃじりつしえんほう》における必須事業《ひっすじぎょう》は，生活困窮者《せいかつこんきゅうしゃ》自立相談支援事業《じりつそうだんしえんじぎょう》と生活困窮者住居確保給付金《せいかつこんきゅうしゃじゅうきょかくほきゅうふきん》の支給《しきゅう》の2つである。

事例問題《じれいもんだい》

問題《もんだい》

Eさん（75歳《さい》，男性《だんせい》，要介護《ようかいご》1）は，妻《つま》と二人暮《ふたりぐ》らしである。2か月程前《げつほどまえ》にアルツハイマー型認知症《がたにんちしょう》（dementia of the Alzheimer’s type）と診断《しんだん》され，訪問介護《ほうもんかいご》（ホームヘルプサービス）を利用《りよう》している。

妻《つま》はEさんと，自宅《じたく》でできるだけ長《なが》く生活《せいかつ》したいと考《かんが》えている。また，自分《じぶん》が旅行《りょこう》などで一定期間家《いっていきかんいえ》を空《あ》けることができるのかと心配《しんぱい》している。

妻《つま》の心配《しんぱい》に対応《たいおう》する介護保険《かいごほけん》のサービスとして，最《もっと》も適切《てきせつ》なものを1つ選《えら》びなさい。

1　通所介護《つうしょかいご》（デイサービス）
2　認知症対応型通所介護《にんちしょうたいおうがたつうしょかいご》
3　通所《つうしょ》リハビリテーション
4　短期入所療養介護《たんきにゅうしょりょうようかいご》
5　訪問看護《ほうもんかんご》

解答《かいとう》・解説《かいせつ》

解説《かいせつ》　事例《じれい》の情報《じょうほう》を整理《せいり》すると，「妻《つま》が旅行《りょこう》などで一定期間《いっていきかん》家《いえ》を空《あ》けるときに利用《りよう》できる」という情報《じょうほう》が，正答《せいとう》を導《みちび》くヒントとなる。

×　1　日帰《ひがえ》りで利用《りよう》するサービスであるため，適切《てきせつ》でない。

×　2　日帰《ひがえ》りで利用《りよう》するサービスであるため，適切《てきせつ》でない。

×　3　日帰《ひがえ》りで利用《りよう》するサービスであるため，適切《てきせつ》でない。

○　4　一時的《いちじてき》に入所《にゅうしょ》して利用《りよう》するサービスであり，妻《つま》が一《いっ》定期間家《ていきかんいえ》を空《あ》けることができるため，適切《てきせつ》である。

×　5　居宅《きょたく》において1時間半以内《じかんはんいない》で利用《りよう》するサービスであるため，適切《てきせつ》でない。

介護保険《かいごほけん》サービスは，サービスの「内容《ないよう》」で正答《せいとう》を判断《はんだん》させることが多《おお》いよ。各《かく》サービスの内《ない》容《よう》を POINT（pp. 84-87 参照《さんしょう》）で確認《かくにん》しておこう！

1 2

問題《もんだい》

Fさん（25歳《さい》，男性《だんせい》，障害支援区分《しょうがいしえんくぶん》5）は，頸髄《けいずい》損傷《そんしょう》（cervical cord injury）による四肢麻痺《ししまひ》がある。現在《げんざい》は毎日《まいにち》，居宅介護《きょたくかいご》を利用《りよう》しながら，母親《ははおや》と生活《せいかつ》している。日中《にっちゅう》は自助具《じじょぐ》を使用《しよう》して，パソコンで友人《ゆうじん》とメールのやり取《と》りを楽《たの》しんでいる。最近《さいきん》，Fさんはパソコン教室《きょうしつ》に通《かよ》いたいと考《かんが》えている。

Fさんがパソコン教室《きょうしつ》に通《かよ》うために利用《りよう》できるサービスとして，**最《もっと》も適切《てきせつ》なものを1つ**選《えら》びなさい。

1　自立訓練《じりつくんれん》（機能訓練《きのうくんれん》）
2　同行援護《どうこうえんご》
3　自立生活援助《じりつせいかつえんじょ》
4　行動援護《こうどうえんご》
5　重度訪問介護《じゅうどほうもんかいご》

解説《かいせつ》　事例《じれい》の情報《じょうほう》を整理《せいり》すると，「頸髄損傷《けいずいそんしょう》による四肢麻痺《ししまひ》＝重度《じゅうど》の肢体不自由《したいふじゆう》」「パソコン教室《きょうしつ》に通《かよ》う＝外出《がいしゅつ》」という情報《じょうほう》が，正答《せいとう》を導《みちび》くヒントになる。

× 1　外出《がいしゅつ》を支援《しえん》するサービスではないため，適切《てきせつ》でない。

× 2　視覚障害者《しかくしょうがいしゃ》を対象《たいしょう》に，外出《がいしゅつ》を支援《しえん》するサービスであるため，適切《てきせつ》でない。

× 3　外出《がいしゅつ》を支援《しえん》するサービスではないため，適切《てきせつ》でない。

× 4　知的障害《ちてきしょうがい》又《また》は精神障害《せいしんしょうがい》により行動上著《こうどうじょういちじる》しい困難《こんなん》を有《ゆう》する障害者等《しょうがいしゃとう》であって常時介護《じょうじかいご》を要《よう》するものを対象《たいしょう》に，外出《がいしゅつ》を支援《しえん》するサービスであるため，適切《てきせつ》でない。

○ 5　重度《じゅうど》の肢体不自由者《したいふじゆうしゃ》又《また》は重度《じゅうど》の知的障害《ちてきしょうがい》若《も》しくは精《せい》神障害《しんしょうがい》により行動上著《こうどうじょういちじる》しい困難《こんなん》を有《ゆう》する障害者《しょうがいしゃ》であって，常時介護《じょうじかいご》を要《よう》するものを対象《たいしょう》に，居宅《きょたく》における介護《かいご》や外出《がいしゅつ》を支援《しえん》するサービスであるため，適切《てきせつ》である。

障害福祉《しょうがいふくし》サービスは，「対象《たいしょう》」と「内容《ないよう》」の2つで正答《せいとう》を判断《はんだん》させることが多《おお》いよ。サービスの「内容《ないよう》」だけでなく，「対象《たいしょう》」もPOINT（pp. 90-92 参照《さんしょう》）で確認《かくにん》しておこう！

12 問題《もんだい》

　Gさん（19歳《さい》，男性《だんせい》）は，知的障害《ちてきしょうがい》がある。特別《とくべつ》支援学校《しえんがっこう》の卒業後《そつぎょうご》，自立《じりつ》した生活《せいかつ》を目指《めざ》して，両親《りょうしん》から離《はな》れて，共同生活援助《きょうどうせいかつえんじょ》（グループホーム）を利用《りよう》している。就労《しゅうろう》を希望《きぼう》しており，日中《にっちゅう》は，一定期間必要《いっていきかんひつよう》な訓練《くんれん》を受《う》けることのできる日中活動《にっちゅうかつどう》のサービスを利《り》用《よう》して，生産活動《せいさんかつどう》の訓練《くんれん》，職場体験《しょくばたいけん》の機会《きかい》の提供《ていきょう》などを受《う》けている。

　Gさんが利用《りよう》している日中活動《にっちゅうかつどう》のサービスとして，正《ただ》しいものを1つ選《えら》びなさい。

1　就労移行支援《しゅうろういこうしえん》
2　自立訓練《じりつくんれん》（生活訓練《せいかつくんれん》）
3　就労継続支援《しゅうろうけいぞくしえん》A型《がた》
4　就労継続支援《しゅうろうけいぞくしえん》B型《がた》
5　就労定着支援《しゅうろうていちゃくしえん》

介護保険《かいごほけん》サービスと障害福祉《しょうがいふくし》サービスについては，どちらも事例問題《じれいもんだい》や総合問題《そうごうもんだい》として問《と》われることが多《おお》いよ。事例《じれい》の情報《じょうほう》を整理《せいり》する力《ちから》も身《み》につけておこう！

解説《かいせつ》

事例《じれい》の情報《じょうほう》を整理《せいり》すると，「就労《しゅうろう》を希望《きぼう》している」「生《せい》産活動《さんかつどう》の訓練《くんれん》，職場体験《しょくばたいけん》の機会《きかい》の提供《ていきょう》を受《う》けている」という情報《じょうほう》が，正答《せいとう》を導《みちび》くヒントとなる。

○　1　一般就労《いっぱんしゅうろう》を希望《きぼう》する障害者《しょうがいしゃ》につき，一定期間《いっていきかん》，生産《せいさん》活動《かつどう》などの提供《ていきょう》を通《つう》じて，就労《しゅうろう》に必要《ひつよう》な知識《ちしき》や能力《のうりょく》の向上《こうじょう》のために必要《ひつよう》な訓練《くんれん》などを提供《ていきょう》するサービスである。

×　2　就労《しゅうろう》ではなく，日常生活《にちじょうせいかつ》を営《いとな》むために必要《ひつよう》な訓練《くんれん》を提供《ていきょう》するサービスである。

×　3　一般就労《いっぱんしゅうろう》が困難《こんなん》であり，雇用契約《こようけいやく》に基《もと》づく就労《しゅうろう》が可《か》能《のう》である者《もの》に対《たい》して，就労《しゅうろう》の機会《きかい》や生産活動《せいさんかつどう》の機会《きかい》などを提供《ていきょう》するサービスである。

×　4　一般就労《いっぱんしゅうろう》が困難《こんなん》であり，雇用契約《こようけいやく》に基《もと》づく就労《しゅうろう》が困《こん》難《なん》である者《もの》に対《たい》して，就労《しゅうろう》の機会《きかい》や生産活動《せいさんかつどう》の機会《きかい》などを提供《ていきょう》するサービスである。

×　5　一般就労《いっぱんしゅうろう》している障害者《しょうがいしゃ》につき，就労《しゅうろう》の継続《けいぞく》を図《はか》るために必要《ひつよう》な支援《しえん》を提供《ていきょう》するサービスである。

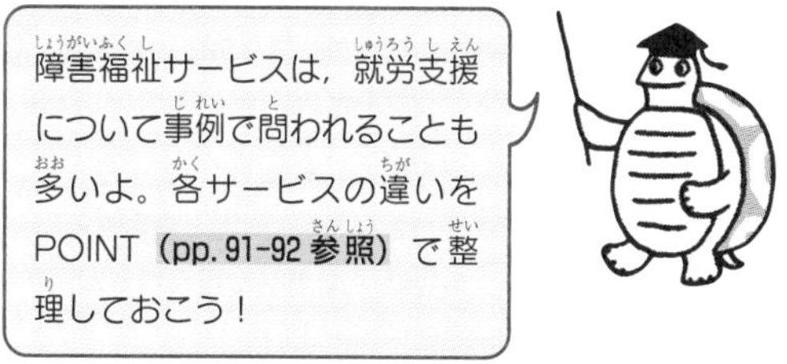

POINT

社会《しゃかい》の理解《りかい》

■介護保険法《かいごほけんほう》の居宅《きょたく》サービス

訪問介護《ほうもんかいご》（ホームヘルプサービス）	介護福祉士《かいごふくしし》や訪問介護員《ほうもんかいごいん》（ホームヘルパー）が居宅《きょたく》を訪問《ほうもん》して行《おこな》うサービス。具体的《ぐたいてき》には，入浴《にゅうよく》・排《はい》泄《せつ》・食事《しょくじ》などの直接身体《ちょくせつしんたい》に触《ふ》れて介助《かいじょ》を行《おこな》う「身体《しんたい》介護《かいご》」，掃除《そうじ》・洗濯《せんたく》・調理《ちょうり》などの家事援助《かじえんじょ》を行《おこな》う「生活援助《せいかつえんじょ》」などがある。
訪問入浴介護《ほうもんにゅうよくかいご》	看護職員《かんごしょくいん》と介護職員《かいごしょくいん》が居宅《きょたく》で入浴《にゅうよく》が困難《こんなん》な利用者《りようしゃ》の居宅《きょたく》を訪問入浴車《ほうもんにゅうよくしゃ》などで訪問《ほうもん》し，浴槽《よくそう》を提供《ていきょう》して入《にゅう》浴《よく》の介護《かいご》を行《おこな》うサービス。
訪問看護《ほうもんかんご》	看護師《かんごし》などが疾患《しっかん》のある利用者《りようしゃ》の居宅《きょたく》を訪問《ほうもん》し，主《しゅ》治医《じい》の指示《しじ》に基《もと》づいて療養上《りょうようじょう》の世話《せわ》や診療《しんりょう》の補助《ほじょ》を行《おこな》うサービス。
訪問《ほうもん》リハビリテーション	理学療法士《りがくりょうほうし》，作業療法士《さぎょうりょうほうし》，言語聴覚士《げんごちょうかくし》などが利用者《りようしゃ》の居宅《きょたく》を訪問《ほうもん》し，心身機能《しんしんきのう》の維持回復《いじかいふく》や日常生活《にちじょうせいかつ》の自立《じりつ》に向《む》けたリハビリテーションを行《おこな》うサービス。
居宅療養管理指導《きょたくりょうようかんりしどう》	居宅《きょたく》で療養《りょうよう》している通院《つういん》が困難《こんなん》な利用者《りようしゃ》に対《たい》して，医師《いし》，歯科医師《しかいし》，看護師《かんごし》，薬剤師《やくざいし》，管理栄養士《かんりえいようし》，歯《し》科衛生士《かえいせいし》などが家庭《かてい》を訪問《ほうもん》し療養上《りょうようじょう》の管理《かんり》や指導《しどう》などを行《おこな》うサービス。
通所介護《つうしょかいご》（デイサービス）	特別養護老人《とくべつようごろうじん》ホームや老人《ろうじん》デイサービスセンターなどに通《かよ》わせ，入浴《にゅうよく》・排泄《はいせつ》・食事《しょくじ》などの介護《かいご》や日常生《にちじょうせい》活上《かつじょう》の世話《せわ》，機能訓練《きのうくんれん》を日帰《ひがえ》りで提供《ていきょう》するサービス。利用定員《りようていいん》は 19 人以上《にんいじょう》。
通所《つうしょ》リハビリテーション	介護老人保健施設《かいごろうじんほけんしせつ》，介護医療院《かいごいりょういん》，病院《びょういん》，診療所《しんりょうじょ》に通《かよ》わせ，日常生活《にちじょうせいかつ》の自立《じりつ》を助《たす》けるために理学療法《りがくりょうほう》，作《さ》業療法《ぎょうりょうほう》などの必要《ひつよう》なリハビリテーションを行《おこな》うサービス。

短期入所生活介護《たんきにゅうしょせいかつかいご》（ショートステイ）	特別養護老人《とくべつようごろうじん》ホームや老人短期入所施設《ろうじんたんきにゅうしょしせつ》などに短期《たんき》間入所《かんにゅうしょ》させ，入浴《にゅうよく》・排泄《はいせつ》・食事《しょくじ》などの介護《かいご》や日常生《にちじょうせい》活上《かつじょう》の世話《せわ》，機能訓練《きのうくんれん》を行《おこな》うサービス。
短期入所療養介護《たんきにゅうしょりょうようかいご》（ショートステイ）	介護老人保健施設《かいごろうじんほけんしせつ》，介護医療院《かいごいりょういん》などに短期間入所《たんきかんにゅうしょ》させ，医学的《いがくてき》な管理《かんり》のもとで，介護《かいご》や機能訓練《きのうくんれん》，医《い》療《りょう》，日常生活上《にちじょうせいかつじょう》の世話《せわ》などを行《おこな》うサービス。
特定施設入居者生《とくていしせつにゅうきょしゃせい》活介護《かつかいご》	特定施設《とくていしせつ》（有料老人《ゆうりょうろうじん》ホーム，養護老人《ようごろうじん》ホーム，軽費《けいひ》老人《ろうじん》ホームであって，地域密着型特定施設《ちいきみっちゃくがたとくていしせつ》でないもの）に入居《にゅうきょ》している利用者《りようしゃ》に対《たい》して，入浴《にゅうよく》・排泄《はいせつ》・食事《しょくじ》などの介護《かいご》や日常生活上《にちじょうせいかつじょう》の世話《せわ》，機能訓練《きのうくんれん》，療《りょう》養上《ようじょう》の世話《せわ》を行《おこな》うサービス。
福祉用具貸与《ふくしようぐたいよ》	居宅《きょたく》の利用者《りようしゃ》に対《たい》して，厚生労働大臣《こうせいろうどうだいじん》が定《さだ》める 13 種類《しゅるい》の福祉用具《ふくしようぐ》の中《なか》から,必要《ひつよう》な福祉用具《ふくしようぐ》の貸与《たいよ》(レンタル）を行《おこな》うサービス（p. 94 参照《さんしょう》）。
特定福祉用具販売《とくていふくしようぐはんばい》	福祉用具《ふくしようぐ》の貸与《たいよ》（レンタル）になじまないものを特《とく》定福祉用具《ていふくしようぐ》として購入費用《こうにゅうひよう》を保険給付《ほけんきゅうふ》するサービス（p. 94 参照《さんしょう》）。

■介護保険法《かいごほけんほう》の地域密着型《ちいきみっちゃくがた》サービス

定期巡回《ていきじゅんかい》・随時対《ずいじたい》応型訪問介護看護《おうがたほうもんかいごかんご》	日中《にっちゅう》・夜間《やかん》を通《つう》じて，訪問介護《ほうもんかいご》と訪問看護《ほうもんかんご》を 24 時《じ》間《かん》 365 日必要《にちひつよう》なタイミングで柔軟《じゅうなん》に提供《ていきょう》するサービス。定期的《ていきてき》な巡回訪問《じゅんかいほうもん》と随時通報《ずいじつうほう》を受《う》けての対応《たいおう》を行《おこな》う。
夜間対応型訪問介《やかんたいおうがたほうもんかい》護《ご》	夜間《やかん》の時間帯《じかんたい》において訪問介護《ほうもんかいご》を行《おこな》うサービス。定《てい》期的《きてき》な巡回訪問《じゅんかいほうもん》と随時通報《ずいじつうほう》を受《う》けての対応《たいおう》を行《おこな》う。
地域密着型通所介《ちいきみっちゃくがたつうしょかい》護《ご》	利用定員《りようていいん》 18 人以下《にんいか》で行《おこな》う通所介護《つうしょかいご》。
認知症対応型通所《にんちしょうたいおうがたつうしょ》介護《かいご》	認知症《にんちしょう》（dementia）の利用者《りようしゃ》を対象《たいしょう》とした専門的《せんもんてき》な介護《かいご》を提供《ていきょう》する通所介護《つうしょかいご》。

小規模《しょうきぼ》多機能型《たきのうがた》居宅介護《きょたくかいご》	「通《かよ》い」によるサービスを中心《ちゅうしん》にして，利用者《りようしゃ》の希望《きぼう》などに応《おう》じて，利用者《りようしゃ》の居宅《きょたく》への「訪問《ほうもん》」や短期間《たんきかん》の「泊《と》まり」を組《く》み合《あ》わせて，入浴《にゅうよく》・排泄《はいせつ》・食事《しょくじ》などの介護《かいご》，調理《ちょうり》・洗濯《せんたく》・掃除《そうじ》などの家事《かじ》，生活《せいかつ》などに関《かん》する相談《そうだん》や助言《じょげん》，健康状態《けんこうじょうたい》の確認《かくにん》，必要《ひつよう》な日常生活上《にちじょうせいかつじょう》の世話《せわ》，機能訓練《きのうくんれん》を行《おこな》うサービス。
認知症《にんちしょう》対応型《たいおうがた》共同《きょうどう》生活介護《せいかつかいご》（認知症《にんちしょう》高齢者《こうれいしゃ》グループホーム）	認知症高齢者《にんちしょうこうれいしゃ》グループホーム（5 人以上《にんいじょう》9 人以下《にんいか》の共同生活住居《きょうどうせいかつじゅうきょ》）に入居《にゅうきょ》する認知症《にんちしょう》の利用者《りようしゃ》に対《たい》し，家庭的《かていてき》な環境《かんきょう》と地域住民《ちいきじゅうみん》との交流《こうりゅう》のもとで入浴《にゅうよく》・排泄《はいせつ》・食事《しょくじ》などの介護《かいご》や日常生活上《にちじょうせいかつじょう》の世話《せわ》，機能訓練《きのうくんれん》を行《おこな》うサービス。
地域密着型《ちいきみっちゃくがた》特定施設《とくていしせつ》入居者《にゅうきょしゃ》生活介護《せいかつかいご》	入居定員《にゅうきょていいん》が 29 人以下《にんいか》の特定施設《とくていしせつ》に入居《にゅうきょ》している利用者《りようしゃ》に対《たい》して，地域密着型特定施設《ちいきみっちゃくがたとくていしせつ》サービス計画《けいかく》に基《もと》づき，入浴《にゅうよく》・排泄《はいせつ》・食事等《しょくじとう》の介護《かいご》，洗濯《せんたく》・掃除《そうじ》などの家事《かじ》，生活《せいかつ》などに関《かん》する相談《そうだん》や助言《じょげん》，必要《ひつよう》な日常生活上《にちじょうせいかつじょう》の世話《せわ》を行《おこな》うサービス。
地域密着型《ちいきみっちゃくがた》介護老人福祉施設《かいごろうじんふくししせつ》入所者《にゅうしょしゃ》生活介護《せいかつかいご》	入所定員《にゅうしょていいん》が 29 人以下《にんいか》の介護老人福祉施設《かいごろうじんふくししせつ》に入所《にゅうしょ》する利用者《りようしゃ》に対《たい》して，地域密着型施設《ちいきみっちゃくがたしせつ》サービス計画《けいかく》に基《もと》づき，入浴《にゅうよく》・排泄《はいせつ》・食事《しょくじ》などの介護《かいご》や日常生活上《にちじょうせいかつじょう》の世話《せわ》，機能訓練《きのうくんれん》，健康管理《けんこうかんり》，療養上《りょうようじょう》の世話《せわ》を行《おこな》うサービス。
看護《かんご》小規模《しょうきぼ》多機能《たきのう》型《がた》居宅介護《きょたくかいご》（複合型《ふくごうがた》サービス）	訪問看護《ほうもんかんご》と小規模多機能型居宅介護《しょうきぼたきのうがたきょたくかいご》を一体的《いったいてき》に提供《ていきょう》することにより，「通《かよ》い」「訪問《ほうもん》」「泊《と》まり」を組《く》み合《あ》わせて，日常生活上《にちじょうせいかつじょう》の世話《せわ》，機能訓練《きのうくんれん》，療養上《りょうようじょう》の世話《せわ》，必要《ひつよう》な診療《しんりょう》の補助《ほじょ》を行《おこな》うサービス。

■介護保険法《かいごほけんほう》の施設《しせつ》サービス

介護老人福祉施設《かいごろうじんふくししせつ》	入所定員《にゅうしょていいん》が 30 人以上《にんいじょう》の特別養護老人《とくべつようごろうじん》ホームに入所《にゅうしょ》する要介護者《ようかいごしゃ》に対《たい》し，施設《しせつ》サービス計画《けいかく》に基《もと》づいて，入浴《にゅうよく》・排泄《はいせつ》・食事《しょくじ》などの介護《かいご》や日常生活上《にちじょうせいかつじょう》の世話《せわ》，機能訓練《きのうくんれん》，健康管理《けんこうかんり》，療養上《りょうようじょう》の世話《せわ》を行《おこな》う施設《しせつ》。原則《げんそく》として，新規《しんき》で入所《にゅうしょ》できるのは要介護《ようかいご》3 以上《いじょう》となる。

介護老人保健施設《かいごろうじんほけんしせつ》	在宅生活《ざいたくせいかつ》への復帰《ふっき》を目指《めざ》して，施設《しせつ》サービス計画《けいかく》に基《もと》づいて，看護《かんご》，医学的管理《いがくてきかんり》のもとでの介護《かいご》や機能《きのう》訓練《くんれん》，その他《た》の必要《ひつよう》な医療《いりょう》や日常生活上《にちじょうせいかつじょう》の世話《せわ》を行《おこな》う施設《しせつ》。
介護医療院《かいごいりょういん》	主《おも》に長期《ちょうき》にわたり療養《りょうよう》が必要《ひつよう》な要介護者《ようかいごしゃ》を対象《たいしょう》とし，施設《しせつ》サービス計画《けいかく》に基《もと》づいて，療養上《りょうようじょう》の管理《かんり》，看護《かんご》，医学的管理《いがくてきかんり》のもとでの介護《かいご》や機能訓練《きのうくんれん》，その他《た》必要《ひつよう》な医療《いりょう》や日常生活上《にちじょうせいかつじょう》の世話《せわ》を行《おこな》う施設《しせつ》。

■介護保険法《かいごほけんほう》の改正内容《かいせいないよう》

2006年《ねん》（平成《へいせい》18年《ねん》）施行《せこう》の改正《かいせい》	●新予防給付《しんよぼうきゅうふ》の創設《そうせつ》 ●地域支援事業《ちいきしえんじぎょう》の創設《そうせつ》 ●地域密着型《ちいきみっちゃくがた》サービスの創設《そうせつ》 ●地域包括支援《ちいきほうかつしえん》センターの創設《そうせつ》 ●介護《かいご》サービス情報《じょうほう》の公表制度《こうひょうせいど》の創設《そうせつ》 ●施設給付《しせつきゅうふ》（施設《しせつ》の居住費《きょじゅうひ》・食費《しょくひ》）の見直《みなお》し※1
2009年《ねん》（平成《へいせい》21年《ねん》）施行《せこう》の改正《かいせい》	●介護《かいご》サービス事業者《じぎょうしゃ》に対《たい》する法令遵守等《ほうれいじゅんしゅとう》の業務管理《ぎょうむかんり》体制整備《たいせいせいび》の義務《ぎむ》づけ
2012年《ねん》（平成《へいせい》24年《ねん》）施行《せこう》の改正《かいせい》	●定期巡回《ていきじゅんかい》・随時対応型訪問介護看護《ずいじたいおうがたほうもんかいごかんご》，複合型《ふくごうがた》サービスの創設《そうせつ》 ●介護予防《かいごよぼう》・日常生活支援総合事業《にちじょうせいかつしえんそうごうじぎょう》の導入《どうにゅう》
2015年《ねん》（平成《へいせい》27年《ねん》）施行《せこう》の改正《かいせい》	●地域支援事業《ちいきしえんじぎょう》の充実《じゅうじつ》（在宅医療《ざいたくいりょう》・介護連携推進事業《かいごれんけいすいしんじぎょう》や認知症総合支援事業《にんちしょうそうごうしえんじぎょう》などの創設《そうせつ》） ●介護予防訪問介護《かいごよぼうほうもんかいご》・介護予防通所介護《かいごよぼうつうしょかいご》の地域支援事業《ちいきしえんじぎょう》への移行《いこう》 ●特別養護老人《とくべつようごろうじん》ホームの新規入所者《しんきにゅうしょしゃ》を，原則要介護《げんそくようかいご》3以上《いじょう》に重点化《じゅうてんか》 ●低所得者《ていしょとくしゃ》の保険料負担《ほけんりょうふたん》の軽減割合《けいげんわりあい》を拡大《かくだい》 ●第一号被保険者《だいいちごうひほけんしゃ》のうち一定以上《いっていいじょう》の所得《しょとく》のある利用者《りようしゃ》の自己負担《じこふたん》を2割《わり》に引《ひ》き上《あ》げ ●施設利用者《しせつりようしゃ》の食費《しょくひ》・居住費《きょじゅうひ》を補《おぎな》う「補足給付《ほそくきゅうふ》」の要件《ようけん》に資産《しさん》などを追加《ついか》し，対象者《たいしょうしゃ》を縮小《しゅくしょう》

2018年《ねん》（平成《へいせい》30年《ねん》）施行《せこう》の改正《かいせい》	●保険者機能《ほけんしゃきのう》の強化等《きょうかとう》の取《と》り組《く》みの推進《すいしん》 ●介護医療院《かいごいりょういん》の創設《そうせつ》 ●共生型《きょうせいがた》サービスの創設《そうせつ》 ● 2割負担者《わりふたんしゃ》のうち特《とく》に所得《しょとく》の高《たか》い層《そう》の自己負担《じこふたん》を3割《わり》に引《ひ》き上《あ》げ ●介護納付金《かいごのうふきん》における総報酬割《そうほうしゅうわり》の導入《どうにゅう》※2
2021年《ねん》（令和《れいわ》3年《ねん》）施行《せこう》の改正《かいせい》	●地域《ちいき》の特性《とくせい》に応《おう》じた認知症施策《にんちしょうせさく》や介護《かいご》サービス提供《ていきょう》体制《たいせい》の整備等《せいびとう》の推進《すいしん》 ●医療《いりょう》・介護《かいご》のデータ基盤《きばん》の整備《せいび》の推進《すいしん》 ●介護人材確保《かいごじんざいかくほ》・業務効率化《ぎょうむこうりつか》の取《と》り組《く》みの強化《きょうか》
2024年《ねん》（令和《れいわ》6年《ねん》）施行《せこう》の改正《かいせい》	●介護情報基盤《かいごじょうほうきばん》の整備《せいび》※3 ●介護《かいご》サービス事業者《じぎょうしゃ》の財務状況等《ざいむじょうきょうとう》の見《み》える化《か》 ●介護《かいご》サービス事業所等《じぎょうしょとう》における生産性《せいさんせい》の向上《こうじょう》に資《し》する取《と》り組《く》みにかかる努力義務《どりょくぎむ》 ●看護小規模多機能型居宅介護《かんごしょうきぼたきのうがたきょたくかいご》のサービス内容《ないよう》の明確化《めいかくか》 ●地域包括支援《ちいきほうかつしえん》センターの体制整備等《たいせいせいびとう》

※1：施行《せこう》は2005年《ねん》（平成《へいせい》17年《ねん》）。
※2：施行《せこう》は2017年《ねん》（平成《へいせい》29年《ねん》）。
※3：施行《せこう》は2023年《ねん》（令和《れいわ》5年《ねん》）5月《がつ》19日《にち》から4年以内《ねんいない》の政令《せいれい》で定《さだ》める日《ひ》。

■主《おも》な共生型《きょうせいがた》サービス

	介護保険《かいごほけん》サービス	障害福祉《しょうがいふくし》サービス等《とう》
ホームヘルプサービス	訪問介護《ほうもんかいご》	居宅介護《きょたくかいご》 重度訪問介護《じゅうどほうもんかいご》
デイサービス	通所介護《つうしょかいご》 地域密着型通所介護《ちいきみっちゃくがたつうしょかいご》	生活介護《せいかつかいご》※ 自立訓練《じりつくんれん》（機能訓練《きのうくんれん》・生活訓練《せいかつくんれん》） 児童発達支援《じどうはったつしえん》※ 放課後等《ほうかごとう》デイサービス※
ショートステイ	（介護予防《かいごよぼう》）短期入《たんきにゅう》所生活介護《しょせいかつかいご》	短期入所《たんきにゅうしょ》

※：主《しゅ》として重症心身障害者《じゅうしょうしんしんしょうがいしゃ》（児《じ》）を通《かよ》わせる事業所《じぎょうしょ》を除《のぞ》く。

■身体障害者《しんたいしょうがいしゃ》・精神障害者《せいしんしょうがいしゃ》・発達障害者《はったつしょうがいしゃ》の定義《ていぎ》

身体障害者《しんたいしょうがいしゃ》	身体障害《しんたいしょうがい》がある18歳以上《さいいじょう》の者《もの》であって，都道府県知事《とどうふけんちじ》から身体障害者手帳《しんたいしょうがいしゃてちょう》の交付《こうふ》を受《う》けたもの
精神障害者《せいしんしょうがいしゃ》	統合失調症《とうごうしっちょうしょう》，精神作用物質《せいしんさようぶっしつ》による急性中毒又《きゅうせいちゅうどくまた》はその依存《いぞん》症《しょう》，知的障害《ちてきしょうがい》その他《た》の精神疾患《せいしんしっかん》を有《ゆう》する者《もの》
発達障害者《はったつしょうがいしゃ》	発達障害《はったつしょうがい》（自閉症《じへいしょう》，アスペルガー症候群《しょうこうぐん》その他《た》の広汎性発《こうはんせいはっ》達障害《たつしょうがい》，学習障害《がくしゅうしょうがい》，注意欠陥多動性障害《ちゅういけっかんたどうせいしょうがい》などの障害《しょうがい》であってその症状《しょうじょう》が通常低年齢《つうじょうていねんれい》において発現《はつげん》するもの）がある者《もの》であって発達障害及《はったつしょうがいおよ》び社会的障壁《しゃかいてきしょうへき》により日常生活又《にちじょうせいかつまた》は社会《しゃかい》生活《せいかつ》に制限《せいげん》を受《う》けるもの

■精神障害者《せいしんしょうがいしゃ》の入院形態《にゅういんけいたい》

任意入院《にんいにゅういん》	本人《ほんにん》の同意《どうい》に基《もと》づいて行《おこな》われる入院《にゅういん》。この形態《けいたい》が原則《げんそく》
措置入院《そちにゅういん》	2名以上《めいいじょう》の精神保健指定医《せいしんほけんしていい》の診察結果《しんさつけっか》の一致《いっち》により，自傷他《じしょうた》害《がい》のおそれが認《みと》められる場合《ばあい》に都道府県知事《とどうふけんちじ》により行《おこな》われる入院《にゅういん》
緊急措置《きんきゅうそち》入院《にゅういん》	急速《きゅうそく》を要《よう》し，通常《つうじょう》の措置入院《そちにゅういん》の手続《てつづ》きを踏《ふ》むことができない場合《ばあい》，精神保健指定医《せいしんほけんしていい》の診察《しんさつ》を経《へ》て，72時間《じかん》を限度《げんど》に都道《とどう》府県知事《ふけんちじ》により行《おこな》われる入院《にゅういん》
医療保護《いりょうほご》入院《にゅういん》※	精神保健指定医《せいしんほけんしていい》が入院《にゅういん》の必要《ひつよう》を認《みと》め，家族等《かぞくとう》が同意《どうい》した場合《ばあい》に行《おこな》われる入院《にゅういん》
応急入院《おうきゅうにゅういん》	急速《きゅうそく》を要《よう》し，家族等《かぞくとう》の同意《どうい》をすぐに得《え》ることができない場《ば》合《あい》，精神保健指定医《せいしんほけんしていい》の診察《しんさつ》を経《へ》て，72時間《じかん》を限度《げんど》に精神科《せいしんか》病院《びょういん》の管理者《かんりしゃ》により行《おこな》われる入院《にゅういん》

※：2024年《ねん》（令和《れいわ》6年《ねん》）4月《がつ》からは，家族等《かぞくとう》が同意《どうい》・不同意《ふどうい》の意思表示《いしひょうじ》を行《おこな》わない場合《ばあい》には，市町村長《しちょうそんちょう》の同意《どうい》により医療保護入院《いりょうほごにゅういん》を行《おこな》うことが可能《かのう》となった。また，入院《にゅういん》は期間《きかん》を定《さだ》めて行《おこな》われることとなった（入院開始《にゅういんかいし》から6か月《げつ》が過《す》ぎるまでは3か月以内《げついない》，入院開始《にゅういんかいし》から6か月《げつ》が過《す》ぎてからは6か月以内《げついない》の期《き》間《かん》）。

■障害者総合支援法《しょうがいしゃそうごうしえんほう》の障害福祉《しょうがいふくし》サービス（介護給付《かいごきゅうふ》）

居宅介護《きょたくかいご》	障害者《しょうがいしゃ》・障害児《しょうがいじ》の居宅《きょたく》において，入浴《にゅうよく》や排泄《はいせつ》，食事等《しょくじとう》の介護《かいご》，調理《ちょうり》や洗濯《せんたく》，掃除等《そうじとう》の家事《かじ》，生活等《せいかつとう》に関《かん》する相談《そうだん》や助言《じょげん》など，生活全般《せいかつぜんぱん》にわたる援助《えんじょ》を提供《ていきょう》する。
重度訪問介護《じゅうどほうもんかいご》	重度《じゅうど》の肢体不自由《したいふじゆう》，重度《じゅうど》の知的障害《ちてきしょうがい》若《も》しくは精神障害《せいしんしょうがい》のために行動上著《こうどうじょういちじる》しい困難《こんなん》のある障害者《しょうがいしゃ》であって，常時《じょうじ》介護《かいご》が必要《ひつよう》な人《ひと》に対《たい》して，居宅《きょたく》において入浴《にゅうよく》や排泄《はいせつ》，食《しょく》事等《じとう》の介護《かいご》，調理《ちょうり》や洗濯《せんたく》，掃除等《そうじとう》の家事《かじ》，生活等《せいかつとう》に関《かん》する相談《そうだん》や助言《じょげん》など，生活全般《せいかつぜんぱん》にわたる援助《えんじょ》と，外出時《がいしゅつじ》の移動中《いどうちゅう》の介護《かいご》を総合的《そうごうてき》に行《おこな》う。また，病院《びょういん》，診療所《しんりょうじょ》，介《かい》護老人保健施設《ごろうじんほけんしせつ》や介護医療院《かいごいりょういん》などに入院《にゅういん》・入所《にゅうしょ》している障害者《しょうがいしゃ》に対《たい》して，意思疎通《いしそつう》の支援《しえん》その他《た》の必要《ひつよう》な支援《しえん》を行《おこな》う。
同行援護《どうこうえんご》	視覚障害《しかくしょうがい》のために移動《いどう》に著《いちじる》しい困難《こんなん》のある障害者《しょうがいしゃ》・障《しょう》害児《がいじ》に対《たい》して，外出時《がいしゅつじ》に同行《どうこう》し，移動《いどう》に必要《ひつよう》な情報《じょうほう》を提《てい》供《きょう》するとともに，移動《いどう》の援護《えんご》，排泄《はいせつ》や食事等《しょくじとう》の介護《かいご》などの外出時《がいしゅつじ》に必要《ひつよう》な援助《えんじょ》を提供《ていきょう》する。
行動援護《こうどうえんご》	知的障害《ちてきしょうがい》や精神障害《せいしんしょうがい》のために行動上著《こうどうじょういちじる》しい困難《こんなん》のある障害者《しょうがいしゃ》・障害児《しょうがいじ》であって常時介護《じょうじかいご》が必要《ひつよう》な人《ひと》に対《たい》して，行動《こうどう》する際《さい》に生《しょう》じ得《う》る危険《きけん》を回避《かいひ》するために必要《ひつよう》な援《えん》護《ご》，外出時《がいしゅつじ》における移動中《いどうちゅう》の介護《かいご》，排泄《はいせつ》や食事等《しょくじとう》の介護《かいご》などの行動《こうどう》する際《さい》に必要《ひつよう》な援助《えんじょ》を提供《ていきょう》する。
療養介護《りょうようかいご》	医療《いりょう》が必要《ひつよう》な障害者《しょうがいしゃ》であって常時介護《じょうじかいご》を必要《ひつよう》とする人《ひと》に対《たい》して，主《おも》に昼間《ひるま》に病院《びょういん》において行《おこな》われる機能訓練《きのうくんれん》，療《りょう》養上《ようじょう》の管理《かんり》，看護《かんご》，医学的管理《いがくてきかんり》のもとにおける介護《かいご》や日《にち》常生活上《じょうせいかつじょう》の世話《せわ》を提供《ていきょう》する。
生活介護《せいかつかいご》	常時介護《じょうじかいご》を必要《ひつよう》とする障害者《しょうがいしゃ》に対《たい》して，主《おも》に昼間《ひるま》に障害《しょうがい》者支援施設《しゃしえんしせつ》などで入浴《にゅうよく》や排泄《はいせつ》，食事等《しょくじとう》の介護《かいご》，調理《ちょうり》や洗《せん》濯《たく》，掃除等《そうじとう》の家事《かじ》，生活等《せいかつとう》に関《かん》する相談《そうだん》や助言《じょげん》など必要《ひつよう》な日常生活上《にちじょうせいかつじょう》の支援《しえん》，創作的活動《そうさくてきかつどう》や生産活動《せいさんかつどう》の機会《きかい》の提《てい》供《きょう》など，身体機能《しんたいきのう》や生活能力《せいかつのうりょく》の向上《こうじょう》のために必要《ひつよう》な支援《しえん》を行《おこな》う。

短期入所《たんきにゅうしょ》	居宅《きょたく》において介護《かいご》を行《おこな》う者《もの》の病気《びょうき》などの理由《りゆう》により，障《しょう》害者支援施設《がいしゃしえんしせつ》や児童福祉施設《じどうふくししせつ》などへ障害者《しょうがいしゃ》・障害児《しょうがいじ》を短《たん》期間入所《きかんにゅうしょ》させ，入浴《にゅうよく》や排泄《はいせつ》，食事《しょくじ》の介護《かいご》などを行《おこな》う。
重度障害者等《じゅうどしょうがいしゃとう》包括支援《ほうかつしえん》	常時介護《じょうじかいご》を必要《ひつよう》とする障害者《しょうがいしゃ》・障害児《しょうがいじ》であって，意思疎《いしそ》通《つう》を図《はか》ることに著《いちじる》しい支障《ししょう》がある人《ひと》のうち，四肢麻痺《ししまひ》や寝《ね》たきりの状態《じょうたい》にある人《ひと》，知的障害《ちてきしょうがい》や精神障害《せいしんしょうがい》のために行動上著《こうどうじょういちじる》しい困難《こんなん》がある人《ひと》に対《たい》して，居宅介護《きょたくかいご》，重《じゅう》度訪問介護《どほうもんかいご》，同行援護《どうこうえんご》，行動援護《こうどうえんご》，生活介護《せいかつかいご》，短期入《たんきにゅう》所《しょ》，自立訓練《じりつくんれん》，就労移行支援《しゅうろういこうしえん》，就労継続支援《しゅうろうけいぞくしえん》，就労定着《しゅうろうていちゃく》支援《しえん》，自立生活援助《じりつせいかつえんじょ》，共同生活援助《きょうどうせいかつえんじょ》の障害福祉《しょうがいふくし》サービスを包括的《ほうかつてき》に提供《ていきょう》する。
施設入所支援《しせつにゅうしょしえん》	障害者支援施設《しょうがいしゃしえんしせつ》に入所《にゅうしょ》する障害者《しょうがいしゃ》に対《たい》して，主《おも》に夜間《やかん》に，入浴《にゅうよく》や排泄《はいせつ》，食事等《しょくじとう》の介護《かいご》，生活等《せいかつとう》に関《かん》する相談《そうだん》や助言《じょげん》などの必要《ひつよう》な日常生活上《にちじょうせいかつじょう》の支援《しえん》を行《おこな》う。生活介護《せいかつかいご》などの昼間《ひるま》に実施《じっし》されるサービスと一緒《いっしょ》に利用《りよう》する。

■障害者総合支援法《しょうがいしゃそうごうしえんほう》の障害福祉《しょうがいふくし》サービス（訓練等給付《くんれんとうきゅうふ》）

自立訓練《じりつくんれん》（機《き》能訓練《のうくんれん》）	障害者支援施設若《しょうがいしゃしえんしせつも》しくは障害福祉《しょうがいふくし》サービス事業所又《じぎょうじょまた》は居《きょ》宅《たく》において行《おこな》う理学療法《りがくりょうほう》や作業療法《さぎょうりょうほう》などの必要《ひつよう》なリハビリテーション，生活等《せいかつとう》に関《かん》する相談《そうだん》や助言《じょげん》などを行《おこな》う。
自立訓練《じりつくんれん》（生《せい》活訓練《かつくんれん》）	障害者支援施設若《しょうがいしゃしえんしせつも》しくは障害福祉《しょうがいふくし》サービス事業所又《じぎょうじょまた》は居《きょ》宅《たく》において行《おこな》う入浴《にゅうよく》や排泄《はいせつ》，食事等《しょくじとう》に関《かん》する自立《じりつ》した日《にち》常生活《じょうせいかつ》を営《いとな》むために必要《ひつよう》な訓練《くんれん》，生活等《せいかつとう》に関《かん》する相談《そうだん》や助言《じょげん》などを行《おこな》う。
就労移行支援《しゅうろういこうしえん》※	通常《つうじょう》の事業所《じぎょうしょ》への就労《しゅうろう》を希望《きぼう》する障害者《しょうがいしゃ》に対《たい》して，一定《いってい》の期間《きかん》，生産活動《せいさんかつどう》や活動《かつどう》の機会《きかい》を提供《ていきょう》することで，就労《しゅうろう》に必要《ひつよう》な知識《ちしき》や能力《のうりょく》の向上《こうじょう》のために必要《ひつよう》な訓練等《くんれんとう》を行《おこな》う。
就労継続支援《しゅうろうけいぞくしえん》A型《がた》※	通常《つうじょう》の事業所《じぎょうしょ》に雇用《こよう》されることが困難《こんなん》であって，雇用契《こようけい》約《やく》に基《もと》づく就労《しゅうろう》が可能《かのう》な障害者《しょうがいしゃ》に対《たい》して，雇用契約《こようけいやく》の締《てい》結等《けつとう》による就労《しゅうろう》の機会《きかい》の提供《ていきょう》や生産活動《せいさんかつどう》の機会《きかい》の提供《ていきょう》などの就労《しゅうろう》に必要《ひつよう》な知識《ちしき》や能力《のうりょく》の向上《こうじょう》のために必要《ひつよう》な訓練《くんれん》等《とう》を行《おこな》う。

就労継続支援《しゅうろうけいぞくしえん》B型《がた》※	通常《つうじょう》の事業所《じぎょうしょ》に雇用《こよう》されることが困難《こんなん》であって，雇用契《こようけい》約《やく》に基《もと》づく就労《しゅうろう》が困難《こんなん》な障害者《しょうがいしゃ》に対《たい》して，就労《しゅうろう》の機会《きかい》の提供《ていきょう》や生産活動《せいさんかつどう》の機会《きかい》の提供《ていきょう》などの就労《しゅうろう》に必要《ひつよう》な知識《ちしき》や能力《のうりょく》の向上《こうじょう》のために必要《ひつよう》な訓練等《くんれんとう》を行《おこな》う。
就労定着支援《しゅうろうていちゃくしえん》	就労《しゅうろう》に向《む》けた支援《しえん》を受《う》けて通常《つうじょう》の事業所《じぎょうしょ》に新《あら》たに雇用《こよう》された障害者《しょうがいしゃ》の就労《しゅうろう》の継続《けいぞく》を図《はか》るために，事業所《じぎょうしょ》の事業《じぎょう》主《ぬし》，障害福祉《しょうがいふくし》サービス事業者《じぎょうしゃ》，医療機関等《いりょうきかんとう》との連絡調《れんらくちょう》整《せい》，雇用《こよう》に伴《ともな》い生《しょう》じる日常生活《にちじょうせいかつ》や社会生活《しゃかいせいかつ》を営《いとな》む上《うえ》での問題《もんだい》に関《かん》する相談《そうだん》，指導《しどう》や助言等《じょげんとう》を行《おこな》う。
自立生活援助《じりつせいかつえんじょ》	施設入所支援《しせつにゅうしょしえん》や共同生活援助《きょうどうせいかつえんじょ》を受《う》けていた障害者《しょうがいしゃ》などが，居宅《きょたく》において実質一人暮《じっしつひとりぐ》らしの生活《せいかつ》を始《はじ》めるに当《あ》たり，一定《いってい》の期間《きかん》，定期的《ていきてき》な巡回訪問《じゅんかいほうもん》や随時通報《ずいじつうほう》を受《う》けることにより，相談《そうだん》に応《おう》じ，必要《ひつよう》な情報《じょうほう》の提供《ていきょう》や助言《じょげん》などの障害者《しょうがいしゃ》が自立《じりつ》した日常生活《にちじょうせいかつ》を営《いとな》むために必要《ひつよう》な援助《えんじょ》を行《おこな》う。
共同生活援助《きょうどうせいかつえんじょ》	障害者《しょうがいしゃ》に対《たい》して，主《おも》に夜間《やかん》に，共同生活《きょうどうせいかつ》を営《いとな》む住居《じゅうきょ》において，相談《そうだん》，入浴《にゅうよく》や排泄《はいせつ》，食事《しょくじ》の介護《かいご》などの日常生活《にちじょうせいかつ》に必要《ひつよう》な援助《えんじょ》を行《おこな》い，又《また》はこれに併《あわ》せて，居宅《きょたく》における自《じ》立《りつ》した日常生活《にちじょうせいかつ》への移行《いこう》を希望《きぼう》する入居者《にゅうきょしゃ》に対《たい》して，日《にち》常生活《じょうせいかつ》への移行及《いこうおよ》び移行後《いこうご》の定着《ていちゃく》に関《かん》する相談等《そうだんとう》の援助《えんじょ》を行《おこな》う。

※：2024年《ねん》（令和《れいわ》6年《ねん》）4月《がつ》から，対象者《たいしょうしゃ》に，通常《つうじょう》の事業所《じぎょうしょ》に雇用《こよう》されている障《しょう》害者《がいしゃ》で，事業所《じぎょうしょ》での就労《しゅうろう》に必要《ひつよう》な知識及《ちしきおよ》び能力《のうりょく》の向上《こうじょう》のための支援《しえん》を一時的《いちじてき》に必要《ひつよう》とするものが追加《ついか》された。

注《ちゅう》：2022年《ねん》（令和《れいわ》4年《ねん》）の改正《かいせい》で，就労《しゅうろう》アセスメントの手法《しゅほう》を活用《かつよう》して，本人《ほんにん》の希望《きぼう》，就労能力《しゅうろうのうりょく》や適性等《てきせいとう》に合《あ》った選択《せんたく》を支援《しえん》する新《あら》たなサービス（就労選択《しゅうろうせんたく》支援《しえん》）が訓練等給付《くんれんとうきゅうふ》に追加《ついか》された（2022年《ねん》（令和《れいわ》4年《ねん》）12月《がつ》16日《にち》から3年《ねん》以内《いない》に施行予定《せこうよてい》）。

■障害者総合支援法《しょうがいしゃそうごうしえんほう》の相談支援《そうだんしえん》

基本相談支援《きほんそうだんしえん》		地域《ちいき》の障害者《しょうがいしゃ》・障害児《しょうがいじ》の福祉《ふくし》に関《かん》する様々《さまざま》な問題《もんだい》につき，障害者《しょうがいしゃ》・障害児《しょうがいじ》，障害児《しょうがいじ》の保護者等《ほごしゃとう》からの相談《そうだん》に応《おう》じ，必要《ひつよう》な情報《じょうほう》の提供及《ていきょうおよ》び助言《じょげん》を行《おこな》い，市町村《しちょうそん》や指定障害福祉《していしょうがいふくし》サービス事業者等《じぎょうしゃとう》との連絡調整《れんらくちょうせい》などの便宜《べんぎ》を総合的《そうごうてき》に行《おこな》う。
地域相談支援《ちいきそうだんしえん》	地域移行支援《ちいきいこうしえん》	障害者支援施設《しょうがいしゃしえんしせつ》に入所《にゅうしょ》している障害者又《しょうがいしゃまた》は精神科病院《せいしんかびょういん》に入院《にゅういん》している精神障害者《せいしんしょうがいしゃ》などを対象《たいしょう》に，常時《じょうじ》の連絡体制《れんらくたいせい》を確保《かくほ》し，住居《じゅうきょ》の確保《かくほ》その他《た》の地域《ちいき》における生活《せいかつ》に移行《いこう》するための活動《かつどう》に関《かん》する相談等《そうだんとう》を行《おこな》う。
	地域定着支援《ちいきていちゃくしえん》	居宅《きょたく》において単身等《たんしんとう》の状況《じょうきょう》で生活《せいかつ》する障害者《しょうがいしゃ》に，障害《しょうがい》の特性《とくせい》に起因《きいん》して生《しょう》じた緊急《きんきゅう》の事態《じたい》などの場合《ばあい》に相談等《そうだんとう》を行《おこな》う。
計画相談支援《けいかくそうだんしえん》	サービス利用《りよう》支援《しえん》	支給決定《しきゅうけってい》を申請《しんせい》する障害者《しょうがいしゃ》・障害児《しょうがいじ》のサービス等利用計画案《とうりようけいかくあん》を作成《さくせい》し，支給決定後《しきゅうけっていご》に，障害福祉《しょうがいふくし》サービス事業者等《じぎょうしゃとう》との連絡調整《れんらくちょうせい》などを行《おこな》うとともに，サービス等利用計画《とうりようけいかく》を作成《さくせい》する。
	継続《けいぞく》サービス利用支援《りようしえん》	サービス等利用計画《とうりようけいかく》が適切《てきせつ》であるかどうかについて，一定期間《いっていきかん》ごとに，サービスの利用状況《りようじょうきょう》を検証《けんしょう》し，サービス等利用計画《とうりようけいかく》の見直《みなお》しを行《おこな》い，新《あら》たなサービスの利用《りよう》が必要《ひつよう》な場合《ばあい》には，支給決定《しきゅうけってい》の申請《しんせい》を勧《すす》める。

■障害者総合支援法《しょうがいしゃそうごうしえんほう》の相談支援事業者《そうだんしえんじぎょうしゃ》

一般相談支援事業者《いっぱんそうだんしえんじぎょうしゃ》	基本相談支援《きほんそうだんしえん》
	地域相談支援《ちいきそうだんしえん》
特定相談支援事業者《とくていそうだんしえんじぎょうしゃ》	基本相談支援《きほんそうだんしえん》
	計画相談支援《けいかくそうだんしえん》

■補装具《はそうぐ》と福祉用具《ふくしようぐ》

補装具《ほそうぐ》	①義肢《ぎし》，②装具《そうぐ》，③姿勢保持装置《しせいほじそうち》，④視覚障害者安全《しかくしょうがいしゃあんぜん》つえ，⑤義《ぎ》眼《がん》，⑥眼鏡《めがね》，⑦補聴器《ほちょうき》，⑧人工内耳《じんこうないじ》（人工内耳用音声信号処理装置《じんこうないじようおんせいしんごうしょりそうち》の修理《しゅうり》に限《かぎ》る），⑨車《くるま》いす，⑩電動車《でんどうくるま》いす，⑪座位保持《ざいほじ》いす，⑫起立《きりつ》保持具《ほじぐ》，⑬歩行器《ほこうき》，⑭頭部保持具《とうぶほじぐ》，⑮排便補助具《はいべんほじょぐ》，⑯歩行補助《ほこうほじょ》つえ，⑰重度障害者用意思伝達装置《じゅうどしょうがいしゃよういしでんたつそうち》
福祉用具《ふくしようぐ》	**【福祉用具貸与《ふくしようぐたいよ》】** ①車《くるま》いす，②車《くるま》いす付属品《ふぞくひん》，③特殊寝台《とくしゅしんだい》，④特殊寝台付属品《とくしゅしんだいふぞくひん》，⑤床《とこ》ずれ防止用具《ぼうしようぐ》，⑥体位変換器《たいいへんかんき》，⑦手《て》すり，⑧スロープ，⑨歩行器《ほこうき》，⑩歩行補助《ほこうほじょ》つえ，⑪認知症老人徘徊感知機器《にんちしょうろうじんはいかいかんちきき》，⑫移動用《いどうよう》リフト（つり具《ぐ》の部分《ぶぶん》を除《のぞ》く），⑬自動排泄処理装置《じどうはいせつしょりそうち》 **【特定福祉用具販売《とくていふくしようぐはんばい》】** ①腰掛便座《こしかけべんざ》，②自動排泄処理装置《じどうはいせつしょりそうち》の交換可能部品《こうかんかのうぶひん》，③排泄予測支援機器《はいせつよそくしえんきき》，④入浴補助用具《にゅうよくほじょようぐ》，⑤簡易浴槽《かんいよくそう》，⑥移動用《いどうよう》リフトのつり具《ぐ》の部分《ぶぶん》，⑦スロープ※，⑧歩行器《ほこうき》（歩行車《ほこうしゃ》を除《のぞ》く）※，⑨歩行補助《ほこうほじょ》つえ（松葉《まつば》づえを除《のぞ》く）※

※：2024年《ねん》（令和《れいわ》6年《ねん》）4月《がつ》から，一部《いちぶ》の福祉用具《ふくしようぐ》について選択制《せんたくせい》が導入《どうにゅう》され，特定福祉用具販売《とくていふくしようぐはんばい》に⑦～⑨が追加《ついか》された。

障害者総合支援法《しょうがいしゃそうごうしえんほう》の補装具《ほそうぐ》と介護保険法《かいごほけんほう》の福祉用具《ふくしようぐ》は，区別《くべつ》して覚《おぼ》えておこう！　共通《きょうつう》のものがある点《てん》にも注意《ちゅうい》しよう！

■障害児通所支援《しょうがいじつうしょしえん》・障害児入所支援《しょうがいじにゅうしょしえん》

障害児通所支援《しょうがいじつうしょしえん》	児童発達《じどうはったつ》支援《しえん》※	障害児《しょうがいじ》を児童発達支援《じどうはったつしえん》センターなどに通《かよ》わせ，日常生活《にちじょうせいかつ》における基本的《きほんてき》な動作《どうさ》及《およ》び知識技能《ちしきぎのう》の習得《しゅうとく》，集団生活《しゅうだんせいかつ》への適応《てきおう》のための支援《しえん》を供与《きょうよ》し，又《また》は肢体不自由《したいふじゆう》のある児童《じどう》に対《たい》し，児童発達支援《じどうはったつしえん》センターにおいて治療《ちりょう》を行《おこな》う。
	放課後等《ほうかごとう》デイサービス	学校《がっこう》（幼稚園《ようちえん》・大学《だいがく》を除《のぞ》く）に就学《しゅうがく》している障害児《しょうがいじ》や専修学校等《せんしゅうがっこうとう》に就学《しゅうがく》している障害児《しょうがいじ》（支援《しえん》の必要《ひつよう》があると市町村長《しちょうそんちょう》が認《みと》める者《もの》に限《かぎ》る）を対象《たいしょう》に，授業《じゅぎょう》の終了後《しゅうりょうご》又《また》は休業日《きゅうぎょうび》に，児童発達支援《じどうはったつしえん》センターなどに通《かよ》わせ，生活能力《せいかつのうりょく》の向上《こうじょう》のために必要《ひつよう》な支援《しえん》，社会《しゃかい》との交流《こうりゅう》の促進《そくしん》などを行《おこな》う。
	居宅訪問《きょたくほうもん》型《がた》児童発達《じどうはったつ》支援《しえん》	重度《じゅうど》の障害等《しょうがいとう》により外出《がいしゅつ》が著《いちじる》しく困難《こんなん》な障害児《しょうがいじ》の居宅《きょたく》を訪問《ほうもん》し，日常生活《にちじょうせいかつ》における基本的《きほんてき》な動作《どうさ》及《およ》び知識技能《ちしきぎのう》の習得《しゅうとく》，生活能力《せいかつのうりょく》の向上《こうじょう》のために必要《ひつよう》な支援《しえん》などを行《おこな》う。
	保育所等《ほいくしょとう》訪問支援《ほうもんしえん》	保育所《ほいくしょ》，乳児院《にゅうじいん》，児童養護施設等《じどうようごしせつとう》を訪問《ほうもん》し，障害児《しょうがいじ》に対《たい》して，集団生活《しゅうだんせいかつ》への適応《てきおう》のための専門的《せんもんてき》な支援《しえん》などを行《おこな》う。
障害児入所支援《しょうがいじにゅうしょしえん》	福祉型《ふくしがた》障害児入所《しょうがいじにゅうしょ》施設《しせつ》	施設《しせつ》に入所《にゅうしょ》する障害児《しょうがいじ》に対《たい》して，保護《ほご》，日常生活《にちじょうせいかつ》における基本的《きほんてき》な動作《どうさ》や独立自活《どくりつじかつ》に必要《ひつよう》な知識技能《ちしきぎのう》の習得《しゅうとく》のための支援《しえん》を行《おこな》う。
	医療型《いりょうがた》障害児入所《しょうがいじにゅうしょ》施設《しせつ》	施設《しせつ》に入所《にゅうしょ》する障害児《しょうがいじ》に対《たい》して，保護《ほご》，日常生活《にちじょうせいかつ》における基本的《きほんてき》な動作《どうさ》，独立自活《どくりつじかつ》に必要《ひつよう》な知識技能《ちしきぎのう》の習得《しゅうとく》のための支援《しえん》や治療《ちりょう》を行《おこな》う。

※：2024年《ねん》（令和《れいわ》6年《ねん》）から，障害種別《しょうがいしゅべつ》にかかわらず障害児《しょうがいじ》を支援《しえん》できるように児童発達支援《じどうはったつしえん》の類型《るいけい》（福祉型《ふくしがた》・医療型《いりょうがた》）が一元化《いちげんか》された。

■障害者総合支援法《しょうがいしゃそうごうしえんほう》の改正内容《かいせいないよう》

2010年《ねん》（平成《へいせい》22年《ねん》）の改正《かいせい》	●障害者《しょうがいしゃ》の定義《ていぎ》に，発達障害《はったつしょうがい》を含《ふく》むことが明確化《めいかくか》された（施行《せこう》は2010年《ねん》（平成《へいせい》22年《ねん》））。 ●障害福祉《しょうがいふくし》サービスに，同行援護《どうこうえんご》が加《くわ》えられた（施行《せこう》は2011年《ねん》（平成《へいせい》23年《ねん》））。 ●障害児《しょうがいじ》を対象《たいしょう》とした通所《つうしょ》サービスが，児童福祉法《じどうふくしほう》の障害児通所支援《しょうがいじつうしょしえん》として再編《さいへん》された（施行《せこう》は2012年《ねん》（平成《へいせい》24年《ねん》））。 ●障害児《しょうがいじ》を対象《たいしょう》とした入所《にゅうしょ》サービスが，児童福祉法《じどうふくしほう》の障害児入所支援《しょうがいじにゅうしょしえん》として再編《さいへん》された（施行《せこう》は2012年《ねん》（平成《へいせい》24年《ねん》））。
2012年《ねん》（平成《へいせい》24年《ねん》）の改正《かいせい》	●障害者《しょうがいしゃ》の定義《ていぎ》に，難病等《なんびょうとう》が加《くわ》えられた（施行《せこう》は2013年《ねん》（平成《へいせい》25年《ねん》））。
2016年《ねん》（平成《へいせい》28年《ねん》）の改正《かいせい》	●障害福祉《しょうがいふくし》サービスに，就労定着支援《しゅうろうていちゃくしえん》と自立生活援助《じりつせいかつえんじょ》が加《くわ》えられた（施行《せこう》は2018年《ねん》（平成《へいせい》30年《ねん》））。
2022年《ねん》（令和《れいわ》4年《ねん》）の改正《かいせい》	●障害福祉《しょうがいふくし》サービスに，就労選択支援《しゅうろうせんたくしえん》が加《くわ》えられた（施行《せこう》は2022年《ねん》（令和《れいわ》4年《ねん》）12月《がつ》16日《にち》から3年《ねん》以内《いない》の政令《せいれい》で定《さだ》める日《ひ》）。

■成年後見制度《せいねんこうけんせいど》（法定後見制度《ほうていこうけんせいど》）

	後見《こうけん》	保佐《ほさ》	補助《ほじょ》
対象《たいしょう》となる人《ひと》	判断能力《はんだんのうりょく》が欠《か》けているのが常況《じょうきょう》の者《もの》（常《つね》にそうした状態《じょうたい》にある者《もの》）	判断能力《はんだんのうりょく》が著《いちじる》しく不十分《ふじゅうぶん》な者《もの》	判断能力《はんだんのうりょく》が不十分《ふじゅうぶん》な者《もの》
申立《もうした》てができる人《ひと》	本人《ほんにん》，配偶者《はいぐうしゃ》，四親等内《よんしんとうない》の親族《しんぞく》，検察官《けんさつかん》，市町村長《しちょうそんちょう》など		
代理権《だいりけん》の範囲《はんい》	財産《ざいさん》に関《かん》する全《すべ》ての法律行為《ほうりつこうい》	申立《もうした》ての範囲内《はんいない》で家庭裁判所《かていさいばんしょ》が定《さだ》める「特定《とくてい》の法律行為《ほうりつこうい》」	
後見人等《こうけんにんとう》の名称《めいしょう》	成年後見人《せいねんこうけんにん》	保佐人《ほさにん》	補助人《ほじょにん》

後見人等《こうけんにんとう》になれる人《ひと》	配偶者《はいぐうしゃ》や親族《しんぞく》のほか，弁護士《べんごし》などの専門職《せんもんしょく》や社会福祉法《しゃかいふくしほう》人《じん》などの法人《ほうじん》も選任《せんにん》できる

■生活保護《せいかつほご》の保護《ほご》の種類《しゅるい》・支給方法《しきゅうほうほう》・主《おも》な内容《ないよう》

種類《しゅるい》	支給方法《しきゅうほうほう》	主《おも》な内容《ないよう》
生活扶助《せいかつふじょ》	金銭給付《きんせんきゅうふ》	●衣食《いしょく》その他日常生活《たにちじょうせいかつ》の需要《じゅよう》を満《み》たすもの
教育扶助《きょういくふじょ》	金銭給付《きんせんきゅうふ》	●義務教育《ぎむきょういく》に伴《ともな》い必要《ひつよう》な学用品《がくようひん》，通学用品《つうがくようひん》 ●学校給食《がっこうきゅうしょく》など義務教育《ぎむきょういく》に伴《ともな》い必要《ひつよう》なもの
住宅扶助《じゅうたくふじょ》	金銭給付《きんせんきゅうふ》	●住居《じゅうきょ》（家賃等《やちんとう》の支給《しきゅう》） ●補修《ほしゅう》その他住宅《たじゅうたく》の修繕費《しゅうぜんひ》
医療扶助《いりょうふじょ》	現物給付《げんぶつきゅうふ》	●診察《しんさつ》，薬剤《やくざい》・治療材料《ちりょうざいりょう》，治療《ちりょう》・施術《せじゅつ》，看護《かんご》，移《い》送《そう》
介護扶助《かいごふじょ》	現物給付《げんぶつきゅうふ》	●介護保険《かいごほけん》の対象《たいしょう》となる介護《かいご》サービス
出産扶助《しゅっさんふじょ》	金銭給付《きんせんきゅうふ》	●分娩《ぶんべん》の介助等《かいじょとう》にかかる入院費《にゅういんひ》
生業扶助《せいぎょうふじょ》	金銭給付《きんせんきゅうふ》	●生業《せいぎょう》に必要《ひつよう》な資金《しきん》，器具《きぐ》，資料《しりょう》
葬祭扶助《そうさいふじょ》	金銭給付《きんせんきゅうふ》	●検案《けんあん》，死体《したい》の運搬《うんぱん》など葬祭費用《そうさいひよう》

■生活保護《せいかつほご》の原理《げんり》・原則《げんそく》

原理《げんり》	**国家責任《こっかせきにん》の原理《げんり》（法第《ほうだい》1条《じょう》）**	日本国憲法第《にほんこくけんぽうだい》25条《じょう》の理念《りねん》（生存権《せいぞんけん》）に基《もと》づき，国《くに》が生活《せいかつ》に困窮《こんきゅう》する全《すべ》ての国民《こくみん》に対《たい》し，最低限《さいていげん》度《ど》の生活《せいかつ》を保障《ほしょう》するとともに，その自立《じりつ》を助長《じょちょう》する。
	無差別平等《むさべつびょうどう》の原理《げんり》（法第《ほうだい》2条《じょう》）	全《すべ》ての国民《こくみん》は，この法律《ほうりつ》の定《さだ》める要件《ようけん》を満《み》たす限《かぎ》り，保護《ほご》を無差別平等《むさべつびょうどう》に受《う》けることができる。
	最低生活保障《さいていせいかつほしょう》の原《げん》理《り》（法第《ほうだい》3条《じょう》）	保障《ほしょう》される最低限度《さいていげんど》の生活《せいかつ》は，健康《けんこう》で文化的《ぶんかてき》な生活水準《せいかつすいじゅん》を維持《いじ》することができるものでなければならない。

原理《げんり》	補足性《ほそくせい》の原理《げんり》 （法第《ほうだい》4条《じょう》）	保護《ほご》は，利用《りよう》し得《う》る資産《しさん》，能力《のうりょく》その他《た》あらゆるものを，その最低限度《さいていげんど》の生活《せいかつ》の維持《いじ》のために活用《かつよう》することを要件《ようけん》として行《おこな》われる。民法《みんぽう》に定《さだ》める扶養義務者《ふようぎむしゃ》の扶養《ふよう》や他《た》の法律《ほうりつ》に定《さだ》める扶助《ふじょ》が生活保護法《せいかつほごほう》による保護《ほご》に優先《ゆうせん》して行《おこな》われる。
原則《げんそく》	申請保護《しんせいほご》の原則《げんそく》 （法第《ほうだい》7条《じょう》）	保護《ほご》は，要保護者《ようほごしゃ》，その扶養義務者《ふようぎむしゃ》又《また》はその他《た》の同居《どうきょ》の親族《しんぞく》の申請《しんせい》に基《もと》づいて開始《かいし》する。ただし，要保護者《ようほごしゃ》が急迫《きゅうはく》した状況《じょうきょう》にあるときは，保護《ほご》の申請《しんせい》がなくても，必要《ひつよう》な保護《ほご》を行《おこな》うことができる。
	基準《きじゅん》及《およ》び程度《ていど》の原則《げんそく》（法第《ほうだい》8条《じょう》）	保護《ほご》は，厚生労働大臣《こうせいろうどうだいじん》の定《さだ》める基準《きじゅん》により測定《そくてい》した要保護者《ようほごしゃ》の需要《じゅよう》を基《もと》とし，そのうち，不足分《ふそくぶん》を補《おぎな》う程度《ていど》において行《おこな》う。
	必要即応《ひつようそくおう》の原則《げんそく》 （法第《ほうだい》9条《じょう》）	保護《ほご》は，要保護者《ようほごしゃ》の年齢別《ねんれいべつ》，性別《せいべつ》，健康状態等《けんこうじょうたいとう》その個人《こじん》又《また》は世帯《せたい》の実際《じっさい》の必要《ひつよう》の相違《そうい》を考慮《こうりょ》して，有効《ゆうこう》かつ適切《てきせつ》に行《おこな》う。
	世帯単位《せたいたんい》の原則《げんそく》 （法第《ほうだい》10条《じょう》）	保護《ほご》は，世帯《せたい》を単位《たんい》としてその要否《ようひ》と程度《ていど》を定《さだ》める。ただし，これによりがたいときは，個人《こじん》を単位《たんい》として定《さだ》めることができる。

こころと
からだのしくみ

問題《もんだい》

1	2

001 世界《せかい》保健《ほけん》機関《きかん》（WHO）の「健康《けんこう》」の定義《ていぎ》によれば，疾病《しっぺい》や病弱《びょうじゃく》の存在《そんざい》しない状態《じょうたい》は，健康《けんこう》であるといえる。

1	2

002 生理的欲求《せいりてきよっきゅう》は，マズロー（Maslow, A.）の欲求階層《よっきゅうかいそう》説《せつ》では最下層《さいかそう》に位置《いち》する。

1	2

003 他者《たしゃ》からの賞賛《しょうさん》は，マズロー（Maslow, A.）の欲求《よっきゅう》階層説《かいそうせつ》の所属《しょぞく》・愛情欲求《あいじょうよっきゅう》に相当《そうとう》する。

1	2

004 ライチャード（Reichard, S.）による老年期《ろうねんき》の性格《せいかく》類型《るいけい》において，自分《じぶん》の過去《かこ》に対《たい》して自責《じせき》の念《ねん》を抱《いだ》くのは，防衛型《ぼうえいがた》（装甲型《そうこうがた》）に該当《がいとう》する。

1	2

005 ライチャード（Reichard, S.）による老年期《ろうねんき》の性格《せいかく》類型《るいけい》において，年《とし》を取《と》ることをありのまま受《う》け入《い》れていくのは，円熟型《えんじゅくがた》に該当《がいとう》する。

1	2

006 記憶《きおく》には，記銘《きめい》，保持《ほじ》，想起《そうき》の 3 つの過程《かてい》がある。

1	2

007 手続《てつづ》き記憶《きおく》とは，自分《じぶん》に起《お》こった出来事《できごと》に関《かん》する記憶《きおく》である。

1	2

008 エピソード記憶《きおく》とは，一般的《いっぱんてき》な知識《ちしき》についての記憶《きおく》である。

解答《かいとう》・解説《せつ》

× **001** 世界保健機関《せかいほけんきかん》（WHO）は「健康《けんこう》」を，「完全《かんぜん》な肉体《にくたい》的《てき》，精神的及《せいしんてきおよ》び社会的福祉《しゃかいてきふくし》の状態《じょうたい》であり，単《たん》に疾病又《しっぺいまた》は病弱《びょうじゃく》の存在《そんざい》しないことではない」と定義《ていぎ》している。

○ **002** マズローの欲求階層説《よっきゅうかいそうせつ》において，生理的欲求《せいりてきよっきゅう》は最下層《さいかそう》にあり，最優先《さいゆうせん》される欲求《よっきゅう》である（p. 124 参照《さんしょう》）。

× **003** 他者《たしゃ》からの賞賛《しょうさん》は，マズローの欲求階層説《よっきゅうかいそうせつ》の承認欲求《しょうにんよっきゅう》に相当《そうとう》する（p. 124 参照《さんしょう》）。

× **004** ライチャードによる老年期《ろうねんき》の性格類型《せいかくるいけい》において，自分《じぶん》の過去《かこ》に対《たい》して自責《じせき》の念《ねん》を抱《いだ》くのは，自責型《じせきがた》（内罰型《ないばつがた》）に該当《がいとう》する（p. 125 参照《さんしょう》）。

○ **005** ライチャードによる老年期《ろうねんき》の性格類型《せいかくるいけい》において，年《とし》を取《と》ることをありのまま受《う》け入《い》れていくのは，円熟型《えんじゅくがた》に該当《がいとう》する（p. 125 参照《さんしょう》）。

○ **006** 記憶《きおく》の過程《かてい》は，記銘《きめい》（情報《じょうほう》を入力《にゅうりょく》する），保持《ほじ》（記銘《きめい》した情報《じょうほう》を蓄《たくわ》える），想起《そうき》（保持《ほじ》した情報《じょうほう》を取《と》り出《だ》す）の 3 つから成《な》り立《た》っている。

× **007** 手続《てつづ》き記憶《きおく》とは，内容《ないよう》を言葉《ことば》では表現《ひょうげん》できない記憶《きおく》である非陳述記憶《ひちんじゅつきおく》の 1 つであり，からだの動《うご》きで覚《おぼ》えている記憶《きおく》である（p. 125 参照《さんしょう》）。

× **008** エピソード記憶《きおく》とは，内容《ないよう》を言葉《ことば》で表現《ひょうげん》できる記憶《きおく》である陳述記憶《ちんじゅつきおく》の 1 つであり，自分《じぶん》に起《お》こった出来事《できごと》に関《かん》する記憶《きおく》である（p. 125 参照《さんしょう》）。

1 2 **009** 心的外傷後《しんてきがいしょうご》ストレス障害《しょうがい》（posttraumatic stress disorder：PTSD）では，原因《げんいん》となった体験《たいけん》が繰《く》り返《かえ》し思《おも》い起《お》こされる。

1 2 **010** 高《たか》い目標《もくひょう》を他者《たしゃ》が掲《かか》げると，動機《どうき》づけが強《つよ》まる。

1 2 **011** 本人《ほんにん》にとって興味《きょうみ》がある目標《もくひょう》を掲《かか》げると，動機《どうき》づけが強《つよ》まる。

1 2 **012** 脳《のう》の中《なか》で記憶《きおく》をつかさどる部位《ぶい》は，延髄《えんずい》である。

1 2 **013** 運動《うんどう》をつかさどる部位《ぶい》は，小脳《しょうのう》である。

1 2 **014** 皮膚《ひふ》の痛《いた》みの感覚《かんかく》を受《う》け取《と》る大脳《だいのう》の機能局在《きのうきょくざい》の部位《ぶい》は，前頭葉《ぜんとうよう》である。

1 2 **015** 視覚情報《しかくじょうほう》を受《う》け取《と》る大脳《だいのう》の機能局在《きのうきょくざい》の部位《ぶい》は，側頭葉《そくとうよう》である。

1 2 **016** 体温調節中枢《たいおんちょうせつちゅうすう》は，脳《のう》の視床下部《ししょうかぶ》にある。

○ **009** 心的外傷後《しんてきがいしょうご》ストレス障害《しょうがい》（PTSD）は，生命《せいめい》や身体《しんたい》にひどく脅威的《きょういてき》でコントロール不能《ふのう》な出来事《できごと》が原因《げんいん》となる。再体験症状《さいたいけんしょうじょう》（フラッシュバック）などの症状《しょうじょう》が1か月《げつ》以《い》上《じょう》続《つづ》く場合《ばあい》にPTSDと診断《しんだん》される。

× **010** 外部《がいぶ》（他者《たしゃ》）からの動機《どうき》づけは，外発的動機《がいはつてきどうき》づけといい，「賞罰《しょうばつ》」などによって動機《どうき》づけが強《つよ》まる。

○ **011** （本人《ほんにん》の）内部《ないぶ》からの動機《どうき》づけは，内発的動機《ないはつてきどうき》づけといい，「目標《もくひょう》や行為《こうい》への興味《きょうみ》・関心《かんしん》」などによって動機《どうき》づけが強《つよ》まる。

× **012** 脳《のう》の中《なか》で記憶《きおく》をつかさどる部位《ぶい》は，海馬《かいば》である。延髄《えんずい》は，呼吸運動《こきゅううんどう》や血管運動《けっかんうんどう》など，生命維持《せいめいいじ》に重要《じゅうよう》な機能《きのう》をつかさどる。

○ **013** 運動《うんどう》をつかさどる部位《ぶい》は，小脳《しょうのう》である。脊髄小脳変性症《せきずいしょうのうへんせいしょう》（spinocerebellar degeneration）のように小脳《しょうのう》に病変《びょうへん》があると，運動失調《うんどうしっちょう》の症状《しょうじょう》がみられる。

× **014** 皮膚《ひふ》の痛《いた》みの感覚《かんかく》を受《う》け取《と》る大脳《だいのう》の機能局在《きのうきょくざい》の部位《ぶい》は，頭頂葉《とうちょうよう》である。前頭葉《ぜんとうよう》は，発話《はつわ》，筋運動《きんうんどう》，意思決定《いしけってい》を遂行《すいこう》する等《とう》の機能《きのう》を担《にな》う。

× **015** 視覚情報《しかくじょうほう》を受《う》け取《と》る大脳《だいのう》の機能局在《きのうきょくざい》の部位《ぶい》は，後頭葉《こうとうよう》である。側頭葉《そくとうよう》は，言語《げんご》の理解《りかい》，記憶《きおく》，聴覚《ちょうかく》，情動《じょうどう》等《とう》の機能《きのう》を担《にな》う。

○ **016** 体温調節中枢《たいおんちょうせつちゅうすう》は，脳《のう》の視床下部《ししょうかぶ》にある。体温《たいおん》については，早朝《そうちょう》の体温《たいおん》が最《もっと》も低《ひく》いこと，腋窩温《えきかおん》は口腔温《こうくうおん》よりも低《ひく》いことなども押《お》さえておきたい。

1 2 **017** 結膜《けつまく》が充血《じゅうけつ》するのは，流行性角結膜炎《りゅうこうせいかくけつまくえん》（epidemic keratoconjunctivitis）の症状《しょうじょう》である。

1 2 **018** 水晶体《すいしょうたい》の白濁《はくだく》は，緑内障《りょくないしょう》（glaucoma）の症状《しょうじょう》である。

1 2 **019** 股関節《こかんせつ》の屈曲《くっきょく》は腸腰筋《ちょうようきん》，伸展《しんてん》は大臀筋《だいでんきん》の収縮《しゅうしゅく》によって起《お》こる。

1 2 **020** 足関節《そくかんせつ》の背屈《はいくつ》は下腿三頭筋《かたいさんとうきん》，底屈《ていくつ》は前脛骨筋《ぜんけいこつきん》の収縮《しゅうしゅく》によって起《お》こる。

1 2 **021** 大腿四頭筋《だいたいしとうきん》は，立位姿勢《りついしせい》を維持《いじ》するための筋肉《きんにく》（抗重《こうじゅう》力筋《りょくきん》）である。

1 2 **022** 1週間《しゅうかん》の安静臥床《あんせいがしょう》で筋力《きんりょく》は5％程度低下《ていどていか》する。

1 2 **023** 皮膚《ひふ》の表面《ひょうめん》は弱《じゃく》アルカリ性《せい》に保《たも》たれている。

1 2 **024** ランゲルハンス島《とう》を有《ゆう》する臓器《ぞうき》は，膵臓《すいぞう》である。

1 2 **025** 肺動脈《はいどうみゃく》には動脈血《どうみゃくけつ》が流《なが》れている。

○ 017 流行性角結膜炎《りゅうこうせいかくけつまくえん》は，感染性《かんせんせい》が非常《ひじょう》に高《たか》いアデノウイルス（Adenovirus）による感染症《かんせんしょう》である。主《おも》な症状《しょうじょう》には結《けつ》膜《まく》の充血《じゅうけつ》，流涙《りゅうるい》，目《め》やにがある。

× 018 水晶体《すいしょうたい》の白濁《はくだく》は，白内障《はくないしょう》（cataract）の症状《しょうじょう》である。緑内障《りょくないしょう》の症状《しょうじょう》は，眼圧《がんあつ》の上昇《じょうしょう》である。

○ 019 股関節《こかんせつ》の屈曲《くっきょく》は腸腰筋《ちょうようきん》，伸展《しんてん》は大臀筋《だいでんきん》の収縮《しゅうしゅく》によって起《お》こる（p. 126 参照《さんしょう》）。

× 020 足関節《そくかんせつ》の背屈《はいくつ》は前脛骨筋《ぜんけいこつきん》，底屈《ていくつ》は下腿三頭筋《かたいさんとうきん》の収縮《しゅうしゅく》によって起《お》こる（p. 126 参照《さんしょう》）。

○ 021 立位姿勢《りついしせい》を維持《いじ》するための筋肉《きんにく》（抗重力筋《こうじゅうりょくきん》）には，脊柱《せきちゅう》起立筋《きりつきん》・大臀筋《だいでんきん》・大腿四頭筋《だいたいしとうきん》・下腿三頭筋《かたいさんとうきん》などがある。

× 022 1週間《しゅうかん》の安静臥床《あんせいがしょう》で筋力《きんりょく》は 15%程度低下《ていどていか》する。

× 023 皮膚《ひふ》の表面《ひょうめん》は弱酸性《じゃくさんせい》に保《たも》たれている。皮膚《ひふ》は，真皮《しんぴ》に汗《かん》腺《せん》があり，皮膚《ひふ》から1日《にち》に約《やく》 500～600ml の不感蒸泄《ふかんじょうせつ》がある。

○ 024 ランゲルハンス島《とう》を有《ゆう》する臓器《ぞうき》は，膵臓《すいぞう》である。ランゲルハンス島《とう》では，インスリン（insulin）やグルカゴン（glucagon）などのホルモン（hormone）が産生《さんせい》されている。

× 025 静脈血《じょうみゃくけつ》は，右心房《うしんぼう》→三尖弁《さんせんべん》→右心室《うしんしつ》→肺動脈《はいどうみゃく》に流《なが》れている。動脈血《どうみゃくけつ》は，肺静脈《はいじょうみゃく》→左心房《さしんぼう》→僧帽弁《そうぼうべん》→左心室《さしんしつ》に流《なが》れている（p. 126 参照《さんしょう》）。

1 2 026

血液中《けつえきちゅう》において酸素《さんそ》を運搬《うんぱん》しているのは，血小板《けっしょうばん》である。

1 2 027

肝臓《かんぞう》はグリコーゲン（glycogen）の貯蔵《ちょぞう》に関係《かんけい》している臓器《ぞうき》である。

1 2 028

肝臓《かんぞう》は胆汁《たんじゅう》を分泌《ぶんぴつ》する。

1 2 029

結腸《けっちょう》の始《はじ》まりはＳ状結腸《じょうけっちょう》である。

1 2 030

小腸《しょうちょう》の一部《いちぶ》として，空腸《くうちょう》がある。

1 2 031

前立腺《ぜんりつせん》は膀胱《ぼうこう》の下《した》に位置《いち》する。

1 2 032

交感神経《こうかんしんけい》の作用《さよう》として，気道《きどう》の収縮《しゅうしゅく》がある。

1 2 033

副交感神経《ふくこうかんしんけい》の作用《さよう》として，消化《しょうか》の促進《そくしん》がある。

1 2 034

アドレナリン（adrenaline）は副腎髄質《ふくじんずいしつ》から分泌《ぶんぴつ》される。

× **026** 血液中《けつえきちゅう》において酸素《さんそ》を運搬《うんぱん》しているのは，赤血球《せっけっきゅう》である。血小板《けっしょうばん》は，血液凝固《けつえきぎょうこ》の働《はたら》きがある。また，白血球《はっけっきゅう》は，細菌《さいきん》や異物《いぶつ》を処理《しょり》する働《はたら》きがある。

○ **027** 肝臓《かんぞう》の機能《きのう》の１つとして，食物摂取《しょくもつせっしゅ》で得《え》られたブドウ糖《とう》からつくられたグリコーゲンの貯蔵《ちょぞう》がある。血液中《けつえきちゅう》のブドウ糖《とう》が不足《ふそく》すると，グリコーゲンをブドウ糖《とう》に分解《ぶんかい》して血液中《けつえきちゅう》に送《おく》り，エネルギーの供給《きょうきゅう》を行《おこな》う。

○ **028** 肝臓《かんぞう》は，脂肪消化《しぼうしょうか》を助《たす》ける胆汁《たんじゅう》を分泌《ぶんぴつ》する。分泌《ぶんぴつ》された胆汁《たんじゅう》は胆嚢《たんのう》に貯《たくわ》えられ，十二指腸内《じゅうにしちょうない》に排出《はいしゅつ》される。

× **029** 結腸《けっちょう》の始《はじ》まりは上行結腸《じょうこうけっちょう》である。続《つづ》いて，横行結腸《おうこうけっちょう》，下行結腸《かこうけっちょう》，S状結腸《じょうけっちょう》の順《じゅん》となる。

○ **030** 小腸《しょうちょう》は，十二指腸《じゅうにしちょう》，空腸《くうちょう》，回腸《かいちょう》に分《わ》けられる。主《おも》な働《はたら》きは，栄養素《えいようそ》と水分《すいぶん》の吸収《きゅうしゅう》である。

○ **031** 前立腺《ぜんりつせん》は男性《だんせい》のみにあり，膀胱《ぼうこう》の下《した》に尿道《にょうどう》を取《と》り囲《かこ》むように位置《いち》している。そのため，高齢者《こうれいしゃ》に多《おお》くみられる前立腺肥大症《ぜんりつせんひだいしょう》（prostatic hypertrophy）では，排尿障害《はいにょうしょうがい》が主症状《しゅしょうじょう》としてみられる。

× **032** 交感神経《こうかんしんけい》の作用《さよう》として，気道《きどう》の弛緩《しかん》がある。一方《いっぽう》で，副《ふく》交感神経《こうかんしんけい》の作用《さよう》として，気道《きどう》の収縮《しゅうしゅく》がある（p. 127 参照《さんしょう》）。

○ **033** 副交感神経《ふくこうかんしんけい》の作用《さよう》として，消化《しょうか》の促進《そくしん》がある。一方《いっぽう》で，交感神経《こうかんしんけい》の作用《さよう》として，消化《しょうか》の抑制《よくせい》がある（p. 127 参照《さんしょう》）。

○ **034** アドレナリンは，心拍数増加《しんぱくすうぞうか》や血糖値上昇《けっとうちじょうしょう》作用《さよう》に関与《かんよ》するホルモン（hormone）で，副腎髄質《ふくじんずいしつ》から分泌《ぶんぴつ》される。

035

上腕骨近《じょうわんこつきん》位《い》端骨折《たんこっせつ》（fracture of upper end of humerus）は，高齢者《こうれいしゃ》の転倒《てんとう》による骨折《こっせつ》（fracture）として少《すく》ない。

036

高齢者《こうれいしゃ》の大腿骨頸《だいたいこつけい》部《ぶ》骨折《こっせつ》（femoral neck fracture）は，リハビリテーションを早期《そうき》に開始《かいし》する。

037

肺炎《はいえん》（pneumonia）は，長期臥床《ちょうきがしょう》により生《しょう》じやすい。

038

廃用症候群《はいようしょうこうぐん》（disuse syndrome）で起《お》こる可能性《かのうせい》があるものとして，躁病《そうびょう》（mania）がある。

039

褥瘡《じょくそう》は，廃用症候群《はいようしょうこうぐん》（disuse syndrome）の代表的《だいひょうてき》な症状《しょうじょう》である。

040

義歯《ぎし》を使用《しよう》すると，話《はな》す言葉《ことば》が不明瞭《ふめいりょう》になる。

041

口臭《こうしゅう》は，唾液量《だえきりょう》が多《おお》いと生《しょう》じやすい。

042

青紫色《あおむらさきいろ》の爪《つめ》からは，チアノーゼ（cyanosis）が推測《すいそく》される。

× **035** 上腕骨近位端骨折《じょうわんこつきんいたんこっせつ》は，上腕骨《じょうわんこつ》の肩《かた》に近《ちか》い骨《ほね》で，高齢者《こうれいしゃ》の転倒《てんとう》による骨折《こっせつ》として多《おお》い（p. 127 参照《さんしょう》）。

○ **036** 高齢者《こうれいしゃ》の大腿骨頸部骨折《だいたいこつけいぶこっせつ》は，廃用症候群《はいようしょうこうぐん》（disuse syndrome）にならないよう，リハビリテーションを早期《そうき》に開始《かいし》する。

○ **037** 肺炎《はいえん》は，廃用症候群《はいようしょうこうぐん》（disuse syndrome）の1つである（p. 128 参照《さんしょう》）。特《とく》に長期臥床《ちょうきがしょう》が原因《げんいん》で生《しょう》じる肺炎《はいえん》に，沈下性肺炎《ちんかせいはいえん》がある。

× **038** 精神活動《せいしんかつどう》に関《かん》する廃用症候群《はいようしょうこうぐん》で起《お》こる可能性《かのうせい》があるものとして，うつ状態《じょうたい》がある（p.128 参照《さんしょう》）。

○ **039** 褥瘡《じょくそう》とは，長期間《ちょうきかん》の同一体位《どういつたいい》による圧迫《あっぱく》によって血流障害《けつりゅうしょうがい》が起《お》こり，細胞組織《さいぼうそしき》が壊死《えし》した状態《じょうたい》である。廃用症候群《はいようしょうこうぐん》の局所症状《きょくしょしょうじょう》の代表的《だいひょうてき》な症状《しょうじょう》である（p. 128 参照《さんしょう》）。

× **040** 義歯《ぎし》を使用《しよう》すると，話《はな》す言葉《ことば》が明瞭《めいりょう》になる。歯《は》は，構音器官《こうおんきかん》として発語《はつご》に関係《かんけい》するため，歯《は》がない状態《じょうたい》では話《はな》す言葉《ことば》が不明瞭《ふめいりょう》になる。

× **041** 口臭《こうしゅう》は，唾液量《だえきりょう》が少《すく》ないと生《しょう》じやすい。他《ほか》には，歯周病《ししゅうびょう》（periodontal disease）なども口臭《こうしゅう》の原因《げんいん》となる。口臭《こうしゅう》の改善《かいぜん》を目的《もくてき》として，口腔《こうくう》ケアが行《おこな》われる。

○ **042** 青紫色《あおむらさきいろ》の爪《つめ》からは，チアノーゼが推測《すいそく》され，さらには，呼吸状態《こきゅうじょうたい》の悪化《あっか》などにより血液中《けつえきちゅう》の酸素《さんそ》が欠乏《けつぼう》していることが推測《すいそく》される。

043 スプーン爪《づめ》（さじ状爪《じょうづめ》）からは，心疾患《しんしっかん》（heart disease）が推測《すいそく》される。

044 爪《つめ》の白濁《はくだく》・肥厚《ひこう》は，白癬《はくせん》（tinea）が原因《げんいん》である。

045 糖尿病《とうにょうびょう》（diabetes mellitus）のある人《ひと》の身支度《みじたく》の介護《かいご》で，異変《いへん》の有無《うむ》について特《とく》に観察《かんさつ》すべき部位《ぶい》は足《あし》の指《ゆび》である。

046 良肢位《りょうしい》とは，肘関節《ちゅうかんせつ》を伸《の》ばした姿勢《しせい》である。

047 洗濯《せんたく》は，日常生活動作《にちじょうせいかつどうさ》に分類《ぶんるい》される。

048 ビタミン（vitamin）は，三大栄養素《さんだいえいようそ》に含《ふく》まれる。

049 ナトリウム（Na）は，血圧《けつあつ》を調節《ちょうせつ》する。

050 たんぱく質《しつ》は，最大《さいだい》のエネルギー源《げん》となる。

× 043 スプーン爪《づめ》（さじ状爪《じょうづめ》）からは，重症《じゅうしょう》の貧血《ひんけつ》（anemia）が推測《すいそく》される。心疾患《しんしっかん》が推測《すいそく》されるのは，ばち状指《じょうゆび》である。

○ 044 爪《つめ》の白濁《はくだく》・肥厚《ひこう》は，白癬《はくせん》の症状《しょうじょう》である。この他《ほか》の症状《しょうじょう》として，爪《つめ》が脆弱《ぜいじゃく》（もろくて弱《よわ》い状態《じょうたい》）となる，表面《ひょうめん》に凸《でこ》凹《ぼこ》ができるなどがある。

○ 045 糖尿病《とうにょうびょう》になると，血流《けつりゅう》が滞《とどこお》ってからだの先端《せんたん》に血液《けつえき》が流《なが》れにくくなるので，特《とく》に観察《かんさつ》すべき部位《ぶい》は，足《あし》の指《ゆび》の発赤《ほっせき》や痺《しび》れ，爪《つめ》の状態《じょうたい》の変化《へんか》である。

× 046 良肢位《りょうしい》は，肘関節《ちゅうかんせつ》をおおむね中間《ちゅうかん》まで屈曲《くっきょく》した姿勢《しせい》である。良肢位《りょうしい》とは，日常生活動作《にちじょうせいかつどうさ》に最《もっと》も支障《ししょう》が少《すく》ない姿勢《しせい》である。

× 047 日常生活動作《にちじょうせいかつどうさ》には，食事《しょくじ》・排泄《はいせつ》・更衣《こうい》・入浴《にゅうよく》・移乗《いじょう》・移《い》動《どう》などの基本動作《きほんどうさ》が分類《ぶんるい》される。洗濯《せんたく》・買《か》い物《もの》・料理《りょうり》・掃除《そうじ》などの複雑《ふくざつ》な動作《どうさ》は，手段的日常生活動作《しゅだんてきにちじょうせいかつどうさ》に分類《ぶんるい》される。

× 048 三大栄養素《さんだいえいようそ》は，たんぱく質《しつ》，脂質《ししつ》，炭水化物《たんすいかぶつ》（糖質《とうしつ》）である。五大栄養素《ごだいえいようそ》は，三大栄養素《さんだいえいようそ》に，無機質《むきしつ》（ミネラル（mineral）），ビタミンが加《くわ》わる。

○ 049 ナトリウムは浸透圧《しんとうあつ》の調節《ちょうせつ》に関《かか》わり，血圧《けつあつ》を上《あ》げる働《はたら》きがある。そのため過剰《かじょう》に摂取《せっしゅ》すると高血圧《こうけつあつ》になる。

× 050 栄養素《えいようそ》のうち，エネルギー源《げん》となるのはたんぱく質《しつ》，脂《し》質《しつ》，炭水化物《たんすいかぶつ》（糖質《とうしつ》）である。このうち，最大《さいだい》のエネルギー源《げん》となるのは脂質《ししつ》である。

1 2 **051**

酵素《こうそ》を構成《こうせい》する主成分《しゅせいぶん》は，たんぱく質《しつ》である。

---

1 2 **052**

唾液《だえき》には抗菌作用《こうきんさよう》がある。

---

1 2 **053**

摂食《せっしょく》・嚥下《えんげ》のプロセスにおける先行期《せんこうき》では，唾液分泌《だえきぶんぴつ》が増加《ぞうか》する。

---

1 2 **054**

摂食《せっしょく》・嚥下《えんげ》のプロセスにおける口腔期《こうくうき》では，食塊《しょっかい》を形《けい》成《せい》する。

---

1 2 **055**

摂食《せっしょく》・嚥下《えんげ》のプロセスにおける食道期《しょくどうき》では，喉頭《こうとう》が閉《へい》鎖《さ》する。

---

1 2 **056**

胃《い》ろう造設《ぞうせつ》には，開腹手術《かいふくしゅじゅつ》が必要《ひつよう》である。

---

1 2 **057**

胃《い》ろうを造設《ぞうせつ》している利用者《りようしゃ》のカテーテルの交換《こうかん》は必《ひつ》要《よう》である。

○ **051** たんぱく質《しつ》はからだを構成《こうせい》する細胞質《さいぼうしつ》の主成分《しゅせいぶん》で，体重《たいじゅう》の 20％程度《ていど》がたんぱく質《しつ》であるとされている。骨《ほね》・筋肉《きんにく》・爪《つめ》・皮膚《ひふ》・臓器《ぞうき》・血液《けつえき》をはじめとして，酵素《こうそ》や遺伝子《いでんし》などさまざまな部分《ぶぶん》を構成《こうせい》している。

○ **052** 唾液成分《だえきせいぶん》の 99％以上《いじょう》が水分《すいぶん》であり，食物残渣《しょくもつざんさ》を洗《あら》い流《なが》す自浄作用《じじょうさよう》，消化《しょうか》に関係《かんけい》する消化作用《しょうかさよう》，食《た》べ物《もの》の口腔内《こうくうない》での衝撃《しょうげき》を和《やわ》らげる緩衝作用《かんしょうさよう》，細菌《さいきん》の侵入《しんにゅう》を防《ふせ》ぐ抗菌作用《こうきんさよう》などがある。

○ **053** 摂食《せっしょく》・嚥下《えんげ》のプロセスにおける先行期《せんこうき》では，食物《しょくもつ》を認知《にんち》して，唾液分泌《だえきぶんぴつ》が増加《ぞうか》し，食事《しょくじ》をするための準備《じゅんび》が行《おこな》われる（p. 128 参照《さんしょう》）。

× **054** 食塊《しょっかい》を形成《けいせい》するのは，摂食《せっしょく》・嚥下《えんげ》のプロセスにおける準備期《じゅんびき》である。口腔期《こうくうき》では，形成《けいせい》された食塊《しょっかい》が口腔《こうくう》から咽頭《いんとう》へ移送《いそう》される（p. 128 参照《さんしょう》）。

× **055** 喉頭《こうとう》が閉鎖《へいさ》するのは，摂食《せっしょく》・嚥下《えんげ》のプロセスにおける咽頭期《いんとうき》である。食道期《しょくどうき》では，食塊《しょっかい》が食道入口部《しょくどうにゅうこうぶ》から胃《い》へ移送《いそう》される（p. 128 参照《さんしょう》）。

× **056** 胃《い》ろう造設《ぞうせつ》には，開腹手術《かいふくしゅじゅつ》を必要《ひつよう》としない経皮内視鏡的《けいひないしきょうてき》胃《い》ろう造設術《ぞうせつじゅつ》（ペグ（PEG））が行《おこな》われる場合《ばあい》が多《おお》くなっている。

○ **057** カテーテルは劣化《れっか》・汚染《おせん》の可能性《かのうせい》があるため，定期的《ていきてき》な交換《こうかん》が必要《ひつよう》である。カテーテルにはバルーン型《がた》とバンパー型《がた》があり，バルーン型《がた》は 1 か月《げつ》をめどに，バンパー型《がた》は 6 か月《げつ》をめどに交換《こうかん》を行《おこな》う。

058 胃《い》ろうを造設《ぞうせつ》している利用者《りようしゃ》には，ミキサー食《しょく》の注入《ちゅうにゅう》は可能《かのう》である。

059 脱水《だっすい》に伴《ともな》う症状《しょうじょう》として，浮腫《ふしゅ》がある。

060 皮膚《ひふ》の表面《ひょうめん》は無菌《むきん》である。

061 皮膚《ひふ》の乾燥《かんそう》に伴《ともな》うかゆみは，高齢者《こうれいしゃ》では，まれである。

062 皮膚《ひふ》の乾燥《かんそう》に伴《ともな》うかゆみがみられるときは，水分摂取《すいぶんせっしゅ》を控《ひか》える。

063 感染《かんせん》を起《お》こしていない皮膚《ひふ》の創傷治癒《そうしょうちゆ》を促《うなが》す方法《ほうほう》は，マッサージすることである。

064 感染《かんせん》を起《お》こしていない皮膚《ひふ》の創傷治癒《そうしょうちゆ》を促《うなが》す方法《ほうほう》は，湿潤《しつじゅん》させることである。

065 38～41℃の湯温《ゆおん》で入浴《にゅうよく》することによって，血圧《けつあつ》は上《じょう》昇《しょう》する。

○ **058** 胃《い》ろうを造設《ぞうせつ》している利用者《りようしゃ》には，液体栄養剤《えきたいえいようざい》が一般的《いっぱんてき》であるが，ミキサー食《しょく》も可能《かのう》である。ミキサー食《しょく》は，普通《ふつう》の食事《しょくじ》をミキサーにかけ，とろみをつけたものである。

× **059** 浮腫《ふしゅ》（むくみ）は，皮下組織《ひかそしき》に水《みず》が溜《た》まった状態《じょうたい》をいう。脱水《だっすい》とは逆《ぎゃく》の症状《しょうじょう》である。

× **060** 正常《せいじょう》な皮膚《ひふ》の表面《ひょうめん》には，外部《がいぶ》からの化学的《かがくてき》・生物学的《せいぶつがくてき》な刺激《しげき》を防《ふせ》ぐために常在菌《じょうざいきん》が存在《そんざい》し，病的細菌《びょうてきさいきん》の増殖《ぞうしょく》を防《ふせ》ぐ機能《きのう》がある。

× **061** 高齢者《こうれいしゃ》では，皮脂《ひし》の分泌《ぶんぴつ》が減少《げんしょう》するため，皮膚《ひふ》が乾燥《かんそう》しやすくなる。そのため，皮膚《ひふ》の乾燥《かんそう》に伴《ともな》うかゆみが生《しょう》じやすい。

× **062** 高齢者《こうれいしゃ》のかゆみは乾燥《かんそう》からくるものであることが多《おお》く，水分《すいぶん》を控《ひか》えることでさらなる乾燥《かんそう》を引《ひ》き起《お》こすため，適切《てきせつ》でない。

× **063** マッサージは創傷《そうしょう》治癒《ちゆ》をしようとする皮膚《ひふ》の組織《そしき》を破壊《はかい》する恐《おそ》れがある。

○ **064** 滲出液《しんしゅつえき》には傷口《きずぐち》を治癒《ちゆ》させる効果《こうか》がある。滲出液《しんしゅつえき》が傷口《きずぐち》を覆《おお》って清潔《せいけつ》な湿潤状態《しつじゅんじょうたい》を保持《ほじ》することは，皮膚《ひふ》を再生《さいせい》する上《うえ》で効果的《こうかてき》である。

× **065** 38～41℃の湯温《ゆおん》で入浴《にゅうよく》することによって，副交感神経《ふくこうかんしんけい》が優位《ゆうい》となり，血管《けっかん》が拡張《かくちょう》し血圧《けつあつ》は下降《かこう》する。42℃以上《いじょう》の湯温《ゆおん》では，交感神経《こうかんしんけい》が優位《ゆうい》となり，結果《けっか》は逆《ぎゃく》になる（p. 127 参照《さんしょう》）。

1 2 **066**

42℃以上《いじょう》の湯温《ゆおん》で入浴《にゅうよく》することによって，腎臓《じんぞう》の働《はたら》きが抑制《よくせい》される。

1 2 **067**

正常《せいじょう》な尿《にょう》では，1日《にち》に約《やく》1gのたんぱく質《しつ》が排出《はいしゅつ》される。

1 2 **068**

正常《せいじょう》な尿《にょう》では，排尿直後《はいにょうちょくご》は弱酸性《じゃくさんせい》である。

1 2 **069**

仰臥位《ぎょうがい》（背臥位《はいがい》）は，排便《はいべん》しにくい姿勢《しせい》である。

1 2 **070**

息《いき》を吐《は》きながら腹圧《ふくあつ》を低下《ていか》させると，排便《はいべん》は促《うなが》される。

1 2 **071**

排便時《はいべんじ》には，外肛門括約筋《がいこうもんかつやくきん》を意識的《いしきてき》に弛緩《しかん》させる。

1 2 **072**

やや硬《かた》い便《べん》は，ブリストル便性状《べんせいじょう》スケールの普通便《ふつうべん》に該当《がいとう》する。

1 2 **073**

体内時計《たいないどけい》を1日《にち》24時間《じかん》の周期《しゅうき》に修正《しゅうせい》する最《もっと》も強力《きょうりょく》な因子《いんし》は，日光《にっこう》である。

1 2 **074**

高齢者《こうれいしゃ》の睡眠《すいみん》では，睡眠周期《すいみんしゅうき》が不規則《ふきそく》になる。

○ **066** 42℃以上《いじょう》の湯温《ゆおん》で入浴《にゅうよく》することによって，交感神経《こうかんしんけい》が優位《ゆうい》になり，腎臓《じんぞう》の働《はたら》きが抑制《よくせい》され，利尿作用《りにょうさよう》が抑制《よくせい》される。38～41℃の湯温《ゆおん》では，副交感神経《ふくこうかんしんけい》が優位《ゆうい》となり，結果《けっか》は逆《ぎゃく》になる (p. 127 参照《さんしょう》)。

× **067** 正常《せいじょう》な尿《にょう》では，たんぱく質《しつ》が1日《にち》に約《やく》20～60mg，ブドウ糖《とう》が1日《にち》に約《やく》40～85mg排出《はいしゅつ》される。

○ **068** 正常《せいじょう》な尿《にょう》では，排尿直後《はいにょうちょくご》のpHは弱酸性《じゃくさんせい》である。また，色《いろ》は淡黄色《たんこうしょく》で透明《とうめい》，においは無臭《むしゅう》である。

○ **069** 仰臥位《ぎょうがい》では，直腸肛門角《ちょくちょうこうもんかく》が小《ちい》さくなり，便《べん》が出《で》にくい状《じょう》態《たい》となる。また仰臥位《ぎょうがい》では，腹圧《ふくあつ》もかけにくく，重力《じゅうりょく》も利用《りよう》できないので，排便《はいべん》には適《てき》さない姿勢《しせい》である。

× **070** 息《いき》を止《と》めて腹圧《ふくあつ》を高《たか》めると，排便《はいべん》は促《うなが》される。

○ **071** 肛門周囲《こうもんしゅうい》には，内肛門括約筋《ないこうもんかつやくきん》と外肛門括約筋《がいこうもんかつやくきん》がある。外《がい》肛門括約筋《こうもんかつやくきん》は意識下《いしきか》でコントロールできるので，排便時《はいべんじ》に外肛門括約筋《がいこうもんかつやくきん》を弛緩《しかん》させ，便《べん》を排泄《はいせつ》する。

○ **072** ブリストル便性状《べんせいじょう》スケールは，①コロコロ便《べん》，②硬《かた》い便《べん》，③やや硬《かた》い便《べん》，④軟《やわ》らかい便《べん》，⑤やや軟《やわ》らかい便《べん》，⑥泥状《でいじょう》の便《べん》，⑦水様便《すいようべん》の7段階《だんかい》に分《わ》けられ，このうち普《ふ》通便《つうべん》は③～⑤である。

○ **073** 体内時計《たいないどけい》を1日《にち》24時間《じかん》の周期《しゅうき》に修正《しゅうせい》する最《もっと》も強力《きょうりょく》な因《いん》子《し》は，日光《にっこう》である (p. 129 参照《さんしょう》)。

○ **074** 高齢者《こうれいしゃ》の睡眠《すいみん》では，入眠《にゅうみん》までの時間《じかん》は長《なが》くなり，睡眠周《すいみんしゅう》期《き》が不規則《ふきそく》になる。

075 加齢《かれい》に伴《ともな》って睡眠時間《すいみんじかん》は短《みじか》くなる。

076 睡眠中《すいみんちゅう》は体温《たいおん》が上昇《じょうしょう》する。

077 睡眠周期《すいみんしゅうき》は約《やく》60分《ぷん》である。

078 睡眠《すいみん》はノンレム睡眠《すいみん》から始《はじ》まり，レム睡眠《すいみん》のときに夢《ゆめ》を見《み》る。

079 ノンレム睡眠《すいみん》では筋緊張《きんきんちょう》が消失《しょうしつ》し，速《はや》い眼球運動《がんきゅううんどう》がみられる。

080 レストレスレッグス症候群《しょうこうぐん》（restless legs syndrome）は，早朝覚醒《そうちょうかくせい》の原因《げんいん》となる。

081 睡眠時間《すいみんじかん》の確保《かくほ》には，寝《ね》だめが有効《ゆうこう》である。

082 抗《こう》ヒスタミン薬《やく》は，覚醒作用《かくせいさよう》がある。

○ **075** 加齢《かれい》に伴《ともな》って睡眠時間《すいみんじかん》は短《みじか》くなり，睡眠《すいみん》は全体的《ぜんたいてき》に浅《あさ》くなる。そのため，熟睡感《じゅくすいかん》も減少《げんしょう》する。

× **076** 睡眠中《すいみんちゅう》は体温《たいおん》が低下《ていか》する。眠《ねむ》りが深《ふか》いほど体温《たいおん》は下《さ》がっていく。

× **077** ノンレム睡眠《すいみん》からレム睡眠《すいみん》への移行《いこう》が１つの睡眠周期《すいみんしゅうき》となり，個人差《こじんさ》はあるもののおよそ 90～110 分周期《ぶんしゅうき》で繰《く》り返《かえ》される。

○ **078** 睡眠《すいみん》はノンレム睡眠《すいみん》から始《はじ》まり，レム睡眠《すいみん》のときに夢《ゆめ》を見《み》る。ノンレム睡眠《すいみん》は夢《ゆめ》を見《み》ない深《ふか》い眠《ねむ》り，レム睡眠《すいみん》は夢《ゆめ》を見《み》る浅《あさ》い眠《ねむ》りである。

× **079** レム睡眠《すいみん》では筋緊張《きんきんちょう》が消失《しょうしつ》してからだは休息《きゅうそく》しているが，脳《のう》は活動《かつどう》しており速《はや》い眼球運動《がんきゅううんどう》がみられる。ノンレム睡眠《すいみん》では脳《のう》が休息《きゅうそく》する。

× **080** レストレスレッグス症候群《しょうこうぐん》は，夕方以降《ゆうがたいこう》に，下肢《かし》を中心《ちゅうしん》に不快《ふかい》な異常感覚《いじょうかんかく》が現《あらわ》れるものであるため，入眠障害《にゅうみんしょうがい》，熟眠障害《じゅくみんしょうがい》，中途覚醒《ちゅうとかくせい》の原因《げんいん》となる（p. 129 参照《さんしょう》）。

× **081** 人体《じんたい》には，睡眠不足《すいみんぶそく》に応《おう》じて睡眠《すいみん》を生《しょう》じさせる働《はたら》きがあり，必要《ひつよう》な睡眠《すいみん》の量《りょう》を睡眠負債《すいみんふさい》という。睡眠負債《すいみんふさい》は，その時点《じてん》までの疲労回復《ひろうかいふく》に必要《ひつよう》な睡眠《すいみん》の量《りょう》であるため，それ以上眠《いじょうねむ》ろうとしても目《め》が覚《さ》めてしまう。よって，寝《ね》だめをすることはできない。

× **082** 抗《こう》ヒスタミン薬《やく》は，副作用《ふくさよう》として眠気《ねむけ》やだるさがある。

083 尊厳死《そんげんし》とは，薬物《やくぶつ》などを用《もち》いて意図的《いとてき》に死期《しき》を早《はや》めて死《し》に至《いた》ることである。

084 終末期《しゅうまつき》に自分《じぶん》が望《のぞ》むケアをあらかじめ書面《しょめん》に示《しめ》しておくことを，リビングウィル（living will）という。

085 自分《じぶん》が死《し》ぬことはないと思《おも》う段階《だんかい》は，キューブラー・ロス（Kübler-Ross, E.）が提唱《ていしょう》した死《し》の受容過程《じゅようかてい》における「取《と》り引《ひ》き」に該当《がいとう》する。

086 グリーフケア（grief care）とは，判断能力《はんだんのうりょく》が失《うしな》われたときに本人《ほんにん》に代《か》わって決定《けってい》を行《おこな》う代理人《だいりにん》を指定《してい》することである。

087 鎮痛薬《ちんつうやく》としてモルヒネを使用《しよう》している場合《ばあい》には，下痢《げり》の症状《しょうじょう》が現《あらわ》れやすい。

088 死亡直前《しぼうちょくぜん》にみられる身体《しんたい》の変化《へんか》として，角膜《かくまく》の混濁《こんだく》がある。

089 死亡直前《しぼうちょくぜん》にみられる呼吸《こきゅう》の変化《へんか》として，下顎呼吸《かがくこきゅう》の出《しゅつ》現《げん》がある。

090 死斑《しはん》が出現《しゅつげん》し始《はじ》める時間《じかん》は，死後《しご》3時間《じかん》である。

× 083 薬物《やくぶつ》などを用《もち》いて意図的《いとてき》に死期《しき》を早《はや》めて死《し》に至《いた》ることは，積極的安楽死《せっきょくてきあんらくし》の説明《せつめい》である。尊厳死《そんげんし》とは，死期《しき》を延《の》ばすためだけの延命措置《えんめいそち》を行《おこな》わずに自然《しぜん》な死《し》を迎《むか》えることである。

○ 084 終末期《しゅうまつき》に自分《じぶん》が望《のぞ》む医療《いりょう》やケアについての指示《しじ》をあらかじめ書面《しょめん》に示《しめ》しておくことを，リビングウィルという。

× 085 自分《じぶん》が死《し》ぬことはないと思《おも》う段階《だんかい》は，キューブラー・ロスが提唱《ていしょう》した死《し》の受容過程《じゅようかてい》における「否認《ひにん》」に該当《がいとう》する（p. 130 参照《さんしょう》）。

× 086 グリーフケアとは，家族《かぞく》など近《ちか》しい人《ひと》を亡《な》くした人《ひと》が，死別《しべつ》に伴《ともな》う悲嘆《ひたん》（グリーフ）を乗《の》り越《こ》えられるように支《し》援《えん》することである。

× 087 鎮痛薬《ちんつうやく》としてモルヒネを使用《しよう》している場合《ばあい》には，便秘《べんぴ》の症状《しょうじょう》が現《あらわ》れやすい。また，呼吸抑制《こきゅうよくせい》が起《お》こることがあるため観察《かんさつ》には注意《ちゅうい》が必要《ひつよう》である。

× 088 角膜《かくまく》の混濁《こんだく》は，死亡後《しぼうご》の身体《しんたい》の変化《へんか》である。

○ 089 死亡直前《しぼうちょくぜん》にみられる呼吸《こきゅう》の変化《へんか》として，下顎呼吸《かがくこきゅう》やチェーンストークス呼吸《こきゅう》，肩呼吸《かたこきゅう》の出現《しゅつげん》がある（p. 330 参照《さんしょう》）。

× 090 死斑《しはん》が出現《しゅつげん》し始《はじ》める時間《じかん》は，死後《しご》20～30 分《ぶん》であり，8～12 時間《じかん》で最《もっと》も強《つよ》くなる。また，死後硬直《しごこうちょく》が始《はじ》まる時《じ》間《かん》は，死後《しご》2～4 時間《じかん》であり，30～40 時間《じかん》で硬直《こうちょく》が解《と》け始《はじ》める。

事《じ》例《れい》問《もん》題《だい》

1 2 問題《もんだい》

Hさん（81 歳《さい》，女性《じょせい》）は日常生活《にちじょうせいかつ》は自立《じりつ》していて，活発《かっぱつ》に活動《かつどう》していたが，最近外出《さいきんがいしゅつ》することが少《すく》なくなった。理由《りゆう》を尋《たず》ねると，「くしゃみや咳《せき》をしたときに，尿《にょう》が漏《も》れてしまうことが多《おお》くなったから」ということだった。

Hさんの失禁《しっきん》の原因《げんいん》として，最《もっと》も適切《てきせつ》なものを1つ選《えら》びなさい。

1 認知症《にんちしょう》（dementia）
2 骨盤底筋群《こつばんていきんぐん》の機能低下《きのうていか》
3 尿意《にょうい》を感《かん》じないこと
4 膀胱過敏《ぼうこうかびん》
5 残尿《ざんにょう》

解《かい》答《とう》・解《かい》説《せつ》

解説《かいせつ》

失禁《しっきん》の原因《げんいん》をテーマとした事例問題《じれいもんだい》である。「くしゃみや咳《せき》をしたときに，尿《にょう》が漏《も》れてしまう」タイプの尿失《にょうしっ》禁《きん》は，腹圧性尿失禁《ふくあつせいにょうしっきん》であるため，その原因《げんいん》として適切《てきせつ》なものが正答《せいとう》となる（p. 328 参照《さんしょう》）。

× 1 機能性尿失禁《きのうせいにょうしっきん》の原因《げんいん》である。

○ 2 腹圧性尿失禁《ふくあつせいにょうしっきん》の原因《げんいん》である。

× 3 反射性尿失禁《はんしゃせいにょうしっきん》の原因《げんいん》である。

× 4 切迫性尿失禁《せっぱくせいにょうしっきん》の原因《げんいん》である。

× 5 溢流性尿失禁《いつりゅうせいにょうしっきん》の原因《げんいん》である。

POINT こころとからだのしくみ

■マズローの欲求階層説《よっきゅうかいそうせつ》

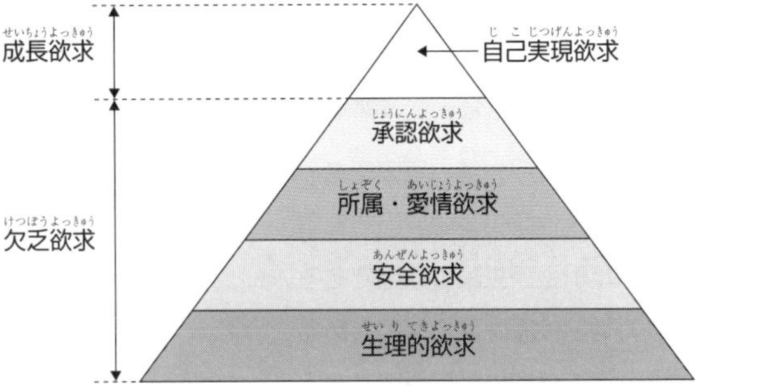

欲求《よっきゅう》	内容《ないよう》
自己実現《じこじつげん》欲求《よっきゅう》	自己《じこ》の才能《さいのう》，能力《のうりょく》，可能性《かのうせい》を追求《ついきゅう》し，自《みずか》らを完成《かんせい》させ，なし得《う》る最善《さいぜん》を尽《つ》くそうとする欲求《よっきゅう》
承認欲求《しょうにんよっきゅう》	自尊心《じそんしん》と他者《たしゃ》からの承認《しょうにん》の欲求《よっきゅう》
所属《しょぞく》・愛《あい》情欲求《じょうよっきゅう》	家族《かぞく》や地域《ちいき》，学校《がっこう》や社会《しゃかい》といった集団《しゅうだん》に帰属《きぞく》したい，愛情《あいじょう》に包《つつ》まれたいという欲求《よっきゅう》
安全欲求《あんぜんよっきゅう》	安全《あんぜん》な場所《ばしょ》を求《もと》め，生命《せいめい》を維持《いじ》するための欲求《よっきゅう》
生理的欲《せいりてきよっ》求《きゅう》	食《た》べ物《もの》，水《みず》，空気《くうき》，睡眠《すいみん》などを欲《ほっ》する，生命維持《せいめいいじ》のために身《み》につけた本能的《ほんのうてき》な欲求《よっきゅう》

成長欲求《せいちょうよっきゅう》は自己実現欲求《じこじつげんよっきゅう》の１つだけだよ。欲求《よっきゅう》の種類《しゅるい》と内容《ないよう》の対応《たいおう》が理解《りかい》できているかも，問《と》われるよ！

■ライチャードの5つの人格特性《じんかくとくせい》

社会《しゃかい》に適応《てきおう》	円熟型《えんじゅくがた》	自分《じぶん》および自分《じぶん》の人生《じんせい》を受《う》け入《い》れ，未来《みらい》に対《たい》しても志向的《しこうてき》である。定年退職後《ていねんたいしょくご》も積極的《せっきょくてき》に社会参加《しゃかいさんか》を行《おこな》い，毎日《まいにち》を建設的《けんせつてき》に暮《く》らそうと努力《どりょく》している。
	依存型《いぞんがた》（安楽《あんらく》いす型《がた》）	自分《じぶん》の現状《げんじょう》を受《う》け入《い》れているが，他人《たにん》に依存《いぞん》しており受身的《うけみてき》である。定年退職《ていねんたいしょく》を歓迎《かんげい》しており，責任《せきにん》から解放《かいほう》され楽《らく》に暮《く》らそうとする。
	防衛型《ぼうえいがた》（装甲型《そうこうがた》）	老化《ろうか》への不安《ふあん》を，活動《かつどう》し続《つづ》けることで抑圧《よくあつ》して自己防衛《じこぼうえい》している。仕事《しごと》への責任感《せきにんかん》が強《つよ》く，仕事《しごと》をやり遂《と》げる努力《どりょく》をする。
社会《しゃかい》に不適応《ふてきおう》	憤慨型《ふんがいがた》（外罰型《がいばつがた》）	自分《じぶん》の過去《かこ》や老化《ろうか》を受《う》け入《い》れることができない。人生《じんせい》で目標《もくひょう》を達成《たっせい》できなかったことを，他人《たにん》のせいにして非難《ひなん》する。
	自責型《じせきがた》（内罰型《ないばつがた》）	自分《じぶん》の人生《じんせい》を失敗《しっぱい》とみなし，その原因《げんいん》は自分《じぶん》にあると考《かんが》える。自分《じぶん》を解放《かいほう》してくれるものとして，死《し》を恐《おそ》れていない。

■記憶《きおく》の分類《ぶんるい》

感覚記憶《かんかくきおく》	一瞬《いっしゅん》で消《き》える。膨大《ぼうだい》な情報量《じょうほうりょう》。
短期記憶《たんききおく》	ごく短時間《たんじかん》だけ保存《ほぞん》。長期記憶《ちょうききおく》に移行《いこう》しないと数秒《すうびょう》で消《き》える。
長期記憶《ちょうききおく》	数十年《すうじゅうねん》の保存《ほぞん》。無限《むげん》の貯蔵《ちょぞう》。

■長期記憶《ちょうききおく》

陳述記憶《ちんじゅつきおく》	意味記憶《いみきおく》	一般的《いっぱんてき》な知識《ちしき》についての記憶《きおく》
	エピソード記憶《きおく》	過去《かこ》の出来事《できごと》の記憶《きおく》
非陳述記憶《ひちんじゅつきおく》	手続《てつづ》き記憶《きおく》	からだの動《うご》きで覚《おぼ》えている記憶《きおく》

■関節運動《かんせつうんどう》の主動作筋《しゅどうさきん》（収縮《しゅうしゅく》する筋肉《きんにく》）

肩関節《かたかんせつ》	外転《がいてん》：三角筋《さんかくきん》 内転《ないてん》：大胸筋《だいきょうきん》，広背筋《こうはいきん》
肘関節《ちゅうかんせつ》	屈曲《くっきょく》：上腕二頭筋《じょうわんにとうきん》 伸展《しんてん》：上腕三頭筋《じょうわんさんとうきん》
手関節《しゅかんせつ》	掌屈《しょうくつ》：橈側手根屈筋《とうそくしゅこんくっきん》，尺側手根屈筋《しゃくそくしゅこんくっきん》 背屈《はいくつ》：橈側手根伸筋《とうそくしゅこんしんきん》，尺側手根伸筋《しゃくそくしゅこんしんきん》
股関節《こかんせつ》	屈曲《くっきょく》：腸腰筋《ちょうようきん》 伸展《しんてん》：大臀筋《だいでんきん》
膝関節《しつかんせつ》	屈曲《くっきょく》：大腿二頭筋《だいたいにとうきん》 伸展《しんてん》：大腿四頭筋《だいたいしとうきん》
足関節《そくかんせつ》	底屈《ていくつ》：下腿三頭筋《かたいさんとうきん》 背屈《はいくつ》：前脛骨筋《ぜんけいこつきん》

■循環器《じゅんかんき》――心臓《しんぞう》

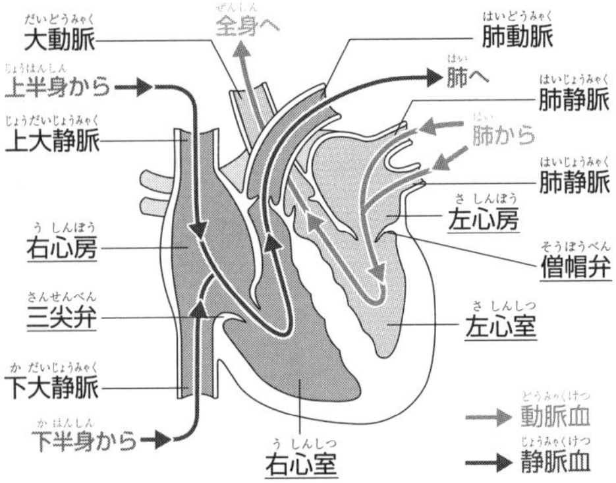

出典《しゅってん》：介護福祉士養成講座編集委員会編《かいごふくししようせいこうざへんしゅういいんかいへん》『最新《さいしん》 介護福祉士養成講座《かいごふくししようせいこうざ》 11 こころとからだのしくみ 第《だい》2版《はん》』中央法規出版《ちゅうおうほうきしゅっぱん》，2022年《ねん》，p. 58を一部改変《いちぶかいへん》

■交感神経《こうかんしんけい》と副交感神経《ふくこうかんしんけい》

交感神経《こうかんしんけい》	からだを活動《かつどう》・緊張《きんちょう》させる方向《ほうこう》に作用《さよう》する。
副交感神経《ふくこうかんしんけい》	内臓《ないぞう》の働《はたら》きを高《たか》め，からだを休《やす》ませる方向《ほうこう》に作用《さよう》する。

■主《おも》な交感神経《こうかんしんけい》と副交感神経《ふくこうかんしんけい》の作用《さよう》

交感神経《こうかんしんけい》	作用《さよう》する対象《たいしょう》	副交感神経《ふくこうかんしんけい》
収縮《しゅうしゅく》	血管《けっかん》	拡張《かくちょう》
増加《ぞうか》	心拍数《しんぱくすう》（脈拍《みゃくはく》）	減少《げんしょう》
上昇《じょうしょう》	血糖値《けっとうち》	下降《かこう》
収縮《しゅうしゅく》	筋肉《きんにく》	弛緩《しかん》
増加《ぞうか》	発汗《はっかん》	—
散大《さんだい》	瞳孔《どうこう》	収縮《しゅうしゅく》
抑制《よくせい》	唾液分泌《だえきぶんぴつ》	促進《そくしん》
弛緩《しかん》	気道《きどう》	収縮《しゅうしゅく》
抑制《よくせい》	消化《しょうか》	促進《そくしん》
抑制《よくせい》	利尿作用《りにょうさよう》	促進《そくしん》

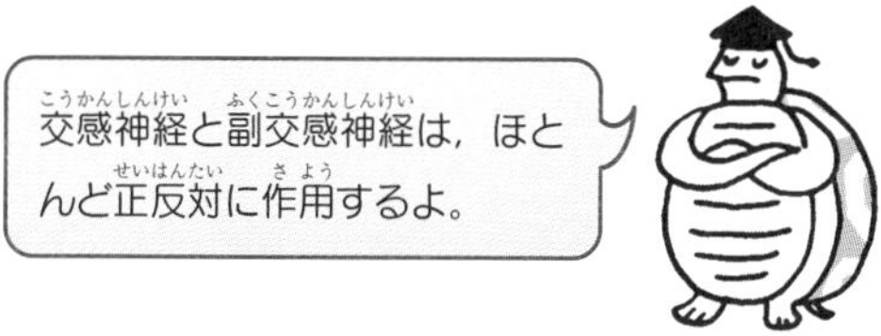

■高齢者《こうれいしゃ》の転倒《てんとう》によって生《しょう》じることが多《おお》い骨折《こっせつ》

- 上腕骨近《じょうわんこつきん》位《い》端骨折《たんこっせつ》
- 脊椎圧迫骨折《せきついあっぱくこっせつ》
- 橈骨遠《とうこつえん》位《い》端骨折《たんこっせつ》
- 大腿骨頸《だいたいこつけい》部《ぶ》骨折《こっせつ》

■廃用症候群《はいようしょうこうぐん》（生活不活発病《せいかつふかっぱつびょう》）

筋萎縮《きんいしゅく》	長期間《ちょうきかん》の臥床《がしょう》の結果《けっか》，筋肉《きんにく》が細《ほそ》くなる。
関節拘縮《かんせつこうしゅく》	関節《かんせつ》が固《かた》まって動《うご》かしにくくなる。
骨萎縮《こついしゅく》	骨《ほね》がもろくなり骨粗鬆症《こつそしょうしょう》などを引《ひ》き起《お》こす。
心肺機能《しんぱいきのう》の低《てい》下《か》	呼吸筋力《こきゅうきんりょく》の低下《ていか》により換気量《かんきりょう》が減少《げんしょう》し，心筋《しんきん》の筋《きん》力低下《りょくていか》により心拍出量《しんはくしゅつりょう》が減少《げんしょう》する。
静脈血栓《じょうみゃくけっせん》	心拍出量《しんはくしゅつりょう》の減少《げんしょう》により，血栓《けっせん》ができやすくなる。
起立性低血圧《きりつせいていけつあつ》	安静《あんせい》を続《つづ》けていると，血管運動反射《けっかんうんどうはんしゃ》が作動《さどう》しにくくなり，立《た》ちくらみなどを起《お》こしやすくなる。
褥瘡《じょくそう》	長期間《ちょうきかん》の臥床《がしょう》などにより，血流障害《けつりゅうしょうがい》を起《お》こして組《そ》織《しき》が壊死《えし》すること。
肺炎《はいえん》	咳《せき》がしにくく痰《たん》が溜《た》まりやすいことにより，細菌《さいきん》感染《かんせん》を起《お》こしやすく肺炎《はいえん》になりやすい。
尿路結石《にょうろけっせき》	骨《ほね》のカルシウム分《ぶん》が尿中《にょうちゅう》に排泄《はいせつ》されて，尿路結石《にょうろけっせき》ができやすくなる。
精神活動低下《せいしんかつどうていか》	刺激《しげき》が減少《げんしょう》することにより，意欲《いよく》が低下《ていか》したりうつ状態《じょうたい》を招《まね》いたりする。

■摂食《せっしょく》・嚥下《えんげ》の 5 分類《ぶんるい》

先行期《せんこうき》	食物《しょくもつ》を認知《にんち》し，唾液《だえき》が分泌《ぶんぴつ》される。
準備期《じゅんびき》	食物《しょくもつ》を咀嚼《そしゃく》し，食塊《しょっかい》が形成《けいせい》される。
口腔期《こうくうき》	食塊《しょっかい》が口腔《こうくう》から咽頭《いんとう》へ移送《いそう》される。
咽頭期《いんとうき》	食塊《しょっかい》が咽頭《いんとう》を通過《つうか》し，喉頭《こうとう》が閉鎖《へいさ》され，誤嚥《ごえん》（誤《あやま》って食物《しょくもつ》などが気管《きかん》に入《はい》ること）を防《ふせ》ぐ。
食道期《しょくどうき》	食塊《しょっかい》が食道入口部《しょくどうにゅうこうぶ》から胃《い》へ移送《いそう》される。

■睡眠《すいみん》の基礎知識《きそちしき》

- 生物《せいぶつ》には体内時計《たいないどけい》がある。体内時計《たいないどけい》がつくり出《だ》すリズムを，概日《がいじつ》リズム（サーカディアンリズム）という。
- 体内時計《たいないどけい》は，脳《のう》の視床下部《ししょうかぶ》にある。
- 体内時計《たいないどけい》は，朝起《あさお》きて日光《にっこう》を浴《あ》びることで1日《にち》24時間《じかん》の周《しゅう》期《き》に修正《しゅうせい》される。
- 睡眠《すいみん》を促進《そくしん》するホルモンはメラトニンである。
- メラトニンは，松果体《しょうかたい》から分泌《ぶんぴつ》される。

■睡眠障害《すいみんしょうがい》

入眠障害《にゅうみんしょうがい》	なかなか寝《ね》つくことができない。
熟眠障害《じゅくみんしょうがい》	睡眠《すいみん》をとっても，熟眠感《じゅくみんかん》が得《え》られない。
中途覚醒《ちゅうとかくせい》	夜中《よなか》に目《め》が覚《さ》めてしまう。
早朝覚醒《そうちょうかくせい》	早朝《そうちょう》に目《め》が覚《さ》めて，その後眠《ごねむ》れなくなる。
レストレスレッグス症候群《しょうこうぐん》	夕方以降《ゆうがたいこう》に，下肢《かし》を中心《ちゅうしん》に不快《ふかい》な異常感覚《いじょうかんかく》が現《あらわ》れる。下肢《かし》を動《うご》かすと症状《しょうじょう》が軽快《けいかい》する。
睡眠時無呼吸症候群《すいみんじむこきゅうしょうこうぐん》	肥満《ひまん》が原因《げんいん》となる。いびきをかく，睡眠中《すいみんちゅう》によく目《め》が覚《さ》める，起床時《きしょうじ》に身体《しんたい》がだるいなどの症状《しょうじょう》がみられる。
周期性四肢運動障害《しゅうきせいししうんどうしょうがい》	夜《よる》になると上肢《じょうし》や下肢《かし》が勝手《かって》に動《うご》き続《つづ》ける。
レム睡眠行動障害《すいみんこうどうしょうがい》	夢《ゆめ》の中《なか》の行動《こうどう》が，寝言《ねごと》や異常行動《いじょうこうどう》として現《あらわ》れる。
概日《がいじつ》リズム睡眠障害《すいみんしょうがい》	概日《がいじつ》リズムが乱《みだ》れて，睡眠《すいみん》と覚醒《かくせい》のリズムに障害《しょうがい》が出《で》る。

■キューブラー・ロスの死《し》を受容《じゅよう》する過程《かてい》

第《だい》1段階《だんかい》	否認《ひにん》	死《し》の運命《うんめい》の事実《じじつ》を拒否《きょひ》し否定《ひてい》する段階《だんかい》	死《し》の宣告《せんこく》のショックに対《たい》する自己防衛《じこぼうえい》
第《だい》2段階《だんかい》	怒《いか》り	否定《ひてい》しきれない事実《じじつ》を宿命《しゅくめい》だと自覚《じかく》した段階《だんかい》	「なぜ私《わたし》が」という問《と》いかけと怒《いか》り
第《だい》3段階《だんかい》	取《と》り引《ひ》き	奇跡《きせき》への願《ねが》いの気持《きも》ちを表《あらわ》す段階《だんかい》	信仰《しんこう》している神《かみ》へのお願《ねが》いなど
第《だい》4段階《だんかい》	抑《よく》うつ	気持《きも》ちが滅入《めい》ってしまう段階《だんかい》	精神的《せいしんてき》な落《お》ち込《こ》み
第《だい》5段階《だんかい》	受容《じゅよう》	死《し》を受容《じゅよう》し，心《こころ》にある平安《へいあん》が訪《おとず》れる段階《だんかい》	静《しず》かに受《う》け入《い》れられるようになる

キューブラー・ロスの死《し》を受容《じゅよう》する過程《かてい》は，事例問題《じれいもんだい》で問《と》われても対応《たいおう》できるようにしておく必要《ひつよう》があるよ！

発達《はったつ》と老化《ろうか》の理解《りかい》

問《もん》題《だい》

001 標準的《ひょうじゅんてき》な発育《はついく》をしている子《こ》どもの体重《たいじゅう》が，出生時《しゅっせいじ》の約《やく》3倍《ばい》になる時期《じき》は1歳《さい》である。

002 乳幼児《にゅうようじ》の標準的《ひょうじゅんてき》な心身《しんしん》の発達《はったつ》では，1歳頃《さいごろ》，喃語《なんご》が現《あらわ》れ始《はじ》める。

003 乳幼児《にゅうようじ》の標準的《ひょうじゅんてき》な心身《しんしん》の発達《はったつ》では，2歳頃《さいごろ》，二語文《にごぶん》を話《はな》すようになる。

004 父親《ちちおや》の友人《ゆうじん》に父親《ちちおや》がにこやかに話《はな》しているのを見《み》て，子《こ》どもが父親《ちちおや》の友人《ゆうじん》に笑顔《えがお》を見《み》せることは，社会的参《しゃかいてきさん》照《しょう》の説明《せつめい》として適切《てきせつ》である。

005 子《こ》どもが父親《ちちおや》と一緒《いっしょ》に自動車《じどうしゃ》を見《み》ることは，二項関係《にこうかんけい》の説明《せつめい》として適切《てきせつ》である。

006 スキャモン（Scammon, R. E.）の発達曲線《はったつきょくせん》では，生殖器系《せいしょくきけい》の組織《そしき》は，12歳頃《さいごろ》から急速《きゅうそく》に発達《はったつ》する。

007 エリクソン（Erikson, E.）の発達段階説《はったつだんかいせつ》における青《せい》年期《ねんき》の発達課題《はったつかだい》として，同一性《どういつせい》の獲得《かくとく》がある。

解《かい》答《とう》・解《かい》説《せつ》

○ **001** 標準的《ひょうじゅんてき》な発育《はついく》をしている子《こ》どもの体重《たいじゅう》が，出生時《しゅっせいじ》の約《やく》2倍《ばい》になる時期《じき》は生後《せいご》3か月《げつ》，約《やく》3倍《ばい》になる時期《じき》は1歳《さい》である。

× **002** 生後《せいご》2か月頃《げつごろ》になるとクーイングが聞《き》かれ，6か月頃《げつごろ》には2音以上《おんいじょう》で意味《いみ》を持《も》たない喃語《なんご》を発《はっ》するようになる。1歳頃《さいごろ》になると，意味《いみ》のある単語《たんご》を話《はな》し始《はじ》める。

○ **003** 1歳頃《さいごろ》に，音《おと》と意味《いみ》が結《むす》びつき一語文《いちごぶん》を発《はっ》するようになる。「ワンワン，きた」などの二語文《にごぶん》を話《はな》せるようになるのは，2歳頃《さいごろ》である。

○ **004** 他者《たしゃ》の表情等《ひょうじょうとう》を参照《さんしょう》して自分《じぶん》がどのように行動《こうどう》するかを決《き》めることを，社会的参照《しゃかいてきさんしょう》という。

× **005** 「自分《じぶん》」と「他者《たしゃ》」の1対《たい》1の関係《かんけい》を二項関係《にこうかんけい》という。「自分《じぶん》」と「他者《たしゃ》」と「物《もの》」の関係《かんけい》は三項関係《さんこうかんけい》という。

○ **006** スキャモンの発達曲線《はったつきょくせん》では，リンパ系《けい》は0～12歳頃《さいごろ》にかけて，神経系《しんけいけい》は0～4歳頃《さいごろ》にかけて，生殖器系《せいしょくきけい》は12歳頃《さいごろ》から急速《きゅうそく》に発達《はったつ》する。

○ **007** エリクソンの発達段階説《はったつだんかいせつ》における青年期《せいねんき》の発達課題《はったつかだい》は，「自分《じぶん》とはこういう人間《にんげん》だ」という同一性《どういつせい》（アイデンティティ）の獲得《かくとく》である（p. 152参照《さんしょう》）。

008

ハヴィガースト（Havighurst, R.）が提唱《ていしょう》する児童《じどう》期《き》（中期児童期《ちゅうきじどうき》）の発達課題《はったつかだい》は，両親《りょうしん》や他《ほか》の大人《おとな》たちからの情緒面《じょうちょめん》での自立《じりつ》である。

009

「養育者《よういくしゃ》がいないと不安《ふあん》な様子《ようす》になり，再会《さいかい》すると接《せっ》近《きん》して怒《いか》りを示《しめ》す」のは，ストレンジ・シチュエーション法《ほう》における安定型《あんていがた》の愛着行動《あいちゃくこうどう》である。

010

コールバーグ（Kohlberg, L.）による道徳性判断《どうとくせいはんだん》の発達段階《はったつだんかい》として，多数意見《たすういけん》に基《もと》づいて判断《はんだん》することは，最《もっと》も高《たか》い発達《はったつ》の段階《だんかい》を示《しめ》すものである。

011

老人福祉法《ろうじんふくしほう》では，原則《げんそく》として 70 歳以上《さいいじょう》の者《もの》を施策《せさく》の対象《たいしょう》としている。

012

高齢者虐待防止法《こうれいしゃぎゃくたいぼうしほう》※では，65 歳以上《さいいじょう》を高齢者《こうれいしゃ》としている。

013

高齢者《こうれいしゃ》の医療《いりょう》の確保《かくほ》に関《かん》する法律《ほうりつ》では，後期高齢者《こうきこうれいしゃ》を 65 歳以上《さいいじょう》としている。

014

高年齢者等《こうねんれいしゃとう》の雇用《こよう》の安定等《あんていとう》に関《かん》する法律《ほうりつ》では，高年齢《こうねんれい》者《しゃ》を 55 歳以上《さいいじょう》としている。

015

道路交通法《どうろこうつうほう》では，免許証《めんきょしょう》の更新《こうしん》の特例《とくれい》がある高齢運転《こうれいうんてん》者《しゃ》を 65 歳以上《さいいじょう》としている。

※ 高齢者虐待《こうれいしゃぎゃくたい》の防止《ぼうし》，高齢者《こうれいしゃ》の養護者《ようごしゃ》に対《たい》する支援等《しえんとう》に関《かん》する法律《ほうりつ》

× 008 両親《りょうしん》や他《ほか》の大人《おとな》たちからの情緒面《じょうちょめん》での自立《じりつ》は，ハヴィガーストが提唱《ていしょう》する青年期《せいねんき》の発達課題《はったつかだい》である。中期児童期《ちゅうきじどうき》の発達課題《はったつかだい》は，通常《つうじょう》の遊《あそ》びに必要《ひつよう》な身体的技能《しんたいてきぎのう》の学習《がくしゅう》や読《よ》み・書《か》き・計算《けいさん》の基礎的技能《きそてきぎのう》の発達《はったつ》などである（p. 152 参照《さんしょう》）。

× 009 「養育者《よういくしゃ》がいないと不安《ふあん》な様子《ようす》になり，再会《さいかい》すると接近《せっきん》して怒《いか》りを示《しめ》す」のは，ストレンジ・シチュエーション法《ほう》における抵抗型《ていこうがた》の愛着行動《あいちゃくこうどう》である（p. 153 参照《さんしょう》）。

× 010 コールバーグによる道徳性判断《どうとくせいはんだん》の発達段階《はったつだんかい》は，①罰《ばつ》や権威《けんい》，②損得《そんとく》，③多数意見《たすういけん》，④法《ほう》や秩序《ちつじょ》，⑤個人《こじん》の権利《けんり》や社会的価値《しゃかいてきかち》，⑥倫理《りんり》の順《じゅん》で高《たか》い発達段階《はったつだんかい》を示《しめ》す。

× 011 老人福祉法《ろうじんふくしほう》では，原則《げんそく》として 65 歳以上《さいいじょう》の者《もの》を施策《せさく》の対象《たいしょう》としている。

○ 012 高齢者虐待防止法《こうれいしゃぎゃくたいぼうしほう》では，65 歳以上《さいいじょう》を高齢者《こうれいしゃ》としている。

× 013 高齢者《こうれいしゃ》の医療《いりょう》の確保《かくほ》に関《かん》する法律《ほうりつ》では，65 歳以上《さいいじょう》 75 歳《さい》未満《みまん》を前期高齢者《ぜんきこうれいしゃ》，75 歳以上《さいいじょう》を後期高齢者《こうきこうれいしゃ》としている。

○ 014 高年齢者等《こうねんれいしゃとう》の雇用《こよう》の安定等《あんていとう》に関《かん》する法律《ほうりつ》では，高年齢者《こうねんれいしゃ》を 55 歳以上《さいいじょう》としている。また，高年齢者《こうねんれいしゃ》が希望《きぼう》する場合《ばあい》は，65 歳《さい》までの継続雇用《けいぞくこよう》を義務《ぎむ》づけている。

× 015 道路交通法《どうろこうつうほう》では，免許証《めんきょしょう》の更新《こうしん》の特例《とくれい》がある高齢運転者《こうれいうんてんしゃ》を 70 歳以上《さいいじょう》としている。さらに，75 歳以上《さいいじょう》の者《もの》には，認知機能検査《にんちきのうけんさ》を義務《ぎむ》づけている。

1 2 **016**

高齢者《こうれいしゃ》は頑固《がんこ》な性格《せいかく》になるという見方《みかた》は，エイジズム（ageism）に当《あ》たる。

1 2 **017**

ストローブ（Stroebe, M.S.）とシュト（Schut, H.）による悲嘆《ひたん》のモデルにおいて，悲嘆《ひたん》を回避《かいひ》することは喪失志向《そうしつしこう》コーピングである。

1 2 **018**

高齢者《こうれいしゃ》では，複数《ふくすう》の薬剤間《やくざいかん》の相互作用《そうごさよう》が起《お》こりやすい。

1 2 **019**

高齢者《こうれいしゃ》では，薬剤《やくざい》の効果《こうか》が強《つよ》く出《で》ることがある。

1 2 **020**

加齢《かれい》に伴《ともな》う身体機能《しんたいきのう》の変化《へんか》として，周辺視野《しゅうへんしや》が狭《せま》くなる。

1 2 **021**

老化《ろうか》によって，明暗《めいあん》に順応《じゅんのう》する時間《じかん》は変化《へんか》しない。

1 2 **022**

老化《ろうか》に伴《ともな》う感覚《かんかく》や知覚《ちかく》の変化《へんか》として，高音域《こうおんいき》よりも，低音域《ていおんいき》の音《おと》が聞《き》こえにくくなる。

○ **016** バトラー（Butler, R.）は，エイジズムを「年《とし》を取《と》っているという理由《りゆう》で老人《ろうじん》たちを一《ひと》つの型《かた》にはめ差別《さべつ》すること」と定義《ていぎ》している。

× **017** ストローブとシュトによる悲嘆《ひたん》のモデルにおいて，悲嘆《ひたん》を回避《かいひ》することは回復志向《かいふくしこう》コーピングである。喪失志向《そうしつしこう》コーピングは，悲嘆《ひたん》することである。

○ **018** 高齢者《こうれいしゃ》は，複数《ふくすう》の慢性疾患《まんせいしっかん》を持《も》つため，服用《ふくよう》する薬《くすり》も多《おお》くなる傾向《けいこう》がある。また，肝臓《かんぞう》による薬《くすり》を分解《ぶんかい》する機能《きのう》や，腎臓《じんぞう》による薬《くすり》をろ過《か》する機能《きのう》が低下《ていか》する。そのため，相互作用《そうごさよう》や副作用《ふくさよう》が起《お》こりやすい。

○ **019** 高齢者《こうれいしゃ》では，肝臓《かんぞう》による薬《くすり》を分解《ぶんかい》する機能《きのう》や，腎臓《じんぞう》による薬《くすり》をろ過《か》する機能《きのう》が低下《ていか》し，血液中《けつえきちゅう》の薬剤《やくざい》の濃度《のうど》が上《じょう》昇《しょう》することで，薬剤《やくざい》の効果《こうか》が強《つよ》く出《で》ることがある。

○ **020** 周辺視野《しゅうへんしや》とは，視野《しや》の中心《ちゅうしん》ではなく周辺部《しゅうへんぶ》を指《さ》す。若年《じゃくねん》者《しゃ》に比《くら》べると，高齢者《こうれいしゃ》は周辺視野《しゅうへんしや》が狭《せま》くなる（p. 153 参《さん》照《しょう》）。

× **021** 老化《ろうか》によって，明《あか》るさに慣《な》れる能力《のうりょく》（明順応《めいじゅんのう》）と暗《くら》さに慣《な》れる能力《のうりょく》（暗順応《あんじゅんのう》）はどちらも低下《ていか》し，順応《じゅんのう》する時間《じかん》が長《なが》くなる（p. 153 参照《さんしょう》）。

× **022** 老化《ろうか》に伴《ともな》う感覚《かんかく》や知覚《ちかく》の変化《へんか》として，低音域《ていおんいき》よりも，高《こう》音域《おんいき》の音《おと》が聞《き》こえにくくなる（p. 153 参照《さんしょう》）。

---

023 メニエール病《びょう》（Ménière disease）では，めまい発《ほっ》作《さ》に伴《ともな》って耳鳴《みみな》りなどの聴覚症状《ちょうかくしょうじょう》が変動《へんどう》する。

024 加齢《かれい》に伴《ともな》う身体機能《しんたいきのう》の変化《へんか》として，味覚《みかく》の感受性《かんじゅせい》が低下《ていか》する。

025 老化《ろうか》に伴《ともな》う身体《しんたい》の変化《へんか》では，皮膚《ひふ》の表面《ひょうめん》が湿潤化《しつじゅんか》する。

026 喉頭挙上《こうとうきょじょう》の不足《ふそく》は，嚥下機能《えんげきのう》の低下《ていか》の原因《げんいん》となる。

027 嚥下障害《えんげしょうがい》がある場合《ばあい》，食事《しょくじ》の時《とき》や飲水《いんすい》の時《とき》にむせることがある。

028 流動性知能《りゅうどうせいちのう》の代表的《だいひょうてき》な能力《のうりょく》には，新《あたら》しい場面《ばめん》に適応《てきおう》するときに要求《ようきゅう》される問題解決能力《もんだいかいけつのうりょく》がある。

029 結晶性知能《けっしょうせいちのう》は，学校教育《がっこうきょういく》などの環境条件《かんきょうじょうけん》の影響《えいきょう》を受《う》けやすい。

030 流動性知能《りゅうどうせいちのう》は結晶性知能《けっしょうせいちのう》よりも，低下《ていか》しにくい。

○ **023** メニエール病《びょう》では，めまい発作《ほっさ》に伴《ともな》って聴覚症状《ちょうかくしょうじょう》が変動《へんどう》する。良性発作性頭位《りょうせいほっさせいとうい》めまい症《しょう》（benign paroxysmal positional vertigo）では，回転性《かいてんせい》あるいは動揺性《どうようせい》のめまいが起《お》こり，聴覚症状《ちょうかくしょうじょう》は認《みと》められない。

○ **024** 加齢《かれい》により，味《あじ》を感《かん》じる味蕾《みらい》の細胞数《さいぼうすう》や唾液《だえき》の分泌量《ぶんぴつりょう》が減少《げんしょう》するため，味覚《みかく》の感受性《かんじゅせい》は低下《ていか》する（p. 153 参照《さんしょう》）。

× **025** 加齢《かれい》により発汗《はっかん》や皮脂《ひし》の分泌《ぶんぴつ》が低下《ていか》し，皮膚《ひふ》の水分保有量《すいぶんほゆうりょう》が減少《げんしょう》する。その結果《けっか》，ドライスキン（dry skin）と呼《よ》ばれる皮膚《ひふ》が乾燥《かんそう》しやすい状態《じょうたい》となる。

○ **026** 喉頭挙上《こうとうきょじょう》の不足《ふそく》によって，喉頭閉鎖《こうとうへいさ》が弱《よわ》まることは，嚥下機能《えんげきのう》の低下《ていか》の原因《げんいん》となる。

○ **027** 嚥下障害《えんげしょうがい》がある場合《ばあい》，食事《しょくじ》の時《とき》や飲水《いんすい》の時《とき》にむせることがある。嚥下障害《えんげしょうがい》では，固形物《こけいぶつ》よりも水分《すいぶん》でむせることが多《おお》い。

○ **028** 流動性知能《りゅうどうせいちのう》は，生《う》まれながらに持《も》った能力《のうりょく》である。この能力《のうりょく》は，新《あたら》しい環境下《かんきょうか》における環境適応《かんきょうてきおう》に関《かん》する能力《のうりょく》である（p. 153 参照《さんしょう》）。

○ **029** 結晶性知能《けっしょうせいちのう》は，過去《かこ》の学習経験《がくしゅうけいけん》を高度《こうど》に適用《てきよう》して得《え》られた判断力《はんだんりょく》や習慣《しゅうかん》であり，環境因子《かんきょういんし》に強《つよ》く影響《えいきょう》されると考《かんが》えられている（p. 153 参照《さんしょう》）。

× **030** 老化《ろうか》に伴《ともな》い，流動性知能《りゅうどうせいちのう》は低下《ていか》しやすく，結晶性知能《けっしょうせいちのう》は低下《ていか》しにくい（p. 153 参照《さんしょう》）。

031 老化《ろうか》に伴《ともな》う知的機能《ちてききのう》の変化《へんか》として，からだで覚《おぼ》えた手《て》続《つづ》き記憶《きおく》は忘《わす》れにくい。

032 老化《ろうか》に伴《ともな》う知的機能《ちてききのう》の変化《へんか》として，昨日《きのう》の出来事《できごと》などのエピソード記憶《きおく》は忘《わす》れにくい。

033 老化《ろうか》に伴《ともな》う知的機能《ちてききのう》の変化《へんか》として，意味記憶《いみきおく》は忘《わす》れにくい。

034 新《あたら》しい電話番号《でんわばんごう》を覚《おぼ》えることができず，メモを見《み》ながらでないと電話《でんわ》をかけることができないのは，意味記《いみき》憶《おく》の障害《しょうがい》である。

035 自分《じぶん》の若《わか》い頃《ころ》の記憶《きおく》では，40歳代《さいだい》の頃《ころ》の出来事《できごと》をよく覚《おぼ》えている。

036 2021年《ねん》（令和《れいわ》3年《ねん》）の人口全体《じんこうぜんたい》の死因順位《しいんじゅんい》で最《もっと》も多《おお》いのは，脳血管疾患《のうけっかんしっかん》（cerebrovascular disease）である。

037 2021年《ねん》（令和《れいわ》3年《ねん》）の平均寿命《へいきんじゅみょう》は，男女《だんじょ》とも80歳以《さいい》上《じょう》である。

038 2019年《ねん》（令和元年《れいわがんねん》）の女性《じょせい》の平均寿命《へいきんじゅみょう》と健康寿命《けんこうじゅみょう》（健康上《けんこうじょう》の問題《もんだい》で日常生活《にちじょうせいかつ》が制限《せいげん》されることなく生活《せいかつ》できる期間《きかん》）との差《さ》は，10年未満《ねんみまん》である。

039 悲嘆過程《ひたんかてい》とは，病的《びょうてき》な心《こころ》のプロセスである。

○ **031** 手続《てつづ》き記憶《きおく》は，自転車《じてんしゃ》の乗《の》り方《かた》，調理《ちょうり》，水泳《すいえい》などのからだで覚《おぼ》えた記憶《きおく》であり，加齢《かれい》の影響《えいきょう》を受《う》けにくく，忘《わす》れにくい（p. 125 参照《さんしょう》）。

× **032** エピソード記憶《きおく》は，ある時間《じかん》と場所《ばしょ》での出来事《できごと》に関《かん》する記憶《きおく》であり，特《とく》に新《あたら》しい出来事《できごと》は，加齢《かれい》の影響《えいきょう》を受《う》けやすく，忘《わす》れやすい（p. 125 参照《さんしょう》）。

○ **033** 意味記憶《いみきおく》は，言葉《ことば》の意味《いみ》や概念《がいねん》に関《かん》する記憶《きおく》であるため，加齢《かれい》の影響《えいきょう》を受《う》けにくく，忘《わす》れにくい（p. 125 参照《さんしょう》）。

× **034** 新《あたら》しい電話番号《でんわばんごう》を覚《おぼ》えることができず，メモを見《み》ながらでないと電話《でんわ》をかけることができないのは，短期記憶《たんききおく》の障害《しょうがい》である（p. 125 参照《さんしょう》）。

× **035** 自分《じぶん》の若《わか》い頃《ころ》の記憶《きおく》はエピソード記憶《きおく》であり，10 歳代《さいだい》後半《こうはん》から 20 歳代《さいだい》の頃《ころ》の出来事《できごと》をよく覚《おぼ》えている。

× **036** 2021 年《ねん》（令和《れいわ》3 年《ねん》）の人口全体《じんこうぜんたい》の死因順位《しいんじゅんい》で最《もっと》も多《おお》いのは，悪性新生物《あくせいしんせいぶつ》である。次《つ》いで，心疾患《しんしっかん》（heart disease），老衰《ろうすい》となっている。

○ **037** 2021 年《ねん》（令和《れいわ》3 年《ねん》）の平均寿命《へいきんじゅみょう》は，男性《だんせい》81.47 歳《さい》，女《じょ》性《せい》87.57 歳《さい》であり，男女《だんじょ》とも 80 歳以上《さいいじょう》である。

× **038** 2019 年《ねん》（令和元年《れいわがんねん》）の女性《じょせい》の平均寿命《へいきんじゅみょう》は 87.45 歳《さい》，健《けん》康寿命《こうじゅみょう》は 75.38 歳《さい》であり，その差《さ》は 12.07 年《ねん》と 10 年以《ねんい》上《じょう》である。なお，男性《だんせい》の平均寿命《へいきんじゅみょう》は 81.41 歳《さい》，健康寿命《けんこうじゅみょう》は 72.68 歳《さい》であり，その差《さ》は 8.73 年《ねん》と 10 年未満《ねんみまん》である。

× **039** 悲嘆過程《ひたんかてい》とは，誰《だれ》もが経験《けいけん》し得《う》る正常《せいじょう》な心《こころ》のプロセスである（p. 154 参照《さんしょう》）。

040 死別直後《しべつちょくご》の遺族《いぞく》の心理《しんり》として，悲嘆《ひたん》のプロセスは，多《おお》くの人《ひと》で同《おな》じように進《すす》む。

041 サクセスフルエイジング（successful aging）は客《きゃっ》観的《かんてき》な幸福感《こうふくかん》のことである。

042 プロダクティブ・エイジング（productive aging）において，プロダクティブ（productive）な活動《かつどう》には，セルフケア（self-care）が含《ふく》まれる。

043 高齢者《こうれいしゃ》の疾患《しっかん》では，個人差《こじんさ》が大《おお》きいことが特徴《とくちょう》である。

044 老化《ろうか》に伴《ともな》う循環器系《じゅんかんきけい》の変化《へんか》として，収縮期血圧《しゅうしゅくきけつあつ》が低下《ていか》する。

045 せん妄《もう》（delirium）は，昼間《ひるま》よりも夜間《やかん》に生《しょう》じやすい。

046 老年期《ろうねんき》の変形性膝関節症《へんけいせいしつかんせつしょう》（knee osteoarthritis）は，男性《だんせい》のほうが女性《じょせい》より罹患率《りかんりつ》が高《たか》い。

047 老年期《ろうねんき》の変形性膝関節症《へんけいせいしつかんせつしょう》（knee osteoarthritis）の日常生活《にちじょうせいかつ》の留意点《りゅういてん》としては，膝《ひざ》を冷《ひ》やすようにする。

× **040** 死別直後《しべつちょくご》の遺族《いぞく》の心理《しんり》として，悲嘆《ひたん》のプロセスは，個人《こじん》によって異《こと》なる（p. 154 参照《さんしょう》）。

× **041** サクセスフルエイジングは主観的《しゅかんてき》な幸福感《こうふくかん》のことである。

○ **042** プロダクティブ・エイジングにおいて，プロダクティブな活動《かつどう》には，有償労働《ゆうしょうろうどう》，無償労働《むしょうろうどう》，ボランティア，セルフケアなどが含《ふく》まれる。

○ **043** 高齢者《こうれいしゃ》の疾患《しっかん》では，潜在的《せんざいてき》な臓器障害《ぞうきしょうがい》が多《おお》いこと，完治《かんち》しにくい慢性疾患《まんせいしっかん》が多《おお》いこと，複数疾患《ふくすうしっかん》の合併《がっぺい》が多《おお》いこと，個人差《こじんさ》が大《おお》きいこと，薬《くすり》の副作用《ふくさよう》が出《で》やすいことなどが特徴《とくちょう》である。

× **044** 老化《ろうか》に伴《ともな》う循環器系《じゅんかんきけい》の変化《へんか》としては，脈拍数《みゃくはくすう》の減少《げんしょう》，動《どう》脈《みゃく》の硬化《こうか》，心臓《しんぞう》の肥大《ひだい》，不整脈《ふせいみゃく》の増加《ぞうか》，収縮期血圧《しゅうしゅくきけつあつ》の上《じょう》昇《しょう》などがある。

○ **045** せん妄《もう》は，急激《きゅうげき》に発症《はっしょう》し，日内変動《にちないへんどう》が認《みと》められることが多《おお》い。夜間《やかん》に生《しょう》じたり，悪化《あっか》したりすることが多《おお》いため，夜間《やかん》せん妄《もう》と呼《よ》ばれる。

× **046** 老年期《ろうねんき》の変形性膝関節症《へんけいせいしつかんせつしょう》は，女性《じょせい》のほうが男性《だんせい》より罹患《りかん》率《りつ》が高《たか》い。肥満《ひまん》や内反変形《ないはんへんけい》（O 脚《きゃく》）など，膝関節《しつかんせつ》に負《ふ》担《たん》をかけてきた人《ひと》に多《おお》く発症《はっしょう》する。

× **047** 老年期《ろうねんき》の変形性膝関節症《へんけいせいしつかんせつしょう》の日常生活《にちじょうせいかつ》の留意点《りゅういてん》としては，膝《ひざ》を冷《ひ》やさないようにする，膝関節《しつかんせつ》へ負担《ふたん》をかけないように，体重《たいじゅう》を減《へ》らす，正座《せいざ》や階段昇降《かいだんしょうこう》を避《さ》ける，歩行《ほこう》には杖《つえ》を使《つか》うなどがある。

1 2

048

関節《かんせつ》リウマチ（rheumatoid arthritis）では，主《おも》に明《あ》け方《がた》になると，手《て》を思《おも》うように動《うご》かせないなどの症《しょう》状《じょう》がある。

1 2

049

脊柱管狭窄症《せきちゅうかんきょうさくしょう》（spinal stenosis）では，下肢《かし》のしびれがみられる。

1 2

050

パーキンソン病《びょう》(Parkinson disease)の症状《しょうじょう》として，小刻《こきざ》み歩行《ほこう》がみられる。

1 2

051

パーキンソン病《びょう》(Parkinson disease)の症状《しょうじょう》として，無表情《むひょうじょう》がみられる。

1 2

052

骨粗鬆症《こつそしょうしょう》（osteoporosis）の特徴《とくちょう》として，高齢者《こうれいしゃ》に多《おお》いことが挙《あ》げられる。

1 2

053

高齢者《こうれいしゃ》の肺炎《はいえん》(pneumonia)では，呼吸数《こきゅうすう》は減少《げんしょう》する。

1 2

054

高齢者《こうれいしゃ》は，誤嚥《ごえん》によって肺炎《はいえん》（pneumonia）を起《お》こしやすい。

○ **048** 関節《かんせつ》リウマチは，40～60歳《さい》の女性《じょせい》に多《おお》く発症《はっしょう》する，原《げん》因不明《いんふめい》の難治性《なんちせい》の全身疾患《ぜんしんしっかん》である。主《おも》な症状《しょうじょう》は，朝《あさ》の関《かん》節《せつ》のこわばり，関節《かんせつ》の変形《へんけい》，関節《かんせつ》の痛《いた》みや腫《は》れなどである（p. 154参照《さんしょう》）。

○ **049** 脊柱管狭窄症《せきちゅうかんきょうさくしょう》では，下肢《かし》のしびれがみられる。特徴《とくちょう》としては，しばらく歩《ある》くと下肢《かし》が痛《いた》み歩《ある》けなくなり，しばらく休《やす》むとまた歩《ある》くことができる間欠性跛行《かんけつせいはこう》がみられる。

○ **050** パーキンソン病《びょう》の歩行障害《ほこうしょうがい》では，動《うご》きはぎこちなく，硬《かた》くなりやすい。そのため，足《あし》が前《まえ》に出《で》にくいすくみ足《あし》や，足《あし》が上《あ》がりにくい（足《あし》を引《ひ》きずるように歩《ある》く）すり足《あし》，小刻《こきざ》み歩行《ほこう》になるのが特徴《とくちょう》である（p. 210参照《さんしょう》）。

○ **051** 一般《いっぱん》に，パーキンソン病《びょう》の筋固縮《きんこしゅく》（筋強剛《きんきょうごう》）によって顔《がん》面筋《めんきん》の緊張状態《きんちょうじょうたい》が高《たか》まり，表情変化《ひょうじょうへんか》が乏《とぼ》しくなった結《けっ》果《か》，無表情《むひょうじょう》になる。これを仮面様顔貌《かめんようがんぼう》と呼《よ》ぶ（p. 210参照《さんしょう》）。

○ **052** 骨粗鬆症《こつそしょうしょう》の原因《げんいん》として，加齢《かれい》とともに代謝《たいしゃ》が悪《わる》くなることで，骨《ほね》がもろくなることが挙《あ》げられる。そのため，高《こう》齢《れい》の女性《じょせい》に多《おお》く発症《はっしょう》する。

× **053** 高齢者《こうれいしゃ》の肺炎《はいえん》では，呼吸数《こきゅうすう》は増加《ぞうか》する。また，一般的《いっぱんてき》には37～38℃以上《いじょう》の発熱《はつねつ》も症状《しょうじょう》の1つであるが，高齢者《こうれいしゃ》では発熱《はつねつ》がみられないこともある。

○ **054** 高齢者《こうれいしゃ》は嚥下反射《えんげはんしゃ》が低下《ていか》することにより，誤嚥《ごえん》によって肺炎《はいえん》を起《お》こしやすい。誤嚥《ごえん》によって起《お》こる肺炎《はいえん》を誤嚥性《ごえんせい》肺炎《はいえん》（aspiration pneumonia）という。

055 高齢者《こうれいしゃ》の糖尿病《とうにょうびょう》（diabetes mellitus）は，アミラーゼ（amylase）の作用不足《さようぶそく》が原因《げんいん》である。

056 発汗《はっかん》は，糖尿病《とうにょうびょう》（diabetes mellitus）の高血糖時《こうけっとうじ》にみられる症状《しょうじょう》である。

057 高齢者《こうれいしゃ》の脱水《だっすい》の状態《じょうたい》として，体重《たいじゅう》が増加《ぞうか》することがある。

058 甲状腺機能低下症《こうじょうせんきのうていかしょう》（hypothyroidism）の症状《しょうじょう》として，浮腫《ふしゅ》がみられる。

059 心筋梗塞《しんきんこうそく》（myocardial infarction）は，強《つよ》い胸痛《きょうつう》が数分《すうふん》～15 分持続《ふんじぞく》するが，安静《あんせい》にすると治《おさ》まる。

060 心房細動《しんぼうさいどう》（atrial fibrillation）の合併症《がっぺいしょう》として，脳出《のうしゅっ》血《けつ》（cerebral hemorrhage）が多《おお》い。

061 心不全《しんふぜん》（heart failure）が進行《しんこう》した場合《ばあい》，安静《あんせい》にしても速《すみ》やかに息切《いきぎ》れは治《おさ》まらない。

062 心不全《しんふぜん》（heart failure）が進行《しんこう》した場合《ばあい》，呼吸苦《こきゅうく》は，座位《ざい》より仰臥位《ぎょうがい》（背臥位《はいがい》）のほうが軽減《けいげん》する。

063 褥瘡《じょくそう》は，皮膚《ひふ》の圧迫《あっぱく》によって血流《けつりゅう》が悪《わる》くなったために起《お》こる。

× **055** 高齢者《こうれいしゃ》の糖尿病《とうにょうびょう》は，インスリン（insulin）の作用不足《さようぶそく》が原因《げんいん》である。糖尿病治療《とうにょうびょうちりょう》の基本《きほん》は，食事療法《しょくじりょうほう》と運動療《うんどうりょう》法《ほう》である。

× **056** 糖尿病《とうにょうびょう》の高血糖時《こうけっとうじ》には，口渇《こうかつ》，多飲《たいん》，多尿《たにょう》などがみられる。低血糖時《ていけっとうじ》には，発汗《はっかん》，振戦《しんせん》，頻脈《ひんみゃく》，動悸《どうき》，頭痛《ずつう》，生《なま》あくび，痙攣《けいれん》，昏睡《こんすい》などがみられる。

× **057** 高齢者《こうれいしゃ》の脱水《だっすい》の状態《じょうたい》として，体重《たいじゅう》が減少《げんしょう》することがある。他《ほか》には，体温《たいおん》が上昇《じょうしょう》する，血圧《けつあつ》が低下《ていか》する，尿量《にょうりょう》が減《へ》る，皮膚《ひふ》が乾燥《かんそう》するといった状態《じょうたい》がみられる。

○ **058** 甲状腺機能低下症《こうじょうせんきのうていかしょう》の症状《しょうじょう》としては，浮腫《ふしゅ》（むくみ），体《たい》重《じゅう》の増加《ぞうか》，活気《かっき》のなさ，声《こえ》のかすれなどがみられる。重《じゅう》症化《しょうか》すると，粘液水腫《ねんえきすいしゅ》がみられる。

× **059** 心筋梗塞《しんきんこうそく》は，強《つよ》い胸痛《きょうつう》が 20 分以上持続《ぶんいじょうじぞく》し，安静《あんせい》にしても治《おさ》まらない。胸痛《きょうつう》が数分《すうふん》～15 分持続《ふんじぞく》するが，安静《あんせい》にすると治《おさ》まるのは，狭心症《きょうしんしょう》（angina pectoris）である。

× **060** 心房細動《しんぼうさいどう》は心臓内《しんぞうない》に血栓《けっせん》をつくりやすいため，合併症《がっぺいしょう》として，脳梗塞《のうこうそく》（cerebral infarction）が多《おお》い。

○ **061** 心不全《しんふぜん》が進行《しんこう》した場合《ばあい》，安静《あんせい》にしても速《すみ》やかに息切《いきぎ》れは治《おさ》まらず，呼吸困難《こきゅうこんなん》がみられ，チアノーゼが生《しょう》じる。

× **062** 心不全《しんふぜん》が進行《しんこう》した場合《ばあい》，呼吸苦《こきゅうく》は，仰臥位《ぎょうがい》（背臥位《はいがい》）より座位《ざい》のほうが軽減《けいげん》する。

○ **063** 褥瘡《じょくそう》は，皮膚《ひふ》の圧迫《あっぱく》によって血流《けつりゅう》が悪《わる》くなったために起《お》こる。そのため，体位変換《たいいへんかん》をして皮膚《ひふ》の圧迫《あっぱく》を避《さ》けることが大切《たいせつ》である。

064

褥瘡《じょくそう》の発生《はっせい》部位《ぶい》として，最《もっと》も頻度《ひんど》の高《たか》いものは，仙骨《せんこつ》部《ぶ》である。

065

認知症《にんちしょう》（dementia）で尿《にょう》を漏《も》らすのを，腹圧性尿失《ふくあつせいにょうしっ》禁《きん》という。

066

トイレまで我慢《がまん》できずに尿《にょう》を漏《も》らすのを，切迫性尿失《せっぱくせいにょうしっ》禁《きん》という。

067

前立腺《ぜんりつせん》がん（prostate cancer）による高齢者《こうれいしゃ》の排《はい》尿障害《にょうしょうがい》は，増加《ぞうか》している。

068

大腸《だいちょう》がん（colorectal cancer）は，器質性便秘《きしつせいべんぴ》の原《げん》因《いん》になる。

069

薬剤《やくざい》で，便秘《べんぴ》になることはまれである。

070

便秘《べんぴ》とは，１日《にち》に１回《かい》，排便《はいべん》がない状態《じょうたい》をいう。

○ **064** 褥瘡《じょくそう》の発生部位《はっせいぶい》として，最《もっと》も頻度《ひんど》の高《たか》いものは，仙骨部《せんこつぶ》である。仙骨部《せんこつぶ》は，仰臥位《ぎょうがい》（背臥位《はいがい》）の場合《ばあい》に褥瘡《じょくそう》が発《はっ》生《せい》しやすい部位《ぶい》である（p. 155 参照《さんしょう》）。

× **065** 認知症《にんちしょう》で尿《にょう》を漏《も》らすのは，機能性尿失禁《きのうせいにょうしっきん》である。機能性《きのうせい》尿失禁《にょうしっきん》とは，認知症《にんちしょう》，視覚機能《しかくきのう》の低下《ていか》や歩行困難《ほこうこんなん》など，排尿機能以外《はいにょうきのういがい》の原因《げんいん》により起《お》こる尿失禁《にょうしっきん》である（p. 328 参照《さんしょう》）。

○ **066** 切迫性尿失禁《せっぱくせいにょうしっきん》とは，急《きゅう》に尿意《にょうい》を感《かん》じると同時《どうじ》に，または尿意《にょうい》を感《かん》じた直後《ちょくご》に，トイレまで我慢《がまん》ができずに尿《にょう》が漏《も》れ出《で》てしまう状態《じょうたい》である（p. 328 参照《さんしょう》）。

○ **067** 前立腺《ぜんりつせん》がんは，著《いちじる》しく増加《ぞうか》しつつある。初期《しょき》には無症《むしょう》状《じょう》であるが，やがて排尿障害《はいにょうしょうがい》・頻尿《ひんにょう》・血尿《けつにょう》などを呈《てい》する。

○ **068** 器質性便秘《きしつせいべんぴ》の原因《げんいん》は，大腸《だいちょう》の病気《びょうき》などにより大腸《だいちょう》が部分《ぶぶん》的《てき》に狭《せま》くなって便《べん》が通過《つうか》しにくくなることである（p. 156 参照《さんしょう》）。

× **069** 薬剤《やくざい》の副作用《ふくさよう》として，薬剤性便秘《やくざいせいべんぴ》が起《お》こることがある。薬剤性便秘《やくざいせいべんぴ》が起《お》こる薬剤《やくざい》には，麻薬性鎮痛剤《まやくせいちんつうざい》などがある。

× **070** 便秘《べんぴ》とは，排便困難《はいべんこんなん》になり，何日《なんにち》も便《べん》が出《で》ないなど，頻《ひん》度《ど》が減少《げんしょう》することである。

事例問題《じれいもんだい》

1 2 問題《もんだい》

J君《くん》は，積《つ》み木《き》を飛行機《ひこうき》に見立《みた》ててK君《くん》と遊《あそ》んでいた。大人《おとな》がJ君《くん》とK君《くん》の目《め》の前《まえ》で，おやつのジュースを1人《ひとり》150mlずつになるように計《はか》った。しかし，同《おな》じ大《おお》きさのコップがなかったので，それぞれ形《かたち》の違《ちが》うコップに入《い》れて与《あた》えた。J君《くん》にジュースを入《い》れたコップを渡《わた》したところ，J君《くん》は，「K君《くん》のほうが量《りょう》が多《おお》い」と言《い》って泣《な》き出《だ》した。

ピアジェ（Piaget, J.）によるJ君《くん》の認知発達段階《にんちはったつだんかい》として，適切《てきせつ》なものを1つ選《えら》びなさい。

1　感覚運動期《かんかくうんどうき》
2　前操作期《ぜんそうさき》
3　具体的操作期《ぐたいてきそうさき》
4　形式的操作期《けいしきてきそうさき》
5　再接近期《さいせっきんき》

解答《かいとう》・解説《かいせつ》

解説《かいせつ》　ピアジェの発達段階説《はったつだんかいせつ》をテーマとした事例問題《じれいもんだい》である。ピアジェの発達段階説《はったつだんかいせつ》についての基礎知識《きそちしき》と，その知識《ちしき》を事例《じれい》にあてはめて理解《りかい》できる応用力《おうようりょく》が正答《せいとう》を導《みちび》くポイントとなる。

× 1　感覚運動期《かんかくうんどうき》は，見《み》る，触《ふ》れるなどして世界《せかい》を知《し》っていく段階《だんかい》である（0～2 歳頃《さいごろ》）。

○ 2　前操作期《ぜんそうさき》は，見《み》え方《かた》や見《み》かけの変化《へんか》に左右《さゆう》される直《ちょっ》感的思考《かんてきしこう》の段階《だんかい》である（2～6 歳頃《さいごろ》）。

× 3　具体的操作期《ぐたいてきそうさき》は，見《み》かけの変化《へんか》に惑《まど》わされない思考《しこう》ができる段階《だんかい》である（6～12 歳頃《さいごろ》）。

× 4　形式的操作期《けいしきてきそうさき》は，抽象的概念《ちゅうしょうてきがいねん》が理解《りかい》でき，論理的《ろんりてき》な思考《しこう》もできる段階《だんかい》である（12 歳頃《さいごろ》～）。

× 5　再接近期《さいせっきんき》は，ピアジェの認知発達段階《にんちはったつだんかい》には含《ふく》まれていない。

発達段階《はったつだんかい》に関《かん》する問題《もんだい》は，事例問題《じれいもんだい》として出題《しゅつだい》される傾向《けいこう》にあるよ。

POINT

発達《はったつ》と老化《ろうか》の理解《りかい》

■エリクソンの発達段階説《はったつだんかいせつ》

発達段階《はったつだんかい》	発達課題《はったつかだい》
乳児期《にゅうじき》（0～1歳頃《さいごろ》）	信頼感《しんらいかん》の獲得《かくとく》
幼児前期《ようじぜんき》（1～3歳頃《さいごろ》）	自律性《じりつせい》の獲得《かくとく》
遊戯期《ゆうぎき》(幼児後期《ようじこうき》)（3～6歳頃《さいごろ》）	自発性《じはつせい》の獲得《かくとく》（積極性《せっきょくせい》の獲得《かくとく》）
学童期《がくどうき》（7～11歳頃《さいごろ》）	勤勉性《きんべんせい》の獲得《かくとく》
青年期《せいねんき》（12～20歳頃《さいごろ》）	同一性《どういつせい》の獲得《かくとく》
前成人期《ぜんせいじんき》（20～30歳頃《さいごろ》）	親密性《しんみつせい》の獲得《かくとく》
成人期《せいじんき》（30～65歳頃《さいごろ》）	生殖性《せいしょくせい》の獲得《かくとく》
老年期《ろうねんき》（65歳頃《さいごろ》～）	統合感《とうごうかん》の獲得《かくとく》（自我《じが》の統合《とうごう》）

■ハヴィガーストの発達課題《はったつかだい》

発達段階《はったつだんかい》	発達課題《はったつかだい》
幼児期《ようじき》・早期児童期《そうきじどうき》	歩行《ほこう》・話《はな》すこと・排泄《はいせつ》のコントロールの学習《がくしゅう》など
中期児童期《ちゅうきじどうき》	通常《つうじょう》の遊《あそ》びに必要《ひつよう》な身体的技能《しんたいてきぎのう》の学習《がくしゅう》，読《よ》み・書《か》き・計算《けいさん》の基礎的技能《きそてきぎのう》の発達《はったつ》など
青年期《せいねんき》	両親《りょうしん》や他《ほか》の大人《おとな》たちからの情緒面《じょうちょめん》での自立《じりつ》，社会的《しゃかいてき》に責任《せきにん》のある行動《こうどう》の実行《じっこう》など
早期成人期《そうきせいじんき》	配偶者《はいぐうしゃ》の選択《せんたく》，市民的責任《しみんてきせきにん》を負《お》うことなど
中年期《ちゅうねんき》	経済力《けいざいりょく》の確保《かくほ》と維持《いじ》，中年期《ちゅうねんき》の生理学的変化《せいりがくてきへんか》の受容《じゅよう》と対応《たいおう》など
老年期《ろうねんき》	退職《たいしょく》と収入《しゅうにゅう》の減少《げんしょう》・配偶者《はいぐうしゃ》の死《し》に対《たい》する適応《てきおう》など

■ストレンジ・シチュエーション法《ほう》における愛着行動《あいちゃくこうどう》

回避型《かいひがた》	●養育者《よういくしゃ》がいなくても不安《ふあん》な様子《ようす》にならない。 ●再会《さいかい》すると関心《かんしん》を示《しめ》さずに遊《あそ》んでいる。
安定型《あんていがた》	●養育者《よういくしゃ》がいないと不安《ふあん》な様子《ようす》になる。 ●再会《さいかい》すると安心《あんしん》して再《ふたた》び遊《あそ》び始《はじ》める。
抵抗型《ていこうがた》	●養育者《よういくしゃ》がいないと不安《ふあん》な様子《ようす》になる。 ●再会《さいかい》すると接近《せっきん》して怒《いか》りを示《しめ》す。
無秩序型《むちつじょがた》	●愛着行動《あいちゃくこうどう》に一貫性《いっかんせい》がない。

■感覚《かんかく》の加齢変化《かれいへんか》

感覚《かんかく》	加齢変化《かれいへんか》
視覚《しかく》	●視力《しりょく》・ピントの調節力《ちょうせつりょく》が低下《ていか》する。 ●視野《しや》が狭《せま》くなる。 ●明順応《めいじゅんのう》・暗順応《あんじゅんのう》が低下《ていか》する。 ●寒色系統《かんしょくけいとう》・彩度明度《さいどめいど》の低《ひく》い色《いろ》が識別《しきべつ》しにくくなる。
聴覚《ちょうかく》	●高音域《こうおんいき》から感度《かんど》が低下《ていか》する。 ●音《おと》の識別力《しきべつりょく》が低下《ていか》する。
嗅覚《きゅうかく》	●嗅感覚《きゅうかんかく》が低下《ていか》する。
味覚《みかく》	●甘味《あまみ》・苦味《にがみ》・酸味《さんみ》・塩味《えんみ》・旨味《うまみ》の感受性《かんじゅせい》が低下《ていか》する。 ●味覚《みかく》の変化《へんか》がみられる。
皮膚感覚《ひふかんかく》	●温度覚《おんどかく》（温点《おんてん》，冷点《れいてん》）が減少《げんしょう》する。 ●痛覚《つうかく》が低下《ていか》する。

■知能《ちのう》

結晶性知能《けっしょうせいちのう》	経験《けいけん》と知識《ちしき》に基《もと》づき日常生活《にちじょうせいかつ》の状況《じょうきょう》を処理《しょり》する能力《のうりょく》。老年期《ろうねんき》にも比較的《ひかくてき》よく維持《いじ》される。
流動性知能《りゅうどうせいちのう》	新《あたら》しいことを学習《がくしゅう》したり，新《あたら》しい環境《かんきょう》に適応《てきおう》する能力《のうりょく》。老年期《ろうねんき》には低下《ていか》が認《みと》められる。

■悲嘆《ひたん》

- 誰《だれ》もが経験《けいけん》し得《う》る正常《せいじょう》な心《こころ》のプロセスである。
- ボウルビィによれば，悲嘆過程《ひたんかてい》には4つの段階《だんかい》があり順序性《じゅんじょせい》がある。
- 悲嘆《ひたん》のプロセスは，個人《こじん》によって異《こと》なる。
- 悲嘆《ひたん》からの回復《かいふく》には，十分《じゅうぶん》に悲《かな》しむこと，心理的対処《しんりてきたいしょ》だけでなく生活《せいかつ》の立《た》て直《なお》しへの対処《たいしょ》も必要《ひつよう》である。

■関節《かんせつ》リウマチの特徴《とくちょう》

- 40～60歳《さい》の女性《じょせい》に多《おお》い。
- 関節《かんせつ》の変形《へんけい》や拘縮《こうしゅく》が起《お》こる全身性《ぜんしんせい》の疾患《しっかん》である。
- 関節《かんせつ》の変形《へんけい》は，手《て》・指《ゆび》などの小《ちい》さな関節《かんせつ》から，肘《ひじ》・膝《ひざ》などの大《おお》きな関節《かんせつ》に進行《しんこう》していく。
- 手《て》のこわばりは朝《あさ》に強《つよ》くなる。
- 症状《しょうじょう》は，天候《てんこう》や季節《きせつ》などの影響《えいきょう》を受《う》けやすい。

■関節《かんせつ》リウマチの人《ひと》の生活上《せいかつじょう》の留意点《りゅういてん》

- 関節《かんせつ》に負担《ふたん》をかけないように留意《りゅうい》する。

（例《れい》）

・物《もの》を持《も》つときは，手《て》・指《ゆび》などの小《ちい》さな関節《かんせつ》で持《も》たない。

・膝《ひざ》に負担《ふたん》をかけずに立《た》ち上《あ》がれるように，ベッドで寝《ね》る，いすは座《ざ》面《めん》の高《たか》いものを使《つか》い，トイレでは便器《べんき》に補高便座《ほこうべんざ》をのせる。

・長柄《ながえ》ブラシやループ付《つ》きタオルなどの自助具《じじょぐ》を活用《かつよう》する。

・ドアの取《と》っ手《て》や手《て》すりは，手《て》・指《ゆび》の関節《かんせつ》を曲《ま》げて握《にぎ》る丸《まる》いものは使《つか》わない。

・寝《ね》るときは，首《くび》が曲《ま》がりすぎない低《ひく》い枕《まくら》を使《つか》い，膝《ひざ》は曲《ま》げないようにする。

■褥瘡《じょくそう》の好発部位《こうはつぶい》——仰臥位《ぎょうがい》（背臥位《はいがい》）の場合《ばあい》

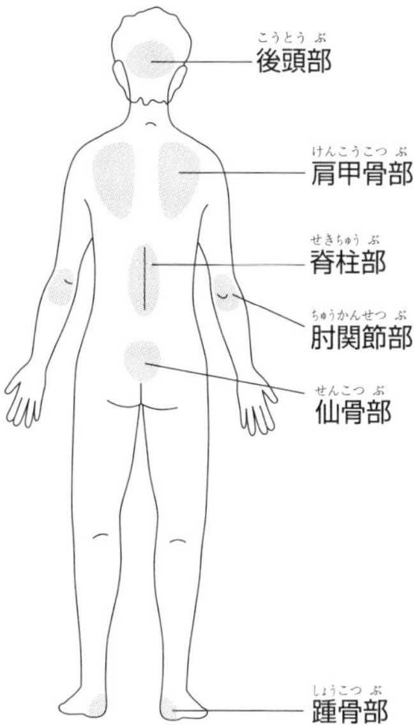

■褥瘡《じょくそう》の好発部位《こうはつぶい》——側臥位《そくがい》の場合《ばあい》

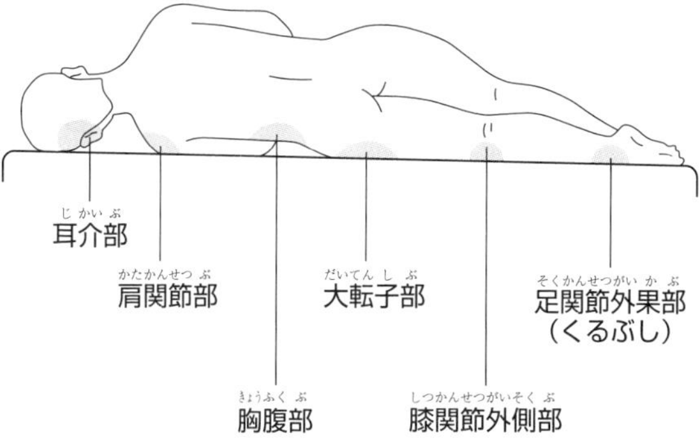

■器質性便秘《きしつせいべんぴ》と機能性便秘《きのうせいべんぴ》

器質性便秘《きしつせいべんぴ》

- 原因《げんいん》は，大腸《だいちょう》の病気《びょうき》などにより大腸《だいちょう》が部分的《ぶぶんてき》に狭《せま》くなって便《べん》が通過《つうか》しにくくなるため。

機能性便秘《きのうせいべんぴ》

- 機能性便秘《きのうせいべんぴ》には，弛緩性便秘《しかんせいべんぴ》・痙攣性便秘《けいれんせいべんぴ》・直腸性便秘《ちょくちょうせいべんぴ》がある。

【弛緩性便秘《しかんせいべんぴ》】

原因《げんいん》は，加齢《かれい》・運動不足《うんどうぶそく》・食物繊維《しょくもつせんい》の摂取不足《せっしゅぶそく》などによって，大腸《だいちょう》の蠕動運動《ぜんどううんどう》が低下《ていか》するため。

【痙攣性便秘《けいれんせいべんぴ》】

原因《げんいん》は，ストレスなどにより，大腸《だいちょう》が痙攣《けいれん》を起《お》こして狭《せま》くなるため。小《ちい》さくて硬《かた》い便《べん》が出《で》る。

【直腸性便秘《ちょくちょうせいべんぴ》】

原因《げんいん》は，便意《べんい》を我慢《がまん》する習慣《しゅうかん》があったり，便意《べんい》を感《かん》じる神経《しんけい》が障害《しょうがい》されていることで，直腸《ちょくちょう》に便《べん》があるにもかかわらず，排便反射《はいべんはんしゃ》が弱《よわ》く，便意《べんい》を催《もよお》さないため。

便秘《べんぴ》については，「種類《しゅるい》」と「その原《げん》因《いん》」を覚《おぼ》えることが大事《だいじ》だよ！

認《にん》知《ち》症《しょう》の理《り》解《かい》

問題《もんだい》

001 キットウッド（Kitwood, T.）が提唱《ていしょう》した，「パーソン・センタード・ケア（person-centred care）」とは，認知症《にんちしょう》（dementia）の人《ひと》を重視《じゅうし》し，人間関係《にんげんかんけい》の重要《じゅうよう》性《せい》を重視《じゅうし》したケアのことである。

002 認知症《にんちしょう》ケアにおける「ひもときシート」では，最初《さいしょ》に分析的理解《ぶんせきてきりかい》を行《おこな》う。

003 認知症《にんちしょう》ケアにおける「ひもときシート」では，認知症《にんちしょう》（dementia）の人《ひと》の言動《げんどう》を介護者側《かいごしゃがわ》の視点《してん》でとらえる。

004 「平成《へいせい》29年版高齢社会白書《ねんばんこうれいしゃかいはくしょ》」（内閣府《ないかくふ》）によれば，2025年《ねん》（令和《れいわ》7年《ねん》）の認知症高齢者数《にんちしょうこうれいしゃすう》に関《かん》する推計《すいけい》値《ち》は，約《やく》500万人《まんにん》である。

005 75歳《さい》から免許更新時《めんきょこうしんじ》の認知機能検査《にんちきのうけんさ》が義務《ぎむ》づけられている。

006 日本《にほん》における認知症《にんちしょう》（dementia）の原因《げんいん》のうち，二《に》番目《ばんめ》に多《おお》い疾患《しっかん》は，前頭側頭型認知症《ぜんとうそくとうがたにんちしょう》（frontotemporal dementia）である。

解答《かいとう》・解説《かいせつ》

○ **001** キットウッドが提唱《ていしょう》した，「パーソン・センタード・ケア」とは，認知症《にんちしょう》の人《ひと》を重視《じゅうし》し，人間関係《にんげんかんけい》の重要性《じゅうようせい》を重視《じゅうし》したケアのことであり，認知症《にんちしょう》の人《ひと》の「その人《ひと》らしさ」を支《ささ》えるという考《かんが》え方《かた》である。

× **002** 認知症《にんちしょう》ケアにおける「ひもときシート」では，評価的理《ひょうかてきり》解《かい》→分析的理解《ぶんせきてきりかい》→共感的理解《きょうかんてきりかい》の順《じゅん》で3つのステップをたどる（p. 182 参照《さんしょう》）。

× **003** 認知症《にんちしょう》ケアにおける「ひもときシート」では，認知症《にんちしょう》の人《ひと》の言動《げんどう》を介護者側《かいごしゃがわ》の視点《してん》から認知症《にんちしょう》の人《ひと》の視点《してん》に切《き》り替《か》えてとらえる（p. 182 参照《さんしょう》）。

× **004** 「平成《へいせい》29年版高齢社会白書《ねんばんこうれいしゃかいはくしょ》」（内閣府《ないかくふ》）によれば，2025年《ねん》（令和《れいわ》7年《ねん》）の認知症高齢者数《にんちしょうこうれいしゃすう》に関《かん》する推計値《すいけいち》は，約《やく》700万人《まんにん》である。65歳以上《さいいじょう》の高齢者《こうれいしゃ》の約《やく》5人《にん》に1人《ひとり》になるとの推計《すいけい》もある。

○ **005** 75歳《さい》から免許更新時《めんきょこうしんじ》の認知機能検査《にんちきのうけんさ》が義務《ぎむ》づけられている。認知症《にんちしょう》（dementia）と診断《しんだん》された場合《ばあい》には，運《うん》転免許《てんめんきょ》は取消《とりけ》しとなる。

× **006** 日本《にほん》における認知症《にんちしょう》の原因《げんいん》のうち，二番目《にばんめ》に多《おお》い疾患《しっかん》は，血管性認知症《けっかんせいにんちしょう》（vascular dementia）である。最《もっと》も多《おお》い疾患《しっかん》は，アルツハイマー型認知症《がたにんちしょう》（dementia of the Alzheimer's type）である。

1 2 007

長谷川《はせがわ》式《しき》認知症《にんちしょう》スケールで認知症《にんちしょう》（dementia）の診《しん》断《だん》が可能《かのう》である。

1 2 008

MMSE（Mini-Mental State Examination）は，国際的《こくさいてき》にも広《ひろ》く使《つか》われている認知症《にんちしょう》（dementia）のスクリーニング検査《けんさ》であり，口頭質問《こうとうしつもん》や図形《ずけい》の模写等《もしゃとう》11項目《こうもく》から構成《こうせい》されている。

1 2 009

軽度《けいど》認知障害《にんちしょうがい》（mild cognitive impairment）は，CDR（Clinical Dementia Rating）のスコアが2である。

1 2 010

FAST（Functional Assessment Staging）は，血管性《けっかんせい》認知症《にんちしょう》（vascular dementia）の重症度《じゅうしょうど》判定《はんてい》に用《もち》いる。

1 2 011

加齢《かれい》による物忘《ものわす》れと比《くら》べたときの，認知症《にんちしょう》（dementia）による物忘《ものわす》れの特徴《とくちょう》として，物忘《ものわす》れの自覚《じかく》はない。

1 2 012

認知機能障害《にんちきのうしょうがい》による見当識障害《けんとうしきしょうがい》では，人物《じんぶつ》の認識《にんしき》も障《しょう》害《がい》される。

1 2 013

運動機能《うんどうきのう》に障害《しょうがい》が認《みと》められないのに，目的《もくてき》に沿《そ》った適《てき》切《せつ》な行動《こうどう》がとれなくなることを失行《しっこう》という。

1 2 014

認知機能障害《にんちきのうしょうがい》による相貌失認《そうぼうしつにん》では，家族《かぞく》の顔《かお》を見《み》ても誰《だれ》だかわからないという症状《しょうじょう》が現《あらわ》れる。

× **007** 長谷川式認知症《はせがわしきにんちしょう》スケールは，得点《とくてん》を参考《さんこう》にして認知症《にんちしょう》の疑《うたが》いがあるかどうかを判断《はんだん》するものである。認知症《にんちしょう》の診《しん》断《だん》を下《くだ》すことはできない（p. 182参照《さんしょう》）。

○ **008** MMSEは，認知症《にんちしょう》の簡易《かんい》スクリーニング検査《けんさ》である。時間《じかん》や場所《ばしょ》に関《かん》する見当識《けんとうしき》，単語《たんご》の復唱《ふくしょう》，図形《ずけい》の模写等《もしゃとう》の11項目《こうもく》に答《こた》えることで評価《ひょうか》するものである（p. 182参《さん》照《しょう》）。

× **009** 軽度認知障害《けいどにんちしょうがい》は，CDRのスコアが0.5である（p. 183参照《さんしょう》）。

× **010** FASTは，アルツハイマー型認知症《がたにんちしょう》（dementia of the Alzheimer's type）の経過《けいか》を評価《ひょうか》するのに用《もち》いられる（p. 183参照《さんしょう》）。

○ **011** 加齢《かれい》による物忘《ものわす》れは，体験《たいけん》の一部《いちぶ》を忘《わす》れるものであるが，認知症《にんちしょう》による物忘《ものわす》れは，体験《たいけん》の全部《ぜんぶ》を忘《わす》れるものである。

○ **012** 見当識障害《けんとうしきしょうがい》は，時間《じかん》や場所《ばしょ》についての認識《にんしき》が障害《しょうがい》されるほかに，人物《じんぶつ》の認識《にんしき》も障害《しょうがい》される。

○ **013** 失行《しっこう》には，衣服《いふく》を適切《てきせつ》に着《き》たり，脱《ぬ》いだりすることができなくなる着衣失行《ちゃくいしっこう》や，洗濯機《せんたくき》や掃除機《そうじき》などの使《つか》い方《かた》を忘《わす》れる観念失行《かんねんしっこう》などがある。

○ **014** 認知機能障害《にんちきのうしょうがい》による相貌失認《そうぼうしつにん》では，よく知《し》っている人《ひと》の顔《かお》を見《み》ても誰《だれ》だかわからないという症状《しょうじょう》が現《あらわ》れる。

015 不潔行為《ふけつこうい》は，認知症《にんちしょう》（dementia）の行動《こうどう》・心理症状《しんりしょうじょう》（BPSD）である。

016 トイレの水《みず》を流《なが》すことができないのは，認知症《にんちしょう》（dementia）の行動《こうどう》・心理症状《しんりしょうじょう》（BPSD）である。

017 計画《けいかく》を立《た》てて段取《だんど》りをすることができないのは，認知症《にんちしょう》（dementia）の行動《こうどう》・心理症状《しんりしょうじょう》（BPSD）である。

018 昼夜逆転《ちゅうやぎゃくてん》が生《しょう》じるのは，認知症《にんちしょう》（dementia）の行動《こうどう》・心理症状《しんりしょうじょう》（BPSD）である。

019 感情《かんじょう》の起伏《きふく》がみられないことは，認知症《にんちしょう》（dementia）の行動《こうどう》・心理症状《しんりしょうじょう》（BPSD）であるアパシー（apathy）の特徴《とくちょう》である。

020 うつ病《びょう》（depression）に伴《ともな》って認《みと》められる仮性認知症《かせいにんちしょう》（pseudodementia）の特徴《とくちょう》として，症状《しょうじょう》が急速《きゅうそく》に進行《しんこう》することが多《おお》い。

021 高齢者《こうれいしゃ》のせん妄《もう》（delirium）は，薬剤《やくざい》によって生《しょう》じることがある。

022 高齢者《こうれいしゃ》のせん妄《もう》（delirium）は，意識《いしき》レベルは清明《せいめい》であることが多《おお》い。

○ 015 不潔行為《ふけつこうい》は，認知症《にんちしょう》の行動《こうどう》・心理症状《しんりしょうじょう》である（p. 183参照《さんしょう》）。

× 016 トイレの水《みず》を流《なが》すことができないのは，認知症《にんちしょう》の中核症《ちゅうかくしょう》状《じょう》の1つである失行《しっこう》である（p. 183 参照《さんしょう》）。

× 017 計画《けいかく》を立《た》てて段取《だんど》りをすることができないのは，認知症《にんちしょう》の中核症状《ちゅうかくしょうじょう》の1つである遂行機能障害《すいこうきのうしょうがい》である（p. 183 参《さん》照《しょう》）。

○ 018 昼夜逆転《ちゅうやぎゃくてん》が生《しょう》じるのは，認知症《にんちしょう》の行動《こうどう》・心理症状《しんりしょうじょう》である（p. 183 参照《さんしょう》）。

○ 019 感情《かんじょう》の起伏《きふく》がみられないことは，認知症《にんちしょう》の行動《こうどう》・心理症《しんりしょう》状《じょう》であるアパシーの特徴《とくちょう》である。アパシーとうつの特徴《とくちょう》は区別《くべつ》しておきたい（p. 183 参照《さんしょう》）。

○ 020 うつ病《びょう》に伴《ともな》って認《みと》められる仮性認知症《かせいにんちしょう》の特徴《とくちょう》として，本《ほん》人《にん》に病識《びょうしき》がある，食欲《しょくよく》が減《へ》る，不眠《ふみん》を訴《うった》えることが多《おお》い，午前中《ごぜんちゅう》に具合《ぐあい》が悪《わる》いことが多《おお》い，症状《しょうじょう》が急速《きゅうそく》に進行《しんこう》することが多《おお》い，などが挙《あ》げられる。

○ 021 高齢者《こうれいしゃ》のせん妄《もう》は，高熱《こうねつ》，脱水《だっすい》，薬剤《やくざい》などによって生《しょう》じることがある。高齢者《こうれいしゃ》のせん妄《もう》は，日内変動《にちないへんどう》がみられ，夕方以降《ゆうがたいこう》に症状《しょうじょう》が強《つよ》く出《で》ることが多《おお》い。

× 022 高齢者《こうれいしゃ》のせん妄《もう》は，急激《きゅうげき》に発症《はっしょう》し，意識《いしき》レベルが低下《ていか》することが多《おお》い。認知症《にんちしょう》（dementia）は，緩《ゆる》やかに発症《はっしょう》し，意識《いしき》レベルは清明《せいめい》であることが多《おお》い。

1 2 **023**

初期《しょき》のアルツハイマー型認知症《がたにんちしょう》（dementia of the Alzheimer's type）における認知機能障害《にんちきのうしょうがい》の特徴《とくちょう》として，エピソード記憶《きおく》が障害《しょうがい》される。

1 2 **024**

アルツハイマー型認知症《がたにんちしょう》（dementia of the Alzheimer's type）の初期症状《しょきしょうじょう》として，失禁《しっきん》が認《みと》められる。

1 2 **025**

アルツハイマー型認知症《がたにんちしょう》（dementia of the Alzheimer's type）の，もの盗《と》られ妄想《もうそう》は，本人《ほんにん》の不安《ふあん》から生《しょう》じることが多《おお》い。

1 2 **026**

アルツハイマー型認知症《がたにんちしょう》（dementia of the Alzheimer's type）の発症《はっしょう》は女性《じょせい》に多《おお》い。

1 2 **027**

アルツハイマー型認知症《がたにんちしょう》（dementia of the Alzheimer's type）に特徴的《とくちょうてき》な症状《しょうじょう》として，幻視《げんし》がみられる。

1 2 **028**

血管性認知症《けっかんせいにんちしょう》（vascular dementia）の特徴的《とくちょうてき》な症《しょう》状《じょう》として，抑《よく》うつがみられる。

1 2 **029**

血管性認知症《けっかんせいにんちしょう》（vascular dementia）では，初期《しょき》にめまいを自覚《じかく》することがある。

1 2 **030**

レビー小体型認知症《しょうたいがたにんちしょう》（dementia with Lewy bodies）の特徴《とくちょう》として，運動機能障害《うんどうきのうしょうがい》がみられる。

○ **023** エピソード記憶《きおく》の障害《しょうがい》は，初期《しょき》のアルツハイマー型認知《がたにんち》症《しょう》の記憶障害《きおくしょうがい》の特徴《とくちょう》である。記憶障害《きおくしょうがい》は緩《ゆる》やかに不可逆《ふかぎゃく》的《てき》に進行《しんこう》する。

× **024** アルツハイマー型認知症《がたにんちしょう》の初期症状《しょきしょうじょう》として，もの盗《と》られ妄想《もうそう》や遂行機能障害《すいこうきのうしょうがい》などが認《みと》められる。失禁《しっきん》は，認知症《にんちしょう》（dementia）が進行《しんこう》したやや高度《こうど》な段階《だんかい》で認《みと》められる症状《しょうじょう》である。

○ **025** アルツハイマー型認知症《がたにんちしょう》の，もの盗《と》られ妄想《もうそう》の背景《はいけい》には，不安《ふあん》・喪失感《そうしつかん》が潜在《せんざい》することが多《おお》い。

○ **026** アルツハイマー型認知症《がたにんちしょう》は，70 歳以上《さいいじょう》に多《おお》く，女性《じょせい》に多《おお》い。

× **027** 幻視《げんし》は，レビー小体型認知症《しょうたいがたにんちしょう》（dementia with Lewy bodies）に特徴的《とくちょうてき》な症状《しょうじょう》である。

○ **028** 血管性認知症《けっかんせいにんちしょう》の特徴的《とくちょうてき》な症状《しょうじょう》には，抑《よく》うつのほか，感情《かんじょう》失禁《しっきん》やせん妄《もう》（delirium）がある。

○ **029** 血管性認知症《けっかんせいにんちしょう》の初期症状《しょきしょうじょう》としては，しびれ，頭痛《ずつう》，めまい，片麻痺《かたまひ》，知覚障害《ちかくしょうがい》，失語《しつご》などがある。

○ **030** レビー小体型認知症《しょうたいがたにんちしょう》の特徴《とくちょう》として，幻視《げんし》や運動機能障害《うんどうきのうしょうがい》（すくみ足《あし》や小刻《こきざ》み歩行《ほこう》などのパーキンソン症候群《しょうこうぐん》）がみられる。

031 レビー小体型認知症《しょうたいがたにんちしょう》（dementia with Lewy bodies）では，誤嚥性肺炎《ごえんせいはいえん》（aspiration pneumonia）の合併《がっぺい》が多《おお》い。

032 レビー小体型認知症《しょうたいがたにんちしょう》（dementia with Lewy bodies）の幻視《げんし》は，幻視《げんし》の内容《ないよう》があいまいではっきりしない。

033 レビー小体型認知症《しょうたいがたにんちしょう》（dementia with Lewy bodies）の幻視《げんし》は，薄暗《うすぐら》い部屋《へや》を明《あか》るくすると幻視《げんし》が消《き》えることがある。

034 前頭側頭型認知症《ぜんとうそくとうがたにんちしょう》（frontotemporal dementia）の初期症状《しょきしょうじょう》として，エピソード記憶《きおく》の障害《しょうがい》は認《みと》められない。

035 前頭側頭型認知症《ぜんとうそくとうがたにんちしょう》（frontotemporal dementia）の特徴《とくちょう》として，常同行動《じょうどうこうどう》がみられる。

036 前頭側頭型認知症《ぜんとうそくとうがたにんちしょう》（frontotemporal dementia）の人《ひと》によくみられる症状《しょうじょう》に，ちょっとしたことで泣《な》いたり笑《わら》ったりすることがある。

037 クロイツフェルト・ヤコブ病《びょう》（Creutzfeldt-Jakob disease）は，緩《ゆる》やかに進行《しんこう》する場合《ばあい》が多《おお》い。

038 クロイツフェルト・ヤコブ病《びょう》（Creutzfeldt-Jakob disease）の原因《げんいん》は，プリオンたんぱくである。

○ **031**

レビー小体型認知症《しょうたいがたにんちしょう》では，パーキンソン症候群《しょうこうぐん》による嚥《えん》下障害《げしょうがい》が起《お》こりやすく，誤嚥性肺炎《ごえんせいはいえん》の合併《がっぺい》が多《おお》い。

× **032**

レビー小体型認知症《しょうたいがたにんちしょう》の幻視《げんし》は，何《なに》もないところに人物《じんぶつ》などが鮮明《せんめい》で具体的《ぐたいてき》に見《み》える。しかし，実際《じっさい》には，何《なに》か物《もの》があって見間違《みまちが》える錯視《さくし》の場合《ばあい》が多《おお》い。

○ **033**

レビー小体型認知症《しょうたいがたにんちしょう》の幻視《げんし》は，環境《かんきょう》の影響《えいきょう》を受《う》けるため，部屋《へや》を明《あか》るくする，部屋《へや》の中《なか》の陰《かげ》を減《へ》らす，カーテンや壁紙《かべがみ》などを模様《もよう》のないものにすると，幻視《げんし》が消《き》えることがある。

○ **034**

前頭側頭型認知症《ぜんとうそくとうがたにんちしょう》の初期症状《しょきしょうじょう》として，エピソード記憶《きおく》の障害《しょうがい》は認《みと》められない。特徴的《とくちょうてき》な初期症状《しょきしょうじょう》としては，人格《じんかく》変化《へんか》が認《みと》められる。

○ **035**

常同行動《じょうどうこうどう》は，前頭側頭型認知症《ぜんとうそくとうがたにんちしょう》の特徴的《とくちょうてき》な症状《しょうじょう》の１つである。

× **036**

ちょっとしたことで泣《な》いたり笑《わら》ったりする感情失禁《かんじょうしっきん》は，血管性認知症《けっかんせいにんちしょう》（vascular dementia）の特徴的《とくちょうてき》な症状《しょうじょう》である。

× **037**

クロイツフェルト・ヤコブ病《びょう》は，急速《きゅうそく》に進行《しんこう》し，すぐに寝《ね》たきりになり，初発症状《しょはつしょうじょう》から１年以内《ねんいない》の死亡例《しぼうれい》も多《おお》い病気《びょうき》である。

○ **038**

クロイツフェルト・ヤコブ病《びょう》は，プリオンたんぱくを原因《げんいん》とするプリオン病《びょう》である。有病率《ゆうびょうりつ》は，約《やく》100万人《まんにん》に１人《ひとり》である。

1 2 **039**

クロイツフェルト・ヤコブ病《びょう》（Creutzfeldt-Jakob disease）に特徴的《とくちょうてき》な症状《しょうじょう》として，徘徊《はいかい》がみられる。

---

1 2 **040**

慢性硬膜《まんせいこうまく》下《か》血腫《けっしゅ》(chronic subdural hematoma)は，頭蓋骨骨折《とうがいこつこっせつ》に伴《ともな》い発症《はっしょう》する。

---

1 2 **041**

慢性硬膜《まんせいこうまく》下《か》血腫《けっしゅ》(chronic subdural hematoma)は，適切《てきせつ》な治療《ちりょう》をすれば，症状《しょうじょう》が大《おお》きく改善《かいぜん》する可能性《かのうせい》がある。

---

1 2 **042**

頭部《とうぶ》 CT 検査《けんさ》は，慢性硬膜《まんせいこうまく》下《か》血腫《けっしゅ》（chronic subdural hematoma）の診断《しんだん》に有用《ゆうよう》な検査《けんさ》である。

---

1 2 **043**

正常圧水頭症《せいじょうあつすいとうしょう》（normal pressure hydrocephalus）は，早期発見《そうきはっけん》で改善《かいぜん》が可能《かのう》な認知症《にんちしょう》（dementia）である。

---

1 2 **044**

正常圧水頭症《せいじょうあつすいとうしょう》（normal pressure hydrocephalus）の初期症状《しょきしょうじょう》として，歩行障害《ほこうしょうがい》が認《みと》められる。

---

1 2 **045**

若年性認知症《じゃくねんせいにんちしょう》（dementia with early onset）は，75 歳未満《さいみまん》に発症《はっしょう》する認知症《にんちしょう》（dementia）である。

---

1 2 **046**

若年性認知症《じゃくねんせいにんちしょう》（dementia with early onset）の罹《り》患率《かんりつ》は，男性《だんせい》より女性《じょせい》のほうが高《たか》い。

× 039 クロイツフェルト・ヤコブ病《びょう》に特徴的《とくちょうてき》な症状《しょうじょう》は，不随意《ふずいい》運動《うんどう》である。徘徊《はいかい》は，アルツハイマー型認知症《がたにんちしょう》（dementia of the Alzheimer's type）に特徴的《とくちょうてき》な症状《しょうじょう》である。

× 040 慢性硬膜下血腫《まんせいこうまくかけっしゅ》は，頭部《とうぶ》の打撲《だぼく》により，硬膜下腔《こうまくかくう》に血液《けつえき》が溜《た》まることで，数週間《すうしゅうかん》以上《いじょう》経過《けいか》してから発症《はっしょう》する。そのため，抗凝固薬《こうぎょうこやく》の使用《しよう》はリスクとなる。

○ 041 慢性硬膜下血腫《まんせいこうまくかけっしゅ》は，手術《しゅじゅつ》で血腫《けっしゅ》を取《と》り除《のぞ》くことで改善《かいぜん》することのできる認知症《にんちしょう》（dementia）である。

○ 042 慢性硬膜下血腫《まんせいこうまくかけっしゅ》は硬膜《こうまく》と脳《のう》の表面《ひょうめん》に血腫《けっしゅ》ができている状態《じょうたい》であるため，頭部《とうぶ》 CT 検査《けんさ》や MRI 検査《けんさ》で画像《がぞう》を測定《そくてい》することで診断《しんだん》できる。

○ 043 正常圧水頭症《せいじょうあつすいとうしょう》は，早期発見《そうきはっけん》でシャント手術《しゅじゅつ》により改善《かいぜん》が可能《かのう》な認知症《にんちしょう》である。

○ 044 正常圧水頭症《せいじょうあつすいとうしょう》の主《おも》な症状《しょうじょう》は，歩行障害《ほこうしょうがい》，認知機能障害《にんちきのうしょうがい》，排尿障害《はいにょうしょうがい》である。これらの症状《しょうじょう》のうち，初期症状《しょきしょうじょう》では，歩行障害《ほこうしょうがい》が認《みと》められる。

× 045 若年性認知症《じゃくねんせいにんちしょう》は，65 歳未満《さいみまん》で発症《はっしょう》する認知症《にんちしょう》である。高齢者《こうれいしゃ》の認知症《にんちしょう》よりも進行《しんこう》が速《はや》い。症状《しょうじょう》の特徴《とくちょう》として，不安《ふあん》や抑《よく》うつを伴《ともな》うことが多《おお》い。

× 046 若年性認知症《じゃくねんせいにんちしょう》は男性《だんせい》の罹患率《りかんりつ》が高《たか》い。

1 2 047

若年性《じゃくねんせい》認知症《にんちしょう》（dementia with early onset）の原《げん》因《いん》で最《もっと》も多《おお》いのは，アルツハイマー型認知症《がたにんちしょう》（dementia of the Alzheimer's type）である。

1 2 048

若年性《じゃくねんせい》認知症《にんちしょう》（dementia with early onset）は，早期発見《そうきはっけん》・早期対応《そうきたいおう》しやすい。

1 2 049

在職中《ざいしょくちゅう》に若年性《じゃくねんせい》認知症《にんちしょう》（dementia with early onset）になった場合《ばあい》，身体的機能《しんたいてききのう》に問題《もんだい》が認《みと》められないので，家族《かぞく》の介護負担《かいごふたん》は少《すく》ない。

1 2 050

軽度認知障害《けいどにんちしょうがい》（mild cognitive impairment）では，本人《ほんにん》や家族《かぞく》から記憶低下《きおくていか》の訴《うった》えがあることが多《おお》い。

1 2 051

軽度認知障害《けいどにんちしょうがい》（mild cognitive impairment）では，診断《しんだん》された人《ひと》の約半数《やくはんすう》がその後《ご》1年《ねん》の間《あいだ》に認知症《にんちしょう》（dementia）になる。

1 2 052

抗認知症薬《こうにんちしょうやく》は，レビー小体型認知症《しょうたいがたにんちしょう》（dementia with Lewy bodies）にも効果《こうか》がある。

1 2 053

抗認知症薬《こうにんちしょうやく》は，若年性《じゃくねんせい》アルツハイマー型認知症《がたにんちしょう》（dementia of the Alzheimer's type with early onset）には効果《こうか》がない。

1 2 054

軽度認知障害《けいどにんちしょうがい》（mild cognitive impairment）の治《ち》療《りょう》には，主《おも》に抗認知症薬《こうにんちしょうやく》が用《もち》いられる。

○ **047** 若年性認知症《じゃくねんせいにんちしょう》の原因《げんいん》は，アルツハイマー型認知症《がたにんちしょう》が最《もっと》も多《おお》く，次《つ》いで血管性認知症《けっかんせいにんちしょう》（vascular dementia）が多《おお》い。

× **048** 若年性認知症《じゃくねんせいにんちしょう》の診断《しんだん》のきっかけは，職場《しょくば》でのミスなどから同僚《どうりょう》が気《き》づいたり，家族《かぞく》が異変《いへん》に気《き》づくことが多《おお》いが，年齢《ねんれい》が若《わか》いことなどから，認知症《にんちしょう》（dementia）である可能性《かのうせい》を疑《うたが》わず，診断《しんだん》とその対応《たいおう》が遅《おく》れる傾向《けいこう》にある。

× **049** 若年性認知症《じゃくねんせいにんちしょう》では，徘徊《はいかい》の距離《きょり》が長《なが》いなどの問題《もんだい》もあり，家族《かぞく》の介護負担《かいごふたん》は少《すく》なくない。また，年齢的《ねんれいてき》に就労支援《しゅうろうしえん》が必要《ひつよう》になることも多《おお》い。

○ **050** 軽度認知障害《けいどにんちしょうがい》の主訴《しゅそ》は記憶障害《きおくしょうがい》である。全般的《ぜんぱんてき》な認知機能《にんちきのう》は正常範囲《せいじょうはんい》にあり，日常生活《にちじょうせいかつ》はほぼ自立《じりつ》している。

× **051** 軽度認知障害《けいどにんちしょうがい》では，診断《しんだん》された人《ひと》の約半数《やくはんすう》がその後《ご》5年《ねん》の間《あいだ》に認知症《にんちしょう》に移行《いこう》するといわれている。

○ **052** 抗認知症薬《こうにんちしょうやく》は，アルツハイマー型認知症《がたにんちしょう》（dementia of the Alzheimer’s type）だけでなく，レビー小体型《しょうたいがた》認知症《にんちしょう》にも効果《こうか》がある。

× **053** 抗認知症薬《こうにんちしょうやく》は，若年性《じゃくねんせい》アルツハイマー型認知症《がたにんちしょう》や高度《こうど》のアルツハイマー型認知症《がたにんちしょう》（dementia of the Alzheimer’s type）にも効果《こうか》がある。

× **054** 軽度認知障害《けいどにんちしょうがい》の治療《ちりょう》は，薬物療法《やくぶつりょうほう》よりも日常生活《にちじょうせいかつ》を様々《さまざま》な側面《そくめん》から改善《かいぜん》する方法《ほうほう》が主《しゅ》となる。

055 抗認知症薬《こうにんちしょうやく》は，症状《しょうじょう》の進行《しんこう》を完全《かんぜん》に止《と》めることはできない。

056 抗認知症薬《こうにんちしょうやく》は，副作用《ふくさよう》として悪心《おしん》や下痢《げり》が生《しょう》じることがある。

057 アルツハイマー型認知症《がたにんちしょう》（dementia of the Alzheimer’s type）に対《たい》する薬物療法《やくぶつりょうほう》の副作用《ふくさよう》として，パーキンソン症候群《しょうこうぐん》が現《あらわ》れることがある。

058 認知症《にんちしょう》（dementia）の行動《こうどう》・心理症状《しんりしょうじょう》（BPSD）に対《たい》する抗精神病薬《こうせいしんびょうやく》を用《もち》いた薬物療法《やくぶつりょうほう》でよくみられる副《ふく》作用《さよう》として，過剰《かじょう》に活動的《かつどうてき》になる。

059 認知症《にんちしょう》（dementia）の行動《こうどう》・心理症状《しんりしょうじょう》（BPSD）に対《たい》する抗精神病薬《こうせいしんびょうやく》を用《もち》いた薬物療法《やくぶつりょうほう》でよくみられる副《ふく》作用《さよう》として，誤嚥《ごえん》のリスクが高《たか》くなる。

060 認知症《にんちしょう》（dementia）の人《ひと》への日常生活上《にちじょうせいかつじょう》の支援《しえん》として，自分《じぶん》が今《いま》どこにいるのかわからない人《ひと》には，そのたびに場所《ばしょ》を伝《つた》える。

061 認知症《にんちしょう》（dementia）の人《ひと》への日常生活上《にちじょうせいかつじょう》の支援《しえん》として，着衣失行《ちゃくいしっこう》のある人《ひと》には，着脱《ちゃくだつ》のたびに介護福祉職《かいごふくししょく》が代《か》わりに行《おこな》う。

062 認知症《にんちしょう》（dementia）の人《ひと》に配慮《はいりょ》した施設《しせつ》の生活環境《せいかつかんきょう》として，私物《しぶつ》は本人《ほんにん》の見《み》えないところに片《かた》づける。

○ **055** 抗認知症薬《こうにんちしょうやく》は，症状《しょうじょう》の進行《しんこう》を完全《かんぜん》に止《と》めることはできず，症状《しょうじょう》の進行《しんこう》を抑制《よくせい》するものである。

○ **056** 抗認知症薬《こうにんちしょうやく》は，副作用《ふくさよう》として悪心《おしん》や下痢《げり》などの消化器症《しょうかきしょう》状《じょう》が生《しょう》じることがある。

○ **057** アルツハイマー型認知症《がたにんちしょう》に対《たい》する薬物療法《やくぶつりょうほう》の副作用《ふくさよう》として，手足《てあし》のこわばり・振戦《しんせん》，歩行《ほこう》や姿勢《しせい》の異常《いじょう》などのパーキンソン症候群《しょうこうぐん》が現《あらわ》れることがある。

× **058** 認知症《にんちしょう》の行動《こうどう》・心理症状《しんりしょうじょう》に対《たい》して抗精神病薬《こうせいしんびょうやく》を用《もち》いることで，幻覚《げんかく》・妄想《もうそう》や易怒性《いどせい》（怒《おこ》りっぽさ）や過活動《かかつどう》などが軽減《けいげん》する。

○ **059** 認知症《にんちしょう》の行動《こうどう》・心理症状《しんりしょうじょう》に対《たい》する抗精神病薬《こうせいしんびょうやく》の副作用《ふくさよう》で起《お》こるパーキンソン症候群《しょうこうぐん》により，歩幅《ほはば》が狭《せま》くなったり，転倒《てんとう》や誤嚥《ごえん》のリスクが高《たか》くなる。

○ **060** 自分《じぶん》が今《いま》どこにいるのかわからない認知症《にんちしょう》の人《ひと》は，不安《ふあん》を感《かん》じている状態《じょうたい》であるため，そのたびに場所《ばしょ》を伝《つた》えることが重要《じゅうよう》である。

× **061** 着衣失行《ちゃくいしっこう》は脳《のう》の機能障害《きのうしょうがい》によるものであり，手足《てあし》の機能《きのう》は保《たも》たれているため，着衣《ちゃくい》の方法《ほうほう》を示《しめ》し自分《じぶん》の力《ちから》で着脱《ちゃくだつ》ができるように支援《しえん》する。

× **062** 認知症《にんちしょう》の人《ひと》に配慮《はいりょ》した施設《しせつ》の生活環境《せいかつかんきょう》として，慣《な》れ親《した》しんだ私物《しぶつ》を活用《かつよう》できるなど，家庭的《かていてき》な環境《かんきょう》を整《ととの》えることが大切《たいせつ》である。

---

1 2 **063** 認知症《にんちしょう》（dementia）の人《ひと》に配慮《はいりょ》した施設《しせつ》の生活環境《せいかつかんきょう》として，毎日新《まいにちあたら》しい生活体験《せいかつたいけん》をしてもらう。

---

1 2 **064** 認知症《にんちしょう》（dementia）の人《ひと》に配慮《はいりょ》した施設《しせつ》の生活環境《せいかつかんきょう》として，部屋《へや》やトイレに目印《めじるし》をつける。

---

1 2 **065** 軽度《けいど》の認知症《にんちしょう》（dementia）の人《ひと》に，日付《ひづけ》，季節《きせつ》，天《てん》気《き》，場所《ばしょ》などの情報《じょうほう》を普段《ふだん》の会話《かいわ》の中《なか》で伝《つた》えて認識《にんしき》してもらう認知症《にんちしょう》ケアを，リアリティ・オリエンテーション（reality orientation）という。

---

1 2 **066** 回想法《かいそうほう》では，言葉《ことば》だけでなく，写真《しゃしん》や絵《え》などの視覚的《しかくてき》な刺激《しげき》を用《もち》いる。

---

1 2 **067** ユマニチュードにおける「立《た》つ」とは，立位《りつい》をとる機《き》会《かい》を作《つく》ることである。

---

1 2 **068** 認知症《にんちしょう》（dementia）の高齢者《こうれいしゃ》への対応《たいおう》として，不安《ふあん》が強《つよ》いときは，手《て》をつなぐなどのボディタッチは避《さ》ける。

---

1 2 **069** 認知症《にんちしょう》（dementia）の人《ひと》は，自《みずか》らの要求《ようきゅう》を言葉《ことば》で伝《つた》えられないことがあるので，表情《ひょうじょう》や顔色《かおいろ》などをよく観《かん》察《さつ》する。

× **063** 認知症《にんちしょう》の人《ひと》に配慮《はいりょ》した施設《しせつ》の生活環境《せいかつかんきょう》として，居室《きょしつ》の位置《いち》や家具《かぐ》の配置《はいち》，生活《せいかつ》リズムなどの急激《きゅうげき》な変化《へんか》を避《さ》けることが大切《たいせつ》である。

○ **064** 認知症《にんちしょう》の人《ひと》に配慮《はいりょ》した施設《しせつ》の生活環境《せいかつかんきょう》として，部屋《へや》やトイレに目印《めじるし》をつけるなど，わかりやすい環境《かんきょう》を整《ととの》えることが大切《たいせつ》である。

○ **065** リアリティ・オリエンテーションは，日々《ひび》の会話《かいわ》や日課《にっか》の中《なか》に，日付《ひづけ》や場所《ばしょ》などの現実見当識《げんじつけんとうしき》に関《かん》する情報《じょうほう》を盛《も》り込《こ》んで伝《つた》え，現実見当識《げんじつけんとうしき》を高《たか》めるように働《はたら》きかけるアプローチである（p. 184 参照《さんしょう》）。

○ **066** 回想法《かいそうほう》では，過去《かこ》の記憶《きおく》の回想《かいそう》を促《うなが》す刺激《しげき》として，四季《しき》の草花《くさばな》や香水《こうすい》，昔《むかし》の写真《しゃしん》，唱歌《しょうか》や童謡《どうよう》などが用《もち》いられる（p. 184 参照《さんしょう》）。

○ **067** ユマニチュードには「見《み》る」「話《はな》す」「触《ふ》れる」「立《た》つ」の４つの柱《はしら》があり，そのうち「立《た》つ」とは，立位《りつい》をとる機会《きかい》を作《つく》ることである（p.184 参照《さんしょう》）。

× **068** 認知症《にんちしょう》の高齢者《こうれいしゃ》への対応《たいおう》として，不安《ふあん》が強《つよ》いときは，ボディタッチをすることも効果的《こうかてき》である。

○ **069** 認知症《にんちしょう》が進《すす》んでも最後《さいご》まで感情《かんじょう》は残《のこ》されているが，不快《ふかい》や苦痛《くつう》を言葉《ことば》で訴《うった》えることができないので，しぐさや身体《しんたい》の変化《へんか》に対《たい》する観察《かんさつ》が必要《ひつよう》となる。

1 2 **070**

民生委員《みんせいいいん》は，担当地域《たんとうちいき》の認知症《にんちしょう》（dementia）の人《ひと》に関《かか》わる情報《じょうほう》を収集《しゅうしゅう》して，専門的支援機関《せんもんてきしえんきかん》につなげる役《やく》割《わり》がある。

1 2 **071**

認知症《にんちしょう》サポーターとは，認知症《にんちしょう》（dementia）に対《たい》する正《ただ》しい知識《ちしき》と理解《りかい》を持《も》ち，認知症《にんちしょう》の人《ひと》を支援《しえん》する人《ひと》のことである。

1 2 **072**

認知症《にんちしょう》サポーターの養成講座《ようせいこうざ》は，国《くに》が実施主体《じっししゅたい》となって行《おこな》っている。

1 2 **073**

認知症疾患医療《にんちしょうしっかんいりょう》センターには，認知症専門医《にんちしょうせんもんい》と作業療《さぎょうりょう》法士《ほうし》の配置《はいち》が義務《ぎむ》づけられている。

1 2 **074**

認知症初期集中支援《にんちしょうしょきしゅうちゅうしえん》チームのチーム員《いん》には医師《いし》が含《ふく》まれる。

1 2 **075**

認知症初期集中支援《にんちしょうしょきしゅうちゅうしえん》チームの支援期間《しえんきかん》は，２～３年《ねん》である。

1 2 **076**

認知症初期集中支援《にんちしょうしょきしゅうちゅうしえん》チームは，自宅《じたく》ではない場所《ばしょ》で家《か》族《ぞく》から生活《せいかつ》の様子《ようす》を聞《き》く。

○ **070** 民生委員《みんせいいいん》は，地域《ちいき》の高齢者世帯《こうれいしゃせたい》を訪問《ほうもん》し，必要《ひつよう》であれば地域包括支援《ちいきほうかつしえん》センターなどの専門的支援機関《せんもんてきしえんきかん》につなげる地域資源《ちいきしげん》である。

○ **071** 認知症《にんちしょう》サポーターは，認知症《にんちしょう》について理解《りかい》し，地域《ちいき》で認《にん》知症《ちしょう》の人《ひと》やその家族《かぞく》を温《あたた》かく見守《みまも》り，支援《しえん》する応援者《おうえんしゃ》のことである。

× **072** 認知症《にんちしょう》サポーターの養成講座《ようせいこうざ》は，自治体《じちたい》・職域組織《しょくいきそしき》・企《き》業等《ぎょうとう》が実施主体《じっししゅたい》となって行《おこな》っている。2024 年度《ねんど》（令和《れいわ》 6 年度《ねんど》）末《まつ》で 1500 万人以上《まんにんいじょう》が養成《ようせい》されている。

× **073** 認知症疾患医療《にんちしょうしっかんいりょう》センターには，専門医療《せんもんいりょう》を行《おこな》える医師《いし》，精神保健福祉士《せいしんほけんふくしし》，臨床心理技術者《りんしょうしんりぎじゅつしゃ》などの人員《じんいん》の配置《はいち》が義《ぎ》務《む》づけられているが，作業療法士《さぎょうりょうほうし》の配置《はいち》は義務《ぎむ》づけられていない。

○ **074** 認知症初期集中支援《にんちしょうしょきしゅうちゅうしえん》チームのチーム員《いん》は，看護師等《かんごしとう》の医《い》療系専門職《りょうけいせんもんしょく》や，介護福祉士等《かいごふくししとう》の福祉系専門職《ふくしけいせんもんしょく》2 名以上《めいいじょう》と，認知症《にんちしょう》サポート医《い》などの資格《しかく》を満《み》たす専門医《せんもんい》1 名《めい》の 3 名《めい》以上《いじょう》からなる。

× **075** 認知症初期集中支援《にんちしょうしょきしゅうちゅうしえん》チームは，初期《しょき》の約《やく》6 か月《げつ》の期間《きかん》，包括的《ほうかつてき》・集中的《しゅうちゅうてき》に自立生活《じりつせいかつ》の支援《しえん》を行《おこな》う。

× **076** 認知症初期集中支援《にんちしょうしょきしゅうちゅうしえん》チームは，認知症《にんちしょう》（dementia）の疑《うたが》いがある人《ひと》・認知症《にんちしょう》の人《ひと》・その家族《かぞく》を訪問《ほうもん》してアセスメント（assesement）を行《おこな》う。

---

1 2 077

認知症《にんちしょう》疾患《しっかん》医療《いりょう》センター受診後《じゅしんご》に，認知症《にんちしょう》初期《しょき》集中《しゅうちゅう》支《し》援《えん》チームが対応方法《たいおうほうほう》を決定《けってい》する。

1 2 078

認知症《にんちしょう》ケアパスとは，認知症《にんちしょう》（dementia）の人《ひと》の状《じょう》態《たい》に応《おう》じた適切《てきせつ》なサービス提供《ていきょう》の流《なが》れをまとめたものである。

1 2 079

認知症《にんちしょう》ライフサポートモデルでは，各職種《かくしょくしゅ》がそれぞれで目標《もくひょう》を設定《せってい》する。

1 2 080

認知症《にんちしょう》ライフサポートモデルでは，認知症《にんちしょう》（dementia)の人本人《ひとほんにん》の自己決定《じこけってい》を支《ささ》えることを重視《じゅうし》している。

× 077 認知症初期集中支援《にんちしょうしょきしゅうちゅうしえん》チームが，認知症疾患医療《にんちしょうしっかんいりょう》センター等《とう》の専門医療機関《せんもんいりょうきかん》を紹介《しょうかい》し，そこで診断《しんだん》・指導《しどう》が行《おこな》われる。

○ 078 認知症《にんちしょう》ケアパスとは，認知症《にんちしょう》の人《ひと》の状態《じょうたい》に応《おう》じた適切《てきせつ》なサービス提供《ていきょう》の流《なが》れをまとめたものである。

× 079 認知症《にんちしょう》ライフサポートモデルとは，早期《そうき》から終末期《しゅうまつき》までの認知症《にんちしょう》（dementia）の人《ひと》への医療《いりょう》・介護《かいご》を含《ふく》む統合《とうごう》的《てき》な生活支援《せいかつしえん》を意味《いみ》している。そのため，各職種《かくしょくしゅ》で一致《いっち》した目標《もくひょう》を設定《せってい》する。

○ 080 認知症《にんちしょう》ライフサポートモデルでは，特《とく》に「自己決定《じこけってい》」「住《す》み慣《な》れた地域《ちいき》での継続性《けいぞくせい》のある暮《く》らし」「自《みずか》らの力《ちから》を最大限《さいだいげん》に使《つか》って暮《く》らすこと」の 3 つの視点《してん》を重視《じゅうし》している。

事例問題《じれいもんだい》

1 2

問題《もんだい》

Lさん（75歳《さい》，女性《じょせい》）は娘夫婦《むすめふうふ》と暮《く》らしている。娘《むすめ》の話《はなし》によると，1年程前《ねんほどまえ》から，夜中《よなか》に「知《し》らない人《ひと》が窓《まど》のそばに立《た》っている」などと言《い》うことがある。また，ここ3か月《げつ》で嚥下障害《えんげしょうがい》がみられるようになった。病院《びょういん》で検査《けんさ》を受《う》けたが，頭部《とうぶ》MRIでは脳梗塞《のうこうそく》（cerebral infarction）や脳出血《のうしゅっけつ》（cerebral hemorrhage）の指摘《してき》はなかった。

Lさんの状況《じょうきょう》から，**最《もっと》も可能性《かのうせい》の高《たか》い**ものを1つ選《えら》びなさい。

1　正常圧水頭症《せいじょうあつすいとうしょう》（normal pressure hydrocephalus）

2　慢性硬膜下血腫《まんせいこうまくかけっしゅ》（chronic subdural hematoma）

3　血管性認知症《けっかんせいにんちしょう》（vascular dementia）

4　レビー小体型認知症《しょうたいがたにんちしょう》（dementia with Lewy bodies）

5　前頭側頭型認知症《ぜんとうそくとうがたにんちしょう》（frontotemporal dementia）

解答《かいとう》・解説《かいせつ》

解説《かいせつ》

023～**044**で学習《がくしゅう》した，認知症《にんちしょう》（dementia）の症状《しょうじょう》や原因《げんいん》をテーマとした事例問題《じれいもんだい》である。事例中《じれいちゅう》の「幻視《げんし》」「嚥下障害《えんげしょうがい》」という症状《しょうじょう》や，脳梗塞《のうこうそく》や脳出血《のうしゅっけつ》が原因《げんいん》ではないという情報《じょうほう》から正答《せいとう》を導《みちび》くことができる。

× 1　正常圧水頭症《せいじょうあつすいとうしょう》に特徴的《とくちょうてき》な症状《しょうじょう》は，認知機能障害《にんちきのうしょうがい》，歩《ほ》行障害《こうしょうがい》，排尿障害《はいにょうしょうがい》である。

× 2　慢性硬膜下血腫《まんせいこうまくかけっしゅ》に特徴的《とくちょうてき》な症状《しょうじょう》は，認知機能障害《にんちきのうしょうがい》，運動機能障害《うんどうきのうしょうがい》などである。また，頭部《とうぶ》の打撲《だぼく》などによる脳出血《のうしゅっけつ》が原因《げんいん》で生《しょう》じる認知症《にんちしょう》である。

× 3　血管性認知症《けっかんせいにんちしょう》に特徴的《とくちょうてき》な症状《しょうじょう》は，抑《よく》うつや感情失禁《かんじょうしっきん》などである。また，脳梗塞《のうこうそく》や脳出血《のうしゅっけつ》が原因《げんいん》で生《しょう》じる認《にん》知症《ちしょう》である。

○ 4　レビー小体型認知症《しょうたいがたにんちしょう》に特徴的《とくちょうてき》な症状《しょうじょう》は，幻視《げんし》，パーキンソン症候群《しょうこうぐん》による嚥下障害《えんげしょうがい》や歩行障害《ほこうしょうがい》，レム睡眠《すいみん》行動障害《こうどうしょうがい》（REM sleep behavior disorder）などである。

× 5　前頭側頭型認知症《ぜんとうそくとうがたにんちしょう》に特徴的《とくちょうてき》な症状《しょうじょう》は，人格変化《じんかくへんか》や常《じょう》同行動《どうこうどう》などである。

特徴的《とくちょうてき》な症状《しょうじょう》を中心《ちゅうしん》に，それぞれの認知症《にんちしょう》の症状《しょうじょう》を整理《せいり》して覚《おぼ》えておくことが大切《たいせつ》だよ。

POINT 認知症《にんちしょう》の理解《りかい》

■ひもときシート

評価的理解《ひょうかてきりかい》	援助者《えんじょしゃ》として感《かん》じている課題《かだい》を，介護者《かいごしゃ》の視点《してん》で評価《ひょうか》する。
分析的理解《ぶんせきてきりかい》	課題解決《かだいかいけつ》に向《む》けて，認知症《にんちしょう》の人《ひと》を理解《りかい》するために，多面的《ためんてき》な事実《じじつ》の確認《かくにん》や情報《じょうほう》の整理《せいり》を行《おこな》い，8つの要因《よういん》で課題《かだい》を分析《ぶんせき》する。
共感的理解《きょうかんてきりかい》	認知症《にんちしょう》の人《ひと》の視点《してん》から課題《かだい》の解決《かいけつ》を考《かんが》えられるように，介護者《かいごしゃ》の視点《してん》から認知症《にんちしょう》の人《ひと》の視点《してん》に切《き》り替《か》える。

■介護保険法《かいごほけんほう》における認知症《にんちしょう》の定義《ていぎ》

定義《ていぎ》	アルツハイマー病《びょう》その他《た》の神経変性疾患《しんけいへんせいしっかん》，脳血管疾患《のうけっかんしっかん》その他《た》の疾患《しっかん》により日常生活《にちじょうせいかつ》に支障《ししょう》が生《しょう》じる程度《ていど》にまで認知機能《にんちきのう》が低下《ていか》した状態《じょうたい》
除外《じょがい》される疾患《しっかん》	せん妄《もう》，うつ病《びょう》，気分障害《きぶんしょうがい》，精神作用物質《せいしんさようぶっしつ》による急性《きゅうせい》中毒《ちゅうどく》またはその依存症《いぞんしょう》，統合失調症《とうごうしっちょうしょう》，妄想性障害《もうそうせいしょうがい》，神経症性障害《しんけいしょうせいしょうがい》，知的障害《ちてきしょうがい》その他《た》これらに類《るい》する精神疾患《せいしんしっかん》

■認知症《にんちしょう》の認知機能評価《にんちきのうひょうか》と重症度判定《じゅうしょうどはんてい》

長谷川式認知症《はせがわしきにんちしょう》スケール（HDS-R）

- 記憶《きおく》，見当識《けんとうしき》，計算《けいさん》などに関《かん》する質問《しつもん》からなる。
- 20点以下《てんいか》が認知症《にんちしょう》の目安《めやす》とされる（診断《しんだん》はできない）。

MMSE（Mini-Mental State Examination）

- 口頭《こうとう》での回答《かいとう》と図形《ずけい》の模写《もしゃ》などからなる。
- 23点以下《てんいか》が認知症《にんちしょう》の目安《めやす》とされる（診断《しんだん》はできない）。

CDR（Clinical Dementia Rating）

●スコアの0は「疑《うたが》いなし」，0.5は「疑《うたが》い（軽度認知障害《けいどにんちしょうがい》）」，1は「軽度《けいど》」，2は「中等度《ちゅうとうど》」，3は「重度《じゅうど》」となる。

FAST（Functional Assessment Staging）

●ステージの1は「正常成人《せいじょうせいじん》」，2は「正常老化《せいじょうろうか》」，3は「境界域《きょうかいいき》」，4は「軽度《けいど》AD※」，5は「中等度《ちゅうとうど》AD」，6は「やや重度《じゅうど》AD」，7は「重度《じゅうど》AD」となる。

認知症高齢者《にんちしょうこうれいしゃ》の日常生活自立度判定基準《にちじょうせいかつじりつどはんていきじゅん》

●ランクのⅠは「ほぼ自立《じりつ》」，Ⅱは「誰《だれ》かが注意《ちゅうい》していれば自立《じりつ》」，Ⅲは「介護《かいご》が必要《ひつよう》」，Ⅳは「常《つね》に介護《かいご》が必要《ひつよう》」，Mは「専門医療《せんもんいりょう》が必要《ひつよう》」となる。

※：「AD」は，「アルツハイマー型認知症《がたにんちしょう》」のことである。

■認知症《にんちしょう》の中核症状《ちゅうかくしょうじょう》と行動《こうどう》・心理症状《しんりしょうじょう》（BPSD）

中核症状《ちゅうかくしょうじょう》	行動《こうどう》・心理症状《しんりしょうじょう》（BPSD）	
●記憶障害《きおくしょうがい》	●不安感《ふあんかん》・焦燥感《しょうそうかん》	●睡眠障害《すいみんしょうがい》
●見当識障害《けんとうしきしょうがい》	●強迫症状《きょうはくしょうじょう》	●徘徊《はいかい》・帰宅行動《きたくこうどう》
●遂行機能障害《すいこうきのうしょうがい》	●抑《よく》うつ状態《じょうたい》	●暴言《ぼうげん》・暴力《ぼうりょく》
●空間認知障害《くうかんにんちしょうがい》	●アパシー	●昼夜逆転《ちゅうやぎゃくてん》
●失語《しつご》・失行《しっこう》・失認《しつにん》	●幻覚《げんかく》	●不潔行為《ふけつこうい》
●病識低下《びょうしきていか》	●妄想《もうそう》	●異食行為《いしょくこうい》

■アパシーとうつの特徴《とくちょう》

アパシー	●無気力《むきりょく》，無感情《むかんじょう》である。 ●病識《びょうしき》が低下《ていか》している。
うつ	●絶望《ぜつぼう》，悲観的《ひかんてき》である。 ●病識《びょうしき》が過剰《かじょう》である。 ●理想《りそう》と現実《げんじつ》の間《あいだ》で葛藤《かっとう》する。

■主《おも》な認知症《にんちしょう》の人《ひと》への関《かか》わり

リアリティ・オリエンテーション

- 現実見当識練習《げんじつけんとうしきれんしゅう》のことである。
- 日々《ひび》の会話《かいわ》や日課《にっか》の中《なか》に，現実見当識《げんじつけんとうしき》に関《かん》する情報《じょうほう》を盛《も》り込《こ》んで伝《つた》え，現実見当識《げんじつけんとうしき》を高《たか》めるように働《はたら》きかける。

回想法《かいそうほう》

- アメリカのバトラーが提唱《ていしょう》した技法《ぎほう》である。
- 過去《かこ》の記憶《きおく》を楽《たの》しく振《ふ》り返《かえ》ることで，生活《せいかつ》意欲《いよく》や精神活動《せいしんかつどう》の改善《かいぜん》が期待《きたい》できる。
- 自分《じぶん》の人生《じんせい》を肯定的《こうていてき》に再評価《さいひょうか》したりするものをライフレビューという。
- 慣《な》れ親《した》しんだ道具《どうぐ》などを使《つか》って昔《むかし》の作業《さぎょう》を実演《じつえん》するものを作業《さぎょう》回想法《かいそうほう》という。

バリデーション

- ファイルによって開発《かいはつ》された，アルツハイマー型認知症《がたにんちしょう》および類似《るいじ》の認知症《にんちしょう》の高齢者《こうれいしゃ》とのコミュニケーションの方法《ほうほう》である。
- 「基本的態度《きほんてきたいど》」「理論《りろん》」「テクニック」を3つの柱《はしら》とする。
- 「一方的《いっぽうてき》な判断《はんだん》をしない（誠実《せいじつ》）」「唯一《ゆいいつ》の存在《そんざい》として探索《たんさく》する（敬意《けいい》）」「あらゆる感情《かんじょう》の表出《ひょうしゅつ》を受《う》け入《い》れる（受容《じゅよう》）」「相手《あいて》の人《ひと》の感情《かんじょう》を共有《きょうゆう》する（共感《きょうかん》）」の4つが基本的態度《きほんてきたいど》である。

ユマニチュード

- フランスのジネストとマレスコッティが開発《かいはつ》した介護《かいご》の技法《ぎほう》である。
- 本人《ほんにん》が持《も》っている力《ちから》をできる限《かぎ》り使《つか》ってもらう。
- 「見《み》る」「話《はな》す」「触《ふ》れる」「立《た》つ」を4つの柱《はしら》とする。
- ユマニチュードで用《もち》いられるオートフィードバックとは，自分《じぶん》が行《おこな》っている介護《かいご》の動《うご》きを実況《じっきょう》する方法《ほうほう》である。

その他《た》

- 音楽療法《おんがくりょうほう》，芸術療法《げいじゅつりょうほう》，アロマセラピー，タッチング，園芸療法《えんげいりょうほう》などがある。

障害《しょうがい》の理《り》解《かい》

問題《もんだい》

001 失語《しつご》は，ICIDH※1（国際障害分類《こくさいしょうがいぶんるい》）における能力障害《のうりょくしょうがい》である。

002 ICF※2（国際生活機能分類《こくさいせいかつきのうぶんるい》）は，医学《いがく》モデルから社会《しゃかい》モデルへの転換《てんかん》として位置《いち》づけられた。

003 ICF※2（国際生活機能分類《こくさいせいかつきのうぶんるい》）の社会《しゃかい》モデルでは，障害《しょうがい》は環境《かんきょう》によって生《しょう》じるものである。

004 バンク - ミケルセン（Bank-Mikkelsen, N.）は，ノーマライゼーション（normalization）の理念《りねん》を最初《さいしょ》に理論化《りろんか》した人物《じんぶつ》である。

005 ニィリエ（Nirje, B.）は，ノーマライゼーション（normalization）の理念《りねん》を8つの原理《げんり》にまとめた人《じん》物《ぶつ》である。

006 1981年《ねん》（昭和《しょうわ》56年《ねん》）の国際障害者年《こくさいしょうがいしゃねん》は，ノーマライゼーション（normalization）の理念《りねん》を社会《しゃかい》に広《ひろ》める契機《けいき》となった。

007 世界保健機関《せかいほけんきかん》（WHO）によるリハビリテーションの定義《ていぎ》で，「利《き》き手《て》の交換《こうかん》」が該当《がいとう》するものは，職業的《しょくぎょうてき》リハビリテーションである。

※1 International Classification of Impairments, Disabilities and Handicaps

※2 International Classification of Functioning, Disability and Health

解《かい》答《とう》・解《かい》説《せつ》

× **001** 失語《しつご》は，ICIDH（国際障害分類《こくさいしょうがいぶんるい》）における機能障害《きのうしょうがい》である（p. 204 参照《さんしょう》）。

× **002** ICF は，医学《いがく》モデルと社会《しゃかい》モデルを統合《とうごう》したものとして位置《いち》づけられた（p. 204 参照《さんしょう》）。

○ **003** ICF の社会《しゃかい》モデルでは，環境《かんきょう》との相互作用《そうごさよう》によって障害《しょうがい》が生《しょう》じるとしている（p. 204 参照《さんしょう》）。

○ **004** バンク - ミケルセンは，デンマークで，ノーマライゼーションの理念《りねん》（p. 10 参照《さんしょう》）を最初《さいしょ》に法律《ほうりつ》（1959 年法《ねんほう》）に盛《も》り込《こ》み，ノーマライゼーションの父《ちち》と呼《よ》ばれた。

○ **005** バンク - ミケルセンの影響《えいきょう》を受《う》けたスウェーデンのニィリエは，ノーマライゼーションの理念《りねん》を 8 つの原理《げんり》にまとめ，通常《つうじょう》の暮《く》らしにできるだけ近《ちか》い生活《せいかつ》を実現《じつげん》しようとした。

○ **006** 1981 年《ねん》（昭和《しょうわ》56 年《ねん》）の国際障害者年《こくさいしょうがいしゃねん》において，「完全《かんぜん》参加《さんか》と平等《びょうどう》」というテーマのもと，ノーマライゼーションの理念《りねん》が広《ひろ》く社会《しゃかい》に知《し》られるようになった。

× **007** 世界保健機関《せかいほけんきかん》（WHO）によるリハビリテーションの定《てい》義《ぎ》で，「利《き》き手《て》の交換《こうかん》」が該当《がいとう》するものは，医学的《いがくてき》リハビリテーションである（p. 256 参照《さんしょう》）。

1 2 **008**

「Nothing about us without us（私《わたし》たち抜《ぬ》きに私《わたし》たちのことを決《き》めるな）」の考《かんが》え方《かた》のもとに，障害者《しょうがいしゃ》が作成《さくせい》の段階《だんかい》から関《かか》わり，その意見《いけん》が反映《はんえい》されて成立《せいりつ》したのは，国際障害者年《こくさいしょうがいしゃねん》である。

1 2 **009**

障害者《しょうがいしゃ》の権利《けんり》に関《かん》する条約《じょうやく》で，国際条約上初《こくさいじょうやくじょうはじ》めて取《と》り上《あ》げられた概念《がいねん》として，「合理的配慮《ごうりてきはいりょ》」がある。

1 2 **010**

「ソーシャルインクルージョン（social inclusion）」とは，共《とも》に生《い》き，支《ささ》え合《あ》うことである。

1 2 **011**

個人《こじん》の特性《とくせい》や強《つよ》さを見《み》つけて，それを生《い》かす支援《しえん》を行《おこな》うことは，ストレングス（strength）の視点《してん》に基《もと》づく利用者支援《りようしゃしえん》である。

1 2 **012**

障害受容《しょうがいじゅよう》の5つの過程《かてい》のうち，最初《さいしょ》の段階《だんかい》は「混乱《こんらん》期《き》」である。

1 2 **013**

適応機制《てきおうきせい》の1つである「投射《とうしゃ》」では，欲求《よっきゅう》を価値《かち》の高《たか》い行為《こうい》に置《お》き換《か》える。

1 2 **014**

適応機制《てきおうきせい》の1つである「反動形成《はんどうけいせい》」では，適当《てきとう》な理由《りゆう》をつけて，自分《じぶん》を正当化《せいとうか》しようとする。

1 2 **015**

適応機制《てきおうきせい》の1つである「退行《たいこう》」では，発達《はったつ》の未熟《みじゅく》な段《だん》階《かい》に後戻《あともど》りして，自分《じぶん》を守《まも》ろうとする。

× 008 「Nothing about us without us（私《わたし》たち抜《ぬ》きに私《わたし》たちのことを決《き》めるな）」の考《かんが》え方《かた》のもとに，障害者《しょうがいしゃ》が作《さく》成《せい》の段階《だんかい》から関《かか》わり，その意見《いけん》が反映《はんえい》されて成立《せいりつ》したのは，障害者《しょうがいしゃ》の権利《けんり》に関《かん》する条約《じょうやく》である。

○ 009 障害者《しょうがいしゃ》の権利《けんり》に関《かん》する条約《じょうやく》の第《だい》2条《じょう》において，「『合理的《ごうりてき》配慮《はいりょ》』とは，障害者《しょうがいしゃ》が他《ほか》の者《もの》との平等《びょうどう》を基礎《きそ》として全《すべ》ての人権及《じんけんおよ》び基本的自由《きほんてきじゆう》を享有《きょうゆう》し，又《また》は行使《こうし》することを確《かく》保《ほ》するための必要《ひつよう》かつ適当《てきとう》な変更及《へんこうおよ》び調整《ちょうせい》」と定義《ていぎ》されている。

○ 010 ソーシャルインクルージョンでは，社会的《しゃかいてき》に孤立《こりつ》，排除《はいじょ》されやすい人々《ひとびと》を社会《しゃかい》の構成員《こうせいいん》として共《とも》に生《い》き，支《ささ》え合《あ》うことで，自立《じりつ》した生活《せいかつ》を実現《じつげん》することを目的《もくてき》としている。

○ 011 ストレングスとは，支援《しえん》を必要《ひつよう》としている人《ひと》の持《も》っている意欲《いよく》や能力《のうりょく》，希望《きぼう》や長所《ちょうしょ》などを含《ふく》む意味《いみ》を持《も》つ。

× 012 障害受容《しょうがいじゅよう》の5つの過程《かてい》は，①ショック期《き》，②否認期《ひにんき》，③混乱期《こんらんき》，④適応《てきおう》への努力期《どりょくき》，⑤適応期《てきおうき》である（p. 205参照《さんしょう》）。

× 013 欲求《よっきゅう》を価値《かち》の高《たか》い行為《こうい》に置《お》き換《か》えることは，適応機制《てきおうきせい》の1つである「昇華《しょうか》」である（p. 206参照《さんしょう》）。

× 014 適当《てきとう》な理由《りゆう》をつけて，自分《じぶん》を正当化《せいとうか》しようとすることは，適応機制《てきおうきせい》の1つである「合理化《ごうりか》」である（p. 206参照《さんしょう》）。

○ 015 発達《はったつ》の未熟《みじゅく》な段階《だんかい》に後戻《あともど》りして，自分《じぶん》を守《まも》ろうとすることは，適応機制《てきおうきせい》の1つである「退行《たいこう》」である（p. 206参照《さんしょう》）。

016 老人性難聴《ろうじんせいなんちょう》（presbycusis）は，伝音性難聴《でんおんせいなんちょう》に分類《ぶんるい》される。

017 老人性難聴《ろうじんせいなんちょう》（presbycusis）の特徴《とくちょう》として，高音域《こうおんいき》から聴力《ちょうりょく》の低下《ていか》が始《はじ》まる。

018 脳性麻痺《のうせいまひ》（cerebral palsy）では，不随意運動《ふずいいうんどう》が生《しょう》じて運動障害《うんどうしょうがい》がみられる。

019 四肢麻痺《ししまひ》を生《しょう》じる疾患《しっかん》として，腰髄損傷《ようずいそんしょう》（lumbar spinal cord injury）がある。

020 頸髄《けいずい》（C7）の損傷《そんしょう》では，プッシュアップができる。

021 頸髄《けいずい》（C5）の損傷《そんしょう》では，自発呼吸《じはつこきゅう》が困難《こんなん》になり，人《じん》工呼吸器《こうこきゅうき》が必要《ひつよう》になる。

022 関節《かんせつ》リウマチ（rheumatoid arthritis）の人《ひと》の日常《にちじょう》生活上《せいかつじょう》の留意点《りゅういてん》として，身体《しんたい》を洗《あら》うときはループ付《つ》きタオルを使《つか》う。

× 016 老人性難聴《ろうじんせいなんちょう》は，感音性難聴《かんおんせいなんちょう》に分類《ぶんるい》される。感音性難聴《かんおんせいなんちょう》は，内耳《ないじ》から聴覚中枢《ちょうかくちゅうすう》の間《あいだ》で音《おと》の振動《しんどう》が電気的《でんきてき》な信号《しんごう》に変換《へんかん》されて伝《つた》わる部分《ぶぶん》に障害《しょうがい》がある。

○ 017 老人性難聴《ろうじんせいなんちょう》は，高音域《こうおんいき》から聴力《ちょうりょく》の低下《ていか》が始《はじ》まる（p. 153 参照《さんしょう》）。高音域《こうおんいき》に比《くら》べ，低音域《ていおんいき》での聴力《ちょうりょく》にあまり変化《へんか》はない。

○ 018 脳性麻痺《のうせいまひ》は，受胎《じゅたい》から新生児期《しんせいじき》までの間《あいだ》に生《しょう》じた，脳《のう》の非進行性病変《ひしんこうせいびょうへん》に基《もと》づく疾患《しっかん》であり，不随意運動《ふずいいうんどう》が生《しょう》じて運動障害《うんどうしょうがい》がみられる。

× 019 脊髄損傷《せきずいそんしょう》（spinal cord injury）は損傷《そんしょう》する部位《ぶい》によって，麻痺《まひ》の部位《ぶい》が異《こと》なる。頸髄損傷《けいずいそんしょう》（cervical cord injury）は四肢麻痺《ししまひ》，胸髄損傷《きょうずいそんしょう》（thoracic spinal cord injury）は体幹麻痺《たいかんまひ》と対麻痺《ついまひ》（下肢麻痺《かしまひ》），腰髄損傷《ようずいそんしょう》は対麻痺《ついまひ》を生《しょう》じる。

○ 020 頸髄《けいずい》（C7）の損傷《そんしょう》では，肘《ひじ》を伸《の》ばすこと（プッシュアップ）ができるので，寝返《ねがえ》り，起《お》き上《あ》がり，座位移動《ざいいどう》が可《か》能《のう》である（p. 207 参照《さんしょう》）。

× 021 頸髄《けいずい》（C4）の損傷《そんしょう》までは，自発呼吸《じはつこきゅう》は可能《かのう》である。自《じ》発呼吸《はつこきゅう》が困難《こんなん》になるのは，頸髄《けいずい》（C1-3）の損傷《そんしょう》である（p. 207 参照《さんしょう》）。

○ 022 関節《かんせつ》リウマチの人《ひと》が身体《しんたい》を洗《あら》う際《さい》にスポンジなどを握《にぎ》ることが難《むずか》しい場合《ばあい》は，ループ付《つ》きタオルなどを使《つか》うことで，手指《しゅし》や手首《てくび》の関節《かんせつ》に負担《ふたん》をかけず，身体《しんたい》を洗《あら》うことができる（p. 154 参照《さんしょう》）。

1 2 **023**

関節《かんせつ》リウマチ（rheumatoid arthritis）の人《ひと》の日常《にちじょう》生活上《せいかつじょう》の留意点《りゅういてん》として，膝《ひざ》を曲《ま》げて寝《ね》る。

1 2 **024**

心臓機能障害《しんぞうきのうしょうがい》のある人《ひと》は，呼吸困難《こきゅうこんなん》や息切《いきぎ》れなどの症《しょう》状《じょう》がみられることが多《おお》い。

1 2 **025**

慢性閉塞性肺疾患《まんせいへいそくせいはいしっかん》（chronic obstructive pulmonary disease）の人《ひと》の日常生活上《にちじょうせいかつじょう》の留意点《りゅういてん》として，和式《わしき》トイレを使用《しよう》する。

1 2 **026**

呼吸機能障害《こきゅうきのうしょうがい》のある人《ひと》が日常生活《にちじょうせいかつ》で工夫《くふう》すべきこととして，湯船《ゆぶね》には肩《かた》までつかるようにする。

1 2 **027**

知的障害《ちてきしょうがい》の特徴《とくちょう》として，成人期《せいじんき》に出現《しゅつげん》することが挙《あ》げられる。

1 2 **028**

知的障害《ちてきしょうがい》の特徴《とくちょう》として，てんかん（epilepsy）の合《がっ》併率《ぺいりつ》が高《たか》い。

1 2 **029**

知的障害者《ちてきしょうがいしゃ》に対《たい》する支援方法《しえんほうほう》として，何《なに》かを伝《つた》えるときには，言葉《ことば》だけでなく身振《みぶ》りや絵《え》などを使《つか》う。

1 2 **030**

ダウン症候群《しょうこうぐん》（Down’s syndrome）の原因《げんいん》は，染《せん》色体異常《しょくたいいじょう》である。

× 023 膝《ひざ》を曲《ま》げて寝《ね》ると，寝返《ねがえ》りなどが打《う》ちにくく，長《なが》い時間《じかん》同《おな》じ姿勢《しせい》を保《たも》つことにつながる。そうすると膝《ひざ》が曲《ま》がった状態《じょうたい》で関節《かんせつ》が固《かた》まりやすくなるため，適切《てきせつ》でない（p. 154 参照《さんしょう》）。

○ 024 心臓機能障害《しんぞうきのうしょうがい》のある人《ひと》は，呼吸困難《こきゅうこんなん》や息切《いきぎ》れなどの症状《しょうじょう》がみられることが多《おお》い。食事《しょくじ》では塩分《えんぶん》の制限《せいげん》が必要《ひつよう》となる。

× 025 慢性閉塞性肺疾患《まんせいへいそくせいはいしっかん》の人《ひと》は，できるだけ安定《あんてい》した座位《ざい》のとれる洋式《ようしき》トイレで，体力《たいりょく》を消耗《しょうもう》しないで排泄《はいせつ》することが望《のぞ》ましい。

× 026 呼吸機能障害《こきゅうきのうしょうがい》のある人《ひと》は，湯船《ゆぶね》に肩《かた》までつかると，水圧《すいあつ》がかかり横隔膜《おうかくまく》が押《お》され肺《はい》が圧迫《あっぱく》されるために息苦《いきぐる》しさを感《かん》じることがある。

× 027 厚生労働省《こうせいろうどうしょう》が 2005 年《ねん》（平成《へいせい》 17 年《ねん》）に実施《じっし》した「知的障害児《ちてきしょうがいじ》（者《しゃ》）基礎調査《きそちょうさ》」において，知的障害《ちてきしょうがい》は，知的機能《ちてききのう》の障害《しょうがい》が発達期《はったつき》（おおむね 18 歳《さい》まで）に生《しょう》じることが定義《ていぎ》づけられている。

○ 028 知的障害《ちてきしょうがい》の特徴《とくちょう》として，痙攣発作《けいれんほっさ》を症状《しょうじょう》とするてんかんの合併率《がっぺいりつ》が高《たか》いことが挙《あ》げられる。

○ 029 言葉《ことば》を用《もち》いて口頭《こうとう》で伝《つた》えるだけでなく，視覚的《しかくてき》に伝《つた》わるように身振《みぶ》りや絵《え》などを使用《しよう》することは有効《ゆうこう》である。

○ 030 ダウン症候群《しょうこうぐん》は，体細胞《たいさいぼう》の 21 番目《ばんめ》の染色体《せんしょくたい》が通常《つうじょう》 2 本《ほん》のところ 3 本《ぼん》あることによって生《しょう》じる先天性疾患《せんてんせいしっかん》である。

1 2 **031** ダウン症候群《しょうこうぐん》（Down’s syndrome）の症状《しょうじょう》として，筋緊張《きんきんちょう》の亢進《こうしん》がある。

1 2 **032** アルコール依存症《いぞんしょう》（alcohol dependence）は，外《がい》因性精神障害《いんせいせいしんしょうがい》に分類《ぶんるい》される。

1 2 **033** パニック障害《しょうがい》（panic disorder）は，内因性精神障《ないいんせいせいしんしょう》害《がい》に分類《ぶんるい》される。

1 2 **034** 統合失調症《とうごうしっちょうしょう》（schizophrenia）は，内因性精神障害《ないいんせいせいしんしょうがい》に分類《ぶんるい》される。

1 2 **035** うつ病《びょう》（depression）で活動性《かつどうせい》が低下《ていか》している利用《りよう》者《しゃ》への介護福祉職《かいごふくししょく》の対応《たいおう》として，早《はや》く元気《げんき》になるように励《はげ》ますことは適切《てきせつ》である。

1 2 **036** 統合失調症《とうごうしっちょうしょう》（schizophrenia）の特徴的《とくちょうてき》な症状《しょうじょう》として，妄想《もうそう》がある。

1 2 **037** 自閉症《じへいしょう》スペクトラム障害《しょうがい》（autism spectrum disorder）の特性《とくせい》として，社会性《しゃかいせい》の障害《しょうがい》がある。

1 2 **038** 自閉症《じへいしょう》スペクトラム障害《しょうがい》（autism spectrum disorder）の特性《とくせい》として，注意《ちゅうい》の障害《しょうがい》がある。

× 031 ダウン症候群《しょうこうぐん》の症状《しょうじょう》として，筋緊張《きんきんちょう》の低下《ていか》がある。その他《ほか》には，難聴《なんちょう》，心疾患《しんしっかん》（heart disease），環軸椎不安定《かんじくついふあんてい》，十二指腸閉鎖《じゅうにしちょうへいさ》，鎖肛《さこう》などがみられる。

○ 032 アルコール依存症《いぞんしょう》は，外因性精神障害《がいいんせいせいしんしょうがい》に分類《ぶんるい》される。外因性精神障害《がいいんせいせいしんしょうがい》とは，脳《のう》そのものの病変《びょうへん》やアルコール，薬物《やくぶつ》によるものである。

× 033 パニック障害《しょうがい》は，心因性精神障害《しんいんせいせいしんしょうがい》に分類《ぶんるい》される。心因性精神障害《しんいんせいせいしんしょうがい》とは，ストレスなどの何《なん》らかのきっかけと，性格《せいかく》などの個人要因《こじんよういん》，対人関係《たいじんかんけい》などの環境要因《かんきょうよういん》などがから み合《あ》って生《しょう》じるものである。

○ 034 統合失調症《とうごうしっちょうしょう》は，内因性精神障害《ないいんせいせいしんしょうがい》に分類《ぶんるい》される。内因性精神障害《ないいんせいせいしんしょうがい》とは，外因性《がいいんせい》や心因性《しんいんせい》だけでは原因《げんいん》の説明《せつめい》ができないものである。

× 035 励《はげ》ましは，うつ病《びょう》の人《ひと》にかえって負担《ふたん》となるので厳禁《げんきん》である。うつ病《びょう》の人《ひと》が話《はな》したことを否定《ひてい》せず，傾聴《けいちょう》し，受容《じゅよう》することが大切《たいせつ》である。

○ 036 統合失調症《とうごうしっちょうしょう》の陽性症状《ようせいしょうじょう》の１つに妄想《もうそう》がある（p. 208参照《さんしょう》）。

○ 037 自閉症《じへいしょう》スペクトラム障害《しょうがい》の特性《とくせい》として，社会性《しゃかいせい》の障害《しょうがい》や同《おな》じものへのこだわりなどがある（p. 208参照《さんしょう》）。

× 038 注意《ちゅうい》の障害《しょうがい》は，注意欠陥多動性障害《ちゅういけっかんたどうせいしょうがい》の特性《とくせい》である（p. 208参照《さんしょう》）。

1 2 **039** 広汎性発達障害《こうはんせいはったつしょうがい》（pervasive developmental disorder）の特性《とくせい》として，特定《とくてい》のものに対《たい》するこだわりが強《つよ》い。

1 2 **040** 学習障害《がくしゅうしょうがい》では全般的《ぜんぱんてき》な知的発達《ちてきはったつ》に遅《おく》れがみられる。

1 2 **041** 高次脳機能障害《こうじのうきのうしょうがい》（higher brain dysfunction）の主《おも》な症状《しょうじょう》の１つである社会的行動障害《しゃかいてきこうどうしょうがい》では，自分《じぶん》で計画《けいかく》を立《た》てて物事《ものごと》を実行《じっこう》することができない。

1 2 **042** 高次脳機能障害《こうじのうきのうしょうがい》（higher brain dysfunction）の主《おも》な症状《しょうじょう》の１つである注意障害《ちゅういしょうがい》では，新《あたら》しいことを覚《おぼ》えられなくて何度《なんど》も人《ひと》に聞《き》く。

1 2 **043** アルツハイマー型認知症《がたにんちしょう》（dementia of the Alzheimer's type）は，高次脳機能障害《こうじのうきのうしょうがい》の原因疾患《げんいんしっかん》である。

1 2 **044** ベーチェット病《びょう》（Behçet disease）の特徴《とくちょう》として，ぶどう膜炎《まくえん》があげられる。

1 2 **045** 網膜色素変性症《もうまくしきそへんせいしょう》（retinitis pigmentosa）の初期《しょき》の症状《しょうじょう》として，夜盲《やもう》がある。

1 2 **046** 痙直型《けいちょくがた》や不随意運動型《ふずいいうんどうがた》（アテトーゼ型《がた》（athetosis））などの分類《ぶんるい》がある疾患《しっかん》は，筋《きん》ジストロフィー（muscular dystrophy）である。

○ **039**

特定《とくてい》の対象《たいしょう》や無意味《むいみ》な習慣《しゅうかん》に固執《こしつ》するなど，こだわりが強《つよ》いことは，広汎性発達障害《こうはんせいはったつしょうがい》の特徴《とくちょう》である（p. 208 参照《さんしょう》）。

× **040**

学習障害《がくしゅうしょうがい》とは，特定《とくてい》の学習能力《がくしゅうのうりょく》（読《よ》む，書《か》く，計算《けいさん》するなど）のどれか，またはいくつかに障害《しょうがい》がある状態《じょうたい》をいう。全般的《ぜんぱんてき》な知的発達《ちてきはったつ》に遅《おく》れはみられない（p. 208 参照《さんしょう》）。

× **041**

自分《じぶん》で計画《けいかく》を立《た》てて物事《ものごと》を実行《じっこう》することができないのは，高次脳機能障害《こうじのうきのうしょうがい》の症状《しょうじょう》の中《なか》の遂行機能障害《すいこうきのうしょうがい》である（p. 209 参照《さんしょう》）。

× **042**

新《あたら》しいことを覚《おぼ》えられなくて何度《なんど》も人《ひと》に聞《き》くのは，高次《こうじ》脳機能障害《のうきのうしょうがい》の症状《しょうじょう》のなかの記憶障害《きおくしょうがい》である（p. 209 参照《さんしょう》）。

× **043**

アルツハイマー型認知症《がたにんちしょう》は，進行性《しんこうせい》の疾患《しっかん》であるため，高次脳機能障害《こうじのうきのうしょうがい》の原因疾患《げんいんしっかん》からは除外《じょがい》される（p. 209 参《さん》照《しょう》）。

○ **044**

ぶどう膜炎《まくえん》は，ベーチェット病《びょう》の特徴《とくちょう》の１つである。ほとんどの場合《ばあい》，両眼《りょうがん》がおかされ，最悪《さいあく》の場合《ばあい》，失明《しつめい》に至《いた》ることもある。

○ **045**

網膜色素変性症《もうまくしきそへんせいしょう》の初期症状《しょきしょうじょう》は，夜盲《やもう》である。夜盲《やもう》とは，暗《くら》い場所《ばしょ》で物《もの》が見《み》えにくくなることである。その後《ご》，視野狭窄《しやきょうさく》が現《あらわ》れる。

× **046**

痙直型《けいちょくがた》や不随意運動型《ふずいいうんどうがた》（アテトーゼ型《がた》）などの分類《ぶんるい》がある疾患《しっかん》は，脳性麻痺《のうせいまひ》（cerebral palsy）である。

047 筋《きん》ジストロフィー（muscular dystrophy）は，自《じ》己《こ》免疫《めんえき》の疾患《しっかん》である。

048 筋《きん》ジストロフィー（muscular dystrophy）は，運《うん》動神経《どうしんけい》に変性《へんせい》が生《しょう》じる。

049 上肢《じょうし》リンパ浮腫《ふしゅ》のある人《ひと》が日常生活《にちじょうせいかつ》で心《こころ》がけることは，体重《たいじゅう》の増加《ぞうか》を防《ふせ》ぐことである。

050 パーキンソン病《びょう》（Parkinson disease）は，すくみ足《あし》の症状《しょうじょう》がみられる疾患《しっかん》である。

051 パーキンソン病《びょう》（Parkinson disease）の主《おも》な症状《しょうじょう》には，筋固縮《きんこしゅく》や振戦《しんせん》がある。

052 パーキンソン病《びょう》（Parkinson disease）で，立位時《りついじ》の前傾姿勢《ぜんけいしせい》が不安定《ふあんてい》だが，日常生活《にちじょうせいかつ》に介助《かいじょ》を必要《ひつよう》としない状態《じょうたい》は，ホーエン・ヤール重症度分類《じゅうしょうどぶんるい》のステージⅡに当《あ》てはまる。

053 筋萎縮性側索硬化症《きんいしゅくせいそくさくこうかしょう》（amyotrophic lateral sclerosis：ALS）では，感覚障害《かんかくしょうがい》がみられる。

× **047** 筋《きん》ジストロフィーは，男性《だんせい》のみにみられる遺伝性《いでんせい》の疾患《しっかん》である。歩行《ほこう》が困難《こんなん》となり，やがて車《くるま》いすの生活《せいかつ》となる。

× **048** 筋《きん》ジストロフィーは，筋線維《きんせんい》に変性《へんせい》が生《しょう》じ，筋力《きんりょく》が低下《ていか》していく疾患《しっかん》である。呼吸《こきゅう》のための筋力《きんりょく》が低下《ていか》すると，呼吸障害《こきゅうしょうがい》がみられる。

○ **049** 上肢《じょうし》リンパ浮腫《ふしゅ》のある人《ひと》は，体重《たいじゅう》を管理《かんり》することが大切《たいせつ》である。体重《たいじゅう》が増加《ぞうか》すると，皮下脂肪《ひかしぼう》が体表《たいひょう》のリンパ管《かん》を圧迫《あっぱく》しリンパの流《なが》れが悪《わる》くなる。

○ **050** パーキンソン病《びょう》の症状《しょうじょう》として，すくみ足《あし》がある。すくみ足《あし》は，足《あし》が地面《じめん》に張《は》り付《つ》いたように動《うご》かなくなり転倒《てんとう》の危険性《きけんせい》が高《たか》くなる状態《じょうたい》をいう（p. 210 参照《さんしょう》）。

○ **051** パーキンソン病《びょう》の四大徴候《よんだいちょうこう》として，筋固縮《きんこしゅく》，無動《むどう》，振《しん》戦《せん》，姿勢反射障害《しせいはんしゃしょうがい》がある（p. 210 参照《さんしょう》）。

× **052** パーキンソン病《びょう》で，立位時《りついじ》の前傾姿勢《ぜんけいしせい》が不安定《ふあんてい》だが，介《かい》助《じょ》を必要《ひつよう》としない状態《じょうたい》は，ホーエン・ヤール重症度分類《じゅうしょうどぶんるい》のステージⅢに当《あ》てはまる。ステージⅡでは，姿勢保持《しせいほじ》の障害《しょうがい》はみられない（p. 210 参照《さんしょう》）。

× **053** 筋萎縮性側索硬化症《きんいしゅくせいそくさくこうかしょう》（ALS）では，筋肉《きんにく》に命令《めいれい》を伝《つた》える運動《うんどう》ニューロンの障害《しょうがい》により，運動障害《うんどうしょうがい》，球麻痺《きゅうまひ》（構《こう》音障害《おんしょうがい》や嚥下障害《えんげしょうがい》），呼吸困難《こきゅうこんなん》などの症状《しょうじょう》がみられるが，感覚障害《かんかくしょうがい》や意識障害《いしきしょうがい》はみられない。

1 2 **054**

言語機能障害《げんごきのうしょうがい》をきたす難病《なんびょう》として，脊髄小脳変性症《せきずいしょうのうへんせいしょう》（spinocerebellar degeneration）がある。

---

1 2 **055**

民生委員《みんせいいいん》が行《おこな》う相談《そうだん》・援助《えんじょ》は，制度化《せいどか》された地域《ちいき》の社《しゃ》会資源《かいしげん》である。

---

1 2 **056**

作業療法士《さぎょうりょうほうし》は，疾病予防《しっぺいよぼう》や健康《けんこう》づくり支援《しえん》を行《おこな》う。

---

1 2 **057**

リハビリテーションに関《かか》わる医療職《いりょうしょく》の役割《やくわり》として，義《ぎ》肢装具士《しそうぐし》は，短下肢装具《たんかしそうぐ》の製作《せいさく》を行《おこな》う。

---

1 2 **058**

リハビリテーションに関《かか》わる医療職《いりょうしょく》の役割《やくわり》として，言《げん》語聴覚士《ごちょうかくし》は，心理的《しんりてき》な問題《もんだい》について面接《めんせつ》を行《おこな》う。

---

1 2 **059**

レスパイトケア（respite care）の目的《もくてき》は，介護《かいご》を担《にな》う家族《かぞく》に休養《きゅうよう》を提供《ていきょう》することである。

---

1 2 **060**

子育《こそだ》てに悩《なや》んでいる，発達障害《はったつしょうがい》の子《こ》どもの母親《ははおや》への支《し》援《えん》として，ペアレント・メンターを紹介《しょうかい》することは適《てき》切《せつ》である。

○ 054

脊髄小脳変性症《せきずいしょうのうへんせいしょう》は，小脳《しょうのう》に何《なん》らかの病変《びょうへん》が起《お》こることにより，起立時《きりつじ》や歩行時《ほこうじ》のふらつきや手《て》のふるえ，話《はな》すときに口《くち》や舌《した》がもつれ，ろれつが回《まわ》らない等《とう》の言語機能障害《げんごきのうしょうがい》を含《ふく》む運動失調《うんどうしっちょう》が症状《しょうじょう》として現《あらわ》れる。

○ 055

民生委員《みんせいいいん》が行《おこな》う相談《そうだん》・援助《えんじょ》は，制度化《せいどか》された地域《ちいき》の社会《しゃかい》資源《しげん》である。制度化《せいどか》されていない地域《ちいき》の社会資源《しゃかいしげん》には，近隣住民《きんりんじゅうみん》，家族会《かぞくかい》，ボランティアなどがある。

× 056

作業療法士《さぎょうりょうほうし》は，医師《いし》の指示《しじ》の下《もと》に，主《しゅ》としてその応用的《おうようてき》動作能力《どうさのうりょく》又《また》は社会的適応能力《しゃかいてきてきおうのうりょく》の回復《かいふく》を図《はか》るため，手芸《しゅげい》，工作等《こうさくとう》の作業《さぎょう》を行《おこな》わせる専門職《せんもんしょく》である。

○ 057

義肢装具士《ぎしそうぐし》は，医師《いし》の指示《しじ》の下《もと》に，義肢《ぎし》及《およ》び装具《そうぐ》の装着《そうちゃく》部位《ぶい》の採型《さいけい》，製作《せいさく》及《およ》び身体《しんたい》への適合《てきごう》を行《おこな》う専門職《せんもんしょく》である。

× 058

言語聴覚士《げんごちょうかくし》とは，言語訓練《げんごくんれん》その他《た》の訓練《くんれん》，これに必要《ひつよう》な検査《けんさ》及《およ》び助言《じょげん》，指導《しどう》その他《た》の援助《えんじょ》を行《おこな》う専門職《せんもんしょく》である。心理的《しんりてき》な問題《もんだい》について面接《めんせつ》を行《おこな》うのは，臨床心理士《りんしょうしんりし》である。

○ 059

レスパイトケアの目的《もくてき》は，介護《かいご》を担《にな》う家族《かぞく》の負担《ふたん》を軽減《けいげん》し，介護《かいご》から解放《かいほう》することによって心身《しんしん》の疲《つか》れを回復《かいふく》することである。

○ 060

ペアレント・メンターとは，発達障害《はったつしょうがい》の子《こ》どもを育《そだ》てた保護者《ほごしゃ》で，同《おな》じ親《おや》の立場《たちば》から同《おな》じ悩《なや》みを抱《かか》える保護者《ほごしゃ》などに対《たい》して相談《そうだん》を行《おこな》う人《ひと》のことである。

事例問題《じれいもんだい》

1 2 問題《もんだい》

Mさん（56歳《さい》，男性《だんせい》）は，糖尿病性網膜症《とうにょうびょうせいもうまくしょう》（diabetic retinopathy）に伴《ともな》う眼底出血《がんていしゅっけつ》を繰《く》り返《かえ》して，治療《ちりょう》を受《う》けていた。医師《いし》から失明《しつめい》は避《さ》けられないと説明《せつめい》を受《う》けた。その後《ご》，Mさんは周囲《しゅうい》に怒《いか》りをぶつけたり，壁《かべ》に頭《あたま》を打《う》ちつけたりという行動《こうどう》がみられるようになった。

このときのMさんの障害受容《しょうがいじゅよう》の状況《じょうきょう》として，**最《もっと》も適切《てきせつ》**なものを１つ選《えら》びなさい。

1　ショックではあるが，不安《ふあん》はそれほど強《つよ》くない。
2　自分《じぶん》には障害《しょうがい》はないと否認《ひにん》する。
3　前向《まえむ》きに自己努力《じこどりょく》を図《はか》ろうとする。
4　否認《ひにん》ができずに混乱《こんらん》する。
5　新《あたら》しい価値観《かちかん》や役割《やくわり》を見《み》いだして生《い》きていく。

解答《かいとう》・解説《かいせつ》

解説《かいせつ》

012 で学習《がくしゅう》した，障害受容《しょうがいじゅよう》の過程《かてい》をテーマとした事《じ》例問題《れいもんだい》である。怒《いか》りがみられるのは，「混乱期《こんらんき》」であるため，「混乱期《こんらんき》」を説明《せつめい》している選択肢《せんたくし》が正答《せいとう》となる（p. 205 参照《さんしょう》）。

× 1 ショック期《き》の説明《せつめい》である。

× 2 否認期《ひにんき》の説明《せつめい》である。

× 3 適応《てきおう》への努力期《どりょくき》の説明《せつめい》である。

○ 4 混乱期《こんらんき》の説明《せつめい》である。

× 5 適応期《てきおうき》の説明《せつめい》である。

障害受容《しょうがいじゅよう》の過程《かてい》は，事例問題《じれいもんだい》で問《と》われても対応《たいおう》できるようにしておく必要《ひつよう》があるよ！

POINT

障害《しょうがい》の理解《りかい》

ICIDH（国際障害分類《こくさいしょうがいぶんるい》）

機能障害《きのうしょうがい》 → 能力障害《のうりょくしょうがい》 → 社会的不利《しゃかいてきふり》		
障害分類《しょうがいぶんるい》	機能障害《きのうしょうがい》	●心理的《しんりてき》，生理的《せいりてき》または解剖学的《かいぼうがくてき》な構造《こうぞう》・機能《きのう》の何《なん》らかの障害《しょうがい》
	能力障害《のうりょくしょうがい》	●機能障害《きのうしょうがい》に起因《きいん》して，活動《かつどう》していく能力《のうりょく》が何《なん》らかの制限《せいげん》をされること
	社会的不利《しゃかいてきふり》	●機能障害《きのうしょうがい》や能力障害《のうりょくしょうがい》の結果《けっか》，社会的《しゃかいてき》な役割《やくわり》を果《は》たすことが制限《せいげん》されること

ICF（国際生活機能分類《こくさいせいかつきのうぶんるい》）（p. 255 参照《さんしょう》）

ICIDH（国際障害分類《こくさいしょうがいぶんるい》）からICF（国際生活機能分類《こくさいせいかつきのうぶんるい》）への変遷《へんせん》

- ICFは，ICIDHへの批判《ひはん》をきっかけに，障害当事者《しょうがいとうじしゃ》の参加《さんか》を得《え》て検討《けんとう》され，2001年《ねん》の世界保健機関《せかいほけんきかん》（WHO）総会《そうかい》で採択《さいたく》された。
- ICIDHは，障害《しょうがい》は病気《びょうき》や外傷《がいしょう》などから直接的《ちょくせつてき》に生《しょう》じるものであると考《かんが》える「医学《いがく》モデル」であった。
- ICFは，「医学《いがく》モデル」と，障害《しょうがい》は環境《かんきょう》と個人《こじん》の相互作用《そうごさよう》から生《しょう》じると考《かんが》える「社会《しゃかい》モデル」を統合《とうごう》したものである。
- ICFの目的《もくてき》の1つは，健康状況等《けんこうじょうきょうとう》を表現《ひょうげん》するための共通言語《きょうつうげんご》を確立《かくりつ》することにある。
- ICFでは，ICIDHにおける「機能障害《きのうしょうがい》」を「機能障害《きのうしょうがい》（構造《こうぞう》障害《しょうがい》を含《ふく》む）」に，「能力障害《のうりょくしょうがい》」を「活動《かつどう》の制限《せいげん》」に，社会的《しゃかいてき》不利《ふり》を「参加《さんか》の制約《せいやく》」に置《お》き換《か》えた。

障害受容《しょうがいじゅよう》の過程《かてい》

ショック期《き》	受傷直後《じゅしょうちょくご》でショックを受《う》けるが，実感《じっかん》が持《も》てず，不《ふ》安《あん》はそれほど強《つよ》くない。
否認期《ひにんき》	回復《かいふく》のみを期待《きたい》し，障害《しょうがい》を強《つよ》く否認《ひにん》する。
混乱期《こんらんき》	現実《げんじつ》に直面《ちょくめん》して否認《ひにん》ができず，心理的混乱《しんりてきこんらん》が生《しょう》じ，怒《いか》り，うつ状態《じょうたい》，自殺企図《じさつきと》などがみられる。
適応《てきおう》への努力期《どりょくき》	障害《しょうがい》があってもできることがあることに気《き》づく（価《か》値《ち》の転換《てんかん》）など，前向《まえむ》きな解決《かいけつ》に向《む》かって努力《どりょく》しようとする。
適応期《てきおうき》	障害《しょうがい》を受《う》け入《い》れ，新《あたら》しい価値観《かちかん》を見《み》いだして生《い》きていく段階《だんかい》。

障害受容《しょうがいじゅよう》の過程《かてい》は，よく出題《しゅつだい》されるから，順序《じゅんじょ》と各段階《かくだんかい》の状況《じょうきょう》をしっかり理解《りかい》しておこう！

■主《おも》な適応《てきおう》機制《きせい》

抑圧《よくあつ》	容認《ようにん》しがたい欲求《よっきゅう》や感情《かんじょう》を意識《いしき》の表面《ひょうめん》に現《あらわ》れないように抑《おさ》えつけ，意識《いしき》にのぼらせないようにする（無意識《むいしき》のうちに忘《わす》れてしまう等《とう》）。
逃避《とうひ》	不安《ふあん》，緊張《きんちょう》，葛藤《かっとう》などから（白昼夢《はくちゅうむ》・空想《くうそう》や疾病《しっぺい》などに）逃《に》げ出《だ》すことによって，自己《じこ》の安定《あんてい》を求《もと》める。
退行《たいこう》	以前《いぜん》の発達段階《はったつだんかい》に逆戻《ぎゃくもど》りして，甘《あま》えるなどの未熟《みじゅく》な行動《こうどう》をとる。
代償《だいしょう》	本来《ほんらい》の目的《もくてき》が得《え》られないとき，獲得《かくとく》しやすい代《か》わりのものに欲求《よっきゅう》を移《うつ》して我慢《がまん》する。
補償《ほしょう》	ある一面《いちめん》での劣等感情《れっとうかんじょう》を，他《ほか》の面《めん》での優越感情《ゆうえつかんじょう》で補《おぎな》おうとする。
合理化《ごうりか》	自分《じぶん》に都合《つごう》のよい理屈《りくつ》づけ・言《い》い訳《わけ》をすることで，自分《じぶん》の失敗《しっぱい》や欠点《けってん》を正当化《せいとうか》する。
昇華《しょうか》	社会的《しゃかいてき》に承認《しょうにん》されない（性的《せいてき》・攻撃的《こうげきてき》）欲求《よっきゅう》や衝動《しょうどう》を，社会的《しゃかいてき》に認《みと》められる形《かたち》で満《み》たそうとする。「置《お》き換《か》え」の一《いち》形態《けいたい》。
同一化《どういつか》（同一視《どういつし》）	満《み》たせない願望《がんぼう》を実現《じつげん》している他者《たしゃ》と自分《じぶん》とを同一化《どういつか》することにより，あたかも自分自身《じぶんじしん》のことのように代理的《だいりてき》に満足《まんぞく》する。
投射《とうしゃ》（投影《とうえい》）	自分《じぶん》の容認《ようにん》しがたい欲求《よっきゅう》や感情《かんじょう》を他者《たしゃ》の中《なか》にあると考《かんが》えて，それを指摘《してき》・非難《ひなん》する。
置《お》き換《か》え	ある対象《たいしょう》に向《む》けられた欲求《よっきゅう》・感情《かんじょう》（愛情《あいじょう》・憎《にく》しみなど）を，他《ほか》の対象《たいしょう》に向《む》けて表現《ひょうげん》する。
反動形成《はんどうけいせい》	知《し》られたくない欲求《よっきゅう》・感情《かんじょう》と正反対《せいはんたい》の行動《こうどう》をとることによって，本当《ほんとう》の自分《じぶん》を隠《かく》そうとする。
隔離《かくり》	受《う》け入《い》れることのできない自分《じぶん》の感情《かんじょう》を，意識《いしき》から切《き》り離《はな》して（隔離《かくり》して）遠《とお》ざけ，客観的《きゃっかんてき》に取《と》り扱《あつか》うことで不安《ふあん》を感《かん》じないようにする。
攻撃《こうげき》	物《もの》や他者《たしゃ》に対《たい》して，感情《かんじょう》をぶつけたり乱暴《らんぼう》したりする。攻撃《こうげき》が自分《じぶん》へ向《む》く自傷《じしょう》も含《ふく》まれる。

■脊髄《せきずい》の損傷《そんしょう》レベル

損傷《そんしょう》レベル	可能《かのう》な動作《どうさ》と介助方法《かいじょほうほう》（例《れい》）
C1-3	呼吸障害《こきゅうしょうがい》・四肢麻痺《ししまひ》等《とう》の重度《じゅうど》な障害《しょうがい》のため全介助《ぜんかいじょ》。
C4	自発呼吸《じはつこきゅう》は可能《かのう》だが援助《えんじょ》が必要《ひつよう》。首《くび》と肩甲骨《けんこうこつ》の一部《いちぶ》を動《うご》かせる程度《ていど》のため全介助《ぜんかいじょ》。
C5	肩《かた》と肘《ひじ》の一部《いちぶ》を動《うご》かせる程度《ていど》で寝返《ねがえ》りや起《お》き上《あ》がり動作《どうさ》は全介助《ぜんかいじょ》。座位保持《ざいほじ》も介助《かいじょ》が必要《ひつよう》。
C6	肩《かた》はまだ十分《じゅうぶん》な力《ちから》はない。肘《ひじ》は伸《の》ばす力《ちから》はないが，曲《ま》げる力《ちから》はあるのでロープ等《とう》に腕《うで》をからませて起《お》きることができるが介助《かいじょ》が必要《ひつよう》。
C7	肘《ひじ》を伸《の》ばす力《ちから》（プッシュアップ）があるので寝返《ねがえ》り，起《お》き上《あ》がり，座位移動《ざいいどう》が可能《かのう》。介助《かいじょ》は必要《ひつよう》に応《おう》じて行《おこな》う。
C8-T1	上肢全体《じょうしぜんたい》を使《つか》える。介助《かいじょ》は必要《ひつよう》に応《おう》じて行《おこな》う。
T2-6	座位《ざい》バランスはやや安定《あんてい》する。耐久力《たいきゅうりょく》はある。介助《かいじょ》は必《ひつ》要《よう》に応《おう》じて行《おこな》う。
T7-12	座位《ざい》バランスはほぼ安定《あんてい》する。耐久力《たいきゅうりょく》は増加《ぞうか》する。介助《かいじょ》は必要《ひつよう》に応《おう》じて行《おこな》う。
L1-2	座位《ざい》バランスは安定《あんてい》。長下肢装具《ちょうかしそうぐ》をつけ，杖《つえ》などを使《つか》えば歩行可能《ほこうかのう》であるが，実用的《じつようてき》には車《くるま》いす使用《しよう》。
L3-4	座位《ざい》バランスは安定《あんてい》。短下肢装具《たんかしそうぐ》と杖《つえ》により，立《た》ち上《あ》がりも行《おこな》え実用的《じつようてき》な歩行《ほこう》が可能《かのう》。
L5-S3	足関節《そくかんせつ》の動《うご》きが十分《じゅうぶん》ではない。おおむね介助《かいじょ》は必要《ひつよう》としない。

注《ちゅう》:「C」は頸髄《けいずい》，「T」は胸髄《きょうずい》，「L」は腰髄《ようずい》，「S」は仙髄《せんずい》を表《あらわ》す。

出典《しゅってん》：介護福祉士《かいごふくしし》養成講座《ようせいこうざ》編集《へんしゅう》委員会編《いいんかいへん》『最新《さいしん》 介護福祉士《かいごふくしし》養成講座《ようせいこうざ》 14 障害《しょうがい》の理《り》解《かい》 第《だい》2 版《はん》』中央法規出版《ちゅうおうほうきしゅっぱん》，2022 年《ねん》，p. 59 を一部改変《いちぶかいへん》

■統合失調症《とうごうしっちょうしょう》の症状《しょうじょう》

陽性症状《ようせいしょうじょう》	幻覚《げんかく》（現実《げんじつ》にはないものをあるように感《かん》じる），妄想《もうそう》（現実《げんじつ》とは異《こと》なることを信《しん》じ込《こ》む），させられ体験《たいけん》（誰《だれ》かに操《あやつ》られていると感《かん》じる），支離滅《しりめつ》裂《れつ》な言動《げんどう》，興奮《こうふん》　など
陰性症状《いんせいしょうじょう》	感情《かんじょう》が乏《とぼ》しくなる，意欲《いよく》や気力《きりょく》が低下《ていか》する，会《かい》話《わ》が減《へ》る，他《た》人《にん》と関《かか》わることを避《さ》ける　など
認知機能障害《にんちきのうしょうがい》	記憶力《きおくりょく》・注意力《ちゅういりょく》・判断力《はんだんりょく》の低下《ていか》　など

■発達障害《はったつしょうがい》の特徴《とくちょう》

自閉症《じへいしょう》スペクトラム障害《しょうがい》 （広汎性発達障害《こうはんせいはったつしょうがい》）	●社会的《しゃかいてき》なコミュニケーションの障害《しょうがい》（会《かい》話《わ》のやり取《と》りができない，視線《しせん》が合《あ》わない，仲間《なかま》をつくることができないなど）。 ●限定《げんてい》された反復的《はんぷくてき》な行動《こうどう》（単調《たんちょう》な常同運《じょうどううん》動《どう》，決《き》まったやり方《かた》にこだわる，興味《きょうみ》が限定《げんてい》され執着《しゅうちゃく》がある，感覚刺激《かんかくしげき》に対《たい》して過敏《かびん》または鈍感《どんかん》など）。 ●見通《みとお》しの立《た》たない状況《じょうきょう》だと不安《ふあん》が強《つよ》い。 ●比喩表現《ひゆひょうげん》や遠回《とおまわ》しな伝《つた》え方《かた》は理解《りかい》しづらい。 ●強度行動障害《きょうどこうどうしょうがい》（本人《ほんにん》の健康《けんこう》を損《そこ》ねる，他《た》人《にん》を叩《たた》く，物《もの》を壊《こわ》す，大泣《おおな》きが何時間《なんじかん》も続《つづ》くなど）。
注意欠陥多動性障害《ちゅういけっかんたどうせいしょうがい》	●不注意《ふちゅうい》（集中《しゅうちゅう》できない）。 ●多動《たどう》・多弁《たべん》（じっとしていられない）。 ●衝動的《しょうどうてき》に行動《こうどう》する（考《かんが》えるよりも先《さき》に動《うご》く）。
学習障害《がくしゅうしょうがい》	●「読《よ》む」「書《か》く」「計算《けいさん》する」の特異的《とくいてき》な障害《しょうがい》である。全般的《ぜんぱんてき》な知的発達《ちてきはったつ》に遅《おく》れはみられない。

■高次脳機能障害《こうじのうきのうしょうがい》の症状《しょうじょう》

記憶障害《きおくしょうがい》	物《もの》の置《お》き場所《ばしょ》や約束《やくそく》を忘《わす》れたり，新《あたら》しい出来事《できごと》を覚《おぼ》えていられなくなったりする。そのために何度《なんど》も同《おな》じことを繰《く》り返《かえ》し質問《しつもん》したりする。
注意障害《ちゅういしょうがい》	注意《ちゅうい》の持続《じぞく》・維持《いじ》が困難《こんなん》になり，同時《どうじ》に 2 つ以《い》上《じょう》のことをすると混乱《こんらん》する。
遂行機能障害《すいこうきのうしょうがい》	決《き》まった方法《ほうほう》にこだわり，状況《じょうきょう》に応《おう》じた判断《はんだん》ができない。日常生活《にちじょうせいかつ》や仕事《しごと》の内容《ないよう》を計画《けいかく》して実《じっ》行《こう》できない。
社会的行動障害《しゃかいてきこうどうしょうがい》	欲求《よっきゅう》，感情《かんじょう》をコントロールする力《ちから》やコミュニケーション能力《のうりょく》，意欲《いよく》などが低下《ていか》し，依存《いぞん》，退《たい》行《こう》，固執《こしつ》，抑《よく》うつなどの行動《こうどう》がみられる。

■「高次脳機能障害診断基準《こうじのうきのうしょうがいしんだんきじゅん》」のポイント

- 脳《のう》の器質的病変《きしつてきびょうへん》の原因《げんいん》となる事故《じこ》による受傷《じゅしょう》や疾病《しっぺい》の発症《はっしょう》の事実《じじつ》が確認《かくにん》されている。
- 記憶障害《きおくしょうがい》，注意障害《ちゅういしょうがい》，遂行機能障害《すいこうきのうしょうがい》，社会的行動障害《しゃかいてきこうどうしょうがい》などの認知障害《にんちしょうがい》がある。
- 先天性疾患《せんてんせいしっかん》，周産期《しゅうさんき》における脳損傷《のうそんしょう》，発達障害《はったつしょうがい》，進行性疾患《しんこうせいしっかん》を原因《げんいん》とする者《もの》は除外《じょがい》される。

高次脳機能障害《こうじのうきのうしょうがい》の主《おも》な原因《げんいん》には，脳《のう》卒中《そっちゅう》，事故《じこ》による頭部外傷《とうぶがいしょう》，脳腫《のうしゅ》瘍《よう》，脳炎《のうえん》などがあるよ。

■パーキンソン病《びょう》の四大徴候《よんだいちょうこう》

- ●筋固縮《きんこしゅく》（筋強剛《きんきょうごう》）では，仮面様顔貌《かめんようがんぼう》がみられる。
- ●無動《むどう》（動作緩慢《どうさかんまん》）
- ●振戦《しんせん》（安静時《あんせいじ》の両手《りょうて》のふるえ）
- ●姿勢反射障害《しせいはんしゃしょうがい》として，前《まえ》かがみの姿勢《しせい》，小刻《こきざ》み歩行《ほこう》，突進現象《とっしんげんしょう》，すくみ足《あし》，転倒《てんとう》しやすくなるなどの症状《しょうじょう》がみられる。

■パーキンソン病《びょう》のホーエン・ヤール重症度分類《じゅうしょうどぶんるい》

ステージⅠ	振戦《しんせん》などの症状《しょうじょう》は片方《かたほう》の手足《てあし》のみでみられ，機能障害《きのうしょうがい》はないか，あっても軽微《けいび》で，日常生活《にちじょうせいかつ》にほぼ支障《ししょう》はない。
ステージⅡ	振戦《しんせん》などの症状《しょうじょう》は両方《りょうほう》の手足《てあし》でみられるが，姿勢反射障害《しせいはんしゃしょうがい》はない。日常生活《にちじょうせいかつ》，職業《しょくぎょう》は多少《たしょう》の障害《しょうがい》はあるが行《おこな》い得《う》る。
ステージⅢ	姿勢反射障害《しせいはんしゃしょうがい》があり，転倒傾向《てんとうけいこう》がみられる。活動《かつどう》はある程度制限《ていどせいげん》されるが職種《しょくしゅ》によっては就労可能《しゅうろうかのう》。機能障害《きのうしょうがい》は，軽度《けいど》から中等度《ちゅうとうど》で，介助《かいじょ》なしで自力《じりき》での生活《せいかつ》が可能《かのう》。
ステージⅣ	介助《かいじょ》なしに起立《きりつ》，歩行《ほこう》は何《なん》とか可能《かのう》。重篤《じゅうとく》な機能障害《きのうしょうがい》を呈《てい》し，就労《しゅうろう》は困難《こんなん》。日常生活《にちじょうせいかつ》に部分介助《ぶぶんかいじょ》が必要《ひつよう》。
ステージⅤ	介助《かいじょ》なしに歩行《ほこう》は不可能《ふかのう》で，日常生活《にちじょうせいかつ》に全面介助《ぜんめんかいじょ》が必要《ひつよう》。ベッドまたは車《くるま》いす上《じょう》の生活《せいかつ》となる。

パーキンソン病《びょう》はとてもよく出題《しゅつだい》されるテーマだよ。四大徴候《よんだいちょうこう》は必《かなら》ずおさえておこう！　ホーエン・ヤール重症度分類《じゅうしょうどぶんるい》も近年出題《きんねんしゅつだい》がみられるポイントだよ。

医《い》療《りょう》的《てき》ケア

問題《もんだい》

001 2011年《ねん》（平成《へいせい》23年《ねん》）の法律《ほうりつ》の改正《かいせい》に基《もと》づいて，介護《かいご》福祉士《ふくしし》が行《おこな》えるようになった喀痰吸引《かくたんきゅういん》や経管栄養《けいかんえいよう》は，医行為《いこうい》から除外《じょがい》された。

002 2011年《ねん》（平成《へいせい》23年《ねん》）の法律《ほうりつ》の改正《かいせい》に基《もと》づいて，介護《かいご》福祉士《ふくしし》が喀痰吸引等《かくたんきゅういんとう》を行《おこな》うためには，実地研修《じっちけんしゅう》を修了《しゅうりょう》する必要《ひつよう》がある。

003 介護福祉士《かいごふくしし》が喀痰吸引等《かくたんきゅういんとう》を行《おこな》うための指示書《しじしょ》は，医師《いし》が作成《さくせい》する。

004 喀痰吸引等計画書《かくたんきゅういんとうけいかくしょ》・喀痰吸引等実施状況報告書《かくたんきゅういんとうじっしじょうきょうほうこくしょ》は，看《かん》護師《ごし》が作成《さくせい》する。

005 喀痰吸引等《かくたんきゅういんとう》を実施《じっし》する事業所《じぎょうしょ》として登録《とうろく》するときには，事業所《じぎょうしょ》が安全委員会《あんぜんいいんかい》を設置《せっち》する必要《ひつよう》がある。

006 スタンダードプリコーション（standard precautions：標準予防策《ひょうじゅんよぼうさく》）において，汗《あせ》は，感染《かんせん》する危険性《きけんせい》のある取《と》り扱《あつか》い対象《たいしょう》である。

解答《かいとう》・解説《かいせつ》

× **001** 2011年《ねん》（平成《へいせい》23年《ねん》）の社会福祉士《しゃかいふくしし》及《およ》び介護福祉士法《かいごふくししほう》の改正《かいせい》に基《もと》づいて，喀痰吸引《かくたんきゅういん》や経管栄養《けいかんえいよう》などの医行為《いこうい》を，一定《いってい》の要件《ようけん》を満《み》たした介護福祉士《かいごふくしし》が行《おこな》えるようになった。

○ **002** 2011年《ねん》（平成《へいせい》23年《ねん》）の社会福祉士《しゃかいふくしし》及《およ》び介護福祉士法《かいごふくししほう》の改正《かいせい》に基《もと》づいて，介護福祉士《かいごふくしし》が喀痰吸引等《かくたんきゅういんとう》を行《おこな》うためには，実地研修《じっちけんしゅう》を修了《しゅうりょう》する必要《ひつよう》がある。

○ **003** 介護福祉士《かいごふくしし》が喀痰吸引等《かくたんきゅういんとう》を行《おこな》うための指示書《しじしょ》は，医師《いし》が作成《さくせい》する。介護福祉士《かいごふくしし》は，喀痰吸引《かくたんきゅういん》を実施《じっし》するたびに，医師《いし》の指示書《しじしょ》を確認《かくにん》する。

× **004** 喀痰吸引等計画書《かくたんきゅういんとうけいかくしょ》・喀痰吸引等実施状況報告書《かくたんきゅういんとうじっしじょうきょうほうこくしょ》は，喀痰《かくたん》吸引《きゅういん》を実施《じっし》する介護福祉士等《かいごふくししとう》が作成《さくせい》する。報告書《ほうこくしょ》は医師《いし》に提出《ていしゅつ》する必要《ひつよう》がある。

○ **005** 喀痰吸引等《かくたんきゅういんとう》を実施《じっし》する事業所《じぎょうしょ》として登録《とうろく》するときには，事業所《じぎょうしょ》が安全委員会《あんぜんいいんかい》を設置《せっち》する必要《ひつよう》がある。また，医療《いりょう》関係者《かんけいしゃ》との連携体制《れんけいたいせい》の確保《かくほ》，緊急時《きんきゅうじ》の連絡方法《れんらくほうほう》の取《と》り決《き》めなども必要《ひつよう》となる。

× **006** スタンダードプリコーション（標準予防策《ひょうじゅんよぼうさく》）において，血液《けつえき》，体液《たいえき》，分泌物《ぶんぴつぶつ》，嘔吐物《おうとぶつ》，排泄物《はいせつぶつ》，傷《きず》のある皮膚《ひふ》，粘膜《ねんまく》は感染《かんせん》する危険性《きけんせい》のある取《と》り扱《あつか》い対象《たいしょう》である。ただし，体液《たいえき》のうち汗《あせ》については，その成分《せいぶん》がほとんど水《みず》であり，感染《かんせん》する危険性《きけんせい》はない。

---

1 2 **007**

消毒《しょうどく》は，すべての微生物《びせいぶつ》を死滅《しめつ》させることである。

---

1 2 **008**

パルスオキシメータ（pulse oximeter）では，呼吸《こきゅう》回数《かいすう》を測定《そくてい》できる。

---

1 2 **009**

換気《かんき》とは，体外《たいがい》から酸素《さんそ》を取《と》り込《こ》み，体外《たいがい》に二酸化炭《にさんかたん》素《そ》を排出《はいしゅつ》する働《はたら》きをいう。

---

1 2 **010**

筋萎縮性側索硬化症《きんいしゅくせいそくさくこうかしょう》（amyotrophic lateral sclerosis：ALS）では，主《おも》にガス交換《こうかん》の働《はたら》きが低下《ていか》する。

---

1 2 **011**

呼吸運動《こきゅううんどう》は，主《しゅ》として大胸筋《だいきょうきん》によって行《おこな》われる。

---

1 2 **012**

気管粘膜《きかんねんまく》のせん毛運動《もううんどう》は，痰《たん》を口腔《こうくう》のほうへ移動《いどう》させる。

---

1 2 **013**

介護福祉士《かいごふくしし》が医師《いし》の指示《しじ》の下《もと》で行《おこな》う喀痰吸引《かくたんきゅういん》の範囲《はんい》は，気管《きかん》の手前《てまえ》までである。

× **007**
消毒《しょうどく》は，病原性《びょうげんせい》の微生物《びせいぶつ》を死滅《しめつ》させることである。すべての微生物《びせいぶつ》を死滅《しめつ》させることは，滅菌《めっきん》である。滅菌物《めっきんぶつ》には有効《ゆうこう》期限《きげん》がある。

× **008**
パルスオキシメータは，動脈血酸素飽和度《どうみゃくけつさんそほうわど》を測定《そくてい》する機《き》器《き》である。健康《けんこう》な人《ひと》の基準値《きじゅんち》は 95～100%である。呼吸《こきゅう》回数《かいすう》は目視《もくし》や聴診《ちょうしん》で測定《そくてい》する。1 分間《ぶんかん》に 12～18 回程度《かいていど》の規則的《きそくてき》な呼吸《こきゅう》が正常《せいじょう》の目安《めやす》とされている。

○ **009**
換気《かんき》とは，体外《たいがい》から酸素《さんそ》を取《と》り込《こ》み，体外《たいがい》に二酸化炭素《にさんかたんそ》を排出《はいしゅつ》する働《はたら》きをいう。なお，ガス交換《こうかん》とは，肺胞《はいほう》に運《はこ》ばれた空気《くうき》と血液《けつえき》との間《あいだ》で，酸素《さんそ》や二酸化炭素《にさんかたんそ》の受《う》け渡《わた》しをする働《はたら》きである。

× **010**
筋萎縮性側索硬化症《きんいしゅくせいそくさくこうかしょう》では，換気《かんき》の働《はたら》きが低下《ていか》する。ガス交換《こうかん》の働《はたら》きの低下《ていか》がみられる代表的《だいひょうてき》な疾患《しっかん》に慢性閉塞性《まんせいへいそくせい》肺疾患《はいしっかん》（chronic obstructive pulmonary disease）がある。

× **011**
呼吸運動《こきゅううんどう》は，主《しゅ》として横隔膜《おうかくまく》と肋間筋《ろっかんきん》によって行《おこな》われる。

○ **012**
気管粘膜《きかんねんまく》のせん毛運動《もううんどう》は，痰《たん》を口腔《こうくう》のほうへ移動《いどう》させる。せん毛運動《もううんどう》は，痰《たん》の粘度《ねんど》が低《ひく》く，気管内部《きかんないぶ》が適度《てきど》に湿《しめ》っているほうが，動《うご》きがよい。

× **013**
介護福祉士《かいごふくしし》が医師《いし》の指示《しじ》の下《もと》で行《おこな》う喀痰吸引《かくたんきゅういん》の範囲《はんい》は，口腔内《こうくうない》・鼻腔内《びくうない》ともに咽頭《いんとう》の手前《てまえ》までである（p. 228 参《さん》照《しょう》）。

014

介護福祉士《かいごふくしし》が医師《いし》の指示《しじ》の下《もと》で口腔内《こうくうない》の痰《たん》の吸引《きゅういん》を行《おこな》う場合《ばあい》，利用者《りようしゃ》の姿勢《しせい》は上半身《じょうはんしん》を 10～30 度挙上《どきょじょう》した姿勢《しせい》とする。

015

喀痰吸引《かくたんきゅういん》の実施《じっし》が必要《ひつよう》と判断《はんだん》された利用者《りようしゃ》に対《たい》して，喀痰吸引《かくたんきゅういん》を行《おこな》うときには，就寝中《しゅうしんちゅう》でも必要《ひつよう》に応《おう》じて吸《きゅう》引《いん》を実施《じっし》する。

016

喀痰吸引《かくたんきゅういん》の実施《じっし》が必要《ひつよう》と判断《はんだん》された利用者《りようしゃ》に対《たい》して，喀痰吸引《かくたんきゅういん》を行《おこな》うときには，入浴時《にゅうよくじ》は，その前後《ぜんご》に吸引《きゅういん》を行《おこな》う。

017

喀痰吸引《かくたんきゅういん》の実施《じっし》が必要《ひつよう》と判断《はんだん》された利用者《りようしゃ》に対《たい》して，喀痰吸引《かくたんきゅういん》を行《おこな》うときには，仰臥位《ぎょうがい》（背臥位《はいがい》）を 2 時間《じかん》保《たも》ってから行《おこな》う。

018

痰《たん》が取《と》り切《き》れず，再度《さいど》，介護福祉職《かいごふくししょく》が喀痰吸引《かくたんきゅういん》を行《おこな》うときは，吸引圧《きゅういんあつ》を高《たか》くする。

019

気管切開《きかんせっかい》をして人工呼吸器《じんこうこきゅうき》を使用《しよう》している利用者《りようしゃ》の喀《かく》痰吸引《たんきゅういん》では，介護福祉士《かいごふくしし》が気管《きかん》カニューレを抜《ぬ》いて，吸引《きゅういん》を行《おこな》う。

020

気管切開《きかんせっかい》をして人工呼吸器《じんこうこきゅうき》を使用《しよう》している利用者《りようしゃ》の喀《かく》痰吸引《たんきゅういん》では，吸引《きゅういん》チューブの挿入《そうにゅう》の深《ふか》さは，気管分岐《きかんぶんき》部《ぶ》の手前《てまえ》までである。

○ **014** 介護福祉士《かいごふくしし》が医師《いし》の指示《しじ》の下《もと》で口腔内《こうくうない》の痰《たん》の吸引《きゅういん》を行《おこな》う場合《ばあい》，利用者《りようしゃ》の姿勢《しせい》は上半身《じょうはんしん》を 10～30 度挙上《どきょじょう》した姿勢《しせい》とし，顎《あご》を少《すこ》し上《あ》げてもらうと，吸引《きゅういん》チューブがスムーズに進《すす》みやすい。

○ **015** 健康《けんこう》な人《ひと》には，就寝時《しゅうしんじ》であっても，痰《たん》が貯留《ちょりゅう》したら無意識《むいしき》に嚥下《えんげ》し，排出《はいしゅつ》する防御機能《ぼうぎょきのう》がある。吸引《きゅういん》が必要《ひつよう》な人《ひと》はそれを行《おこな》うことができないため，就寝中《しゅうしんちゅう》でも，必要《ひつよう》と判断《はんだん》したときには吸引《きゅういん》を実施《じっし》する。

○ **016** 入浴時《にゅうよくじ》は，入浴《にゅうよく》によって痰《たん》が出《で》やすくなるため，その前後《ぜんご》に喀痰吸引《かくたんきゅういん》を行《おこな》う。通常時《つうじょうじ》は，痰《たん》の貯留状況《ちょりゅうじょうきょう》を観察《かんさつ》し，随時《ずいじ》，喀痰吸引《かくたんきゅういん》を行《おこな》う。

× **017** 同一体位《どういつたいい》で長時間寝《ちょうじかんね》ていると，重力《じゅうりょく》でからだの下側《したがわ》に痰《たん》が溜《た》まりやすくなる。仰臥位《ぎょうがい》（背臥位《はいがい》）を長時間保《ちょうじかんたも》ってからでは，背側《はいそく》の肺《はい》の奥《おく》に痰《たん》が溜《た》まってしまうため，効果的《こうかてき》な吸引《きゅういん》を行《おこな》うことができない。

× **018** 介護福祉職《かいごふくししょく》が喀痰吸引《かくたんきゅういん》を行《おこな》う場合《ばあい》は，吸引圧《きゅういんあつ》・吸引時間《きゅういんじかん》・使用《しよう》するチューブの太《ふと》さなどは，医師《いし》の指示《しじ》どおりに行《おこな》う必要《ひつよう》がある。

× **019** 気管《きかん》カニューレを抜《ぬ》くことは，医師《いし》が行《おこな》う行為《こうい》である。介護福祉士《かいごふくしし》が気管《きかん》カニューレを抜《ぬ》くことは認《みと》められていない。

× **020** 人工呼吸器《じんこうこきゅうき》の気管《きかん》カニューレ内部《ないぶ》の喀痰吸引《かくたんきゅういん》では，吸引《きゅういん》チューブの挿入《そうにゅう》の深《ふか》さは，気管《きかん》カニューレの先端《せんたん》を超《こ》えない深《ふか》さまでとされている（p. 228 参照《さんしょう》）。

---

1 2 **021** 喀痰吸引《かくたんきゅういん》で用《もち》いる吸引器《きゅういんき》は，陰圧《いんあつ》になることを確認《かくにん》する。

1 2 **022** 喀痰吸引《かくたんきゅういん》に必要《ひつよう》な物品《ぶっぴん》の管理《かんり》として，浸漬法《しんしほう》で用《もち》いる消毒液《しょうどくえき》は，72 時間《じかん》を目安《めやす》に交換《こうかん》する。

1 2 **023** 喀痰吸引《かくたんきゅういん》に必要《ひつよう》な物品《ぶっぴん》の管理《かんり》として，吸引《きゅういん》チューブの洗浄水《せんじょうすい》は，8 時間《じかん》を目安《めやす》に交換《こうかん》する。

1 2 **024** 喀痰吸引《かくたんきゅういん》に必要《ひつよう》な物品《ぶっぴん》の管理《かんり》として，吸引物《きゅういんぶつ》は，吸引《きゅういん》びんの 70～80％になる前《まえ》に廃棄《はいき》する。

1 2 **025** 介護福祉職《かいごふくししょく》が実施《じっし》する気管《きかん》カニューレ内部《ないぶ》の喀痰吸引《かくたんきゅういん》では，滅菌《めっきん》された洗浄水《せんじょうすい》を使用《しよう》する。

1 2 **026** 経管栄養《けいかんえいよう》の実施《じっし》において，経鼻経管栄養《けいびけいかんえいよう》チューブが胃《い》内《ない》にあることを確認《かくにん》することは，介護福祉士《かいごふくしし》が実施《じっし》できる内容《ないよう》である。

1 2 **027** 栄養剤《えいようざい》の種類《しゅるい》の変更《へんこう》は，社会福祉士及《しゃかいふくししおよ》び介護福祉士法《かいごふくししほう》で規定《きてい》されている介護福祉士《かいごふくしし》が実施《じっし》できる経管栄養《けいかんえいよう》の行為《こうい》である。

1 2 **028** 胃《い》ろうによる経管栄養《けいかんえいよう》の実施手順《じっしてじゅん》として，栄養剤《えいようざい》を利《り》用者《ようしゃ》のところに運《はこ》んだ後《のち》の最初《さいしょ》の行為《こうい》は，本人《ほんにん》であることの確認《かくにん》である。

○ **021** 喀痰吸引《かくたんきゅういん》で用《もち》いる吸引器《きゅういんき》は，吸引《きゅういん》びんと吸引《きゅういん》チューブ等《とう》が陰圧《いんあつ》になることで痰《たん》を吸引《きゅういん》できる。

× **022** 喀痰吸引《かくたんきゅういん》に必要《ひつよう》な物品《ぶっぴん》の管理《かんり》として，浸漬法《しんしほう》で用《もち》いる消毒液《しょうどくえき》は，24 時間《じかん》を目安《めやす》に交換《こうかん》する（p. 228 参照《さんしょう》）。

○ **023** 喀痰吸引《かくたんきゅういん》に必要《ひつよう》な物品《ぶっぴん》の管理《かんり》として，吸引《きゅういん》チューブの洗浄水《せんじょうすい》は，8 時間《じかん》を目安《めやす》に交換《こうかん》する（p. 228 参照《さんしょう》）。

○ **024** 喀痰吸引《かくたんきゅういん》に必要《ひつよう》な物品《ぶっぴん》の管理《かんり》として，吸引物《きゅういんぶつ》は，逆流《ぎゃくりゅう》を防《ふせ》ぐため，吸引《きゅういん》びんの 70～80％になる前《まえ》に廃棄《はいき》する。

○ **025** 気管《きかん》カニューレ内部《ないぶ》の喀痰吸引《かくたんきゅういん》では，細菌等《さいきんとう》がない気管《きかん》に感染《かんせん》の原因《げんいん》となるような細菌等《さいきんとう》を付着《ふちゃく》させないように，滅菌精製水《めっきんせいせいすい》を用《もち》いて洗浄《せんじょう》する（p. 228 参照《さんしょう》）。

× **026** 経鼻経管栄養《けいびけいかんえいよう》チューブの先端《せんたん》が胃《い》の中《なか》に挿入《そうにゅう》されていることを定期的《ていきてき》に確認《かくにん》するのは，医師《いし》や看護職《かんごしょく》である。なお，胃《い》ろうカテーテル（胃《い》ろうチューブ）の定期交換《ていきこうかん》は，医師《いし》の役割《やくわり》である。

× **027** 栄養剤《えいようざい》の注入《ちゅうにゅう》は介護福祉士《かいごふくしし》が実施《じっし》できるが，栄養剤《えいようざい》の種類《しゅるい》の変更《へんこう》，注入速度《ちゅうにゅうそくど》の決定《けってい》，注入量《ちゅうにゅうりょう》の指示《しじ》は医師《いし》が行《おこな》う。

○ **028** 栄養剤《えいようざい》は薬剤《やくざい》と同様《どうよう》，医師《いし》の指示《しじ》により注入《ちゅうにゅう》されるものであり，注入《ちゅうにゅう》に必要《ひつよう》な物品《ぶっぴん》は利用者専用《りようしゃせんよう》の物《もの》を使用《しよう》する。そのため，利用者《りようしゃ》のところに運《はこ》んだ直後《ちょくご》に，利用者本人《りようしゃほんにん》であることを確認《かくにん》する必要《ひつよう》がある。

029 経管栄養《けいかんえいよう》では，栄養剤《えいようざい》の注入速度《ちゅうにゅうそくど》が速《はや》いと，下痢《げり》を起《お》こすことがある。

030 経管栄養《けいかんえいよう》によって，口腔内《こうくうない》の細菌《さいきん》は減少《げんしょう》する。

031 経管栄養《けいかんえいよう》で使用《しよう》するカテーテルチップシリンジは，1回使用《かいしよう》しても再利用《さいりよう》することができる。

032 イルリガートル（注入《ちゅうにゅう》ボトル）を用《もち》いた経鼻経管栄養《けいびけいかんえいよう》では，嘔気《おうき》があるときは，注入速度《ちゅうにゅうそくど》を遅《おそ》くして滴下《てきか》する。

033 イルリガートル（注入《ちゅうにゅう》ボトル）を用《もち》いた経鼻経管栄養《けいびけいかんえいよう》では，栄養剤《えいようざい》の液面《えきめん》は，胃《い》から50cm程度《ていど》高《たか》くする。

034 半固形栄養剤《はんこけいえいようざい》は，イルリガートル（注入《ちゅうにゅう》ボトル）を用《もち》いた経鼻経管栄養《けいびけいかんえいよう》で用《もち》いられる。

035 経管栄養《けいかんえいよう》で用《もち》いる半固形栄養剤《はんこけいえいようざい》は，液状《えきじょう》タイプより注《ちゅう》入時間《にゅうじかん》が長《なが》い。

036 経管栄養《けいかんえいよう》で用《もち》いる半固形栄養剤《はんこけいえいようざい》は，食道《しょくどう》への逆流《ぎゃくりゅう》を改《かい》善《ぜん》することが期待《きたい》できる。

037 経管栄養《けいかんえいよう》で用《もち》いる半固形栄養剤《はんこけいえいようざい》は，仰臥位《ぎょうがい》（背臥位《はいがい》）で注入《ちゅうにゅう》する。

○ **029** 栄養剤《えいようざい》の注入速度《ちゅうにゅうそくど》が速《はや》い，栄養剤《えいようざい》の濃度《のうど》が高《たか》い，栄養剤《えいようざい》の温度《おんど》が低《ひく》いなどが原因《げんいん》で下痢《げり》を起《お》こすことがある。

× **030** 経管栄養《けいかんえいよう》によって，口《くち》から何《なに》も摂取《せっしゅ》していないと，唾液《だえき》分泌《ぶんぴつ》による自浄作用《じじょうさよう》が低下《ていか》し，口腔内《こうくうない》の細菌《さいきん》が繁殖《はんしょく》しやすい状態《じょうたい》になるため，口腔《こうくう》ケアが必要《ひつよう》である。

○ **031** 経管栄養《けいかんえいよう》で使用《しよう》するカテーテルチップシリンジなどの物《ぶっ》品《ぴん》は，基本的《きほんてき》には再利用《さいりよう》することができる。

× **032** イルリガートル（注入《ちゅうにゅう》ボトル）を用《もち》いた経鼻経管栄養《けいびけいかんえいよう》では，嘔気《おうき》があるときは，注入《ちゅうにゅう》を中止《ちゅうし》して観察《かんさつ》を行《おこな》う。同《どう》時《じ》に看護職《かんごしょく》に連絡《れんらく》し，指示《しじ》を仰《あお》ぐ。

○ **033** イルリガートル（注入《ちゅうにゅう》ボトル）を用《もち》いた経鼻経管栄養《けいびけいかんえいよう》では，適切《てきせつ》な速度《そくど》となるように，栄養剤《えいようざい》の液面《えきめん》は，胃《い》から50 cm 程度高《ていどたか》くする。

× **034** 半固形栄養剤《はんこけいえいようざい》は，カテーテルチップシリンジを用《もち》いた胃《い》ろうまたは腸《ちょう》ろうによる経管栄養《けいかんえいよう》で用《もち》いられる。

× **035** 経管栄養《けいかんえいよう》で用《もち》いる半固形栄養剤《はんこけいえいようざい》は，液状《えきじょう》タイプより注入《ちゅうにゅう》時間《じかん》が短《みじか》い。

○ **036** 経管栄養《けいかんえいよう》で用《もち》いる半固形栄養剤《はんこけいえいようざい》は，液状《えきじょう》タイプの栄養剤《えいようざい》と比《くら》べ粘稠度《ねんちゅうど》が高《たか》いので，食道《しょくどう》への逆流《ぎゃくりゅう》を改善《かいぜん》することが期待《きたい》できる。

× **037** 経管栄養《けいかんえいよう》で用《もち》いる半固形栄養剤《はんこけいえいようざい》は，上半身《じょうはんしん》を30～45度《ど》程度《ていど》起《お》こして注入《ちゅうにゅう》する。仰臥位《ぎょうがい》（背臥位《はいがい》）での注入《ちゅうにゅう》は，胃内容物《いないようぶつ》の逆流《ぎゃくりゅう》が起《お》きやすい。

038 経管栄養《けいかんえいよう》で，栄養剤《えいようざい》の注入後《ちゅうにゅうご》に白湯《さゆ》を経管栄養《けいかんえいよう》チューブに注入《ちゅうにゅう》する理由《りゆう》は，チューブ内《ない》の栄養剤《えいようざい》を洗《あら》い流《なが》すためである。

039 イルリガートル（注入《ちゅうにゅう》ボトル）を用《もち》いた経鼻《けいび》経管栄養《けいかんえいよう》では，使用《しよう》した物品《ぶっぴん》は，次亜塩素酸《じあえんそさん》ナトリウム溶液《ようえき》につけて消毒《しょうどく》をする。

040 経管栄養中《けいかんえいようちゅう》に利用者《りようしゃ》が嘔吐《おうと》して苦《くる》しそうな表情《ひょうじょう》をしている場合《ばあい》，介護福祉士《かいごふくしし》が酸素吸入《さんそきゅうにゅう》を行《おこな》うことは適切《てきせつ》である。

○ **038**

栄養剤《えいようざい》の注入後《ちゅうにゅうご》に白湯《さゆ》を経管栄養《けいかんえいよう》チューブに注入《ちゅうにゅう》する理《り》由《ゆう》は，チューブ内《ない》の栄養剤《えいようざい》を洗《あら》い流《なが》し，チューブの閉塞《へいそく》を防《ふせ》ぐためである。

○ **039**

イルリガートル（注入《ちゅうにゅう》ボトル）を用《もち》いた経鼻《けいび》経管栄養《けいかんえいよう》では，使用《しよう》した物品《ぶっぴん》は，除菌効果《じょきんこうか》の高《たか》い次亜塩素酸《じあえんそさん》ナトリウム溶液《ようえき》につけて消毒《しょうどく》をする。

× **040**

経管栄養中《けいかんえいようちゅう》に利用者《りようしゃ》が嘔吐《おうと》して苦《くる》しそうな表情《ひょうじょう》をしている場合《ばあい》，介護福祉士《かいごふくしし》は，誤嚥《ごえん》を防《ふせ》ぐために顔《かお》を横《よこ》に向《む》ける。酸素吸入《さんそきゅうにゅう》の判断《はんだん》を行《おこな》うのは医師《いし》である。

事《じ》例《れい》問《もん》題《だい》

1 2

問題《もんだい》

Aさん（85歳《さい》，女性《じょせい》）は，胃《い》ろうを造設《ぞうせつ》している。介護福祉士《かいごふくしし》が経管栄養《けいかんえいよう》を開始《かいし》したところ，しばらくすると嘔吐《おうと》がみられた。栄養剤《えいようざい》は体温《たいおん》に近《ちか》い温度《おんど》，注入《ちゅうにゅう》中《ちゅう》の体位《たいい》は仰臥位《ぎょうがい》（背臥位《はいがい》），栄養剤《えいようざい》を注入《ちゅうにゅう》する速度《そくど》と濃度《のうど》は指示書《しじしょ》のとおりであった。Aさんには咳《せ》き込《こ》む様子《ようす》などは見《み》られなかった。

嘔吐《おうと》の原因《げんいん》として，最《もっと》も可能性《かのうせい》の高《たか》いものを１つ選《えら》びなさい。

1　注入速度《ちゅうにゅうそくど》
2　注入物《ちゅうにゅうぶつ》の温度《おんど》
3　注入物《ちゅうにゅうぶつ》の濃度《のうど》
4　チューブの誤留置《ごりゅうち》
5　注入中《ちゅうにゅうちゅう》の姿勢《しせい》

解答《かいとう》・解説《かいせつ》

解説《かいせつ》

経管栄養《けいかんえいよう》で起《お》こるトラブルをテーマとした事例問題《じれいもんだい》である。トラブルの原因《げんいん》を理解《りかい》していることで，正答《せいとう》を導《みちび》くことができる。

× 1　注入速度《ちゅうにゅうそくど》は指示書《しじしょ》どおりであるため，嘔吐《おうと》の原因《げんいん》となる可能性《かのうせい》は低《ひく》い。

× 2　注入物《ちゅうにゅうぶつ》の温度《おんど》が体温《たいおん》に近《ちか》い温度《おんど》であることは適切《てきせつ》であるため，嘔吐《おうと》の原因《げんいん》となる可能性《かのうせい》は低《ひく》い。

× 3　注入物《ちゅうにゅうぶつ》の濃度《のうど》は指示書《しじしょ》どおりであるため，嘔吐《おうと》の原《げん》因《いん》となる可能性《かのうせい》は低《ひく》い。

× 4　気道《きどう》へのチューブの誤留置《ごりゅうち》があると，栄養剤《えいようざい》が気道《きどう》に入《はい》り，激《はげ》しい咳《せ》き込《こ》み，窒息《ちっそく》が起《お》こる。Aさんには咳《せ》き込《こ》む様子《ようす》が見《み》られなかったことから，嘔吐《おうと》の原因《げんいん》となる可能性《かのうせい》は低《ひく》い。

○ 5　仰臥位《ぎょうがい》（背臥位《はいがい》）などの姿勢《しせい》の不良《ふりょう》によって，胃食《いしょく》道逆流《どうぎゃくりゅう》による嘔吐《おうと》が起《お》こる。注入中《ちゅうにゅうちゅう》の体位《たいい》は座位《ざい》や半《はん》座位《ざい》で行《おこな》うのが適切《てきせつ》である。

喀痰吸引《かくたんきゅういん》と経管栄養《けいかんえいよう》ともに，
トラブルの「原因《げんいん》」だけでな
く「対応《たいおう》」についても理解《りかい》し
ておく必要《ひつよう》があるよ。

イラスト問《もん》題《だい》

1 2

問題《もんだい》

介護福祉士《かいごふくしし》が鼻腔内《びくうない》の吸引《きゅういん》を行《おこな》うときに，吸引《きゅういん》チューブを挿入《そうにゅう》できる範囲《はんい》の限度《げんど》として，正《ただ》しいものを1つ選《えら》びなさい。

1　A

2　B

3　C

4　D

5　E

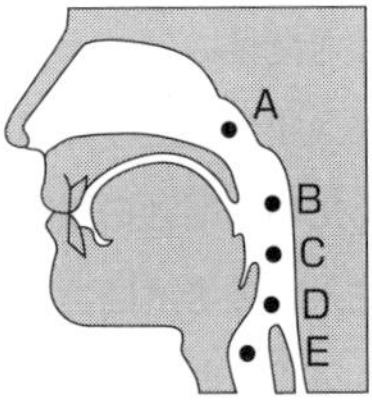

解答《かいとう》・解説《かいせつ》

解説《かいせつ》

013 で学習《がくしゅう》した，介護福祉士《かいごふくしし》が吸引《きゅういん》チューブを挿入《そうにゅう》できる範囲《はんい》をテーマとしたイラスト問題《もんだい》である。介護福《かいごふく》祉士《しし》が鼻腔内《びくうない》の吸引《きゅういん》を行《おこな》うときに，吸引《きゅういん》チューブを挿入《そうにゅう》できる範囲《はんい》は，咽頭《いんとう》の手前《てまえ》までであるため，イラストで咽頭《いんとう》の手前《てまえ》を示《しめ》す位置《いち》が正答《せいとう》となる（p. 228 参照《さんしょう》）。

○ 1

× 2

× 3

× 4

× 5

イラスト問題《もんだい》に対応《たいおう》するためには，言葉《ことば》だけでなく，具体的《ぐたいてき》な身体《しんたい》の部位《ぶい》や位置《いち》の理解《りかい》が求《もと》められるよ。

POINT

医療的《いりょうてき》ケア

■喀痰吸引《かくたんきゅういん》の吸引《きゅういん》チューブを挿入《そうにゅう》できる範囲《はんい》

口腔内《こうくうない》の喀痰吸引《かくたんきゅういん》	咽頭《いんとう》の手前《てまえ》までを限度《げんど》とする。
鼻腔内《びくうない》の喀痰吸引《かくたんきゅういん》	咽頭《いんとう》の手前《てまえ》までを限度《げんど》とする。
気管《きかん》カニューレ内《ない》部《ぶ》の喀痰吸引《かくたんきゅういん》	気管《きかん》カニューレの先端《せんたん》を超《こ》えない（吸引《きゅういん》チューブの先端《せんたん》が気管《きかん》カニューレ内部《ないぶ》にある）。

■吸引《きゅういん》チューブの清潔保持方法《せいけつほじほうほう》

	浸漬法《しんしほう》	乾燥法《かんそうほう》
概要《がいよう》	吸引《きゅういん》チューブを消毒液《しょうどくえき》につけて保管《ほかん》する方法《ほうほう》	吸引《きゅういん》チューブを乾燥《かんそう》させて保《ほ》管《かん》する方法《ほうほう》
手順《てじゅん》	①吸引後《きゅういんご》，チューブ外側《そとがわ》の汚染除去《おせんじょきょ》のため，清浄綿《せいじょうめん》等《とう》で拭《ふ》く ②チューブ内側《うちがわ》の粘液《ねんえき》の除《じょ》去《きょ》のため，滅菌精製水《めっきんせいせいすい》（口腔《こうくう》・鼻腔《びくう》は，水道水《すいどうすい》でも可《か》）を吸引《きゅういん》する ③吸引《きゅういん》チューブを消毒液《しょうどくえき》につけて保管《ほかん》する	①吸引後《きゅういんご》，チューブ外側《そとがわ》の汚《お》染除去《せんじょきょ》のため，清浄綿等《せいじょうめんとう》で拭《ふ》く ②チューブ内側《うちがわ》の粘液《ねんえき》の除去《じょきょ》のため，滅菌精製水《めっきんせいせいすい》（口《こう》腔《くう》・鼻腔《びくう》は，水道水《すいどうすい》でも可《か》）を吸引《きゅういん》する ③吸引《きゅういん》チューブ内《ない》の水滴《すいてき》がない状態《じょうたい》で，ふたつきの乾燥《かんそう》容器《ようき》に保管《ほかん》する
交換頻度《こうかんひんど》（推奨《すいしょう》）	●吸引《きゅういん》チューブ，消毒液《しょうどくえき》は少《すく》なくとも 24 時間《じかん》おき ●洗浄水《せんじょうすい》は少《すく》なくとも 8 時《じ》間《かん》おき	●吸引《きゅういん》チューブ，保管容器《ほかんようき》の消毒《しょうどく》は少《すく》なくとも 24 時間《じかん》おき ●洗浄水《せんじょうすい》は少《すく》なくとも 8 時間《じかん》おき

介《かい》護《ご》の基《き》本《ほん》

問題《もんだい》

1 2 **001**

要介護《ようかいご》・要支援《ようしえん》の認定者《にんていしゃ》のいる三世代世帯《さんせだいせたい》の構成割合《こうせいわりあい》は，介護保険制度《かいごほけんせいど》の導入時《どうにゅうじ》から年々増加《ねんねんぞうか》している。

---

1 2 **002**

「2022 年《ねん》（令和《れいわ》 4 年《ねん》）国民生活基礎調査《こくみんせいかつきそちょうさ》」（厚生労働《こうせいろうどう》省《しょう》）によると，同居《どうきょ》している主《おも》な介護者《かいごしゃ》は子《こ》の配偶者《はいぐうしゃ》が最《もっと》も多《おお》い。

---

1 2 **003**

「2022 年《ねん》（令和《れいわ》 4 年《ねん》）国民生活基礎調査《こくみんせいかつきそちょうさ》」（厚生労働《こうせいろうどう》省《しょう》）によると，同居《どうきょ》している主《おも》な介護者《かいごしゃ》は 60 歳代《さいだい》が最《もっと》も多《おお》い。

---

1 2 **004**

介護福祉士《かいごふくしし》になるには，都道府県知事《とどうふけんちじ》に申請《しんせい》し登録《とうろく》しなければならない。

---

1 2 **005**

介護福祉士《かいごふくしし》が誠実《せいじつ》に業務《ぎょうむ》を行《おこな》うことを明示《めいじ》した法律《ほうりつ》は，介護保険法《かいごほけんほう》である。

---

1 2 **006**

刑事罰《けいじばつ》に処《しょ》せられた者《もの》は，どのような場合《ばあい》も介護福祉《かいごふくし》士《し》になれない。

---

1 2 **007**

社会福祉士《しゃかいふくしし》及《およ》び介護福祉士法《かいごふくししほう》に基《もと》づいて，介護福祉士《かいごふくしし》は，常《つね》に担当《たんとう》する利用者《りようしゃ》の立場《たちば》に立《た》って業務《ぎょうむ》を行《おこな》う義《ぎ》務《む》がある。

解答《かいとう》・解説《かいせつ》

× **001**

「2022年《ねん》（令和《れいわ》4年《ねん》）国民生活基礎調査《こくみんせいかつきそちょうさ》」によると，要介護者等《ようかいごしゃとう》のいる三世代世帯《さんせだいせたい》の構成割合《こうせいわりあい》は，2001年《ねん》（平成《へいせい》13年《ねん》）では32.5％，2022年《ねん》（令和《れいわ》4年《ねん》）では10.9％と年々減少《ねんねんげんしょう》している。

× **002**

「2022年《ねん》（令和《れいわ》4年《ねん》）国民生活基礎調査《こくみんせいかつきそちょうさ》」（厚生労働《こうせいろうどう》省《しょう》）によると，同居《どうきょ》している主《おも》な介護者《かいごしゃ》の続柄《つづきがら》は配偶者《はいぐうしゃ》が最《もっと》も多《おお》い（p. 252参照《さんしょう》）。

○ **003**

「2022年《ねん》（令和《れいわ》4年《ねん》）国民生活基礎調査《こくみんせいかつきそちょうさ》」（厚生労働《こうせいろうどう》省《しょう》）によると，同居《どうきょ》している主《おも》な介護者《かいごしゃ》は60歳代《さいだい》が最《もっと》も多《おお》い（p. 252参照《さんしょう》）。

× **004**

介護福祉士《かいごふくしし》になるには，介護福祉士国家試験《かいごふくししこっかしけん》に合格《ごうかく》し，指定登録機関《していとうろくきかん》に申請《しんせい》し登録《とうろく》しなければならない。

× **005**

介護福祉士《かいごふくしし》が誠実《せいじつ》に業務《ぎょうむ》を行《おこな》うことを明示《めいじ》した法律《ほうりつ》は，社会福祉士《しゃかいふくしし》及《およ》び介護福祉士法《かいごふくししほう》である。

× **006**

刑事罰《けいじばつ》に処《しょ》せられた者《もの》でも，その執行《しっこう》を終《お》わり，又《また》は執《しっ》行《こう》を受《う》けることがなくなった日《ひ》から2年《ねん》を経過《けいか》した者《もの》は，介護福祉士《かいごふくしし》になることができる（p. 252参照《さんしょう》）。

○ **007**

社会福祉士《しゃかいふくしし》及《およ》び介護福祉士法《かいごふくししほう》に「その担当《たんとう》する者《もの》が個人《こじん》の尊厳《そんげん》を保持《ほじ》し，自立《じりつ》した日常生活《にちじょうせいかつ》を営《いとな》むことができるよう，常《つね》にその者《もの》の立場《たちば》に立《た》って，誠実《せいじつ》にその業務《ぎょうむ》を行《おこな》わなければならない」と誠実義務《せいじつぎむ》が規定《きてい》されている（p. 253参照《さんしょう》）。

008

介護福祉士《かいごふくしし》には知《し》り得《え》た秘密《ひみつ》の保持《ほじ》が求《もと》められるが，介護福祉士《かいごふくしし》でなくなれば守秘義務《しゅひぎむ》もなくなる。

009

介護福祉士《かいごふくしし》の業務《ぎょうむ》を社会福祉士《しゃかいふくしし》が行《おこな》うことは禁《きん》じられている。

010

介護福祉士《かいごふくしし》は，信用失墜行為《しんようしっついこうい》をした場合《ばあい》，罰則《ばっそく》により1年以下《ねんいか》の懲役又《ちょうえきまた》は30万円以下《まんえんいか》の罰金《ばっきん》に処《しょ》せられる。

011

介護福祉職《かいごふくししょく》は，利用者《りようしゃ》が求《もと》めた医行為《いこうい》については，実《じっ》施《し》が可能《かのう》である。

012

介護福祉職《かいごふくししょく》は，利用者《りようしゃ》の耳垢塞栓《じこうそくせん》を除去《じょきょ》することができる。

013

日本介護福祉士会倫理綱領《にほんかいごふくししかいりんりこうりょう》では，利用者本位《りようしゃほんい》の立場《たちば》から自己決定《じこけってい》を最大限尊重《さいだいげんそんちょう》することが明記《めいき》されている。

× **008** 社会福祉士《しゃかいふくしし》及《およ》び介護福祉士《かいごふくしし》法《ほう》では，「介護福祉士《かいごふくしし》は，正《せい》当《とう》な理由《りゆう》がなく，その業務《ぎょうむ》に関《かん》して知《し》り得《え》た人《ひと》の秘密《ひみつ》を漏《も》らしてはならない。介護福祉士《かいごふくしし》でなくなった後《あと》においても，同様《どうよう》とする」と秘密保持義務《ひみつほじぎむ》が規定《きてい》されている（p. 253 参照《さんしょう》）。

× **009** 社会福祉士《しゃかいふくしし》及《およ》び介護福祉士《かいごふくしし》法《ほう》では，介護福祉士《かいごふくしし》の名称《めいしょう》を介護福祉士《かいごふくしし》でない者《もの》が使用《しよう》することは禁《きん》じられているが，介護福祉士《かいごふくしし》の業務《ぎょうむ》を介護福祉士《かいごふくしし》でない者《もの》が行《おこな》うことは禁《きん》じられていない（p. 253 参照《さんしょう》）。

× **010** 社会福祉士《しゃかいふくしし》及《およ》び介護福祉士《かいごふくしし》法《ほう》では，介護福祉士《かいごふくしし》が信用失《しんようしっ》墜行為《ついこうい》をした場合《ばあい》，登録《とうろく》の取《と》り消《け》し，又《また》は期間《きかん》を定《さだ》めて名称《めいしょう》の使用《しよう》を停止《ていし》する，と規定《きてい》されている（p. 253 参《さん》照《しょう》）。懲役又《ちょうえきまた》は罰金《ばっきん》の規定《きてい》はない。

× **011** 介護福祉職《かいごふくししょく》は，利用者《りようしゃ》が求《もと》めた医行為《いこうい》については，一部《いちぶ》の医行為《いこうい》（喀痰吸引《かくたんきゅういん》，経管栄養《けいかんえいよう》）についてのみ実施《じっし》が可《か》能《のう》である。

× **012** 介護福祉職《かいごふくししょく》は，利用者《りようしゃ》の耳垢《じこう》ケアを行《おこな》う際《さい》，耳垢《じこう》を除去《じょきょ》することはできるが，耳垢塞栓《じこうそくせん》を除去《じょきょ》することはできない（p. 254 参照《さんしょう》）。

○ **013** 日本介護福祉士会倫理綱領《にほんかいごふくししかいりんりこうりょう》では，「利用者本位《りようしゃほんい》，自立支《じりつし》援《えん》」として，利用者本位《りようしゃほんい》の立場《たちば》から自己決定《じこけってい》を最大限尊《さいだいげんそん》重《ちょう》することが明記《めいき》されている（p. 255 参照《さんしょう》）。

1 2 **014**

日本《に ほん》介護《かい ご》福祉士《ふく し し》会《かい》倫理《りん り》綱領《こうりょう》では，介護福祉士《かい ご ふく し し》による「利用者《り ようしゃ》ニーズの代弁《だいべん》」については記載《き さい》されていない。

1 2 **015**

介護福祉職《かい ご ふく し しょく》の職務上《しょく む じょう》の倫理《りん り》として，利用者《り ようしゃ》が車《くるま》いすから立《た》ち上《あ》がらないように，腰《こし》ベルトをつけることは適《てき》切《せつ》である。

1 2 **016**

やむを得《え》ず身体拘束《しんたいこうそく》を行《おこな》う場合《ば あい》には，切迫性《せっぱくせい》と一時性《いち じ せい》の 2 つの要件《ようけん》を満《み》たす必要《ひつよう》がある。

1 2 **017**

やむを得《え》ず身体拘束《しんたいこうそく》を行《おこな》った場合《ば あい》には，拘束《こうそく》の理由《り ゆう》などの記録《き ろく》が必要《ひつよう》になる。

1 2 **018**

「高齢者虐待調査結果《こうれいしゃぎゃくたいちょう さ けっ か》」※によれば，虐待《ぎゃくたい》を行《おこな》った養《よう》護者《ご しゃ》（虐待者《ぎゃくたいしゃ》）の続柄《つづきがら》は，夫《おっと》が最《もっと》も多《おお》い。

1 2 **019**

「高齢者虐待調査結果《こうれいしゃぎゃくたいちょう さ けっ か》」※によれば，養護者《よう ご しゃ》による高《こう》齢者虐待《れいしゃぎゃくたい》の相談《そうだん》・通報者《つうほうしゃ》は，介護支援専門員《かい ご し えんせんもんいん》（ケアマネジャー）が最《もっと》も多《おお》い。

1 2 **020**

「高齢者虐待調査結果《こうれいしゃぎゃくたいちょう さ けっ か》」※によれば，養介護施設従事《ようかい ご し せつじゅう じ》者等《しゃとう》による高齢者虐待《こうれいしゃぎゃくたい》の種別《しゅべつ》では，心理的虐待《しん り てきぎゃくたい》が最《もっと》も多《おお》い。

※「2022 年度《ねん ど》（令和《れい わ》4 年度《ねん ど》）高齢者虐待《こうれいしゃぎゃくたい》の防止《ぼう し》，高齢者《こうれいしゃ》の養護者《よう ご しゃ》に対《たい》する支援等《し えんとう》に関《かん》する法律《ほうりつ》に基《もと》づく対応状況等《たいおうじょうきょうとう》に関《かん》する調査結果《ちょう さ けっ か》」（厚生労働《こうせいろうどう》省《しょう》）

× 014 日本介護福祉士会《にほんかいごふくししかい》倫理綱領《りんりこうりょう》では，「利用者《りようしゃ》ニーズの代弁《だいべん》」として，「介護福祉士《かいごふくしし》は，暮《く》らしを支《ささ》える視点《してん》から利用者《りようしゃ》の真《しん》のニーズを受《う》けとめ，それを代弁《だいべん》していくことも重要《じゅうよう》な役割《やくわり》であると確認《かくにん》したうえで，考《かんが》え，行動《こうどう》します」と記載《きさい》されている（p. 255 参照《さんしょう》）。

× 015 利用者《りようしゃ》が車《くるま》いすから立《た》ち上《あ》がらないように，腰《こし》ベルトをつけることは，身体拘束《しんたいこうそく》に該当《がいとう》するため，適切《てきせつ》でない。

× 016 やむを得《え》ず身体拘束《しんたいこうそく》を行《おこな》う場合《ばあい》には，切迫性《せっぱくせい》，一時性《いちじせい》，非代替性《ひだいたいせい》の 3 つの要件《ようけん》を満《み》たす必要《ひつよう》がある。

○ 017 やむを得《え》ず身体拘束《しんたいこうそく》を行《おこな》った場合《ばあい》には，その態様《たいよう》，時間《じかん》，その際《さい》の入所者《にゅうしょしゃ》の心身《しんしん》の状況《じょうきょう》，緊急《きんきゅう》やむを得《え》ない理由《りゆう》の記録《きろく》が必要《ひつよう》になる。

× 018 「高齢者虐待調査結果《こうれいしゃぎゃくたいちょうさけっか》」によれば，虐待《ぎゃくたい》を行《おこな》った養護者《ようごしゃ》（虐待者《ぎゃくたいしゃ》）の続柄《つづきがら》は，息子《むすこ》が最《もっと》も多《おお》い。

× 019 「高齢者虐待調査結果《こうれいしゃぎゃくたいちょうさけっか》」によれば，養護者《ようごしゃ》による高齢者《こうれいしゃ》虐待《ぎゃくたい》の相談《そうだん》・通報者《つうほうしゃ》は，警察《けいさつ》が最《もっと》も多《おお》く，次《つ》いで介護支援専門員《かいごしえんせんもんいん》が多《おお》い。

× 020 「高齢者虐待調査結果《こうれいしゃぎゃくたいちょうさけっか》」によれば，養介護施設従事者等《ようかいごしせつじゅうじしゃとう》による高齢者虐待《こうれいしゃぎゃくたい》の種別《しゅべつ》では，身体的虐待《しんたいてきぎゃくたい》が最《もっと》も多《おお》い。養護者《ようごしゃ》による高齢者虐待《こうれいしゃぎゃくたい》の場合《ばあい》も同様《どうよう》である。

021 個人情報《こじんじょうほう》について，同一事業所内《どういつじぎょうしょない》では匿名化《とくめいか》せずにカンファレンス（conference）ができる。

022 サービス担当者会議《たんとうしゃかいぎ》では，利用者《りようしゃ》の氏名《しめい》を匿名化《とくめいか》する必要《ひつよう》がある。

023 意識消失《いしきしょうしつ》とけいれん発作《ほっさ》を起《お》こした利用者《りようしゃ》の個人情報《こじんじょうほう》を救急隊員《きゅうきゅうたいいん》に提供《ていきょう》する場合《ばあい》は，本人《ほんにん》や家族《かぞく》への説明《せつめい》と同意《どうい》が不要《ふよう》となる。

024 転居先《てんきょさき》の施設《しせつ》の求《もと》めに応《おう》じて，利用者《りようしゃ》の個人情報《こじんじょうほう》を提《てい》供《きょう》する場合《ばあい》は，本人《ほんにん》や家族《かぞく》への説明《せつめい》と同意《どうい》が不要《ふよう》となる。

025 「町内会《ちょうないかい》の会長《かいちょう》を務《つと》めていた」ことは，ICF※（国際《こくさい》生活機能分類《せいかつきのうぶんるい》）における環境因子《かんきょういんし》に該当《がいとう》する。

026 「床面《ゆかめん》の性状《せいじょう》が柔《やわ》らかいと，バランスを崩《くず》す」のは，ICF※（国際生活機能分類《こくさいせいかつきのうぶんるい》）の視点《してん》に基《もと》づく環境因子《かんきょういんし》と心身機能《しんしんきのう》の関連《かんれん》を表《あらわ》している。

027 エンパワメント（empowerment）の考《かんが》え方《かた》は，利《り》用者《ようしゃ》が自《みずか》ら力《ちから》を回復《かいふく》し，自分《じぶん》たちを取《と》り巻《ま》く問題状況《もんだいじょうきょう》を解決《かいけつ》していけるようにしようというものである。

※ International Classification of Functioning, Disability and Health

○ **021** 同一《どういつ》事業所内《じぎょうしょない》でカンファレンスをする場合《ばあい》は，個人情報《こじんじょうほう》の第三者提供《だいさんしゃていきょう》にはならないため，匿名化《とくめいか》せずに行《おこな》うことができる。

× **022** サービス担当者会議《たんとうしゃかいぎ》の参加者《さんかしゃ》は，利用者《りようしゃ》や家族《かぞく》，サービス提供《ていきょう》に直接携《ちょくせつたずさ》わるサービスの担当者《たんとうしゃ》であるため，利用《りよう》者《しゃ》の氏名《しめい》を匿名化《とくめいか》する必要《ひつよう》がない。

○ **023** 人《ひと》の生命《せいめい》・身体《しんたい》・財産《ざいさん》の保護《ほご》のために必要《ひつよう》であって，本《ほん》人《にん》の同意《どうい》を得《え》ることが困難《こんなん》な場合《ばあい》は，例外的《れいがいてき》に本人《ほんにん》の同《どう》意《い》を得《え》ずに個人情報《こじんじょうほう》を第三者《だいさんしゃ》に提供《ていきょう》することが可能《かのう》である。

× **024** 転居先《てんきょさき》の施設《しせつ》から，利用者《りようしゃ》の個人情報《こじんじょうほう》の提供《ていきょう》を求《もと》められた場合《ばあい》は，あらかじめ本人《ほんにん》や家族《かぞく》に利用目的《りようもくてき》を明示《めいじ》し，同意《どうい》を得《え》る必要《ひつよう》がある。

× **025** 「町内会《ちょうないかい》の会長《かいちょう》を務《つと》めていた」ことは，ICF における個《こ》人因子《じんいんし》に該当《がいとう》する（p. 255 参照《さんしょう》）。

○ **026** 「床面《ゆかめん》の性状《せいじょう》が柔《やわ》らかいと，バランスを崩《くず》す」のは，ICF の視点《してん》に基《もと》づく環境因子《かんきょういんし》と心身機能《しんしんきのう》の関連《かんれん》を表《あらわ》している（p. 255 参照《さんしょう》）。

○ **027** エンパワメントとは，人《ひと》が本来持《ほんらいも》っている能力《のうりょく》（パワー）を発揮《はっき》できない状態《じょうたい》に着目《ちゃくもく》し，パワーを増強《ぞうきょう》していくことによって，利用者《りようしゃ》が主体的《しゅたいてき》に問題《もんだい》を解決《かいけつ》できるようにしようというものである。

---

1 2 028

リハビリテーションは，障害《しょうがい》が固定《こてい》してから開始《かいし》される。

1 2 029

リハビリテーションの理念《りねん》を表《あらわ》す用語《ようご》として，全人間《ぜんにんげん》的復権《てきふっけん》がある。

1 2 030

利用者《りようしゃ》の意向《いこう》を確認《かくにん》して，今《いま》までどおり畳《たたみ》で布団《ふとん》の使《し》用《よう》を継続《けいぞく》することは，これまでの生活《せいかつ》を継続《けいぞく》するための介護福祉職《かいごふくししょく》の対応《たいおう》として適切《てきせつ》である。

1 2 031

障害基礎年金《しょうがいきそねんきん》の障害等級《しょうがいとうきゅう》は，1級《きゅう》と2級《きゅう》である。

1 2 032

20歳未満《さいみまん》の障害者《しょうがいしゃ》であれば，本人《ほんにん》の所得《しょとく》に関係《かんけい》なく障害基礎年金《しょうがいきそねんきん》を受給《じゅきゅう》できる。

1 2 033

介護《かいご》を必要《ひつよう》とする人《ひと》のためのエコマップに記載《きさい》する情《じょう》報《ほう》は，親《おや》，きょうだいおよび祖父母《そふぼ》など，数世代《すうせだい》にわたる家族関係《かぞくかんけい》である。

1 2 034

地域《ちいき》で高齢者虐待防止《こうれいしゃぎゃくたいぼうし》ネットワーク構築《こうちく》の中心《ちゅうしん》になる機関《きかん》として，地域包括支援《ちいきほうかつしえん》センターがある。

× **028** リハビリテーションの中《なか》の医学的《いがくてき》リハビリテーションには，発症《はっしょう》してからできるだけ早《はや》い段階《だんかい》でリハビリテーションを開始《かいし》するという特徴《とくちょう》がある（p. 256 参照《さんしょう》）。

○ **029** リハビリテーションの語源《ごげん》は，「再《ふたた》び適《てき》した状態《じょうたい》にすること」である。身体《しんたい》の機能回復《きのうかいふく》のみを目的《もくてき》とするのではなく，その人《ひと》が再《ふたた》び人間《にんげん》らしく生《い》きることができる全人《ぜんにん》間的復権《げんてきふっけん》を目標《もくひょう》としている。

○ **030** 利用者《りようしゃ》の生活《せいかつ》してきた環境《かんきょう》を理解《りかい》し，「これまでの生活《せいかつ》を継続《けいぞく》できるようにする」ことは，利用者《りようしゃ》の個別性《こべつせい》を尊《そん》重《ちょう》した対応《たいおう》である。

○ **031** 障害基礎年金《しょうがいきそねんきん》の障害等級《しょうがいとうきゅう》は，1 級《きゅう》と 2 級《きゅう》である。ただし，障害厚生年金《しょうがいこうせいねんきん》は 3 級《きゅう》まで支給《しきゅう》される。

× **032** 20 歳未満《さいみまん》の障害者《しょうがいしゃ》は，本人《ほんにん》の所得《しょとく》に応《おう》じて，20 歳《さい》に達《たっ》した日《ひ》から障害基礎年金《しょうがいきそねんきん》を受給《じゅきゅう》できる。

× **033** 数世代《すうせだい》にわたる家族関係《かぞくかんけい》を記載《きさい》するのは，ジェノグラムである。エコマップは，社会《しゃかい》との相関関係《そうかんかんけい》を表《あらわ》したものである。

○ **034** 地域包括支援《ちいきほうかつしえん》センターの役割《やくわり》の 1 つに，高齢者《こうれいしゃ》の実態把《じったいは》握《あく》や課題解決《かだいかいけつ》を図《はか》るための地域包括支援《ちいきほうかつしえん》ネットワークの構築《こうちく》がある。そのため，地域《ちいき》で高齢者虐待防止《こうれいしゃぎゃくたいぼうし》ネットワーク構築《こうちく》の中心《ちゅうしん》になる機関《きかん》は，地域包括支援《ちいきほうかつしえん》センターである。

1 2 035

地域包括支援《ちいきほうかつしえん》センターは，小学校区《しょうがっこうく》ごとに設置《せっち》されることになっている。

1 2 036

通所介護事業者《つうしょかいごじぎょうしゃ》による非常災害対策訓練《ひじょうさいがいたいさくくんれん》の実施《じっし》は，義《ぎ》務《む》である。

1 2 037

小規模多機能型居宅介護事業所《しょうきぼたきのうがたきょたくかいごじぎょうしょ》の管理者《かんりしゃ》は，医師《いし》であることが義務《ぎむ》づけられている。

1 2 038

介護老人福祉施設《かいごろうじんふくししせつ》では，サービス管理責任者《かんりせきにんしゃ》を１名以《めいい》上《じょう》置《お》かなければならない。

1 2 039

介護老人保健施設《かいごろうじんほけんしせつ》では，入所者《にゅうしょしゃ》のためのレクリエーション行事《ぎょうじ》を行《おこな》うように努《つと》めるものとされている。

1 2 040

ユニットケアの理念《りねん》に基《もと》づく望《のぞ》ましい生活環境《せいかつかんきょう》として，１ユニットの利用者《りようしゃ》は，20 名程度《めいていど》で構成《こうせい》する。

1 2 041

ユニット型特別養護老人《がたとくべつようごろうじん》ホームのユニットとは，洗面《せんめん》設備《せつび》と居室《きょしつ》の組《く》み合《あ》わせのことである。

× 035

地域包括支援《ちいきほうかつしえん》センターは，市町村《しちょうそん》がその人口規模《じんこうきぼ》や業務《ぎょうむ》量《りょう》その他《た》の地域《ちいき》の実情《じつじょう》に配慮《はいりょ》し，最《もっと》も効率的《こうりつてき》に業務《ぎょうむ》が行《おこな》えるよう，おおむね人口《じんこう》2～3万人《まんにん》の中学校区《ちゅうがっこうく》（日常生《にちじょうせい》活圏域《かつけんいき》）ごとに設置《せっち》される。

○ 036

「指定居宅《していきょたく》サービス等《とう》の事業《じぎょう》の人員《じんいん》，設備及《せつびおよ》び運営《うんえい》に関《かん》する基準《きじゅん》」では，通所介護事業者《つうしょかいごじぎょうしゃ》は，定期的《ていきてき》に非常災害《ひじょうさいがい》対策訓練《たいさくくんれん》を実施《じっし》する義務《ぎむ》があることが規定《きてい》されている。

× 037

小規模多機能型居宅介護事業所《しょうきぼたきのうがたきょたくかいごじぎょうしょ》ごとにもっぱらその職務《しょくむ》に従事《じゅうじ》する管理者《かんりしゃ》を置《お》くことが定《さだ》められているが，医師《いし》である必要《ひつよう》はない。

× 038

サービス管理責任者《かんりせきにんしゃ》は，障害福祉《しょうがいふくし》サービス事業所《じぎょうじょ》に置《お》かれる。介護老人福祉施設《かいごろうじんふくししせつ》などの介護保険施設《かいごほけんしせつ》では，管理《かんり》者《しゃ》が置《お》かれる。

○ 039

介護老人保健施設《かいごろうじんほけんしせつ》と介護医療院《かいごいりょういん》では，レクリエーション行事《ぎょうじ》を行《おこな》うことは努力義務《どりょくぎむ》とされている。介護老人福祉《かいごろうじんふくし》施設《しせつ》では，レクリエーション行事《ぎょうじ》を行《おこな》うことは義務《ぎむ》とされている。

× 040

ユニットケアでは，1ユニットの利用者《りようしゃ》は，おおむね10名以下《めいいか》とし，15名《めい》を超《こ》えないものとされている。

× 041

ユニットとは，「少数《しょうすう》の居室及《きょしつおよ》び当該居室《とうがいきょしつ》に近接《きんせつ》して設《もう》けられる共同生活室《きょうどうせいかつしつ》により一体的《いったいてき》に構成《こうせい》される場所《ばしょ》」であり，洗面設備《せんめんせつび》と居室《きょしつ》を組《く》み合《あ》わせて構成《こうせい》された場所《ばしょ》をいうわけではない。

042

地域包括支援《ちいきほうかつしえん》センターは，インフォーマルサービスに該当《がいとう》する。

043

ボランティア活動《かつどう》を行《おこな》う学生《がくせい》サークルは，インフォーマルサービスに該当《がいとう》する。

044

訪問介護事業所《ほうもんかいごじぎょうしょ》のサービス提供責任者《ていきょうせきにんしゃ》の役割《やくわり》は，具体《ぐたい》的《てき》な援助目標及《えんじょもくひょうおよ》び援助内容《えんじょないよう》を記載《きさい》した訪問介護計画書《ほうもんかいごけいかくしょ》を作成《さくせい》することである。

045

訪問介護事業所《ほうもんかいごじぎょうしょ》のサービス提供責任者《ていきょうせきにんしゃ》の役割《やくわり》は，利用《りよう》者《しゃ》の要望《ようぼう》に応《おう》じて，他《ほか》の事業所《じぎょうしょ》との利用調整《りようちょうせい》を行《おこな》うことである。

046

理学療法士《りがくりょうほうし》は，筋力測定《きんりょくそくてい》を行《おこな》う。

047

理学療法《りがくりょうほう》の１つに，失語症《しつごしょう》（aphasia）のある人《ひと》に対《たい》する言葉《ことば》の訓練《くんれん》がある。

048

作業療法士《さぎょうりょうほうし》は，医師《いし》の指示《しじ》がなくても，作業療法《さぎょうりょうほう》を開《かい》始《し》することができる。

× **042** 地域包括支援《ちいきほうかつしえん》センターは，フォーマルサービスに該当《がいとう》する。フォーマルサービスは，制度化《せいどか》されている社会資源《しゃかいしげん》のことである。

○ **043** ボランティアは，インフォーマルサービスに該当《がいとう》する。インフォーマルサービスは，制度化《せいどか》されていない社会資《しゃかいし》源《げん》のことである。

○ **044** 介護支援専門員《かいごしえんせんもんいん》（ケアマネジャー）が作成《さくせい》した居宅《きょたく》サービス計画書《けいかくしょ》を踏《ふ》まえて訪問介護計画書《ほうもんかいごけいかくしょ》を作成《さくせい》するのは，訪問介護事業所《ほうもんかいごじぎょうしょ》のサービス提供責任者《ていきょうせきにんしゃ》の役割《やくわり》である。

× **045** 利用者《りようしゃ》の要望《ようぼう》に応《おう》じて，他《ほか》の事業所《じぎょうしょ》との利用調整《りようちょうせい》を行《おこな》うのは，介護支援専門員《かいごしえんせんもんいん》（ケアマネジャー）の役割《やくわり》である。

○ **046** 理学療法士《りがくりょうほうし》は，医師《いし》の指示《しじ》のもとに，基本的動作能力《きほんてきどうさのうりょく》の回復《かいふく》を図《はか》るための理学療法《りがくりょうほう》を行《おこな》うリハビリテーションの専門職《せんもんしょく》である。筋力測定以外《きんりょくそくていいがい》にも，運動療法《うんどうりょうほう》や訓練指《くんれんし》導《どう》，関節可動域《かんせつかどういき》テストなどを行《おこな》う。

× **047** 理学療法士《りがくりょうほうし》は治療体操《ちりょうたいそう》その他《た》の運動《うんどう》を行《おこな》わせるとともに，電気刺激等《でんきしげきとう》の物理的手段《ぶつりてきしゅだん》を加《くわ》える専門職《せんもんしょく》である。言《げん》語訓練《ごくんれん》を行《おこな》うのは，言語聴覚士《げんごちょうかくし》である。

× **048** 理学療法士《りがくりょうほうし》及《およ》び作業療法士法《さぎょうりょうほうしほう》では，作業療法士《さぎょうりょうほうし》とは，「厚生労働大臣《こうせいろうどうだいじん》の免許《めんきょ》を受《う》けて，作業療法士《さぎょうりょうほうし》の名称《めいしょう》を用《もち》いて，医師《いし》の指示《しじ》の下《もと》に，作業療法《さぎょうりょうほう》を行《おこ》なうことを業《ぎょう》とする者《もの》をいう」と規定《きてい》されている。

049 看護師《かんごし》は，療養上《りょうようじょう》の世話《せわ》又《また》は診療《しんりょう》の補助《ほじょ》を行《おこな》う。

050 サービス担当者会議《たんとうしゃかいぎ》の招集《しょうしゅう》は，介護支援専門員《かいごしえんせんもんいん》（ケアマネジャー）の職務《しょくむ》である。

051 サービス担当者会議《たんとうしゃかいぎ》は，サービス提供者《ていきょうしゃ》の実践力《じっせんりょく》の向上《こうじょう》を主《おも》な目的《もくてき》とする。

052 チームアプローチ（team approach）では，医師《いし》が中心《ちゅうしん》となる。

053 チームアプローチ（team approach）のチームには，民生委員《みんせいいいん》やボランティアは含《ふく》まれない。

054 チームアプローチ（team approach）では，チームメンバーが得《え》た情報《じょうほう》をメンバー間《かん》で共有《きょうゆう》する。

055 ハインリッヒ（Heinrich, H.）の法則《ほうそく》とは，「1つの重大事故《じゅうだいじこ》の背景《はいけい》には，多《おお》くの軽微《けいび》な事故《じこ》とヒヤリ・ハットが存在《そんざい》する」というものである。

056 リスクマネジメントに関《かん》して，ヒヤリ・ハット事例《じれい》の収集《しゅうしゅう》・分析《ぶんせき》が，事故《じこ》を防《ふせ》ぐことにつながる。

○ **049** 保健師助産師看護師法《ほけんしじょさんしかんごしほう》では，看護師《かんごし》とは，「厚生労働大臣《こうせいろうどうだいじん》の免許《めんきょ》を受《う》けて，傷病者若《しょうびょうしゃも》しくはじょく婦《ふ》に対《たい》する療養上《りょうようじょう》の世話又《せわまた》は診療《しんりょう》の補助《ほじょ》を行《おこな》うことを業《ぎょう》とする者《もの》をいう」と規定《きてい》されている。

○ **050** サービス担当者会議《たんとうしゃかいぎ》の招集《しょうしゅう》は，介護支援専門員《かいごしえんせんもんいん》の職務《しょくむ》である。利用者《りようしゃ》と家族《かぞく》の参加《さんか》を基本《きほん》とし，サービスの担当者《たんとうしゃ》を招集《しょうしゅう》して行《おこな》う会議《かいぎ》である。

× **051** サービス担当者会議《たんとうしゃかいぎ》は，居宅《きょたく》サービス計画《けいかく》の作成《さくせい》を主《おも》な目的《もくてき》とする。なお，会議《かいぎ》を行《おこな》う場所《ばしょ》や頻度《ひんど》については，特《とく》に定《さだ》められていない。

× **052** チームアプローチでは，異《こと》なる専門性《せんもんせい》を持《も》った複数《ふくすう》の職種《しょくしゅ》が，対等《たいとう》の立場《たちば》で協力《きょうりょく》して共通《きょうつう》の目的《もくてき》·目標《もくひょう》を目指《めざ》す。

× **053** チームアプローチのチームには，専門職《せんもんしょく》だけでなく，利用者《りようしゃ》や非専門職《ひせんもんしょく》も含《ふく》まれる。

○ **054** チームアプローチでは，それぞれの専門性《せんもんせい》を発揮《はっき》して共通《きょうつう》の目標《もくひょう》を達成《たっせい》するために，役割分担《やくわりぶんたん》や情報共有《じょうほうきょうゆう》を行《おこな》うことが大切《たいせつ》である。

○ **055** ハインリッヒの法則《ほうそく》とは，「1件《けん》の重大《じゅうだい》な事故《じこ》の背景《はいけい》には 29 件《けん》の軽微《けいび》な事故《じこ》があり，さらにその背景《はいけい》には 300 件《けん》のヒヤリ・ハットが隠《かく》れている」という考《かんが》え方《かた》である。

○ **056** 事故《じこ》には至《いた》らなかったが「ヒヤリ」「ハッ」としたヒヤリ·ハット事例《じれい》の収集《しゅうしゅう》·分析《ぶんせき》が，事故《じこ》を防《ふせ》ぐことにつながる。

057 介護《かいご》老人《ろうじん》福祉《ふくし》施設《しせつ》の感染《かんせん》対策《たいさく》として，手洗《てあら》いは，消毒《しょうどく》液《えき》に手《て》を浸《ひた》して行《おこな》う。

058 介護《かいご》老人《ろうじん》福祉《ふくし》施設《しせつ》の感染《かんせん》対策《たいさく》として，おむつ交換《こうかん》は，使《つか》い捨《す》て手袋《てぶくろ》を着用《ちゃくよう》して行《おこな》うことが基本《きほん》である。

059 要介護者《ようかいごしゃ》の血液《けつえき》に触《ふ》れた手袋《てぶくろ》は，外側《そとがわ》の汚《よご》れたほうが内側《うちがわ》になるように裏返《うらがえ》して外《はず》す。

060 疥癬《かいせん》（scabies）は，マダニが皮膚《ひふ》に寄生《きせい》することで発生《はっせい》する皮膚病《ひふびょう》である。

061 疥癬《かいせん》（scabies）に感染《かんせん》した利用者《りようしゃ》の入浴《にゅうよく》は，順番《じゅんばん》を最後《さいご》にする。

062 ノロウイルス（Norovirus）の感染経路《かんせんけいろ》は，主《おも》に経口《けいこう》感染《かんせん》である。

063 ノロウイルス（Norovirus）に感染《かんせん》した人《ひと》の嘔吐物《おうとぶつ》を拭《ふ》き取《と》ったペーパータオルは，ごみ箱《ばこ》に捨《す》てる。

× 057 多数《たすう》の人《ひと》が同《おな》じ消毒液《しょうどくえき》に手《て》を浸《ひた》して繰《く》り返《かえ》し使用《しよう》すると，消毒液《しょうどくえき》が劣化《れっか》し効果《こうか》が減少《げんしょう》する。手洗《てあら》いは，液体石《えきたいせっ》けんと流水《りゅうすい》を使用《しよう》して感染《かんせん》を予防《よぼう》するのが基本《きほん》である。

○ 058 排泄物《はいせつぶつ》は感染源《かんせんげん》となるため，直接手《ちょくせつて》で触《ふ》れたり，使《つか》いまわしの手袋《てぶくろ》を使用《しよう》したりはせず，使《つか》い捨《す》ての手袋《てぶくろ》を使用《しよう》して利用者《りようしゃ》ごとに交換《こうかん》することで感染《かんせん》を防《ふせ》ぐ。

○ 059 血液《けつえき》や体液《たいえき》は感染《かんせん》の危険性《きけんせい》があるため，要介護者《ようかいごしゃ》の血液《けつえき》に触《ふ》れるときには手袋《てぶくろ》をはめて手指《しゅし》を防護《ぼうご》する。血液《けつえき》に触《ふ》れた手袋《てぶくろ》は，外側《そとがわ》の汚《よご》れたほうが内側《うちがわ》になるように裏《うら》返《がえ》して外《はず》すことが基本《きほん》である。

× 060 疥癬《かいせん》は，ダニの一種《いっしゅ》であるヒゼンダニが皮膚《ひふ》に寄生《きせい》することで発生《はっせい》する皮膚病《ひふびょう》である。通常疥癬《つうじょうかいせん》と角化型疥癬《かくかがたかいせん》（hyperkeratotic scabies）に分《わ》けられ，角化型疥癬《かくかがたかいせん》は通常疥癬《つうじょうかいせん》に比《くら》べて感染力《かんせんりょく》が強《つよ》い。

○ 061 通常疥癬《つうじょうかいせん》は，浴槽《よくそう》で感染《かんせん》する可能性《かのうせい》は低《ひく》いが，入浴《にゅうよく》の順《じゅん》番《ばん》は最後《さいご》にするのが望《のぞ》ましい。

○ 062 ノロウイルスの感染経路《かんせんけいろ》は，ほとんどが経口感染《けいこうかんせん》である（p. 256 参照《さんしょう》）。主《おも》に汚染《おせん》された貝類《かいるい》を生《なま》，または十分《じゅうぶん》加熱調理《かねつちょうり》しないで食《た》べた場合《ばあい》に感染《かんせん》する。また，発症者《はっしょうしゃ》の便《べん》や嘔吐物《おうとぶつ》などを介《かい》しても感染《かんせん》する。

× 063 ノロウイルスに感染《かんせん》した人《ひと》の嘔吐物《おうとぶつ》は，マスクと手袋《てぶくろ》を着用《ちゃくよう》してすぐにペーパータオルで拭《ふ》き取《と》る。ペーパータオルは，ビニール袋《ぶくろ》に入《い》れて，感染性廃棄物《かんせんせいはいきぶつ》として区別《くべつ》し，密閉《みっぺい》して捨《す》てる。

064 ノロウイルス（Norovirus）に感染《かんせん》した人《ひと》の嘔吐物《おうとぶつ》のついた衣服《いふく》を消毒《しょうどく》する場合《ばあい》，90℃の湯《ゆ》に1分以上《ぶんいじょう》つける。

065 高齢者介護施設《こうれいしゃかいごしせつ》で，MRSA（メチシリン耐性黄色《たいせいおうしょく》ブドウ球菌《きゅうきん》）の保菌者《ほきんしゃ》が確認《かくにん》された場合《ばあい》，接触感染予防《せっしょくかんせんよぼう》策《さく》を実施《じっし》する。

066 高齢者介護施設《こうれいしゃかいごしせつ》で，MRSA（メチシリン耐性黄色《たいせいおうしょく》ブドウ球菌《きゅうきん》）の保菌者《ほきんしゃ》が確認《かくにん》された場合《ばあい》，通常用《つうじょうもち》いられる消毒薬《しょうどくやく》は無効《むこう》である。

067 労働基準法《ろうどうきじゅんほう》には，労働者《ろうどうしゃ》の1日《にち》の法定労働時間《ほうていろうどうじかん》が定《さだ》められている。

068 ストレスチェック制度《せいど》は，労働者《ろうどうしゃ》のメンタルヘルス不《ふ》調《ちょう》の未然防止《みぜんぼうし》が主《おも》な目的《もくてき》である。

069 燃《も》え尽《つ》き症候群《しょうこうぐん》（バーンアウト（burnout））の特徴《とくちょう》として，人格《じんかく》・行動変化《こうどうへんか》や失語《しつご》がみられる。

070 介護福祉職《かいごふくししょく》の腰痛予防《ようつうよぼう》では，静的《せいてき》ストレッチングが効《こう》果的《かてき》である。

○ **064** ノロウイルスに感染《かんせん》した人《ひと》の嘔吐物《おうとぶつ》のついた衣服《いふく》を消毒《しょうどく》する場合《ばあい》，85℃以上《いじょう》の湯《ゆ》に1分以上《ぶんいじょう》つけるか，次亜塩《じあえん》素酸《そさん》ナトリウム溶液《ようえき》に10分程度《ぶんていど》つける。

○ **065** MRSAの感染経路《かんせんけいろ》は接触感染《せっしょくかんせん》であるため，スタンダードプリコーション（standard precautions：標準予防《ひょうじゅんよぼう》策《さく》）に加《くわ》えて，接触感染予防策《せっしょくかんせんよぼうさく》を実施《じっし》する（p. 256参照《さんしょう》）。

× **066** MRSAには，通常用《つうじょうもち》いられる消毒薬《しょうどくやく》は有効《ゆうこう》である。手《て》洗《あら》いができないときは速乾式《そっかんしき》アルコール消毒薬《しょうどくやく》などを使《し》用《よう》する。

○ **067** 1日《にち》の法定労働時間《ほうていろうどうじかん》は，労働基準法《ろうどうきじゅんほう》に定《さだ》められている。労働基準法《ろうどうきじゅんほう》では，労働時間《ろうどうじかん》は休憩時間《きゅうけいじかん》を除《のぞ》き，1日《にち》8時《じ》間《かん》，週《しゅう》40時間《じかん》までと定《さだ》められている。

○ **068** ストレスチェック制度《せいど》の目的《もくてき》の1つは，メンタルヘルス不調者《ふちょうしゃ》を出《だ》さないように未然《みぜん》に防止《ぼうし》すること（一次予《いちじよ》防《ぼう》）である。少《すく》なくとも1年《ねん》に1回実施《かいじっし》することが事業《じぎょう》者《しゃ》に義務《ぎむ》づけられている。

× **069** 燃《も》え尽《つ》き症候群《しょうこうぐん》の特徴《とくちょう》としては，意欲《いよく》の低下《ていか》やうつ状態《じょうたい》がみられる。

○ **070** 「職場《しょくば》における腰痛予防対策指針《ようつうよぼうたいさくししん》」（厚生労働省《こうせいろうどうしょう》）には，静的《せいてき》ストレッチングは，「筋肉《きんにく》への負担《ふたん》が少《すく》なく，安全《あんぜん》に筋疲労回復《きんひろうかいふく》，柔軟性《じゅうなんせい》，リラクセーションを高《たか》めることができる」と記載《きさい》されている。

事《じ》例《れい》問《もん》題《だい》

1 2

問題《もんだい》

Bさん（39歳《さい》，男性《だんせい》）は，腰髄損傷《ようずいそんしょう》（lumbar spinal cord injury）により対麻痺《ついまひ》があるため，車《くるま》いすで移動《いどう》している。休日《きゅうじつ》には，車《くるま》いすで趣味《しゅみ》の映画《えいが》を観《み》に出《で》かける。家族《かぞく》の協力《きょうりょく》を得《え》て，車《くるま》で送《おく》り迎《むか》えをしてもらい，仕事《しごと》は続《つづ》けている。

Bさんに関《かん》する次《つぎ》の記述《きじゅつ》のうち，ICF（International Classification of Functioning, Disability and Health：国際生活機能分類《こくさいせいかつきのうぶんるい》）における「心身機能《しんしんきのう》・身体構造《しんたいこうぞう》」と「活動《かつどう》」の関係《かんけい》を示《しめ》すものとして，**適切《てきせつ》なものを１つ選《えら》びなさい。**

1　家族《かぞく》の協力《きょうりょく》により，仕事《しごと》を続《つづ》けている。
2　腰髄損傷《ようずいそんしょう》のために，下肢《かし》に麻痺《まひ》がある。
3　車《くるま》いすを使《つか》って，映画《えいが》を観《み》に出《で》かける。
4　上肢《じょうし》に麻痺《まひ》はないため，車《くるま》いすで移動《いどう》できる。
5　映画《えいが》が趣味《しゅみ》であるため，休日《きゅうじつ》は外出《がいしゅつ》することが多《おお》い。

解答《かいとう》・解説《かいせつ》

解説《かいせつ》　025～026で学習《がくしゅう》したICFをテーマとした事例問《じれいもん》題《だい》である（p. 255 参照《さんしょう》）。

× 1　家族《かぞく》の協力《きょうりょく》は「環境因子《かんきょういんし》」であり，仕事《しごと》を続《つづ》けるのは「参加《さんか》」であるため，適切《てきせつ》でない。

× 2　腰髄損傷《ようずいそんしょう》は「健康状態《けんこうじょうたい》」であり，下肢《かし》に麻痺《まひ》があるのは「心身機能《しんしんきのう》・身体構造《しんたいこうぞう》」の障害《しょうがい》（「機能障害《きのうしょうがい》（構《こう》造障害《ぞうしょうがい》を含《ふく》む）」）であるため，適切《てきせつ》でない。

× 3　車《くるま》いすは「環境因子《かんきょういんし》」であり，映画《えいが》を観《み》に出《で》かけるのは「参加《さんか》」であるため，適切《てきせつ》でない。

○ 4　上肢《じょうし》に麻痺《まひ》がないのは「心身機能《しんしんきのう》・身体構造《しんたいこうぞう》」であり，車《くるま》いすで移動《いどう》できるのは「活動《かつどう》」であるため，適《てき》切《せつ》である。

× 5　映画《えいが》が趣味《しゅみ》であるのは「個人因子《こじんいんし》」であり，休日《きゅうじつ》に外出《がいしゅつ》することは「参加《さんか》」であるため，適切《てきせつ》でない。

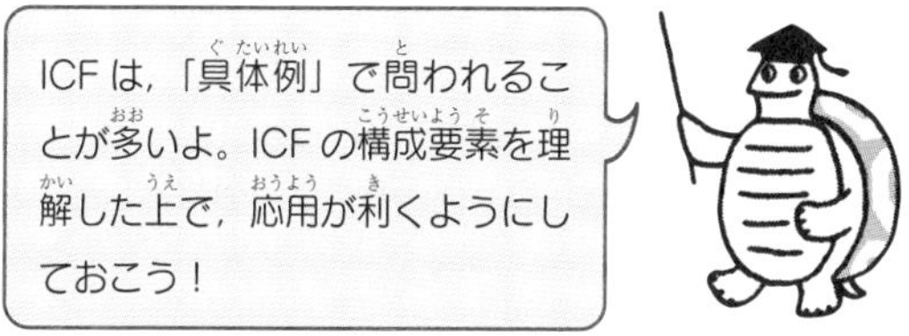

POINT

介護《かいご》の基本《きほん》

■「2022年《ねん》（令和《れいわ》4年《ねん》）国民生活基礎調査《こくみんせいかつきそちょうさ》」における「介護《かいご》の状況《じょうきょう》」

主《おも》な介護者《かいごしゃ》の同居《どうきょ》／別居《べっきょ》	別居《べっきょ》のほうが多《おお》い
同居《どうきょ》の主《おも》な介護者《かいごしゃ》の続柄《つづきがら》	配偶者《はいぐうしゃ》が最《もっと》も多《おお》い
同居《どうきょ》の主《おも》な介護者《かいごしゃ》の性別《せいべつ》	男性《だんせい》：31.1％ 女性《じょせい》：68.9％
同居《どうきょ》の主《おも》な介護者《かいごしゃ》の年齢階級《ねんれいかいきゅう》	60～69歳《さい》が最《もっと》も多《おお》い 男女《だんじょ》ともに60歳《さい》以上《いじょう》の割合《わりあい》が半数《はんすう》を超《こ》えている
同居《どうきょ》の主《おも》な介護者《かいごしゃ》の介護時間《かいごじかん》（要介護《ようかいご》3以上《いじょう》）	「ほとんど終日《しゅうじつ》」が最《もっと》も多《おお》い
同居《どうきょ》の主《おも》な介護者《かいごしゃ》の悩《なや》みやストレス	「家族《かぞく》の病気《びょうき》や介護《かいご》」が最《もっと》も多《おお》い

■介護福祉士《かいごふくしし》の欠格事由《けっかくじゆう》

- 心身《しんしん》の故障《こしょう》により介護福祉士《かいごふくしし》の業務《ぎょうむ》を適正《てきせい》に行《おこな》うことができない者《もの》として厚生労働省令《こうせいろうどうしょうれい》で定《さだ》めるもの
- 禁錮《きんこ》※以上《いじょう》の刑《けい》や社会福祉士及《しゃかいふくししおよ》び介護福祉士法《かいごふくししほう》などの法律《ほうりつ》の規《き》定《てい》による罰金《ばっきん》の刑《けい》に処《しょ》せられ，執行《しっこう》を終《お》わり，又《また》は執行《しっこう》を受《う》けることがなくなった日《ひ》から2年《ねん》を経過《けいか》しない者《もの》
- 介護福祉士《かいごふくしし》の登録《とうろく》を取《と》り消《け》され，その取《と》り消《け》しの日《ひ》から2年《ねん》を経過《けいか》しない者《もの》

※：2022年《ねん》（令和《れいわ》4年《ねん》）の改正《かいせい》で，禁錮《きんこ》が拘禁刑《こうきんけい》に改《あらた》められた（2025年《ねん》（令和《れいわ》7年《ねん》）6月1日《がつついたち》から施行予定《せこうよてい》）。

介護福祉士《かいごふくしし》の義務等《ぎむとう》

誠実義務《せいじつぎむ》	介護福祉士《かいごふくしし》は，その担当《たんとう》する者《もの》が個人《こじん》の尊厳《そんげん》を保持《ほじ》し，自《じ》立《りつ》した日常生活《にちじょうせいかつ》を営《いとな》むことができるよう，常《つね》にその者《もの》の立《たち》場《ば》に立《た》って，誠実《せいじつ》にその業務《ぎょうむ》を行《おこな》わなければならない。
信用失墜行《しんようしっついこう》為《い》の禁止《きんし》	介護福祉士《かいごふくしし》は，介護福祉士《かいごふくしし》の信用《しんよう》を傷《きず》つけるような行為《こうい》をしてはならない。
秘密保持義《ひみつほじぎ》務《む》	介護福祉士《かいごふくしし》は，正当《せいとう》な理由《りゆう》がなく，その業務《ぎょうむ》に関《かん》して知《し》り得《え》た人《ひと》の秘密《ひみつ》を漏《も》らしてはならない。介護福祉士《かいごふくしし》でなくなった後《あと》においても，同様《どうよう》とする。
連携《れんけい》	介護福祉士《かいごふくしし》は，その業務《ぎょうむ》を行《おこな》うに当《あ》たっては，その担当《たんとう》する者《もの》に，認知症《にんちしょう》であること等《とう》の心身《しんしん》の状況《じょうきょう》その他《た》の状況《じょうきょう》に応《おう》じて，福祉《ふくし》サービス等《とう》が総合的《そうごうてき》かつ適切《てきせつ》に提供《ていきょう》されるよう，福祉《ふくし》サービス関係者等《かんけいしゃとう》との連携《れんけい》を保《たも》たなければならない。
資質向上《ししつこうじょう》の責務《せきむ》	介護福祉士《かいごふくしし》は，介護《かいご》を取《と》り巻《ま》く環境《かんきょう》の変化《へんか》による業務《ぎょうむ》の内《ない》容《よう》の変化《へんか》に適応《てきおう》するため，介護等《かいごとう》に関《かん》する知識及《ちしきおよ》び技能《ぎのう》の向上《こうじょう》に努《つと》めなければならない。
名称《めいしょう》の使用《しよう》制限《せいげん》	介護福祉士《かいごふくしし》でない者《もの》は，介護福祉士《かいごふくしし》という名称《めいしょう》を使用《しよう》してはならない。

介護福祉士《かいごふくしし》の義務規定違反《ぎむきていいはん》と罰則等《ばっそくとう》

義務規定《ぎむきてい》	罰則等《ばっそくとう》
秘密保持義務《ひみつほじぎむ》	●登録《とうろく》の取《と》り消《け》し，又《また》は期間《きかん》を定《さだ》めて介護福祉士《かいごふくしし》の名《めい》称《しょう》の使用《しよう》の停止《ていし》 ●1年以下《ねんいか》の懲役《ちょうえき》※又《また》は30万円以下《まんえんいか》の罰金《ばっきん》
名称《めいしょう》の使用制限《しようせいげん》	●30万円以下《まんえんいか》の罰金《ばっきん》
信用失墜行為《しんようしっついこうい》の禁止《きんし》	●登録《とうろく》の取《と》り消《け》し，又《また》は期間《きかん》を定《さだ》めて介護福祉士《かいごふくしし》の名《めい》称《しょう》の使用《しよう》の停止《ていし》

※：2022年《ねん》（令和《れいわ》4年《ねん》）の改正《かいせい》で，懲役《ちょうえき》が拘禁刑《こうきんけい》に改《あらた》められた（2025年《ねん》（令和《れいわ》7年《ねん》）6月1日《がつついたち》から施行予定《せこうよてい》）。

■医行為《いこうい》の範囲外《はんいがい》の行為《こうい》

体温測定《たいおんそくてい》	●水銀体温計《すいぎんたいおんけい》・電子体温計《でんしたいおんけい》による腋下《えきか》での体温計測《たいおんけいそく》 ●耳式電子体温計《みみしきでんしたいおんけい》による外耳道《がいじどう》での体温測定《たいおんそくてい》
血圧測定《けつあつそくてい》	●自動血圧測定器《じどうけつあつそくていき》による血圧測定《けつあつそくてい》
酸素飽和《さんそほうわ》度測定《どそくてい》	●新生児以外《しんせいじいがい》の入院治療《にゅういんちりょう》の必要《ひつよう》がないものに対《たい》する，パルスオキシメータを装着《そうちゃく》しての動脈血酸素飽和度《どうみゃくけつさんそほうわど》の測定《そくてい》
創傷処置《そうしょうしょち》	●軽微《けいび》な切《き》り傷《きず》，擦《す》り傷《きず》，やけど等《とう》の，専門的《せんもんてき》な判断《はんだん》や技術《ぎじゅつ》を必要《ひつよう》としない処置《しょち》（汚物《おぶつ》で汚《よご》れたガーゼの交換《こうかん》を含《ふく》む）
医薬品《いやくひん》の使用介助《しようかいじょ》 ※1	●皮膚《ひふ》への軟膏《なんこう》の塗布《とふ》（褥瘡《じょくそう》の処置《しょち》を除《のぞ》く） ●皮膚《ひふ》への湿布《しっぷ》の貼付《ちょうふ》，点眼薬《てんがんやく》の点眼《てんがん》 ●一包化《いっぽうか》された内用薬《ないようやく》の内服《ないふく》（舌下錠《ぜっかじょう》の使用《しよう》も含《ふく》む） ●肛門《こうもん》からの坐薬挿入《ざやくそうにゅう》 ●鼻腔粘膜《びくうねんまく》への薬剤噴霧《やくざいふんむ》
爪切《つめき》り	●爪《つめ》そのものに異常《いじょう》がなく，爪《つめ》の周囲《しゅうい》の皮膚《ひふ》にも化膿《かのう》や炎症《えんしょう》がなく，かつ，糖尿病等《とうにょうびょうとう》の疾患《しっかん》に伴《ともな》う専門的《せんもんてき》な管理《かんり》が必要《ひつよう》でない場合《ばあい》の爪切《つめき》りとやすりがけ
口腔《こうくう》ケア	●重度《じゅうど》の歯周病等《ししゅうびょうとう》がない場合《ばあい》の日常的《にちじょうてき》な口腔内《こうくうない》の刷掃《さっそう》・清拭《せいしき》（歯《は》ブラシ，綿棒《めんぼう》，巻《ま》き綿子《めんし》などを用《もち》いて，歯《は》，口腔粘膜《こうくうねんまく》，舌《した》に付着《ふちゃく》している汚《よご》れを取《と》り除《のぞ》き，清潔《せいけつ》にすること）
耳垢《じこう》ケア	●耳垢《じこう》を除去《じょきょ》すること（耳垢塞栓《じこうそくせん》の除去《じょきょ》を除《のぞ》く）
ストーマケア	●ストーマ装具《そうぐ》のパウチにたまった排泄物《はいせつぶつ》を捨《す》てること（肌《はだ》に接着《せっちゃく》したパウチの取《と》り替《か》えを除《のぞ》く※2）
自己導尿《じこどうにょう》	●自己導尿《じこどうにょう》を補助《ほじょ》するための，カテーテルの準備《じゅんび》，体位《たいい》の保持《ほじ》
浣腸《かんちょう》	●市販《しはん》のディスポーザブルグリセリン浣腸器《かんちょうき》を用《もち》いた浣腸《かんちょう》

※1：一定《いってい》の要件《ようけん》を満《み》たしている必要《ひつよう》がある。

※2：ストーマおよびその周辺《しゅうへん》の状態《じょうたい》が安定《あんてい》し専門的《せんもんてき》な管理《かんり》が必要《ひつよう》とされない場合《ばあい》，パウチの交換《こうかん》は原則《げんそく》として医行為《いこうい》には該当《がいとう》しない。

■日本介護福祉士会倫理綱領《にほんかいごふくししかいりんりこうりょう》

①利用者本位《りようしゃほんい》，自立支援《じりつしえん》

②専門的《せんもんてき》サービスの提供《ていきょう》

③プライバシーの保護《ほご》

④総合的《そうごうてき》サービスの提供《ていきょう》と積極的《せっきょくてき》な連携《れんけい》，協力《きょうりょく》

⑤利用者《りようしゃ》ニーズの代弁《だいべん》

⑥地域福祉《ちいきふくし》の推進《すいしん》

⑦後継者《こうけいしゃ》の育成《いくせい》

■ICF（国際生活機能分類《こくさいせいかつきのうぶんるい》）の構成要素《こうせいようそ》

健康状態《けんこうじょうたい》		●疾患《しっかん》だけではなく，高齢《こうれい》や妊娠《にんしん》，ストレスなどを含《ふく》むより広《ひろ》い概念《がいねん》
生活機能《せいかつきのう》	心身機能《しんしんきのう》・身体構造《しんたいこうぞう》	●心身機能《しんしんきのう》は，身体系《しんたいけい》の生理的機能《せいりてききのう》（心理的機能《しんりてききのう》を含《ふく》む） ●身体構造《しんたいこうぞう》は，器官《きかん》，肢体《したい》とその構成部分《こうせいぶぶん》などの解剖学的部分《かいぼうがくてきぶぶん》
	活動《かつどう》	●日常生活動作《にちじょうせいかつどうさ》から家事《かじ》，仕事《しごと》など生活行為《せいかつこうい》のすべて ●活動《かつどう》には，実行状況《じっこうじょうきょう》（している活動《かつどう》：普段《ふだん》行《おこな》っている活動《かつどう》）と能力《のうりょく》（できる活動《かつどう》：普段《ふだん》はできないが，頑張《がんば》ればできる活動《かつどう》）がある
	参加《さんか》	●社会的《しゃかいてき》な出来事《できごと》に関与《かんよ》したり，役割《やくわり》を果《は》たすこと
背景因子《はいけいいんし》	環境因子《かんきょういんし》	●物的《ぶってき》な環境《かんきょう》や社会的環境《しゃかいてきかんきょう》などを構成《こうせい》する因子《いんし》
	個人因子《こじんいんし》	●個人《こじん》の人生《じんせい》や生活《せいかつ》の特別《とくべつ》な背景《はいけい》

■リハビリテーションの4つの領域《りょういき》

医学《いがく》	障害《しょうがい》の医学的治療《いがくてきちりょう》を行《おこな》い，障害《しょうがい》の改善《かいぜん》，二次障害《にじしょうがい》の予防《よぼう》，機能維持《きのういじ》などを通《とお》して，自立生活《じりつせいかつ》を支援《しえん》する。
社会《しゃかい》	社会生活能力《しゃかいせいかつのうりょく》（社会《しゃかい》の中《なか》で，自分《じぶん》のニーズを満《み》たし，社会《しゃかい》参加《さんか》を実現《じつげん》する権利《けんり》を行使《こうし》する能力《のうりょく》）を高《たか》める視点《してん》から支《し》援《えん》する。
教育《きょういく》	障害児《しょうがいじ》・者《しゃ》の全面的発達《ぜんめんてきはったつ》を促進《そくしん》させ，課題《かだい》への対応《たいおう》や生活《せいかつ》技能《ぎのう》を発達《はったつ》させ，自己実現《じこじつげん》を図《はか》るよう支援《しえん》する。
職業《しょくぎょう》	職業指導《しょくぎょうしどう》，職業訓練《しょくぎょうくんれん》，職業選択《しょくぎょうせんたく》などの職業的《しょくぎょうてき》サービスの提《てい》供《きょう》を含《ふく》んだ，適切《てきせつ》な就職《しゅうしょく》の確保《かくほ》と継続《けいぞく》ができるように支援《しえん》する。

■主《おも》な感染経路《かんせんけいろ》と原因微生物《げんいんびせいぶつ》

感染経路《かんせんけいろ》	主《おも》な原因微生物《げんいんびせいぶつ》
接触感染《せっしょくかんせん》（経口感染《けいこうかんせん》含《ふく》む）	ノロウイルス※，腸管出血性大腸菌《ちょうかんしゅっけつせいだいちょうきん》，メチシリン耐性黄色《たいせいおうしょく》ブドウ球菌《きゅうきん》（MRSA） 等《とう》
飛沫感染《ひまつかんせん》	インフルエンザウイルス※，ムンプスウイルス，風疹《ふうしん》ウイルス 等《とう》
空気感染《くうきかんせん》	結核菌《けっかくきん》，麻疹《ましん》ウイルス，水痘《すいとう》ウイルス 等《とう》
血液媒介感染《けつえきばいかいかんせん》	B型肝炎《がたかんえん》ウイルス，C型肝炎《がたかんえん》ウイルス 等《とう》

※：ノロウイルス，インフルエンザウイルスは，空気感染《くうきかんせん》の可能性《かのうせい》が報告《ほうこく》されている。

※：インフルエンザウイルスは，接触感染《せっしょくかんせん》により感染《かんせん》する場合《ばあい》がある。

出典《しゅってん》：厚生労働省《こうせいろうどうしょう》「高齢者介護施設《こうれいしゃかいごしせつ》における感染対策《かんせんたいさく》マニュアル（改訂版《かいていばん》）」p. 4，2019年《ねん》を一部改変《いちぶかいへん》

コミュニケーション技《ぎ》術《じゅつ》

問題《もんだい》

001

利用者《りようしゃ》や利用者《りようしゃ》の家族《かぞく》と信頼関係《しんらいかんけい》を構築《こうちく》するためには，介護福祉職《かいごふくししょく》が多《おお》く発言《はつげん》するほうが良《よ》い関係《かんけい》が構築《こうちく》できる。

002

亡《な》くなった祖母《そぼ》と似《に》ている利用者《りようしゃ》に，無意識《むいしき》に頻繁《ひんぱん》に関《かか》わることは，逆転移《ぎゃくてんい》が起《お》きている事例《じれい》に該当《がいとう》する。

003

コミュニケーションをとる際《さい》には，言葉《ことば》だけではなく表情《ひょうじょう》やしぐさにも注意《ちゅうい》する。

004

感情《かんじょう》の反射《はんしゃ》（reflection of feeling）とは，相手《あいて》が表《あらわ》した感情《かんじょう》を，介護福祉職《かいごふくししょく》が解釈《かいしゃく》した上《うえ》で相手《あいて》に伝《つた》えることである。

005

利用者《りようしゃ》が話《はな》した内容《ないよう》を整理《せいり》して伝《つた》えることは，明確化《めいかくか》の技法《ぎほう》である。

006

利用者《りようしゃ》が話《はな》した内容《ないよう》を別《べつ》の言葉《ことば》を使《つか》って簡潔《かんけつ》に返《かえ》すことは，焦点化《しょうてんか》の技法《ぎほう》である。

007

利用者《りようしゃ》の感情《かんじょう》と行動《こうどう》の矛盾点《むじゅんてん》を指摘《してき》することは，直面《ちょくめん》化《か》の技法《ぎほう》である。

008

アサーティブ・コミュニケーション（assertive communication）とは，利用者《りようしゃ》の思《おも》いを尊重《そんちょう》して，介護福祉職《かいごふくししょく》の意見《いけん》を控《ひか》えることである。

解《かい》答《とう》・解《かい》説《せつ》

× **001** 利用者《りようしゃ》や利用者《りようしゃ》の家族《かぞく》と信頼関係《しんらいかんけい》を構築《こうちく》するためには，介護福祉職《かいごふくししょく》が共感的《きょうかんてき》に話《はなし》を聴《き》くほうが良《よ》い関係《かんけい》が構築《こうちく》できる。

○ **002** 「転移《てんい》」は，利用者《りようしゃ》が介護福祉職《かいごふくししょく》に対《たい》して向《む》ける感情《かんじょう》であり，「逆転移《ぎゃくてんい》」は，介護福祉職《かいごふくししょく》が利用者《りようしゃ》に対《たい》して向《む》ける感情《かんじょう》のことである。「転移《てんい》」「逆転移《ぎゃくてんい》」ともに，身近《みぢか》な人《ひと》に重《かさ》ねる傾向《けいこう》があるといわれている。

○ **003** コミュニケーションをとる際《さい》には，言語的《げんごてき》メッセージだけではなく，表情《ひょうじょう》やしぐさなどから発《はっ》せられる非言語的《ひげんごてき》メッセージにも気《き》を配《くば》ることが大切《たいせつ》である。

× **004** 感情《かんじょう》の反射《はんしゃ》とは，相手《あいて》が言葉《ことば》や非言語的《ひげんごてき》表現《ひょうげん》で表《あらわ》した感《かん》情《じょう》を，介護福祉職《かいごふくししょく》がそのまま言葉《ことば》にして相手《あいて》に伝《つた》えることである（p. 274 参照《さんしょう》）。

× **005** 利用者《りようしゃ》が話《はな》した内容《ないよう》を整理《せいり》して伝《つた》えることは，要約《ようやく》の技《ぎ》法《ほう》である（p. 274 参照《さんしょう》）。

× **006** 利用者《りようしゃ》が話《はな》した内容《ないよう》を別《べつ》の言葉《ことば》を使《つか》って簡潔《かんけつ》に返《かえ》すことは，言《い》い換《か》えの技法《ぎほう》である（p. 274 参照《さんしょう》）。

○ **007** 利用者《りようしゃ》の感情《かんじょう》と行動《こうどう》の矛盾点《むじゅんてん》を指摘《してき》することは，直面化《ちょくめんか》の技法《ぎほう》である（p. 274 参照《さんしょう》）。

× **008** アサーティブ・コミュニケーションとは，利用者《りようしゃ》の思《おも》いを尊重《そんちょう》しながら，介護福祉職《かいごふくししょく》の意見《いけん》を率直《そっちょく》に伝《つた》えることである。

009 漠然《ばくぜん》としていて伝《つた》わらない利用者《りようしゃ》の考《かんが》えを明確《めいかく》にするために，閉《と》じられた質問《しつもん》をする。

010 介護福祉職《かいごふくししょく》が行《おこな》う傾聴《けいちょう》では，利用者《りようしゃ》が抱《いだ》いている感情《かんじょう》を推察《すいさつ》する。

011 意欲《いよく》が低下《ていか》した人《ひと》とのコミュニケーションでは，まず意欲低下《いよくていか》の背景《はいけい》を考《かんが》えることが大切《たいせつ》である。

012 意欲《いよく》が低下《ていか》した人《ひと》とのコミュニケーションでは，意欲《いよく》が自然《しぜん》に回復《かいふく》するまで待《ま》つのがよい。

013 コミュニケーション技術《ぎじゅつ》の基本《きほん》として，利用者《りようしゃ》と家族《かぞく》の意見《いけん》が異《こと》なるときは，家族《かぞく》の意見《いけん》を優先《ゆうせん》する。

014 点字《てんじ》は視覚障害者《しかくしょうがいしゃ》のコミュニケーション手段《しゅだん》であり，点字《てんじ》で書《か》かれたものは左《ひだり》から右《みぎ》に読《よ》んでいく。

015 視覚障害《しかくしょうがい》のある人《ひと》とのコミュニケーションでは，挨拶《あいさつ》するときは後《うし》ろから声《こえ》をかける。

016 視覚障害《しかくしょうがい》のある人《ひと》を誘導《ゆうどう》するときには，「こちらに」と方向《ほうこう》を伝《つた》える。

× **009** 漠然《ばくぜん》としていて伝《つた》わらない利用者《りようしゃ》の考《かんが》えを明確《めいかく》にするために，開《ひら》かれた質問《しつもん》をすることで，より多《おお》くの情報《じょうほう》を得《え》る必要《ひつよう》がある（p. 274 参照《さんしょう》）。

○ **010** 利用者《りようしゃ》の抱《いだ》いている感情《かんじょう》は言葉《ことば》によって表現《ひょうげん》されないこともあるため，「どのような気持《きも》ちなのだろう」と推察《すいさつ》しながら話《はなし》を聴《き》くことが求《もと》められる。

○ **011** 意欲《いよく》が低下《ていか》した人《ひと》とのコミュニケーションでは，根拠《こんきょ》をもって対応《たいおう》できるように，まず意欲低下《いよくていか》の背景《はいけい》を考《かんが》えることが大切《たいせつ》である。

× **012** 意欲《いよく》の低下《ていか》は，廃用症候群《はいようしょうこうぐん》（disuse syndrome）につながるリスクもあるため，意欲《いよく》を引《ひ》き出《だ》すための支援《しえん》を行《おこな》う必要《ひつよう》がある。

× **013** 介護福祉職《かいごふくししょく》は利用者《りようしゃ》のみならず，家族《かぞく》との関係《かんけい》も円滑《えんかつ》に構築《こうちく》していくことが求《もと》められる。どちらかの意見《いけん》を優先《ゆうせん》させるのではなく，両者《りょうしゃ》の意見《いけん》を聞《き》いて調整《ちょうせい》していくことが求《もと》められる。

○ **014** 点字《てんじ》は，１マスが左右《さゆう》３つずつの点《てん》からなる。横書《よこが》きになっており，突出《とっしゅつ》している部分《ぶぶん》を左《ひだり》から右《みぎ》へと読《よ》んでいく。

× **015** 視覚障害《しかくしょうがい》のある人《ひと》とのコミュニケーションでは，挨拶《あいさつ》するときは正面《しょうめん》から声《こえ》をかける。また，肩《かた》に触《ふ》れたりする前《まえ》に声《こえ》をかけるようにする。

× **016** 視覚障害《しかくしょうがい》のある人《ひと》を誘導《ゆうどう》するときには，「右《みぎ》に」「左《ひだり》に」「2時《じ》の方向《ほうこう》に」などと，具体的《ぐたいてき》に方向《ほうこう》を伝《つた》える。

---

017 視覚障害《しかくしょうがい》のある人《ひと》とのコミュニケーションでは，聴《ちょう》覚《かく》，触覚《しょっかく》，嗅覚《きゅうかく》を活用《かつよう》する。

018 全盲《ぜんもう》となって間《ま》もない高齢者《こうれいしゃ》とのコミュニケーションでは，点字《てんじ》が有効《ゆうこう》である。

019 箱型補聴器《はこがたほちょうき》を使用《しよう》する利用者《りようしゃ》と介護福祉職《かいごふくししょく》のコミュニケーションでは，介護福祉職《かいごふくししょく》は，できるだけ大声《おおごえ》で話《はな》す。

020 中程度《ちゅうていど》の老人性難聴《ろうじんせいなんちょう》（presbycusis）のある人《ひと》とのコミュニケーションでは，正面《しょうめん》で向《む》き合《あ》って話《はな》し手《て》の口元《くちもと》に注目《ちゅうもく》するように促《うなが》す。

021 中途失聴者《ちゅうとしっちょうしゃ》である利用者《りようしゃ》と介護福祉職《かいごふくししょく》との間《あいだ》で，筆談《ひつだん》が用《もち》いられることは少《すく》ない。

022 聴覚障害《ちょうかくしょうがい》のある利用者《りようしゃ》と介護福祉職《かいごふくししょく》との間《あいだ》での筆談《ひつだん》では，キーワードを活用《かつよう》して内容《ないよう》を伝達《でんたつ》する。

023 手話《しゅわ》を獲得《かくとく》した人《ひと》は指文字《ゆびもじ》も獲得《かくとく》しているので，介護《かいご》福祉職《ふくししょく》は指文字《ゆびもじ》を積極的《せっきょくてき》に使《つか》う。

024 先天的《せんてんてき》に耳《みみ》の聞《き》こえないろう者《しゃ》で，成人《せいじん》になってから両眼《りょうがん》とも外界《がいかい》の明暗《めいあん》がわかる程度《ていど》の視力《しりょく》となった利用《りよう》者《しゃ》と円滑《えんかつ》なコミュニケーションをとるときの手段《しゅだん》としては，触手話《しょくしゅわ》が適切《てきせつ》である。

○ **017** 視覚障害《しかくしょうがい》のある人《ひと》とのコミュニケーションでは，視覚以《しかくい》外《がい》の聴覚《ちょうかく》，触覚《しょっかく》，嗅覚《きゅうかく》などを活用《かつよう》する。

× **018** 点字《てんじ》は新《あら》たに習得《しゅうとく》しなければならないため，全盲《ぜんもう》となって間《ま》もない高齢者《こうれいしゃ》とのコミュニケーションでは，有効《ゆうこう》とはいえない。聴覚《ちょうかく》を活用《かつよう》した話《はな》し言葉《ことば》などが有効《ゆうこう》である。

× **019** 補聴器《ほちょうき》は音《おと》を大《おお》きくする効果《こうか》があるため，大声《おおごえ》で話《はな》されると音《おと》が響《ひび》きうるさく感《かん》じてしまうことがある。大《おお》きな声《こえ》よりも普通《ふつう》の大《おお》きさの声《こえ》でゆっくり，はっきりと話《はな》すように心《こころ》がける。

○ **020** 正面《しょうめん》で向《む》き合《あ》って話《はな》し手《て》の口元《くちもと》を見《み》てその動《うご》きを読《よ》み取《と》ることは，難聴《なんちょう》のある人《ひと》が発声《はっせい》された言葉《ことば》を理解《りかい》するのに役立《やくだ》つといえる。

× **021** 筆談《ひつだん》は，新《あら》たに特別《とくべつ》に習得《しゅうとく》すべき事柄《ことがら》もないため，聴力《ちょうりょく》を失《うしな》って間《ま》もない中途失聴者《ちゅうとしっちょうしゃ》とのコミュニケーション手《しゅ》段《だん》として有効《ゆうこう》である。

○ **022** 筆談《ひつだん》では，文章以外《ぶんしょういがい》に，キーワード，図《ず》や絵《え》などを活用《かつよう》して内容《ないよう》を伝達《でんたつ》すると伝《つた》わりやすくなる。

× **023** 指文字《ゆびもじ》は，実際《じっさい》の場面《ばめん》では，手話《しゅわ》と交《まじ》えて使《つか》うが，手話《しゅわ》を獲得《かくとく》していれば指文字《ゆびもじ》も獲得《かくとく》しているとは限《かぎ》らない。

○ **024** 触手話《しょくしゅわ》は，相手《あいて》の手話《しゅわ》を手《て》で触《さわ》って読《よ》み取《と》る方法《ほうほう》である。触覚《しょっかく》を活用《かつよう》する方法《ほうほう》であるため，聴覚《ちょうかく》と視覚《しかく》に障害《しょうがい》のある利用者《りようしゃ》とのコミュニケーション手段《しゅだん》として適切《てきせつ》である。

1 2 **025**

構音障害《こうおんしょうがい》のある人《ひと》とのコミュニケーションでは，閉《と》じられた質問《しつもん》を活用《かつよう》する。

1 2 **026**

筋萎縮性側索硬化症《きんいしゅくせいそくさくこうかしょう》（amyotrophic lateral sclerosis：ALS）によって四肢《しし》の筋力《きんりょく》が低下《ていか》し，構音障害《こうおんしょうがい》のある人《ひと》とのコミュニケーションでは，透明文字盤《とうめいもじばん》を用《もち》いる。

1 2 **027**

感覚性失語症《かんかくせいしつごしょう》（sensory aphasia）のある人《ひと》には，絵《え》カードを用《もち》いる。

1 2 **028**

運動性失語症《うんどうせいしつごしょう》（motor aphasia）のある人《ひと》とのコミュニケーションでは，閉《と》じられた質問《しつもん》を活用《かつよう》する。

1 2 **029**

運動性失語症《うんどうせいしつごしょう》（motor aphasia）のある人《ひと》には，五十音表《ごじゅうおんひょう》でひらがなを指《さ》してもらう。

1 2 **030**

抑《よく》うつ状態《じょうたい》（depressive state）の利用者《りようしゃ》への介護《かいご》福祉職《ふくししょく》の対応《たいおう》として，気晴《きば》らしに散歩《さんぽ》に誘《さそ》うことは適切《てきせつ》である。

1 2 **031**

抑《よく》うつ状態《じょうたい》（depressive state）の利用者《りようしゃ》への介護《かいご》福祉職《ふくししょく》の対応《たいおう》として，見守《みまも》っていることを伝《つた》えることは適切《てきせつ》である。

○ **025** 構音障害《こうおんしょうがい》のある人《ひと》とのコミュニケーションでは，「はい」「いいえ」などで簡単《かんたん》に答《こた》えられるように，閉《と》じられた質問《しつもん》を活用《かつよう》する（p. 274参照《さんしょう》）。

○ **026** 透明文字盤《とうめいもじばん》は，目《め》の動《うご》き（視線《しせん》）で文字《もじ》を示《しめ》すことによって意思《いし》を伝《つた》える道具《どうぐ》である。筋萎縮性側索硬化症《きんいしゅくせいそくさくこうかしょう》では，目《め》の動《うご》きは最期《さいご》まで障害《しょうがい》されないため，透明文字盤《とうめいもじばん》を用《もち》いることは適切《てきせつ》である。

× **027** 感覚性失語症《かんかくせいしつごしょう》のある人《ひと》は，言語《げんご》を理解《りかい》することができないため，五十音表《ごじゅうおんひょう》や絵《え》カードを用《もち》いることは適切《てきせつ》でない。

○ **028** 運動性失語症《うんどうせいしつごしょう》のある人《ひと》とのコミュニケーションでは，答《こた》えやすさを優先《ゆうせん》して，二者択一《にしゃたくいつ》の問《と》いかけや「はい」「いいえ」で答《こた》えられる閉《と》じられた質問《しつもん》を活用《かつよう》する（p. 274参照《さんしょう》）。

× **029** 運動性失語症《うんどうせいしつごしょう》のある人《ひと》は，言語《げんご》を表出《ひょうしゅつ》することができないため，五十音表《ごじゅうおんひょう》でひらがなを指《さ》してもらうことは適切《てきせつ》でない。閉《と》じられた質問《しつもん》，絵《え》や写真《しゃしん》を用《もち》いるとよい。

× **030** 気分転換《きぶんてんかん》や気晴《きば》らしを勧《すす》めるより，心《こころ》とからだを休《やす》めることができるように配慮《はいりょ》することが大切《たいせつ》である。

○ **031** 抑《よく》うつ状態《じょうたい》の利用者《りようしゃ》への介護福祉職《かいごふくししょく》の対応《たいおう》としては，見守《みまも》っていることを伝《つた》えて，利用者《りようしゃ》に安心《あんしん》してもらうことが大切《たいせつ》である。

1 2 **032** 統合失調症《とうごうしっちょうしょう》（schizophrenia）の人《ひと》が自分《じぶん》の妄想《もうそう》を話《はな》したときは，利用者理解《りようしゃりかい》のために，妄想《もうそう》の内容《ないよう》を詳《くわ》しく聞《き》く。

1 2 **033** チーム内《ない》の連携《れんけい》において，リーダーは，指示《しじ》を行《おこな》うだけでなく，メンバーの経験《けいけん》などにより裁量《さいりょう》を認《みと》める。

1 2 **034** チーム内《ない》の連携《れんけい》においては，記録《きろく》や言葉《ことば》に頼《たよ》らず，互《たが》いに理解《りかい》できることを目指《めざ》す。

1 2 **035** 介護実践《かいごじっせん》の場《ば》で行《おこな》われる，勤務交代時《きんむこうたいじ》の申《もう》し送《おく》りの目的《もくてき》は，利用者《りようしゃ》へのケアの継続性《けいぞくせい》を保《たも》つためである。

1 2 **036** 介護福祉職《かいごふくししょく》は，指示《しじ》を受《う》けた仕事《しごと》の報告《ほうこく》を指示者《しじしゃ》へ行《おこな》う。

1 2 **037** 介護福祉職《かいごふくししょく》が行《おこな》う報告《ほうこく》の留意点《りゅういてん》として，報告《ほうこく》するときは，自分《じぶん》の意見《いけん》を最初《さいしょ》に述《の》べる。

1 2 **038** 介護福祉職《かいごふくししょく》が行《おこな》う報告《ほうこく》の留意点《りゅういてん》として，起《お》こった事実《じじつ》は，客観的《きゃっかんてき》かつ具体的《ぐたいてき》な言葉《ことば》で報告《ほうこく》する。

× **032** 統合失調症《とうごうしっちょうしょう》の人《ひと》の妄想《もうそう》の内容《ないよう》を詳《くわ》しく聞《き》くと，妄想《もうそう》の内《ない》容《よう》が膨《ふく》らむことで収拾《しゅうしゅう》がつかなくなり，かえって症状《しょうじょう》を悪化《あっか》させてしまうことになりかねない。そのため，妄想《もうそう》の内容《ないよう》には否定《ひてい》も肯定《こうてい》もせずに関《かか》わる姿勢《しせい》を持《も》つように心《こころ》がける。

○ **033** チーム内《ない》の連携《れんけい》においては，メンバーの経験《けいけん》などにより，指示《しじ》を受《う》けなくても速《すみ》やかに行動《こうどう》に移《うつ》すことが可能《かのう》となるため，メンバーに裁量《さいりょう》を認《みと》めることもあり得《う》る。

× **034** チームでは，報告《ほうこく》・連絡《れんらく》・相談《そうだん》を繰《く》り返《かえ》し，情報《じょうほう》を共有《きょうゆう》することでお互《たが》いに理解《りかい》することが可能《かのう》となる。そのためには，記録《きろく》を残《のこ》すことや言葉《ことば》での伝達《でんたつ》が必要不可欠《ひつようふかけつ》となる。

○ **035** 勤務交代時《きんむこうたいじ》に客観的《きゃっかんてき》な事実《じじつ》を正確《せいかく》に申《もう》し送《おく》りして情報共《じょうほうきょう》有《ゆう》を行《おこな》うことで，利用者《りようしゃ》へのケアの継続性《けいぞくせい》を保《たも》つことができる。

○ **036** 指示《しじ》された仕事《しごと》が終了《しゅうりょう》したときは，必《かなら》ず指示者《しじしゃ》に報告《ほうこく》する。長期間《ちょうきかん》にわたる仕事《しごと》の場合《ばあい》には進捗状況《しんちょくじょうきょう》を報告《ほうこく》したり，問題《もんだい》やトラブルなどが生《しょう》じたときはすぐに報告《ほうこく》する必要《ひつよう》がある。

× **037** 報告《ほうこく》するときは，結論《けつろん》から先《さき》に報告《ほうこく》することが原則《げんそく》であり，事実《じじつ》を正確《せいかく》に報告《ほうこく》するよう心《こころ》がける。

○ **038** 正《ただ》しい情報《じょうほう》を伝《つた》えるためには，起《お》こった事実《じじつ》を客観的《きゃっかんてき》かつ具体的《ぐたいてき》な言葉《ことば》で報告《ほうこく》する必要《ひつよう》がある。

---

039 介護業務《かいごぎょうむ》の事故報告《じこほうこく》をする際《さい》，記録《きろく》した内容《ないよう》は，口頭《こうとう》での報告《ほうこく》が不要《ふよう》である。

040 ヒヤリ・ハット報告書《ほうこくしょ》は，報告者《ほうこくしゃ》の責任《せきにん》を追及《ついきゅう》することを目的《もくてき》とする。

041 ヒヤリ・ハット報告書《ほうこくしょ》は，事故報告書《じこほうこくしょ》とは分《わ》けて記載《きさい》する。

042 ケアカンファレンス（care conference）の開催《かいさい》に当《あ》たり，支援《しえん》する関係者《かんけいしゃ》が全員参加《ぜんいんさんか》した場合《ばあい》には，議《ぎ》事録《じろく》は作成《さくせい》しなくてもよい。

043 カンファレンス（conference）では，司会者《しかいしゃ》は介護《かいご》支援専門員《しえんせんもんいん》（ケアマネジャー）と決《き》められている。

044 ケアカンファレンス（care conference）は，専門《せんもん》職《しょく》のみで行《おこな》い，利用者本人《りようしゃほんにん》は参加《さんか》しない。

045 ブレインストーミング（brainstorming）の原則《げんそく》では，他人《たにん》の意見《いけん》が正《ただ》しいかどうかをその場《ば》で判断《はんだん》する。

046 ブレインストーミング（brainstorming）の原則《げんそく》では，他人《たにん》の意見《いけん》を参考《さんこう》にしてはいけない。

× **039** 介護業務《かいごぎょうむ》の事故報告《じこほうこく》をする際《さい》，文書《ぶんしょ》による記録《きろく》だけでは，微妙《びみょう》なニュアンスが伝《つた》わりにくいこともあるので，口頭《こうとう》での報告《ほうこく》を付《つ》け加《くわ》えることが求《もと》められる。

× **040** ヒヤリ・ハット報告書《ほうこくしょ》の目的《もくてき》は，責任《せきにん》の追及《ついきゅう》ではなく，事故《じこ》を未然《みぜん》に防《ふせ》ぐことである。

○ **041** ヒヤリ・ハット報告書《ほうこくしょ》は，事故《じこ》には至《いた》らなかったが「ヒヤリ」「ハッ」とした事例《じれい》を報告《ほうこく》するものであり，事故《じこ》報告書《ほうこくしょ》とは分《わ》けて記載《きさい》する必要《ひつよう》がある。

× **042** 議事録《ぎじろく》は，話《はな》し合《あ》いの内容《ないよう》を欠席者《けっせきしゃ》に伝《つた》えるために作成《さくせい》するものではない。ケアカンファレンスでは，記録者《きろくしゃ》を決《き》めて議事録《ぎじろく》を作成《さくせい》し，話《はな》し合《あ》いのプロセスや結果《けっか》を記《き》録《ろく》に残《のこ》しておくことが必要《ひつよう》である。

× **043** 介護支援専門員《かいごしえんせんもんいん》がカンファレンスの司会者《しかいしゃ》になるという決《き》まりはない。自由《じゆう》で活発《かっぱつ》な議論《ぎろん》ができるように配慮《はいりょ》することが求《もと》められるため，司会者《しかいしゃ》にはリーダーシップのとれる人《ひと》が適《てき》している。

× **044** ケアカンファレンスには，利用者本人《りようしゃほんにん》の参加《さんか》を促《うなが》し，利《り》用者《ようしゃ》の意向《いこう》をケア方針《ほうしん》に反映《はんえい》させる。意見《いけん》が分《わ》かれた場《ば》合《あい》は，話《はな》し合《あ》って意見《いけん》の調整《ちょうせい》を図《はか》る。

× **045** ブレインストーミングは，結論《けつろん》を出《だ》すことが目的《もくてき》ではなく，とにかく多《おお》くの意見《いけん》を出《だ》すことが目的《もくてき》である。

× **046** ブレインストーミングでは，他人《たにん》の意見《いけん》を参考《さんこう》にしてもよい。新《あら》たに意見《いけん》を付《つ》け加《くわ》えたり結合《けつごう》したりすることで意見《いけん》の質《しつ》を高《たか》めていくことが期待《きたい》される。

047

介護記録《かいごきろく》を作成《さくせい》するときに，介護福祉職《かいごふくししょく》の解釈《かいしゃく》を記録《きろく》する文体《ぶんたい》は叙述体《じょじゅつたい》である。

048

介護記録《かいごきろく》は，記憶《きおく》の鮮明《せんめい》なうちに事実《じじつ》と意見《いけん》をきちんと分《わ》けて記述《きじゅつ》し，情報源《じょうほうげん》も明記《めいき》する。

049

利用者《りようしゃ》と家族《かぞく》は介護記録《かいごきろく》を閲覧《えつらん》することができる。

050

事例検討《じれいけんとう》の目的《もくてき》は，チームで事例《じれい》の課題《かだい》を共有《きょうゆう》し，解《かい》決策《けつさく》を見《み》いだすことである。

× **047**

介護記録《かいごきろく》を作成《さくせい》するときに，介護福祉職《かいごふくししょく》の解釈《かいしゃく》を記録《きろく》する文体《ぶんたい》は説明体《せつめいたい》である。叙述体《じょじゅつたい》は，利用者《りようしゃ》に起《お》こったことをそのまま客観的《きゃっかんてき》に記録《きろく》するときに用《もち》いられる。

○ **048**

介護記録《かいごきろく》は正《ただ》しく記述《きじゅつ》されていることが原則《げんそく》であるため，記憶《きおく》の鮮明《せんめい》なうちに書《か》くことが大切《たいせつ》である。また，事実《じじつ》と意見《いけん》を分《わ》けることや情報源《じょうほうげん》を書《か》くことも正確《せいかく》な介《かい》護記録《ごきろく》を書《か》くための原則《げんそく》である。

○ **049**

個人情報《こじんじょうほう》の保護《ほご》に関《かん》する法律《ほうりつ》では，利用者《りようしゃ》や家族《かぞく》から介《かい》護記録《ごきろく》の開示《かいじ》が求《もと》められたときは，情報《じょうほう》の開示《かいじ》をしなければならないとされている。

○ **050**

事例検討《じれいけんとう》の目的《もくてき》は，チームで課題《かだい》を抽出《ちゅうしゅつ》し，支援計画《しえんけいかく》を立《た》てることによって，利用者《りようしゃ》の現状《げんじょう》をより良《よ》い状態《じょうたい》に回《かい》復《ふく》することである。

事例問題《じれいもんだい》

問題《もんだい》

Cさん（80歳《さい》，男性《だんせい》）は，中等度《ちゅうとうど》の認知症《にんちしょう》（dementia）があり，認知症対応型共同生活介護《にんちしょうたいおうがたきょうどうせいかつかいご》（認知《にんち》症高齢者《しょうこうれいしゃ》グループホーム）に入居中《にゅうきょちゅう》である。16時《じ》頃《ごろ》，CさんがD介護福祉職《かいごふくししょく》に，「仕事《しごと》は終《お》わりました。家《いえ》に帰《かえ》ります」と伝《つた》えてきた。

客観的事実《きゃっかんてきじじつ》を表《あらわ》すD介護福祉職《かいごふくししょく》の書《か》いた介護記録《かいごきろく》として，**最《もっと》も適切《てきせつ》な**ものを１つ選《えら》びなさい。

1　16時頃《じごろ》，「仕事《しごと》は終《お》わりました。家《いえ》に帰《かえ》ります」という発言《はつげん》があった。

2　自宅《じたく》のことが心配《しんぱい》になって「家《いえ》に帰《かえ》る」という発《はつ》言《げん》があった。

3　不安時《ふあんじ》に無断外出《むだんがいしゅつ》が心配《しんぱい》されるため，様子《ようす》の観察《かんさつ》が必要《ひつよう》と考《かんが》える。

4　認知症《にんちしょう》が悪化《あっか》し，ここがどこなのかを理解《りかい》していないようだ。

5　帰宅願望《きたくがんぼう》があったが，特《とく》に問題《もんだい》はなかった。

解答《かいとう》・解説《かいせつ》

解説《かいせつ》

047で学習《がくしゅう》した，説明体《せつめいたい》と叙述体《じょじゅつたい》をテーマとした事《じ》例問題《れいもんだい》である。介護記録《かいごきろく》の文体《ぶんたい》には，介護福祉職《かいごふくししょく》の解《かい》釈《しゃく》・意見《いけん》・推測《すいそく》などを主観的《しゅかんてき》に記録《きろく》する説明体《せつめいたい》と，利用《りよう》者《しゃ》に起《お》こったことをそのまま客観的《きゃっかんてき》に記録《きろく》する叙述体《じょじゅつたい》がある。この違《ちが》いを押《お》さえていれば，正答《せいとう》を導《みちび》くことができる。

○　1　時刻《じこく》，発言内容《はつげんないよう》ともに，実際《じっさい》に観察《かんさつ》した出来事《できごと》そのままであるため，適切《てきせつ》である。

×　2　「自宅《じたく》のことが心配《しんぱい》になって」の部分《ぶぶん》はD介護福祉《かいごふくし》職《しょく》の解釈《かいしゃく》であるため，適切《てきせつ》でない。

×　3　D介護福祉職《かいごふくししょく》の意見《いけん》であるため，適切《てきせつ》でない。

×　4　D介護福祉職《かいごふくししょく》の推測《すいそく》であるため，適切《てきせつ》でない。

×　5　「特《とく》に問題《もんだい》はなかった」の部分《ぶぶん》はD介護福祉職《かいごふくししょく》の解《かい》釈《しゃく》であるため，適切《てきせつ》でない。

事例問題《じれいもんだい》では，コミュニケーションの基礎知識《きそちしき》を，実際《じっさい》の介護場面《かいごばめん》で活用《かつよう》できる力《ちから》が試《ため》されるよ。

POINT コミュニケーション技術《ぎじゅつ》

■コミュニケーションの技法《ぎほう》

繰《く》り返《かえ》し	話《はなし》の中《なか》の事実関係《じじつかんけい》，事柄《ことがら》に関《かん》する言葉《ことば》を繰《く》り返《かえ》す。
反射《はんしゃ》	利用者《りようしゃ》の言葉《ことば》や非言語的表現《ひげんごてきひょうげん》に込《こ》められている感情《かんじょう》を受《う》け取《と》り，鏡《かがみ》に映《うつ》すように相手《あいて》に伝《つた》える。
明確化《めいかくか》	利用者《りようしゃ》が話《はな》したいと思《おも》っていることを聴《き》き手《て》が言語化《げんごか》して伝《つた》える。
焦点化《しょうてんか》	利用者《りようしゃ》が話《はな》したい内容《ないよう》に焦点《しょうてん》を合《あ》わせて，話《はなし》を方向《ほうこう》づける。
要約《ようやく》	利用者《りようしゃ》の話《はなし》を簡潔《かんけつ》に整理《せいり》して，要点《ようてん》を伝《つた》える。
言《い》い換《か》え	利用者《りようしゃ》が話《はな》した内容《ないよう》を，別《べつ》の言葉《ことば》を使《つか》って簡潔《かんけつ》に返《かえ》す。
直面化《ちょくめんか》	利用者《りようしゃ》の感情《かんじょう》と行動《こうどう》の矛盾点《むじゅんてん》などについて指摘《してき》する。

■質問方法《しつもんほうほう》

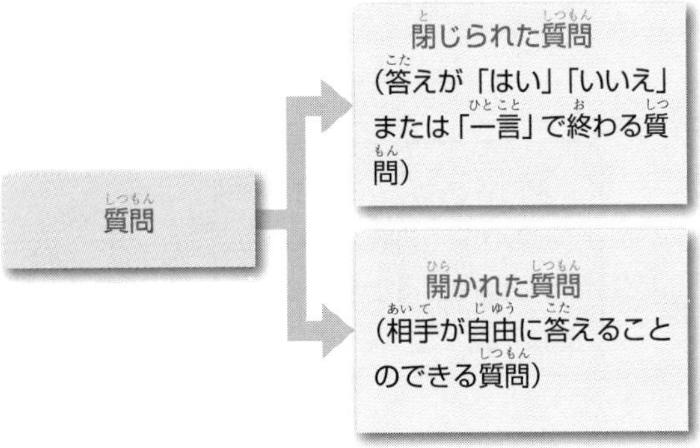

生《せい》活《かつ》支《し》援《えん》技《ぎ》術《じゅつ》

問題《もんだい》

1 2 **001** 介護福祉職《かいごふくししょく》が利用者《りようしゃ》の自立《じりつ》を支援《しえん》する際《さい》には，日常生《にちじょうせい》活動作《かつどうさ》を回復《かいふく》することに重点《じゅうてん》を置《お》く。

1 2 **002** 熱中症《ねっちゅうしょう》（heatstroke）は屋内《おくない》でも発生《はっせい》する。

1 2 **003** トイレに床置《ゆかお》き式《しき》の小型《こがた》のパネルヒーターを置《お》くことは，ヒートショックを防《ふせ》ぐために必要《ひつよう》な環境整備《かんきょうせいび》の方《ほう》法《ほう》として適切《てきせつ》である。

1 2 **004** トイレの環境整備《かんきょうせいび》として出入口《でいりぐち》の扉《とびら》は，外開《そとびら》きより内《うち》開《びら》きのほうがよい。

1 2 **005** 杖歩行《つえほこう》している高齢者《こうれいしゃ》の寝室《しんしつ》の環境整備《かんきょうせいび》では，布団《ふとん》は床《ゆか》に敷《し》く。

1 2 **006** 高齢者《こうれいしゃ》の安全《あんぜん》な移動《いどう》に配慮《はいりょ》した環境整備《かんきょうせいび》として，毛足《けあし》の長《なが》いじゅうたんを敷《し》く。

1 2 **007** 車《くるま》いすを使用《しよう》する居室《きょしつ》の床《ゆか》は，畳《たたみ》から板製床材《いたせいゆかざい》（フローリング）にするのがよい。

1 2 **008** 心身機能《しんしんきのう》が低下《ていか》した高齢者《こうれいしゃ》の場合《ばあい》，浴槽《よくそう》は和洋折衷式《わようせっちゅうしき》から洋式《ようしき》にするのがよい。

解答《かいとう》・解説《かいせつ》

× 001 自立《じりつ》には，身体的自立《しんたいてきじりつ》，精神的自立《せいしんてきじりつ》，社会的自立《しゃかいてきじりつ》，経済《けいざい》的自立《てきじりつ》があり，単《たん》に日常生活動作《にちじょうせいかつどうさ》を回復《かいふく》することが自立《じりつ》支援《しえん》とはいえない。

○ 002 熱中症《ねっちゅうしょう》の原因《げんいん》として高温《こうおん》・多湿《たしつ》などの環境《かんきょう》が挙《あ》げられ，屋内《おくない》でも発生《はっせい》する可能性《かのうせい》がある。

○ 003 トイレに床置《ゆかお》き式《しき》の小型《こがた》のパネルヒーターを置《お》くことは，部屋《へや》とトイレとの温度差《おんどさ》を小《ちい》さくすることになるため，ヒートショックの予防《よぼう》となる。

× 004 トイレの扉《とびら》は引《ひ》き戸《ど》が最適《さいてき》であるが，内開《うちびら》きと外開《そとびら》きで選《えら》ぶのであれば外開《そとびら》きのほうが望《のぞ》ましい。内開《うちびら》きだと，トイレ内《ない》で倒《たお》れた場合《ばあい》に扉《とびら》が開《あ》かなくなる可能性《かのうせい》がある。

× 005 床《ゆか》に敷《し》いてある布団《ふとん》からの起《お》き上《あ》がり，立《た》ち上《あ》がりの動《どう》作《さ》は，杖《つえ》を必要《ひつよう》とする運動機能《うんどうきのう》の状態《じょうたい》にある高齢者《こうれいしゃ》にとっては負担《ふたん》が大《おお》きい。

× 006 毛足《けあし》の長《なが》いじゅうたんを敷《し》くと，歩行《ほこう》の際《さい》に足《あし》に引《ひ》っかかったりして転倒《てんとう》しやすくなる。

○ 007 車《くるま》いすを使用《しよう》する居室《きょしつ》の床《ゆか》は，畳《たたみ》などの柔《やわ》らかい素材《そざい》よりも，板製床材《いたせいゆかざい》（フローリング）などの固《かた》い素材《そざい》のほうが移動《いどう》しやすく，転倒《てんとう》のリスクは低《ひく》い。

× 008 心身機能《しんしんきのう》が低下《ていか》した高齢者《こうれいしゃ》の場合《ばあい》，和式《わしき》，洋式《ようしき》，和洋折《わようせっ》衷式《ちゅうしき》のうち，浴槽《よくそう》は足《あし》を伸《の》ばして安定《あんてい》した姿勢《しせい》で入浴《にゅうよく》できる和洋折衷式《わようせっちゅうしき》が適《てき》している。

1 2 **009**

開《ひら》き戸《ど》を自動《じどう》ドアに変更《へんこう》することは，介護保険《かいごほけん》の住宅改修《じゅうたくかいしゅう》の給付対象《きゅうふたいしょう》となる。

1 2 **010**

和式便器《わしきべんき》の上《うえ》に腰掛便座《こしかけべんざ》を設置《せっち》することは，介護保険《かいごほけん》の住宅改修《じゅうたくかいしゅう》の給付対象《きゅうふたいしょう》となる。

1 2 **011**

滑《すべ》りにくい床材《ゆかざい》への変更《へんこう》は，介護保険《かいごほけん》の住宅改修《じゅうたくかいしゅう》の給《きゅう》付対象《ふたいしょう》となる。

1 2 **012**

手《て》すりを取《と》り付《つ》けるために壁《かべ》の下地《したじ》を補強《ほきょう》することは，介護保険《かいごほけん》の住宅改修《じゅうたくかいしゅう》の給付対象《きゅうふたいしょう》となる。

1 2 **013**

ユニバーサルデザイン（universal design）の７原《げん》則《そく》の１つに，使《つか》い方《かた》を統一《とういつ》することがある。

1 2 **014**

ボディメカニクスの原則《げんそく》として，介護福祉職《かいごふくししょく》の支持基《しじき》底面積《ていめんせき》は，狭《せま》くとるほうが身体《しんたい》は安定《あんてい》する。

1 2 **015**

ボディメカニクスの原則《げんそく》として，利用者《りようしゃ》の身体《しんたい》をベッド上《じょう》で水平移動《すいへいいどう》する場合《ばあい》は，背部《はいぶ》が接《せっ》する面積《めんせき》を狭《せま》くする。

1 2 **016**

手首《てくび》に変形《へんけい》や痛《いた》みがみられる関節《かんせつ》リウマチ（rheumatoid arthritis）の利用者《りようしゃ》が，歩行時《ほこうじ》に使用《しよう》する杖《つえ》として，前腕支持型杖《ぜんわんしじがたつえ》（プラットホームクラッチ（Platform crutch））がある。

1 2 **017**

安楽《あんらく》な体位《たいい》でも，長時間同《ちょうじかんおな》じ体位《たいい》を続《つづ》けることは，苦《く》痛《つう》の原因《げんいん》となる。

× **009** 自動《じどう》ドアの動力部分《どうりょくぶぶん》の設置《せっち》にかかる費用《ひよう》については，介《かい》護保険《ごほけん》の住宅改修《じゅうたくかいしゅう》の給付対象《きゅうふたいしょう》とならない（p. 324 参照《さんしょう》）。

× **010** 和式便器《わしきべんき》の上《うえ》に設置《せっち》する腰掛便座《こしかけべんざ》は，特定福祉用具販売《とくていふくしようぐはんばい》の種目《しゅもく》である（p. 324 参照《さんしょう》）。

○ **011** 滑《すべ》りの防止《ぼうし》及《およ》び移動《いどう》の円滑化《えんかつか》等《とう》のための床《ゆか》又《また》は通路面《つうろめん》の材料《ざいりょう》の変更《へんこう》は，介護保険《かいごほけん》の住宅改修《じゅうたくかいしゅう》の給付対象《きゅうふたいしょう》となる（p. 324 参照《さんしょう》）。

○ **012** 手《て》すりを取《と》り付《つ》けるために壁《かべ》の下地《したじ》を補強《ほきょう》することは，介護保険《かいごほけん》の住宅改修《じゅうたくかいしゅう》の給付対象《きゅうふたいしょう》となる（p. 324 参照《さんしょう》）。

× **013** ユニバーサルデザインの 7 原則《げんそく》の 1 つに，使《つか》い方《かた》が簡単《かんたん》にわかることがある。ユニバーサルデザインとは，すべての人《ひと》にとって使《つか》いやすいデザインである。

× **014** 支持基底面積《しじきていめんせき》とは，身体《しんたい》を支《ささ》える面積《めんせき》のことをいい，広《ひろ》くとるほうが身体《しんたい》は安定《あんてい》する（p. 325 参照《さんしょう》）。

○ **015** 利用者《りようしゃ》の身体《しんたい》をベッド上《じょう》で水平移動《すいへいいどう》する場合《ばあい》は，利用者《りようしゃ》に腕《うで》を組《く》んでもらうなど身体《しんたい》を小《ちい》さくまとめることにより，摩擦面《まさつめん》を小《ちい》さくする（p. 325 参照《さんしょう》）。

○ **016** 前腕支持型杖《ぜんわんしじがたつえ》（プラットホームクラッチ）は，腕《うで》で体重《たいじゅう》を支《ささ》えるため，関節《かんせつ》リウマチなどで手指《しゅし》・手関節《しゅかんせつ》に負担《ふたん》をかけられない場合《ばあい》に適《てき》している（p. 325 参照《さんしょう》）。

○ **017** 圧迫《あっぱく》が局所《きょくしょ》に持続的《じぞくてき》にかかり虚血状態《きょけつじょうたい》が続《つづ》くと，褥瘡《じょくそう》を引《ひ》き起《お》こす可能性《かのうせい》があるため，未然《みぜん》に防《ふせ》がなければならない。

018 仰臥位《ぎょうがい》（背臥位《はいがい》）から半座位《はんざい》（ファーラー位《い》）にするときは，ギャッチベッドの背《せ》上《あ》げを行《おこな》う前《まえ》に背部《はいぶ》の圧《あつ》抜《ぬ》きを行《おこな》う。

019 右片麻痺《みぎかたまひ》の利用者《りようしゃ》を仰臥位《ぎょうがい》（背臥位《はいがい》）から左側臥位《ひだりそくがい》にする場合《ばあい》の体位変換《たいいへんかん》の方法《ほうほう》として，肩《かた》と膝《ひざ》を同時《どうじ》に倒《たお》す。

020 利用者《りようしゃ》が仰臥位《ぎょうがい》（背臥位《はいがい》）から側臥位《そくがい》へ体位変換《たいいへんかん》するとき，トルクの原理《げんり》を応用《おうよう》するために，利用者《りようしゃ》の膝《ひざ》を伸《の》ばす。

021 ベッドの端《はし》に座《すわ》っている左片麻痺《ひだりかたまひ》の利用者《りようしゃ》の立《た》ち上《あ》がりを介護《かいご》するときは，立《た》ち上《あ》がったときに，利用者《りようしゃ》の右膝《みぎひざ》の裏《うら》が伸《の》びていることを確認《かくにん》する。

022 右片麻痺《みぎかたまひ》の利用者《りようしゃ》がベッドから立位《りつい》になるときの介護《かいご》方法《ほうほう》として，利用者《りようしゃ》の右膝《みぎひざ》に手《て》を当《あ》て，立《た》ち上《あ》がるのを補助《ほじょ》する。

023 右片麻痺《みぎかたまひ》の利用者《りようしゃ》が杖《つえ》を使用《しよう》して3動作歩行《どうさほこう》を行《おこな》う場《ば》合《あい》，杖《つえ》，左足《ひだりあし》，右足《みぎあし》の順《じゅん》で出《だ》す。

024 左片麻痺《ひだりかたまひ》の利用者《りようしゃ》が杖《つえ》を使用《しよう》して障害物《しょうがいぶつ》を越《こ》える場《ば》合《あい》，杖《つえ》を障害物《しょうがいぶつ》の手前《てまえ》に突《つ》く。

× **018** 仰臥位《ぎょうがい》（背臥位《はいがい》）から半座位《はんざい》（ファーラー位《い》）にするときは，背上《せあ》げを行《おこな》った後《あと》で背部《はいぶ》の圧抜《あつぬ》きを行《おこな》う。背上《せあ》げの際《さい》には，臀部《でんぶ》をベッド中央部《ちゅうおうぶ》の曲《ま》がる部分《ぶぶん》に合《あ》わせるようにする。

× **019** 利用者《りようしゃ》を仰臥位《ぎょうがい》（背臥位《はいがい》）から側臥位《そくがい》にする場合《ばあい》，下半《かはん》身《しん》を先《さき》に倒《たお》すことにより上半身《じょうはんしん》が自然《しぜん》に倒《たお》れるため，膝《ひざ》を先《さき》に倒《たお》してから肩《かた》を倒《たお》すことで，少《すく》ない力《ちから》で側臥位《そくがい》にすることができる。

× **020** 利用者《りようしゃ》が仰臥位《ぎょうがい》（背臥位《はいがい》）から側臥位《そくがい》へ体位変換《たいいへんかん》するとき，トルクの原理《げんり》を応用《おうよう》するために，利用者《りようしゃ》の膝《ひざ》を立《た》てることで，体軸回旋運動《たいじくかいせんうんどう》を誘発《ゆうはつ》させる。

○ **021** 健側《けんそく》の膝《ひざ》が伸《の》びていないと，立《た》ち上《あ》がったときに足《あし》に力《ちから》が入《はい》りにくく，不安定《ふあんてい》になる。そのため，健側《けんそく》の膝《ひざ》の裏《うら》が伸《の》びていることを確認《かくにん》する必要《ひつよう》がある。

○ **022** 右片麻痺《みぎかたまひ》の利用者《りようしゃ》がベッドから立位《りつい》になるときは，患側《かんそく》である右膝《みぎひざ》に介護福祉職《かいごふくししょく》の手《て》を当《あ》てることで，膝折《ひざお》れを防《ふせ》ぐ。

× **023** 右片麻痺《みぎかたまひ》の利用者《りようしゃ》が杖《つえ》を使用《しよう》して3動作歩行《どうさほこう》を行《おこな》う場《ば》合《あい》，杖《つえ》→右足《みぎあし》（患側《かんそく》）→左足《ひだりあし》（健側《けんそく》）の順《じゅん》で出《だ》す。2動《どう》作歩行《さほこう》を行《おこな》う場合《ばあい》は，杖《つえ》と右足《みぎあし》（患側《かんそく》）→左足《ひだりあし》（健側《けんそく》）の順《じゅん》で出《だ》す（p. 326参照《さんしょう》）。

× **024** 左片麻痺《ひだりかたまひ》の利用者《りようしゃ》が杖《つえ》を使用《しよう》して障害物《しょうがいぶつ》を越《こ》える場合《ばあい》，杖《つえ》を障害物《しょうがいぶつ》の向《む》こう側《がわ》に突《つ》く。手順《てじゅん》は3動作歩行《どうさほこう》や2動《どう》作歩行《さほこう》と同《おな》じである。

025 右片《みぎかた》麻痺《まひ》の利用者《りようしゃ》が，杖《つえ》を使用《しよう》して階段《かいだん》を上《あ》がる場《ば》合《あい》，左足《ひだりあし》から出《だ》すように声《こえ》をかける。

026 右片《みぎかた》麻痺《まひ》の利用者《りようしゃ》が，杖《つえ》を使用《しよう》して階段《かいだん》を下《お》りる場《ば》合《あい》，左足《ひだりあし》から出《だ》すように声《こえ》をかける。

027 右片《みぎかた》麻痺《まひ》の利用者《りようしゃ》が，杖《つえ》を使用《しよう》して階段《かいだん》を上《あ》がる場《ば》合《あい》，介護福祉職《かいごふくししょく》は利用者《りようしゃ》の左後方《ひだりこうほう》に立《た》つ。

028 いすに座《すわ》っている片麻痺《かたまひ》の利用者《りようしゃ》が車《くるま》いすへ移乗《いじょう》する場合《ばあい》，利用者《りようしゃ》の健側《けんそく》に斜《なな》めに車《くるま》いすを置き，ブレーキをかける。

029 車《くるま》いすの介助方法《かいじょほうほう》として，段差《だんさ》を上《あ》がるときは，前輪《ぜんりん》（キャスター）を上《あ》げて進《すす》み，後輪《こうりん》（駆動輪《くどうりん》）が段差《だんさ》に接《せっ》する前《まえ》に前輪《ぜんりん》を下《お》ろす。

030 車《くるま》いすの介助方法《かいじょほうほう》として，段差《だんさ》を下《さ》がるときは，後《うし》ろ向《む》きで後輪《こうりん》（駆動輪《くどうりん》）から下《お》りる。

031 屋外《おくがい》での車《くるま》いすの介助方法《かいじょほうほう》として，急《きゅう》な下《くだ》り坂《ざか》では前《まえ》向《む》きで進《すす》む。

032 屋外《おくがい》での車《くるま》いすの介助方法《かいじょほうほう》として，砂利道《じゃりみち》や踏切《ふみきり》では，後輪《こうりん》（駆動輪《くどうりん》）を持《も》ち上《あ》げて進《すす》む。

○ **025** 右片麻痺《みぎかたまひ》の利用者《りようしゃ》が，杖《つえ》を使用《しよう》して階段《かいだん》を上《あ》がる場合《ばあい》，杖《つえ》→左足《ひだりあし》（健側《けんそく》）→右足《みぎあし》（患側《かんそく》）の順《じゅん》で出《だ》すように声《こえ》をかける（p. 326参照《さんしょう》）。

× **026** 右片麻痺《みぎかたまひ》の利用者《りようしゃ》が，杖《つえ》を使用《しよう》して階段《かいだん》を下《お》りる場合《ばあい》，杖《つえ》→右足《みぎあし》（患側《かんそく》）→左足《ひだりあし》（健側《けんそく》）の順《じゅん》で出《だ》すように声《こえ》をかける（p. 326参照《さんしょう》）。

× **027** 右片麻痺《みぎかたまひ》の利用者《りようしゃ》が，杖《つえ》を使用《しよう》して階段《かいだん》を上《あ》がる場合《ばあい》，介護福祉職《かいごふくししょく》は利用者《りようしゃ》の患側《かんそく》である右後方《みぎこうほう》に立《た》つ。杖《つえ》を使用《しよう》して階段《かいだん》を下《お》りる場合《ばあい》，介護福祉職《かいごふくししょく》は利用者《りようしゃ》の患側《かんそく》である右前方《みぎぜんぽう》に立《た》つ。

○ **028** いすに座《すわ》っている片麻痺《かたまひ》の利用者《りようしゃ》が車《くるま》いすへ移乗《いじょう》する場《ば》合《あい》，利用者《りようしゃ》の健側《けんそく》に車《くるま》いすを，斜《なな》めに接近《せっきん》させる。健側《けんそく》に近《ちか》づけると健側《けんそく》の上肢《じょうし》と下肢《かし》が活用《かつよう》しやすくなる。

× **029** 車《くるま》いすの介助方法《かいじょほうほう》として，段差《だんさ》を上《あ》がるときは，前輪《ぜんりん》を上《あ》げて進《すす》み，後輪《こうりん》が段差《だんさ》に接《せっ》した後《あと》に前輪《ぜんりん》を下《お》ろす。

○ **030** 車《くるま》いすの介助《かいじょ》で段差《だんさ》を下《さ》がるときは，後《うし》ろ向《む》きで後輪《こうりん》から下《お》りる。

× **031** 車《くるま》いすの介助《かいじょ》として，スロープのような緩《ゆる》やかな坂《さか》を下《お》りる際《さい》には前向《まえむ》きで進《すす》む方法《ほうほう》もあるが，下《くだ》り坂《ざか》では後《うし》ろ向《む》きで進《すす》むことが基本《きほん》である。

× **032** 車《くるま》いすの介助《かいじょ》で砂利道《じゃりみち》や踏切《ふみきり》などの不安定《ふあんてい》な場所《ばしょ》を進《すす》む際《さい》は，前輪《ぜんりん》（キャスター）を上《あ》げ，後輪《こうりん》を接地《せっち》させると，不安定《ふあんてい》さが軽減《けいげん》される。

1 2 **033**

ベッドから車《くるま》いすへ全介助《ぜんかいじょ》で移乗《いじょう》するとき，介護福祉《かいごふくし》職《しょく》は，重心《じゅうしん》を安定《あんてい》させて，車《くるま》いすへ足先《あしさき》と身体《しんたい》を向《む》ける。

---

1 2 **034**

スライディングボードを用《もち》いたベッドから車《くるま》いすへの移乗《いじょう》では，ベッドを車《くるま》いすの座面《ざめん》より少《すこ》し低《ひく》くする。

---

1 2 **035**

視覚障害者《しかくしょうがいしゃ》の外出支援《がいしゅつしえん》では，階段《かいだん》を上《のぼ》るときは，支援《しえん》者《しゃ》の肘《ひじ》の上《うえ》を握《にぎ》ってもらう。

---

1 2 **036**

視覚障害者《しかくしょうがいしゃ》の外出支援《がいしゅつしえん》では，タクシーに乗《の》るときは，支援者《しえんしゃ》が先《さき》に乗《の》って誘導《ゆうどう》する。

---

1 2 **037**

視覚障害者《しかくしょうがいしゃ》の外出支援《がいしゅつしえん》では，バスに乗《の》る場合《ばあい》，支援者《しえんしゃ》は後《あと》から乗《の》る。

---

1 2 **038**

視覚障害者《しかくしょうがいしゃ》の外出支援《がいしゅつしえん》では，電車《でんしゃ》を待《ま》つときは，点字《てんじ》ブロックの上《うえ》で待《ま》つように誘導《ゆうどう》する。

---

1 2 **039**

パーキンソン病《びょう》（Parkinson disease）の姿勢反射《しせいはんしゃ》障害《しょうがい》のある人《ひと》の歩行介護《ほこうかいご》として，一度《いちど》足《あし》を引《ひ》いてから歩《ある》き出《だ》してもらうことは適切《てきせつ》である。

---

1 2 **040**

電気《でんき》かみそりを使《つか》ったひげ剃《そ》りでは，電気《でんき》かみそりを皮膚《ひふ》に対《たい》して直角《ちょっかく》に当《あ》てる。

○ **033** ベッドから車《くるま》いすへ全介助《ぜんかいじょ》で移乗《いじょう》するとき，介護福祉職《かいごふくししょく》は，重心《じゅうしん》を低《ひく》くして安定《あんてい》させ，身体《しんたい》と足先《あしさき》は車《くるま》いすの方《ほう》向《こう》に向《む》けることで腰《こし》をひねらず介助《かいじょ》ができ，腰痛予防《ようつうよぼう》になる (p. 325 参照《さんしょう》)。

× **034** スライディングボードを用《もち》いたベッドから車《くるま》いすへの移《い》乗《じょう》では，アームサポートが跳《は》ね上《あ》げ式《しき》の車《くるま》いすを準備《じゅんび》し，ベッドを車《くるま》いすの座面《ざめん》より少《すこ》し高《たか》くする。

○ **035** 視覚障害者《しかくしょうがいしゃ》の外出支援《がいしゅつしえん》では，支援者《しえんしゃ》の肘《ひじ》の上《うえ》を握《にぎ》ってもらう。支援者《しえんしゃ》は，階段《かいだん》を上《のぼ》るときは視覚障害者《しかくしょうがいしゃ》の1段《だん》上《うえ》，平地《へいち》では視覚障害者《しかくしょうがいしゃ》の半歩前《はんぽまえ》を進《すす》む。

× **036** 視覚障害者《しかくしょうがいしゃ》の外出支援《がいしゅつしえん》では，タクシーに乗《の》るときは，視《し》覚障害者《かくしょうがいしゃ》が先《さき》に乗《の》る。支援者《しえんしゃ》は，視覚障害者《しかくしょうがいしゃ》が頭部《とうぶ》をぶつけないように，必《かなら》ずお尻《しり》から乗《の》り込《こ》んでもらう。

× **037** 視覚障害者《しかくしょうがいしゃ》の外出支援《がいしゅつしえん》では，バスの乗降《じょうこう》の際《さい》は，支援者《しえんしゃ》が先《さき》に乗降《じょうこう》する。乗降口《じょうこうぐち》が狭《せま》い場合《ばあい》は，支援者《しえんしゃ》の手引《てび》きしている腕《うで》を後《うし》ろに回《まわ》して一列《いちれつ》になって乗降《じょうこう》する。

× **038** 視覚障害者《しかくしょうがいしゃ》の外出支援《がいしゅつしえん》では，電車《でんしゃ》を待《ま》つときは，視覚障《しかくしょう》害者《がいしゃ》がプラットホームから転落《てんらく》しないよう，点字《てんじ》ブロックの内側《うちがわ》で待《ま》つように誘導《ゆうどう》する。

○ **039** パーキンソン病《びょう》の姿勢反射障害《しせいはんしゃしょうがい》のある人《ひと》は，歩《ある》き出《だ》す前《まえ》に一度足《いちどあし》を引《ひ》く，その場《ば》で足踏《あしぶ》みをする，リズムをとれるように声《こえ》をかけるなどすると，歩《ある》き出《だ》しやすい。

○ **040** 電気《でんき》かみそりは皮膚《ひふ》に対《たい》し 90 度《ど》（直角《ちょっかく》）に当《あ》てて剃《そ》ることで，電気《でんき》かみそり内《ない》の刃《は》を全《すべ》て使《つか》えるようになる。

041

電気《でんき》かみそりを使《つか》ったひげ剃《そ》りでは，ひげの流《なが》れに沿《そ》って剃《そ》る。

042

介護福祉職《かいごふくししょく》が利用者《りようしゃ》の爪《つめ》を切《き》るときには，爪《つめ》は十分《じゅうぶん》に乾燥《かんそう》させてから切《き》る。

043

介護福祉職《かいごふくししょく》が利用者《りようしゃ》の爪《つめ》を切《き》るときには，爪《つめ》の両端《りょうはし》は切《き》らずに残《のこ》す。

044

介護福祉職《かいごふくししょく》は，利用者《りようしゃ》の耳垢《じこう》を除去《じょきょ》するために，綿棒《めんぼう》を外耳道《がいじどう》の入《い》り口《ぐち》から3cm程度《ていど》挿入《そうにゅう》する。

045

介護《かいご》が必要《ひつよう》な利用者《りようしゃ》の口腔《こうくう》ケアの方法《ほうほう》として，うがいができる場合《ばあい》には，ブラッシング前《まえ》にうがいをする。

046

介護《かいご》が必要《ひつよう》な利用者《りようしゃ》の口腔《こうくう》ケアの方法《ほうほう》として，ブラシの部分《ぶぶん》が大《おお》きく硬《かた》い歯《は》ブラシを選《えら》ぶ。

047

介護《かいご》が必要《ひつよう》な利用者《りようしゃ》の口腔《こうくう》ケアの方法《ほうほう》として，歯《は》ブラシは小刻《こきざ》みに動《うご》かしながら磨《みが》く。

048

総義歯《そうぎし》は，下顎《かがく》から先《さき》に外《はず》す。

049

義歯《ぎし》を磨《みが》くときは，歯磨《はみが》き粉《こ》を使《つか》う。

× **041** 電気《でんき》かみそりは，垂直《すいちょく》に立《た》ててひげの流《なが》れに逆《さか》らうように下《した》から上《うえ》へゆっくり剃《そ》るのが基本《きほん》となる。

× **042** 爪《つめ》は水分《すいぶん》に浸《ひた》すと柔《やわ》らかくなる。入浴《にゅうよく》（手浴《しゅよく》・足浴《そくよく》）の後《あと》や蒸《む》しタオルを当《あ》てた後《あと》など，爪《つめ》を柔《やわ》らかくしてから行《おこな》うと安全《あんぜん》に切《き》ることができる。

× **043** 爪切《つめき》りは，爪《つめ》の先《さき》の部分《ぶぶん》を少《すこ》しずつ直線《ちょくせん》に切《き》り，その後《ご》，爪《つめ》の両端《りょうはし》の角《かど》を少《すこ》し切《き》ってから，やすりをかけて滑《なめ》らかにする。深爪《ふかづめ》とならないように爪《つめ》の先《さき》の白《しろ》い部分《ぶぶん》は切《き》りすぎないようにする。

× **044** 介護福祉職《かいごふくししょく》は，利用者《りようしゃ》の耳垢《じこう》を除去《じょきょ》するために，綿棒《めんぼう》を外耳道《がいじどう》の入《い》り口《ぐち》から1cm程度挿入《ていどそうにゅう》する。3cm程度挿入《ていどそうにゅう》すると，鼓膜《こまく》を傷《きず》つける危険《きけん》がある。

○ **045** 介護《かいご》が必要《ひつよう》な利用者《りようしゃ》の口腔《こうくう》ケアの方法《ほうほう》として，うがいができる場合《ばあい》には，ブラッシング前《まえ》にうがいをする。

× **046** 介護《かいご》が必要《ひつよう》な利用者《りようしゃ》の口腔《こうくう》ケアに使用《しよう》する歯《は》ブラシは，ブラシの部分《ぶぶん》が，口《くち》の中《なか》に入《はい》りやすい小《ちい》さめで，歯《は》を傷《きず》つけにくい柔《やわ》らかめのものを選《えら》ぶ。

○ **047** 介護《かいご》が必要《ひつよう》な利用者《りようしゃ》の口腔《こうくう》ケアの方法《ほうほう》として，歯《は》ブラシは小刻《こきざ》みに動《うご》かしながら磨《みが》く。なお，歯《は》だけでなく歯《は》と歯肉《しにく》の境目《さかいめ》もブラッシングする。

○ **048** 総義歯《そうぎし》は，下顎《かがく》から先《さき》に外《はず》し，上顎《じょうがく》から先《さき》に付《つ》ける（p.326参照《さんしょう》）。

× **049** 義歯《ぎし》を磨《みが》くときは，義歯《ぎし》の損傷《そんしょう》や摩耗《まもう》につながるため，歯磨《はみが》き粉《こ》や熱湯《ねっとう》は使《つか》わない（p. 326参照《さんしょう》）。

1 | 2

050 義歯《ぎし》を保管《ほかん》するときは，乾燥《かんそう》させてから保管《ほかん》する。

---

1 | 2

051 経管栄養《けいかんえいよう》を行《おこな》っている利用者《りようしゃ》の口腔《こうくう》ケアでは，上顎部《じょうがくぶ》は，口腔《こうくう》の奥《おく》から手前《てまえ》に向《む》かって清拭《せいしき》する。

---

1 | 2

052 経管栄養《けいかんえいよう》を行《おこな》っている利用者《りようしゃ》の口腔《こうくう》ケアでは，栄養剤《えいようざい》注入後《ちゅうにゅうご》すぐに口腔《こうくう》ケアを実施《じっし》する。

---

1 | 2

053 右片麻痺《みぎかたまひ》の利用者《りようしゃ》が衣服《いふく》を脱《ぬ》ぐときは，右上下肢《みぎじょうかし》から脱《ぬ》ぐ。

---

1 | 2

054 左片麻痺《ひだりかたまひ》の利用者《りようしゃ》が端座位《たんざい》でズボンを着脱《ちゃくだつ》するときの介護《かいご》では，左足《ひだりあし》を右《みぎ》の大腿《だいたい》の上《うえ》にのせて，ズボンを通《とお》すように促《うなが》す。

---

1 | 2

055 ベッド上《じょう》で臥床《がしょう》したままの利用者《りようしゃ》に行《おこな》う和式寝衣《わしきしんい》の交換《こうかん》の介護《かいご》では，利用者《りようしゃ》の脊柱《せきちゅう》と新《あたら》しい寝衣《しんい》の背縫《せぬ》いの部分《ぶぶん》を合《あ》わせる。

---

1 | 2

056 遂行機能障害《すいこうきのうしょうがい》のある利用者《りようしゃ》への更衣《こうい》の介護《かいご》として，隣《となり》で洋服《ようふく》を着《き》る動作《どうさ》を示《しめ》すことは適切《てきせつ》である。

---

1 | 2

057 着衣失行《ちゃくいしっこう》のある人《ひと》に対《たい》する着衣《ちゃくい》の介護《かいご》として，着衣《ちゃくい》の前《まえ》に全《すべ》ての手順《てじゅん》を口頭《こうとう》で指示《しじ》することは適切《てきせつ》である。

---

1 | 2

058 着衣失行《ちゃくいしっこう》のある人《ひと》に対《たい》する着衣《ちゃくい》の介護《かいご》として，左右《さゆう》がわかるように衣類《いるい》に印《しるし》を付《つ》けることは適切《てきせつ》である。

× 050 義歯《ぎし》を保管《ほかん》するときは，乾燥《かんそう》しないように，水《みず》や義歯洗浄剤《ぎしせんじょうざい》などにつけて保管《ほかん》する（p. 326 参照《さんしょう》）。

○ 051 経管栄養《けいかんえいよう》を行《おこな》っている利用者《りようしゃ》の口腔《こうくう》ケアでは，上顎部《じょうがくぶ》は，口腔《こうくう》の奥《おく》から手前《てまえ》に向《む》かって清拭《せいしき》する。この際《さい》，スポンジブラシの水分《すいぶん》を十分《じゅうぶん》にしぼる。

× 052 経管栄養《けいかんえいよう》を行《おこな》っている利用者《りようしゃ》の口腔《こうくう》ケアでは，嘔吐《おうと》を避《さ》けるため，空腹時《くうふくじ》に口腔《こうくう》ケアを実施《じっし》する。

× 053 右片麻痺《みぎかたまひ》の利用者《りようしゃ》の衣服《いふく》の着脱《ちゃくだつ》は，左上下肢《ひだりじょうかし》（健側《けんそく》）から脱《ぬ》いで右上下肢《みぎじょうかし》（患側《かんそく》）から着《き》る（脱健着患《だっけんちゃっかん》）。

○ 054 左片麻痺《ひだりかたまひ》の利用者《りようしゃ》が端座位《たんざい》でズボンを着脱《ちゃくだつ》するときの介護《かいご》では，左足《ひだりあし》を右《みぎ》の大腿《だいたい》の上《うえ》にのせることで，右上肢《みぎじょうし》（健側上肢《けんそくじょうし》）を活用《かつよう》してズボンを通《とお》すことができる。

○ 055 ベッド上《じょう》で臥床《がしょう》したままの利用者《りようしゃ》に行《おこな》う和式寝衣《わしきしんい》の交換《こうかん》の介護《かいご》では，新《あたら》しい寝衣《しんい》の背縫《せぬ》いの部分《ぶぶん》（中心部《ちゅうしんぶ》）を利用者《りようしゃ》の脊柱《せきちゅう》に合《あ》わせる。

○ 056 遂行機能障害《すいこうきのうしょうがい》のある利用者《りようしゃ》への更衣《こうい》の介護《かいご》では，隣《となり》で洋服《ようふく》を着《き》る動作《どうさ》を示《しめ》すことによって，自分《じぶん》が今《いま》，何《なに》をすべきかがわかる。

× 057 着衣失行《ちゃくいしっこう》のある人《ひと》に対《たい》する着衣《ちゃくい》の介護《かいご》では，着衣《ちゃくい》の一《ひと》つ一《ひと》つの動作《どうさ》に合《あ》わせて手順《てじゅん》を伝《つた》えるようにする。

○ 058 着衣失行《ちゃくいしっこう》では，衣類《いるい》の左右《さゆう》がわからないことが原因《げんいん》でうまく着衣《ちゃくい》できないことがあるため，左右《さゆう》がわかるように衣類《いるい》に印《しるし》を付《つ》けることは適切《てきせつ》である。

059 視覚障害《しかくしょうがい》のある利用者《りようしゃ》に，ソックスエイドの使用《しよう》を勧《すす》めることは適切《てきせつ》である。

060 消化管《しょうかかん》ストーマを造設《ぞうせつ》している人《ひと》の生活支援《せいかつしえん》として，ベルトでウエストを締《し》める服《ふく》を選《えら》ぶように助言《じょげん》する。

061 いすに座《すわ》って食事《しょくじ》をする利用者《りようしゃ》の姿勢《しせい》を確保《かくほ》する介護《かいご》として，顎《あご》を上《あ》げてもらう。

062 いすに座《すわ》って食事《しょくじ》をする利用者《りようしゃ》の姿勢《しせい》を確保《かくほ》する介護《かいご》として，テーブルとからだの間《あいだ》を 30cm 離《はな》す。

063 いすに座《すわ》って食事《しょくじ》をする利用者《りようしゃ》の姿勢《しせい》を確保《かくほ》する介護《かいご》として，いすに深《ふか》く座《すわ》ってもらう。

064 利用者《りようしゃ》が食事中《しょくじちゅう》にむせ込《こ》んだときは，口《くち》の中《なか》の食《た》べ物《もの》を飲《の》み込《こ》んでもらう。

065 身体機能《しんたいきのう》の変化《へんか》に応《おう》じた食事《しょくじ》の提供《ていきょう》と対応方法《たいおうほうほう》として，味覚《みかく》の低下《ていか》に対《たい》しては，塩分《えんぶん》を増《ふ》やして味付《あじつ》けを濃《こ》くする。

066 身体機能《しんたいきのう》の変化《へんか》に応《おう》じた食事《しょくじ》の提供《ていきょう》と対応方法《たいおうほうほう》として，腸《ちょう》の蠕動運動《ぜんどううんどう》の低下《ていか》に対《たい》しては，食物繊維《しょくもつせんい》の多《おお》い食品《しょくひん》を取《と》り入《い》れる。

067 加齢《かれい》に伴《ともな》う身体機能《しんたいきのう》の変化《へんか》に対応《たいおう》した食事《しょくじ》として，腸《ちょう》の蠕動運動《ぜんどううんどう》の低下《ていか》に対《たい》しては，乳酸菌《にゅうさんきん》を含《ふく》む食品《しょくひん》を積極的《せっきょくてき》に取《と》り入《い》れる。

× 059 ソックスエイドは，膝関節《しつかんせつ》や股関節《こかんせつ》の拘縮等《こうしゅくとう》により，足先《あしさき》まで手《て》が届《とど》かなくなった利用者《りようしゃ》が使用《しよう》するものである。

× 060 消化管《しょうかかん》ストーマを造設《ぞうせつ》している人《ひと》の場合《ばあい》，ベルトでウエストを締《し》める服《ふく》は，消化管《しょうかかん》ストーマを圧迫《あっぱく》してしまう。

× 061 いすに座《すわ》って食事《しょくじ》をする利用者《りようしゃ》の姿勢《しせい》を確保《かくほ》する介護《かいご》としては，顎《あご》を上《あ》げてもらうと誤嚥《ごえん》しやすくなるため，顎《あご》を引《ひ》いてもらう。

× 062 いすに座《すわ》って食事《しょくじ》をする利用者《りようしゃ》の姿勢《しせい》を確保《かくほ》する介護《かいご》としては，テーブルとからだの間《あいだ》を握《にぎ》りこぶし程度《ていど》離《はな》す。

○ 063 いすに座《すわ》って食事《しょくじ》をする利用者《りようしゃ》の姿勢《しせい》を確保《かくほ》する介護《かいご》としては，いすに浅《あさ》く座《すわ》ってもらうと体幹《たいかん》が後方《こうほう》に傾《かたむ》きやすくなり，誤嚥《ごえん》しやすくなるため，深《ふか》く座《すわ》ってもらう。

× 064 利用者《りようしゃ》が食事中《しょくじちゅう》にむせ込《こ》んだときは，口《くち》の中《なか》の食《た》べ物《もの》を吐《は》き出《だ》してもらうとともに，咳《せき》を続《つづ》けてもらい，気管《きかん》に入《はい》った食《た》べ物《もの》を吐《は》き出《だ》せるようにする。

× 065 味付《あじつ》けを濃《こ》くすることは塩分《えんぶん》を過剰《かじょう》に摂取《せっしゅ》することになり，生活習慣病《せいかつしゅうかんびょう》（life-style related disease）の発症《はっしょう》につながる（p. 327 参照《さんしょう》）。

○ 066 野菜《やさい》・芋類《いもるい》・海藻類《かいそうるい》などの食物繊維《しょくもつせんい》が多《おお》い食品《しょくひん》を摂取《せっしゅ》すると，腸壁《ちょうへき》の神経《しんけい》が刺激《しげき》され，蠕動運動《ぜんどううんどう》が活発《かっぱつ》になり便通《べんつう》が促進《そくしん》される（p. 327 参照《さんしょう》）。

○ 067 腸《ちょう》の蠕動運動《ぜんどううんどう》の低下《ていか》がある利用者《りようしゃ》には，乳酸菌《にゅうさんきん》の積極的《せっきょくてき》な摂取《せっしゅ》が有効《ゆうこう》である。乳酸菌《にゅうさんきん》は，腸《ちょう》を穏《おだ》やかに刺激《しげき》し蠕《ぜん》動運動《どううんどう》を活発化《かっぱつか》させる（p. 327 参照《さんしょう》）。

068 身体《しんたい》機能《きのう》の変化《へんか》に応《おう》じた食事《しょくじ》の提供《ていきょう》と対応方法《たいおうほうほう》として，唾液分泌《だえきぶんぴつ》の低下《ていか》に対《たい》しては，アイスマッサージをする。

069 いすに座《すわ》っている右片麻痺《みぎかたまひ》の利用者《りようしゃ》の食事《しょくじ》の介護《かいご》では，口《くち》の左側《ひだりがわ》に食《た》べ物《もの》を入《い》れる。

070 視覚障害《しかくしょうがい》のある人《ひと》の食事《しょくじ》の介助《かいじょ》では，クロックポジションで説明《せつめい》する。

071 左半側空間無視《ひだりはんそくくうかんむし》のある利用者《りようしゃ》の食事介助《しょくじかいじょ》として，トレー（tray）の右側《みぎがわ》に印《しるし》をつける。

072 左半側空間無視《ひだりはんそくくうかんむし》のある利用者《りようしゃ》の食事介助《しょくじかいじょ》として，利用《りよう》者《しゃ》の右側《みぎがわ》にトレー（tray）を置《お》く。

073 構音障害《こうおんしょうがい》のある人《ひと》の食事《しょくじ》の介助《かいじょ》では，会話《かいわ》をしながら食事《しょくじ》をすることを勧《すす》める。

074 嚥下障害《えんげしょうがい》がある利用者《りようしゃ》に提供《ていきょう》する飲食物《いんしょくぶつ》として，レモンジュースは適切《てきせつ》である。

075 嚥下障害《えんげしょうがい》がある利用者《りようしゃ》に提供《ていきょう》する飲食物《いんしょくぶつ》として，プリンは適切《てきせつ》である。

× **068** アイスマッサージは，嚥下障害《えんげしょうがい》のある人《ひと》に対《たい》して嚥下反射《えんげはんしゃ》を誘発《ゆうはつ》する方法《ほうほう》である。唾液分泌低下《だえきぶんぴつていか》への対応《たいおう》としては，耳下腺《じかせん》，顎下腺《がっかせん》，舌下腺《ぜっかせん》の唾液腺《だえきせん》マッサージや口腔体操《こうくうたいそう》がある。

○ **069** 右片麻痺《みぎかたまひ》がある場合《ばあい》，食《た》べ物《もの》は口《くち》の左側《ひだりがわ》（健側《けんそく》）に入《い》れる。患側《かんそく》の上肢《じょうし》は，テーブルの上《うえ》にのせると姿勢《しせい》が安定《あんてい》する。

○ **070** 視覚障害《しかくしょうがい》のある人《ひと》の食事《しょくじ》の介助《かいじょ》では，クロックポジションに従《したが》って配膳《はいぜん》し，説明《せつめい》することが望《のぞ》ましい。

× **071** 左半側空間無視《ひだりはんそくくうかんむし》のある利用者《りようしゃ》の食事介助《しょくじかいじょ》としては，左側《ひだりがわ》の見落《みお》としが多《おお》くなるため，気《き》づきにくいトレーの左側《ひだりがわ》に印《しるし》をつける。

○ **072** 左半側空間無視《ひだりはんそくくうかんむし》のある利用者《りようしゃ》の食事介助《しょくじかいじょ》としては，左側《ひだりがわ》の見落《みお》としが多《おお》くなるため，利用者《りようしゃ》の右側《みぎがわ》にトレーを置《お》いたり，見落《みお》としている食器《しょっき》の位置《いち》を右側《みぎがわ》に変《か》えたりする。

× **073** 構音障害《こうおんしょうがい》と嚥下障害《えんげしょうがい》は同時《どうじ》に起《お》こることが多《おお》く，食事中《しょくじちゅう》にむやみに話《はな》しかけると食事《しょくじ》に集中《しゅうちゅう》できず誤嚥《ごえん》を起《お》こす原因《げんいん》となる。

× **074** レモンは，酸味《さんみ》が強《つよ》い柑橘類《かんきつるい》の果物《くだもの》である。酸味《さんみ》が強《つよ》いため，むせやすく誤嚥《ごえん》する可能性《かのうせい》が高《たか》いため適切《てきせつ》でない。

○ **075** プリンは，滑《すべ》りがよく，とろみがついており，誤嚥《ごえん》しにくい食品《しょくひん》であるため，嚥下障害《えんげしょうがい》がある利用者《りようしゃ》に提供《ていきょう》する飲食物《いんしょくぶつ》として適切《てきせつ》である（p. 327 参照《さんしょう》）。

076 嚥下障害《えんげしょうがい》がある利用者《りようしゃ》に提供《ていきょう》する飲食物《いんしょくぶつ》として，紅茶《こうちゃ》は適切《てきせつ》である。

---

077 嚥下障害《えんげしょうがい》がある利用者《りようしゃ》に提供《ていきょう》する飲食物《いんしょくぶつ》として，おかずを細《こま》かく刻《きざ》むことは適切《てきせつ》である。

---

078 逆流性食道炎《ぎゃくりゅうせいしょくどうえん》（reflux esophagitis）の症状《しょうじょう》がある場合《ばあい》，１回《かい》の食事量《しょくじりょう》を増《ふ》やすように勧《すす》める。

---

079 逆流性食道炎《ぎゃくりゅうせいしょくどうえん》（reflux esophagitis）の症状《しょうじょう》がある場合《ばあい》，食後《しょくご》すぐに仰臥位《ぎょうがい》（背臥位《はいがい》）をとるように勧《すす》める。

---

080 高《こう》コレステロール血症《けっしょう》（hypercholesterolemia）の予防《よぼう》として，食物繊維《しょくもつせんい》を多《おお》く含《ふく》む食品《しょくひん》を摂取《せっしゅ》する。

---

081 骨粗鬆症《こつそしょうしょう》（osteoporosis）の予防《よぼう》として，ビタミンD（vitamin D）の摂取《せっしゅ》を勧《すす》める。

---

082 骨粗鬆症《こつそしょうしょう》（osteoporosis）の利用者《りようしゃ》には，豆類《まめるい》を勧《すす》めるとよい。

× **076**

紅茶《こうちゃ》などのサラサラした液体《えきたい》や粘度《ねんど》の低《ひく》い食品《しょくひん》は，嚥下《えんげ》反射《はんしゃ》が起《お》こる前《まえ》に気道《きどう》に入《はい》ってしまう可能性《かのうせい》があり危険《きけん》である（p. 327 参照《さんしょう》）。

× **077**

おかずを細《こま》かく刻《きざ》むことが適切《てきせつ》なのは，咀嚼機能障害《そしゃくきのうしょうがい》がある利用者《りようしゃ》である。嚥下障害《えんげしょうがい》がある利用者《りようしゃ》の場合《ばあい》，おかずを細《こま》かく刻《きざ》むと飲《の》み込《こ》みづらくなる（p. 327 参照《さんしょう》）。

× **078**

逆流性食道炎《ぎゃくりゅうせいしょくどうえん》の症状《しょうじょう》がある場合《ばあい》，1回《かい》の食事量《しょくじりょう》を減《へ》らす，ゆっくり食《た》べる，脂肪《しぼう》を多《おお》く含《ふく》む食品《しょくひん》を食《た》べない，酸味《さんみ》の強《つよ》い果物《くだもの》を食《た》べないなど，胃酸《いさん》の過剰《かじょう》な分泌《ぶんぴつ》を防《ふせ》ぐことで予防《よぼう》を図《はか》る。

× **079**

逆流性食道炎《ぎゃくりゅうせいしょくどうえん》の症状《しょうじょう》がある場合《ばあい》，食後《しょくご》すぐに仰臥位《ぎょうがい》（背臥位《はいがい》）をとらない，腹圧《ふくあつ》をかけないなど，胃酸《いさん》の逆流《ぎゃくりゅう》を起《お》こりにくくすることで予防《よぼう》を図《はか》る。

○ **080**

食物繊維《しょくもつせんい》は，腸管《ちょうかん》からのコレステロールの吸収《きゅうしゅう》を抑《おさ》え，体外《たいがい》への排泄《はいせつ》を促《うなが》す働《はたら》きがある。食物繊維《しょくもつせんい》の多《おお》い食品《しょくひん》として，野菜《やさい》・芋類《いもるい》・海藻類《かいそうるい》などがある。

○ **081**

骨粗鬆症《こつそしょうしょう》の予防《よぼう》としては，骨《ほね》を構成《こうせい》するカルシウム（Ca），カルシウムの吸収《きゅうしゅう》を促進《そくしん》するビタミンD，カルシウムを骨《ほね》に沈着《ちんちゃく》させるビタミンK（vitamin K）の摂取《せっしゅ》が大《たい》切《せつ》である。ビタミンDは日光浴《にっこうよく》によってもつくられる。

○ **082**

ビタミンK（vitamin K）は，血液《けつえき》を固《かた》めるほか，骨《ほね》にカルシウム（Ca）を沈着《ちんちゃく》させ，骨《ほね》を丈夫《じょうぶ》にする働《はたら》きがあるため，ビタミンKを多《おお》く含《ふく》む豆類《まめるい》を摂取《せっしゅ》することは，骨粗鬆症《こつそしょうしょう》の改善《かいぜん》につながる。

083 腎臓機能《じんぞうきのう》の低下《ていか》により血液透析《けつえきとうせき》を受《う》けている人《ひと》の食事《しょくじ》では，塩分《えんぶん》を多《おお》めに補給《ほきゅう》できるようにする。

084 腎臓機能《じんぞうきのう》の低下《ていか》により血液透析《けつえきとうせき》を受《う》けている人《ひと》の食事《しょくじ》では，肉《にく》や魚《さかな》を控《ひか》える。

085 腎臓機能《じんぞうきのう》の低下《ていか》により血液透析《けつえきとうせき》を受《う》けている人《ひと》の食事《しょくじ》では，生野菜《なまやさい》を勧《すす》めるとよい。

086 慢性閉塞性肺疾患《まんせいへいそくせいはいしっかん》（chronic obstructive pulmonary disease）のある利用者《りようしゃ》の食事《しょくじ》では，高《こう》カロリーの食事《しょくじ》は控《ひか》える。

087 高血圧症《こうけつあつしょう》（hypertension）の予防《よぼう》として，果物《くだもの》の摂《せっ》取《しゅ》を控《ひか》える。

088 体重《たいじゅう》が1か月《げつ》に3％以上減少《いじょうげんしょう》することは，たんぱく質《しつ》・エネルギー低栄養状態《ていえいようじょうたい》（PEM※）が疑《うたが》われる状《じょう》況《きょう》として適切《てきせつ》である。

089 入浴《にゅうよく》の静水圧作用《せいすいあつさよう》によって，腎臓《じんぞう》の働《はたら》きが活発《かっぱつ》になり，利尿作用《りにょうさよう》が働《はたら》く。

090 入浴《にゅうよく》の浮力作用《ふりょくさよう》によって，関節《かんせつ》への負担《ふたん》が軽減《けいげん》され動《うご》きやすくなる。

※　Protein Energy Malnutrition

× **083** 腎臓《じんぞう》機能《きのう》が低下《ていか》しているときは，血液中《けつえきちゅう》のナトリウム濃度《のうど》が高《たか》くなると腎不全《じんふぜん》が進行《しんこう》するため，塩分《えんぶん》の摂取量《せっしゅりょう》は制限《せいげん》される。

○ **084** 腎臓《じんぞう》機能《きのう》が低下《ていか》しているときは，腎臓《じんぞう》への負担《ふたん》を抑《おさ》えるため，肉《にく》や魚《さかな》などのたんぱく質《しつ》の多《おお》い食品《しょくひん》を控《ひか》える。

× **085** 腎臓《じんぞう》機能《きのう》が低下《ていか》しているときは，腎臓《じんぞう》の負担軽減《ふたんけいげん》のためにカリウム（K）や水分《すいぶん》の制限《せいげん》が必要《ひつよう》となる。生野菜《なまやさい》には，カリウムが多《おお》く含《ふく》まれているので，ゆでこぼしや水《みず》にさらすとよい。

× **086** 慢性閉塞性肺疾患《まんせいへいそくせいはいしっかん》では，呼吸《こきゅう》で通常《つうじょう》の人《ひと》よりもエネルギーを消費《しょうひ》するため，高《こう》カロリー，高《こう》たんぱく質《しつ》の食事《しょくじ》をし，食事回数《しょくじかいすう》を増《ふ》やすとよい。

× **087** 高血圧症《こうけつあつしょう》の予防《よぼう》としては，ナトリウム（Na）を含《ふく》む塩分《えんぶん》の摂取《せっしゅ》を控《ひか》える。果物《くだもの》に含《ふく》まれるカリウム（K）は，血圧《けつあつ》の上昇《じょうしょう》を抑《おさ》える効果《こうか》がある。

○ **088** たんぱく質《しつ》・エネルギー低栄養状態《ていえいようじょうたい》が疑《うたが》われる状況《じょうきょう》として，体重《たいじゅう》が1か月《げつ》に3％以上減少《いじょうげんしょう》すること，体格指数《たいかくしすう》（BMI）が18.5未満《みまん》であること，血清《けっせい》アルブミン値《ち》が3.5dl以下《いか》であること，食事摂取量《しょくじせっしゅりょう》が75％以下《いか》であることがある。

× **089** 入浴《にゅうよく》の温熱作用《おんねつさよう》によって，腎臓《じんぞう》の働《はたら》きが活発《かっぱつ》になり，利尿作用《りにょうさよう》が働《はたら》く（p. 327 参照《さんしょう》）。

○ **090** 入浴《にゅうよく》の浮力作用《ふりょくさよう》によって，体重《たいじゅう》が9分《ぶん》の1程度《ていど》になり，関節《かんせつ》への負担《ふたん》が軽減《けいげん》され動《うご》きやすくなる（p. 327 参照《さんしょう》）。

---

1 2 **091** 入浴《にゅうよく》は，空腹時《くうふくじ》は行《おこな》わないようにする。

---

1 2 **092** シャワーの湯温《ゆおん》は，介護福祉職《かいごふくししょく》よりも利用者《りようしゃ》が先《さき》に確《かく》認《にん》する。

---

1 2 **093** シャワー浴《よく》を終《お》えたら，脱衣室《だついしつ》に移動《いどう》してから，からだの水分《すいぶん》を拭《ふ》き取《と》る。

---

1 2 **094** ベッド上《じょう》で足浴《そくよく》を実施《じっし》するときの基本的《きほんてき》な方法《ほうほう》として，洗《あら》う側《がわ》の足関節《そくかんせつ》を保持《ほじ》しながら洗《あら》う。

---

1 2 **095** 足浴《そくよく》は，眠気《ねむけ》がとれて覚醒《かくせい》する。

---

1 2 **096** ストレッチャータイプの特殊浴槽《とくしゅよくそう》を利用《りよう》するときの入《にゅう》浴介護《よくかいご》では，両腕《りょううで》の上《うえ》から固定《こてい》ベルトを装着《そうちゃく》する。

---

1 2 **097** ストレッチャータイプの特殊浴槽《とくしゅよくそう》を利用《りよう》するときの入《にゅう》浴介護《よくかいご》では，背部《はいぶ》は側臥位《そくがい》にして洗《あら》う。

---

1 2 **098** 四肢麻痺《ししまひ》の利用者《りようしゃ》の手浴《しゅよく》は，仰臥位《ぎょうがい》（背臥位《はいがい》）で行《おこな》う。

---

1 2 **099** 全身清拭《ぜんしんせいしき》では，50～60℃のお湯《ゆ》を準備《じゅんび》する。

○ 091

入浴《にゅうよく》は，空腹時《くうふくじ》は貧血《ひんけつ》を起《お》こしやすくなるため，行《おこな》わないようにする。また，食後《しょくご》1時間以内《じかんいない》は食物《しょくもつ》の消化吸収《しょうかきゅうしゅう》不良《ふりょう》となるため，行《おこな》わないようにする。

× 092

シャワーの湯温《ゆおん》は，利用者《りようしゃ》よりも介護福祉職《かいごふくししょく》が先《さき》に直接《ちょくせつ》肌《はだ》で触《ふ》れて確認《かくにん》する。また，シャワーは，心臓《しんぞう》から遠《とお》い足元《あしもと》からかけるようにする。

× 093

入浴《にゅうよく》やシャワー浴《よく》の後《あと》に，からだに水分《すいぶん》が残《のこ》っていると，水分《すいぶん》が蒸発《じょうはつ》するときに体温《たいおん》が奪《うば》われるため，すぐにからだを拭《ふ》くようにする。

○ 094

ベッド上《じょう》で足浴《そくよく》を実施《じっし》するときは，足関節《そくかんせつ》を保持《ほじ》することにより，足《あし》がぐらぐらせず安定《あんてい》させることができる。

× 095

足浴《そくよく》には，副交感神経《ふくこうかんしんけい》の働《はたら》きを活発《かっぱつ》にして心身《しんしん》をリラックスさせ睡眠《すいみん》を促《うなが》す効果《こうか》がある。

× 096

ストレッチャータイプの特殊浴槽《とくしゅよくそう》を利用《りよう》するときの入浴《にゅうよく》介護《かいご》では，身体《しんたい》に固定《こてい》ベルトを装着《そうちゃく》するが，両腕《りょううで》は自由《じゆう》にできるようにする。

○ 097

ストレッチャータイプの特殊浴槽《とくしゅよくそう》を利用《りよう》するときの入浴《にゅうよく》介護《かいご》では，背部《はいぶ》は側臥位《そくがい》にして洗《あら》う。介護福祉職《かいごふくししょく》1名《めい》が身体《しんたい》を支《ささ》え，1名《めい》は身体《しんたい》を洗《あら》う。

× 098

四肢麻痺《ししまひ》の利用者《りようしゃ》の手浴《しゅよく》を行《おこな》う場合《ばあい》，肩《かた》より肘《ひじ》が下《した》，肘《ひじ》よりも手《て》が下《した》になる姿勢《しせい》が安楽《あんらく》な姿勢《しせい》となるため，手関《しゅかん》節《せつ》を支《ささ》えながらセミファーラー位《い》で行《おこな》うのがよい。

○ 099

清拭《せいしき》では，50～60℃のお湯《ゆ》を準備《じゅんび》すると，清拭《せいしき》を行《おこな》うときの温度《おんど》が約《やく》40℃の適温《てきおん》となる。

100 目《め》のまわりを清拭《せいしき》する場合《ばあい》，目尻《めじり》から目頭《めがしら》に向《む》かって拭《ふ》く。

101 側臥位《そくがい》で背部《はいぶ》を清拭《せいしき》する場合《ばあい》，患側《かんそく》を下《した》にして拭《ふ》く。

102 腹部《ふくぶ》を清拭《せいしき》する場合《ばあい》，時計回《とけいまわ》りに「の」の字《じ》を書《か》くように拭《ふ》く。

103 両下肢《りょうかし》を清拭《せいしき》する場合《ばあい》，末梢《まっしょう》から中枢《ちゅうすう》に向《む》かって拭《ふ》く。

104 ケリーパッドを使用《しよう》して行《おこな》うベッド上《じょう》での洗髪《せんぱつ》では，すすぐ前《まえ》に，タオルで余分《よぶん》な泡《あわ》を拭《ふ》き取《と》る。

105 ドライヤーの温風《おんぷう》は，頭皮《とうひ》に直接《ちょくせつ》当《あ》たらないように，離《はな》して動《うご》かしながら風《かぜ》を当《あ》てる。

106 皮膚《ひふ》の乾燥《かんそう》が強《つよ》くなった高齢者《こうれいしゃ》の入浴介護《にゅうよくかいご》では，こすらないように洗《あら》う。

107 血液透析《けつえきとうせき》を受《う》けている人《ひと》は，透析直後《とうせきちょくご》に入浴《にゅうよく》してもよい。

108 胃《い》ろうを造設《ぞうせつ》している人《ひと》は，普通《ふつう》に入浴《にゅうよく》することができる。

× **100** 目《め》のまわりを清拭《せいしき》する場合《ばあい》，目頭《めがしら》から目尻《めじり》に向《む》かって拭《ふ》く。

× **101** 側臥位《そくがい》で背部《はいぶ》を清拭《せいしき》する場合《ばあい》，健側《けんそく》を下《した》にして拭《ふ》く。これは，患側《かんそく》には知覚障害《ちかくしょうがい》があり，圧迫《あっぱく》されても痛《いた》みを感《かん》じられないためである。

○ **102** 腹部《ふくぶ》を清拭《せいしき》する場合《ばあい》，小腸《しょうちょう》や大腸《だいちょう》が時計回《とけいまわ》りに配置《はいち》されているため，時計回《とけいまわ》りに「の」の字《じ》を書《か》くように拭《ふ》くことで，蠕動運動《ぜんどううんどう》を促《うなが》す効果《こうか》がある。

○ **103** 両下肢《りょうかし》を清拭《せいしき》する場合《ばあい》，末梢《まっしょう》から中枢《ちゅうすう》に向《む》かって拭《ふ》くことで，血液循環《けつえきじゅんかん》の促進《そくしん》につながる。

○ **104** ケリーパッドを使用《しよう》して行《おこな》うベッド上《じょう》での洗髪《せんぱつ》では，すすぐ前《まえ》にタオルで泡《あわ》を拭《ふ》き取《と》ると，その後《ご》のすすぎを短時間《たんじかん》で行《おこな》えるようになり，高齢者《こうれいしゃ》への負担《ふたん》が減《へ》る。

○ **105** ドライヤーの温風《おんぷう》は，頭皮《とうひ》に直接当《ちょくせつあ》たらないように，頭《とう》皮《ひ》から 20cm 程度離《ていどはな》して動《うご》かしながら風《かぜ》を当《あ》てる。

○ **106** 皮膚《ひふ》の乾燥《かんそう》が強《つよ》くなった高齢者《こうれいしゃ》の入浴介護《にゅうよくかいご》では，皮脂《ひし》を落《お》として皮膚《ひふ》を乾燥《かんそう》させないように，皮膚《ひふ》をこすらないように洗《あら》う，硫黄《いおう》を含《ふく》む入浴剤《にゅうよくざい》は使用《しよう》しない，石鹸《せっけん》は弱《じゃく》酸性《さんせい》のものを使《つか》う，などに注意《ちゅうい》する。

× **107** 血液透析《けつえきとうせき》を受《う》けている人《ひと》は，穿刺部《せんしぶ》からの出血《しゅっけつ》や感染《かんせん》を起《お》こす可能性《かのうせい》があるため，透析直後《とうせきちょくご》の入浴《にゅうよく》は避《さ》ける。

○ **108** 胃《い》ろうを造設《ぞうせつ》している人《ひと》は，特《とく》に胃《い》ろう部《ぶ》を保護《ほご》することなく，普通《ふつう》に入浴《にゅうよく》することができる。

109 心臓《しんぞう》機能《きのう》障害《しょうがい》がある人《ひと》は，半身浴《はんしんよく》にする。

110 呼吸《こきゅう》機能《きのう》障害《しょうがい》のある人《ひと》に対《たい》しては，入浴《にゅうよく》は浴槽《よくそう》に頸部《けいぶ》までつかるように助言《じょげん》する。

111 酸素《さんそ》療法《りょうほう》を行《おこな》っている人《ひと》は，鼻《はな》カニューレを外《はず》して入《にゅう》浴《よく》する。

112 入浴時《にゅうよくじ》のヒートショックは，夏《なつ》に起《お》こりやすい。

113 胃《い》・結腸反射《けっちょうはんしゃ》を利用《りよう》して生理的排便《せいりてきはいべん》を促《うなが》すため，腹部《ふくぶ》のマッサージを行《おこな》う。

114 排便《はいべん》のメカニズムに基《もと》づく排泄《はいせつ》の介護《かいご》として，腹部《ふくぶ》マッサージは，下行結腸《かこうけっちょう》，横行結腸《おうこうけっちょう》，上行結腸《じょうこうけっちょう》の順《じゅん》に行《おこな》うことが有効《ゆうこう》である。

115 排便《はいべん》のメカニズムに基《もと》づく排泄《はいせつ》の介護《かいご》として，便座《べんざ》に座《すわ》って足底《そくてい》を床《ゆか》につけた前傾姿勢《ぜんけいしせい》は，腹圧《ふくあつ》を高《たか》めるために有効《ゆうこう》である。

116 利用者《りようしゃ》が夜間《やかん》にポータブルトイレを使用《しよう》することになったとき，排泄物《はいせつぶつ》は，朝《あさ》，まとめて片《かた》づける。

117 片麻痺《かたまひ》の利用者《りようしゃ》が，ベッドサイドでポータブルトイレを使用《しよう》するときの設置場所《せっちばしょ》は，患側《かんそく》の足元側《あしもとがわ》である。

○ **109** 心臓機能障害《しんぞうきのうしょうがい》がある人《ひと》は，水圧《すいあつ》による心臓《しんぞう》への負担《ふたん》を軽《けい》減《げん》するために，浴槽《よくそう》の湯《ゆ》が心臓《しんぞう》よりも低《ひく》い位置《いち》にくるようにする。

× **110** 呼吸機能障害《こきゅうきのうしょうがい》のある人《ひと》の場合《ばあい》，浴槽《よくそう》の中《なか》では水圧《すいあつ》によって肺《はい》の換気量《かんきりょう》が低下《ていか》するため，湯《ゆ》につかるのは胸《むね》のあたりまでとする。

× **111** 酸素療法《さんそりょうほう》を行《おこな》っている人《ひと》は，鼻《はな》カニューレをつけて入浴《にゅうよく》する。

× **112** 入浴時《にゅうよくじ》のヒートショックは，冬《ふゆ》に起《お》こりやすい。冬《ふゆ》は，各部屋《かくへや》の温度差《おんどさ》が生《しょう》じやすく，これが血圧《けつあつ》を変動《へんどう》させ心《しん》臓《ぞう》に負担《ふたん》をかける。

× **113** 胃《い》・結腸反射《けっちょうはんしゃ》とは，食《た》べ物《もの》や飲《の》み物《もの》が胃《い》に入《はい》ることで，結腸《けっちょう》が反射的《はんしゃてき》に蠕動運動《ぜんどううんどう》を起《お》こすことである。

× **114** 大腸《だいちょう》の蠕動運動《ぜんどううんどう》を促進《そくしん》させるため，腹部《ふくぶ》マッサージは，上行結腸《じょうこうけっちょう》→横行結腸《おうこうけっちょう》→下行結腸《かこうけっちょう》→S状結腸《じょうけっちょう》の順《じゅん》に時計回《とけいまわ》りに「の」の字《じ》を書《か》くように行《おこな》う。

○ **115** 前傾姿勢《ぜんけいしせい》をとることによって便《べん》を体外《たいがい》に送《おく》り出《だ》すための腹圧《ふくあつ》が高《たか》くなるため，排便《はいべん》がしやすくなる。

× **116** 利用者《りようしゃ》が夜間《やかん》にポータブルトイレを使用《しよう》することになったとき，排泄後《はいせつご》は速《すみ》やかに片《かた》づけを行《おこな》い，臭気《しゅうき》が残《のこ》らないように配慮《はいりょ》しなければならない。

× **117** 片麻痺《かたまひ》の利用者《りようしゃ》が，ベッドサイドでポータブルトイレを使用《しよう》するときの設置場所《せっちばしょ》は，健側《けんそく》の足元側《あしもとがわ》である。

1 2 **118** ベッド上《じょう》で腰上《こしあ》げが可能《かのう》な高齢者《こうれいしゃ》への，差《さ》し込《こ》み便器《べんき》による排泄介護《はいせつかいご》の方法《ほうほう》として，女性《じょせい》の場合《ばあい》は，尿《にょう》が飛《ひ》散《さん》しないように便器《べんき》の中《なか》にトイレットペーパーを敷《し》いておく。

---

1 2 **119** ベッド上《じょう》で腰上《こしあ》げが可能《かのう》な高齢者《こうれいしゃ》への，差《さ》し込《こ》み便器《べんき》による排泄介護《はいせつかいご》の方法《ほうほう》として，排泄中《はいせつちゅう》はベッドサイドで待機《たいき》する。

---

1 2 **120** 下痢《げり》が続《つづ》いている利用者《りようしゃ》のおむつ交換《こうかん》をするときの留《りゅう》意点《いてん》として，臀部《でんぶ》の汚《よご》れは，トイレットペーパーを使《し》用《よう》して清拭《せいしき》する。

---

1 2 **121** おむつ交換時《こうかんじ》に配慮《はいりょ》することとして，陰部洗浄《いんぶせんじょう》をする場合《ばあい》は，ぬるま湯《ゆ》を使《つか》う。

---

1 2 **122** おむつ交換《こうかん》をするとき，女性《じょせい》の陰部清拭《いんぶせいしき》は，会陰《えいん》から肛門《こうもん》に向《む》かって拭《ふ》く。

---

1 2 **123** 女性《じょせい》が使用《しよう》する布《ぬの》おむつは，後《うし》ろ側《がわ》を厚《あつ》くする。

---

1 2 **124** 機能性尿失禁《きのうせいにょうしっきん》のある人《ひと》の介護《かいご》では，症状《しょうじょう》の改善《かいぜん》に骨盤《こつばん》底筋群《ていきんぐん》を鍛《きた》える体操《たいそう》が効果的《こうかてき》である。

○ **118** 女性《じょせい》の場合《ばあい》は，差《さ》し込《こ》み便器《べんき》の中《なか》にトイレットペーパーを敷《し》いておく。男性《だんせい》の場合《ばあい》は，便器内《べんきない》に直接排尿《ちょくせつはいにょう》することが難《むずか》しいため，併《あわ》せて尿器《にょうき》を使用《しよう》する。

× **119** 介護者《かいごしゃ》は利用者《りようしゃ》の安全《あんぜん》を確保《かくほ》した上《うえ》で，カーテンを引《ひ》く等《とう》プライバシーが保護《ほご》された環境《かんきょう》を整《ととの》え，排泄中《はいせつちゅう》はその場《ば》から離《はな》れるようにする。

× **120** 下痢《げり》が続《つづ》いている利用者《りようしゃ》のおむつ交換《こうかん》をする場合《ばあい》，臀部《でんぶ》の汚《よご》れをトイレットペーパーで清拭《せいしき》すると皮膚《ひふ》への刺激《しげき》が強《つよ》いため，ぬるま湯《ゆ》で湿《しめ》らせた使《つか》い捨《す》て清拭布《せいしきふ》で，押《お》さえ拭《ぶ》きをする。

○ **121** 陰部《いんぶ》の皮膚《ひふ》や粘膜《ねんまく》は傷《きず》つきやすいため，強《つよ》くこすりすぎず優《やさ》しく丁寧《ていねい》に行《おこな》う。そのため，湯《ゆ》は熱《あつ》すぎず冷《つめ》たすぎず，ぬるま湯《ゆ》を使《つか》うことが望《のぞ》ましい。

○ **122** 女性《じょせい》の陰部清拭《いんぶせいしき》は，尿道《にょうどう》が短《みじか》く直線的《ちょくせんてき》であることから，膀胱炎《ぼうこうえん》（cystitis）等《とう》の尿路感染症《にょうろかんせんしょう》（urinary tract infection）の予防《よぼう》のため，前《まえ》から後《うし》ろに向《む》かって拭《ふ》く。

○ **123** 布《ぬの》おむつを使用《しよう》する場合《ばあい》，女性《じょせい》は後《うし》ろ側《がわ》を，男性《だんせい》は前側《まえがわ》を厚《あつ》くする。

× **124** 症状《しょうじょう》の改善《かいぜん》に骨盤底筋訓練《こつばんていきんくんれん》が効果的《こうかてき》であるのは，腹圧性《ふくあつせい》尿失禁《にょうしっきん》である。機能性尿失禁《きのうせいにょうしっきん》の場合《ばあい》は，トイレ誘導《ゆうどう》やトイレがわかりやすいように目印《めじるし》をつけるなどの支援《しえん》を行《おこな》う（p. 328 参照《さんしょう》）。

125 直腸性便秘《ちょくちょうせいべんぴ》のある高齢者《こうれいしゃ》の介護《かいご》として，朝食後《ちょうしょくご》，トイレに誘導《ゆうどう》する。

126 膀胱留置《ぼうこうりゅうち》カテーテルを使用《しよう》している利用者《りようしゃ》には，水分《すいぶん》摂取《せっしゅ》を控《ひか》えてもらう。

127 膀胱留置《ぼうこうりゅうち》カテーテルを使用《しよう》している場合《ばあい》，採尿《さいにょう》バッグは膀胱《ぼうこう》より低《ひく》い位置《いち》に置《お》く。

128 自己導尿《じこどうにょう》を行《おこな》っている利用者《りようしゃ》への介護福祉職《かいごふくししょく》の対応《たいおう》として，再利用《さいりよう》のカテーテルを水道水《すいどうすい》で洗《あら》い，乾燥《かんそう》させることは適切《てきせつ》である。

129 坐薬《ざやく》（座薬《ざやく》）の挿入時《そうにゅうじ》は，利用者《りようしゃ》に仰臥位《ぎょうがい》（背臥位《はいがい》）で膝《ひざ》を伸《の》ばしてもらう。

130 坐薬《ざやく》（座薬《ざやく》）の挿入時《そうにゅうじ》は，利用者《りようしゃ》に口呼吸《くちこきゅう》を促《うなが》す。

131 市販《しはん》のディスポーザブルグリセリン浣腸器《かんちょうき》を用《もち》いた排《はい》便《べん》の介護《かいご》では，浣腸液《かんちょうえき》は，すばやく注入《ちゅうにゅう》する。

132 通信販売《つうしんはんばい》の場合《ばあい》，クーリング・オフできない。

○ **125** 食後《しょくご》は，胃《い》・結腸反射《けっちょうはんしゃ》によって蠕動運動《ぜんどううんどう》が起《お》こる。朝食《ちょうしょく》後《ご》，トイレに誘導《ゆうどう》し排便習慣《はいべんしゅうかん》をつけるよう支援《しえん》することは，直腸性便秘《ちょくちょうせいべんぴ》への対応方法《たいおうほうほう》として適切《てきせつ》である（p. 329参照《さんしょう》）。

× **126** 膀胱留置《ぼうこうりゅうち》カテーテルを使用《しよう》している利用者《りようしゃ》は，水分摂取《すいぶんせっしゅ》を控《ひか》えると，尿量《にょうりょう》が減少《げんしょう》し，尿路感染症《にょうろかんせんしょう》（urinary tract infection）のリスクが高《たか》くなる。

○ **127** 膀胱留置《ぼうこうりゅうち》カテーテルを使用《しよう》している場合《ばあい》，尿《にょう》が逆流《ぎゃくりゅう》しないように，採尿《さいにょう》バッグは膀胱《ぼうこう》より低《ひく》い位置《いち》に置《お》く。介護《かいご》福祉職《ふくししょく》は，尿量《にょうりょう》の確認《かくにん》を行《おこな》う。

× **128** 再利用《さいりよう》のカテーテルは，使用《しよう》しないときには消毒液《しょうどくえき》で満《み》たした収納《しゅうのう》ケースに入《い》れておく。

× **129** 坐薬《ざやく》（座薬《ざやく》）の挿入時《そうにゅうじ》は，利用者《りようしゃ》に側臥位《そくがい》で膝《ひざ》を軽《かる》く曲《ま》げてもらう。

○ **130** 坐薬《ざやく》（座薬《ざやく》）の挿入時《そうにゅうじ》は，腹部《ふくぶ》の力《ちから》を抜《ぬ》くため，利用者《りようしゃ》に口呼吸《くちこきゅう》を促《うなが》す。

× **131** 市販《しはん》のディスポーザブルグリセリン浣腸器《かんちょうき》を用《もち》いた排便《はいべん》の介護《かいご》では，浣腸液《かんちょうえき》を39～40℃に温《あたた》め，左側臥位《ひだりそくがい》でゆっくりと注入《ちゅうにゅう》する。注入後《ちゅうにゅうご》は3～5分程度《ふんていど》，排便《はいべん》を我慢《がまん》するように声《こえ》をかける。

○ **132** 通信販売《つうしんはんばい》やテレビショッピングは，不意打《ふいう》ち性《せい》がなく，購入《こうにゅう》に際《さい》して消費者《しょうひしゃ》が十分《じゅうぶん》に考慮《こうりょ》できる時間《じかん》があることから，クーリング・オフできない。

133 訪問販売《ほうもんはんばい》のクーリング・オフ期間《きかん》は，10日間《とおかかん》である。

134 訪問販売《ほうもんはんばい》でのリフォーム工事《こうじ》は，工事完了後《こうじかんりょうご》はどのような場合《ばあい》でもクーリング・オフできない。

135 クーリング・オフの手続《てつづ》きの相談先《そうだんさき》として，消費生活《しょうひせいかつ》センターは適切《てきせつ》である。

136 洗濯《せんたく》をするときの留意点《りゅういてん》として，ファスナーは開《あ》けた状態《じょうたい》で洗濯《せんたく》する。

137 衣類《いるい》についた血液《けつえき》は，直《ただ》ちに熱《あつ》い湯《ゆ》で洗《あら》う。

138 チョコレートのしみは，ベンジンを使《つか》って処理《しょり》する。

139 絹《きぬ》には，酸素系漂白剤《さんそけいひょうはくざい》を用《もち》いる。

140 ナイロン（nylon）には，塩素系漂白剤《えんそけいひょうはくざい》を用《もち》いることができる。

141 塩素系漂白剤《えんそけいひょうはくざい》は，全《すべ》ての白物《しろもの》に使用《しよう》できる。

× 133 クーリング・オフ期間《きかん》は，訪問販売《ほうもんはんばい》，訪問購入《ほうもんこうにゅう》，電話勧《でんわかん》誘販売《ゆうはんばい》，特定継続的役務提供《とくていけいぞくてきえきむていきょう》が 8 日《ようか》，連鎖販売取引《れんさはんばいとりひき》（マルチ商法《しょうほう》），業務提供誘引販売取引《ぎょうむていきょうゆういんはんばいとりひき》が 20 日《はつか》である。

× 134 訪問販売《ほうもんはんばい》でのリフォーム工事《こうじ》は，工事完了後《こうじかんりょうご》でも期間内《きかんない》であればクーリング・オフできる。

○ 135 消費生活《しょうひせいかつ》センターは，事業者《じぎょうしゃ》に対《たい》する消費者《しょうひしゃ》からの相談《そうだん》を受《う》け付《つ》ける機関《きかん》である。クーリング・オフの手続《てつづ》きの相談先《そうだんさき》としても適切《てきせつ》である。

× 136 ファスナーをきちんと閉《し》めて洗濯《せんたく》することで，衣類《いるい》の型《かた》崩《くず》れや，他《ほか》の洗濯物《せんたくもの》が傷《いた》むのを防《ふせ》ぐことができる。

× 137 血液《けつえき》は，熱《あつ》い湯《ゆ》をかけると繊維《せんい》に染《し》み込《こ》んでしまうため，洗剤《せんざい》を水《みず》に溶《と》かし，しみをたたく（p. 329 参照《さんしょう》）。

○ 138 チョコレートのしみは油性《ゆせい》なので，ベンジンを使《つか》って処《しょ》理《り》する（p. 329 参照《さんしょう》）。

○ 139 ウールや絹《きぬ》には，酸素系漂白剤《さんそけいひょうはくざい》を用《もち》いる。塩素系漂白剤《えんそけいひょうはくざい》は用《もち》いることができない。綿《めん》や麻《あさ》は，どちらも用《もち》いることができる。

× 140 ナイロンには，塩素系漂白剤《えんそけいひょうはくざい》を用《もち》いることができない。レーヨン（rayon）やポリエスエル（polyester）などは，塩素系漂白剤《えんそけいひょうはくざい》を用《もち》いることができる。

× 141 塩素系漂白剤《えんそけいひょうはくざい》は，綿《めん》・麻《あさ》などの白物《しろもの》に使用《しよう》できるが，ウールや絹《きぬ》などの白物《しろもの》には使用《しよう》できない。全《すべ》ての白物《しろもの》に使用《しよう》できるのは，還元漂白剤《かんげんひょうはくざい》である。また，色柄物《いろがらもの》に使用《しよう》できるのは，酸素系漂白剤《さんそけいひょうはくざい》である。

1 2 **142**

市販《しはん》の加工食品《かこうしょくひん》には，必《かなら》ず賞味期限《しょうみきげん》と消費期限《しょうひきげん》の両方《りょうほう》が表示《ひょうじ》される。

1 2 **143**

食中毒《しょくちゅうどく》の予防《よぼう》として，生《なま》の肉《にく》を切《き》った包丁《ほうちょう》とまな板《いた》は，すぐに洗《あら》って熱湯《ねっとう》をかけておく。

1 2 **144**

食中毒《しょくちゅうどく》の予防《よぼう》として，豚肉《ぶたにく》は，中心部《ちゅうしんぶ》が 75℃になるように1分《ぷん》以上《いじょう》加熱《かねつ》する。

1 2 **145**

魚介類《ぎょかいるい》を生食《せいしょく》したときの食中毒《しょくちゅうどく》の原因菌《げんいんきん》としては，カンピロバクターに注意《ちゅうい》が必要《ひつよう》である。

1 2 **146**

シチューやカレーを常温《じょうおん》で保存《ほぞん》したときの食中毒《しょくちゅうどく》の原《げん》因菌《いんきん》としては，ウエルシュ菌《きん》に注意《ちゅうい》が必要《ひつよう》である。

1 2 **147**

利用者《りようしゃ》の自宅《じたく》の掃除《そうじ》を行《おこな》うときの注意点《ちゅういてん》として，掃除《そうじ》は低《ひく》いところから高《たか》いところへ進《すす》める。

1 2 **148**

利用者《りようしゃ》の自宅《じたく》の掃除《そうじ》を行《おこな》うときの注意点《ちゅういてん》として，畳《たたみ》は畳《たたみ》の目《め》に沿《そ》って拭《ふ》く。

× **142** 缶詰《かんづめ》や粉類《こなるい》，調味料《ちょうみりょう》など品質《ひんしつ》が比較的長《ひかくてきなが》く保持《ほじ》される食品《しょくひん》には賞味期限《しょうみきげん》が記載《きさい》され，調理食品《ちょうりしょくひん》の中《なか》の弁当《べんとう》，惣菜《そうざい》など品質《ひんしつ》の保持期限《ほじきげん》が短《みじか》く，劣化《れっか》が早《はや》い食品《しょくひん》には消費期限《しょうひきげん》が表示《ひょうじ》されている。

○ **143** 食中毒《しょくちゅうどく》の予防《よぼう》として，生《なま》の肉《にく》を切《き》った包丁《ほうちょう》やまな板《いた》は，野菜《やさい》や果物用《くだものよう》などと使《つか》い分《わ》け，調理後《ちょうりご》は中性洗剤《ちゅうせいせんざい》でよく洗《あら》い，熱湯《ねっとう》をかけて消毒《しょうどく》する。

○ **144** 豚肉《ぶたにく》はサルモネラ菌《きん》やカンピロバクターといった細菌《さいきん》を持《も》っていることが多《おお》い。予防法《よぼうほう》としては，豚肉《ぶたにく》の中心部《ちゅうしんぶ》の温度《おんど》が 75℃に達《たっ》してから 1 分以上加熱《ぶんいじょうかねつ》する（p. 330 参照《さんしょう》）。

× **145** 魚介類《ぎょかいるい》を生食《せいしょく》したときの食中毒《しょくちゅうどく》の原因菌《げんいんきん》としては，腸炎《ちょうえん》ビブリオに注意《ちゅうい》が必要《ひつよう》である（p. 330 参照《さんしょう》）。

○ **146** シチューやカレーを常温《じょうおん》で保存《ほぞん》したときの食中毒《しょくちゅうどく》の原因菌《げんいんきん》としては，ウエルシュ菌《きん》に注意《ちゅうい》が必要《ひつよう》である（p. 330 参照《さんしょう》）。

× **147** 利用者《りようしゃ》の自宅《じたく》の掃除《そうじ》を行《おこな》うときの注意点《ちゅういてん》として，掃除機《そうじき》や箒《ほうき》を使《つか》う前《まえ》に埃《ほこり》を吸着《きゅうちゃく》させて取《と》り除《のぞ》く，掃除《そうじ》は高《たか》いところから低《ひく》いところへ進《すす》める，掃除《そうじ》は部屋《へや》の奥《おく》から入口《いりぐち》へ向《む》かって進《すす》めるなどがある。

○ **148** 畳《たたみ》の掃除《そうじ》は，畳《たたみ》の目《め》に沿《そ》って，拭《ふ》いたり掃除機《そうじき》をかけたりする。

149 施設《しせつ》で，介護福祉職《かいごふくししょく》が深夜《しんや》に巡回《じゅんかい》するときは，ドアを開《あ》ける際《さい》のノックは控《ひか》えたほうが望《のぞ》ましい。

150 安眠《あんみん》を促《うなが》すための環境《かんきょう》として，寝室《しんしつ》の温度《おんど》は 15℃前《ぜん》後《ご》，湿度《しつど》は 20%以下《いか》に設定《せってい》する。

151 ベッドのマットレスは，柔《やわ》らかいものを使用《しよう》する。

152 枕《まくら》は，頸部《けいぶ》が前屈《ぜんくつ》する高《たか》さのものを使用《しよう》する。

153 睡眠《すいみん》の環境《かんきょう》を整《ととの》える介護《かいご》として，湯《ゆ》たんぽを使用《しよう》するときは，皮膚《ひふ》に直接《ちょくせつ》触《ふ》れるようにする。

154 昼夜逆転《ちゅうやぎゃくてん》している利用者《りようしゃ》への介護《かいご》として，寝《ね》る直前《ちょくぜん》に熱《あつ》い風呂《ふろ》に入《はい》るように促《うなが》す。

155 睡眠薬《すいみんやく》を服用《ふくよう》している高齢者《こうれいしゃ》への介護福祉職《かいごふくししょく》の対応《たいおう》として，睡眠薬《すいみんやく》の服用後《ふくようご》，1時間《じかん》は起《お》きているように伝《つた》えることは適切《てきせつ》である。

156 睡眠薬《すいみんやく》を服用《ふくよう》している高齢者《こうれいしゃ》への介護福祉職《かいごふくししょく》の対応《たいおう》として，ぬるま湯《ゆ》と一緒《いっしょ》に服用《ふくよう》してもらうことは適切《てきせつ》である。

○ 149 夜間《やかん》であることや訪室《ほうしつ》の目的《もくてき》から考《かんが》えると，巡回時《じゅんかいじ》のノックは利用者《りようしゃ》の中途覚醒《ちゅうとかくせい》のきっかけをつくることになってしまう。

× 150 安眠《あんみん》を促《うなが》すための環境《かんきょう》として，寝室《しんしつ》の温度《おんど》は 25 ℃前後《ぜんご》，湿度《しつど》は 40～60 %に設定《せってい》する。寝床内《ねどこない》の温度《おんど》は 33℃前後《ぜんご》に調整《ちょうせい》する。

× 151 ベッドのマットレスは，寝返《ねがえ》りの打《う》ちやすい，適度《てきど》に硬《かた》いものを使用《しよう》する。

× 152 枕《まくら》は，15 度《ど》くらい首《くび》の角度《かくど》が上《あ》がるものを使用《しよう》する。

× 153 睡眠《すいみん》の環境《かんきょう》を整《ととの》える介護《かいご》として，湯《ゆ》たんぽを使用《しよう》するときは，皮膚《ひふ》に直接《ちょくせつ》触《ふ》れないようにする。また，電気毛布《でんきもうふ》を使用《しよう》するときは，就寝前《しゅうしんまえ》までに寝具《しんぐ》を温《あたた》めておき，入眠時《にゅうみんじ》にはスイッチを切《き》るようにする。

× 154 寝《ね》る直前《ちょくぜん》に熱《あつ》い風呂《ふろ》に入《はい》ると，交感神経《こうかんしんけい》が優位《ゆうい》になり，覚醒《かくせい》が促《うなが》されるため逆効果《ぎゃくこうか》となる。

× 155 睡眠薬《すいみんやく》を服用《ふくよう》している高齢者《こうれいしゃ》への介護福祉職《かいごふくししょく》の対応《たいおう》として，睡眠薬《すいみんやく》の服用後《ふくようご》，30 分以内《ぶんいない》に床《とこ》につくように伝《つた》えることが適切《てきせつ》である。

○ 156 睡眠薬《すいみんやく》を服用《ふくよう》している高齢者《こうれいしゃ》への介護福祉職《かいごふくししょく》の対応《たいおう》としては，水《みず》かぬるま湯《ゆ》と一緒《いっしょ》に服用《ふくよう》してもらうことが適切《てきせつ》である。また，アルコールと一緒《いっしょ》に服用《ふくよう》してはならない。

157 眠《ねむ》れないと訴《うった》える高齢者《こうれいしゃ》には，起床時《きしょうじ》に日光《にっこう》を浴《あ》びるように勧《すす》める。

158 眠《ねむ》れないと訴《うった》える高齢者《こうれいしゃ》には，日中《にっちゅう》，長《なが》い昼寝《ひるね》をするように勧《すす》める。

159 眠《ねむ》れないと訴《うった》える高齢者《こうれいしゃ》には，寝《ね》る前《まえ》に緑茶《りょくちゃ》を飲《の》むように勧《すす》める。

160 就寝前《しゅうしんまえ》に飲酒《いんしゅ》をすると，眠《ねむ》りが浅《あさ》くなる。

161 アドバンス・ケア・プランニング（ACP）の考《かんが》え方《かた》では，入所後《にゅうしょご》に利用者《りようしゃ》の意思《いし》が変《か》わっても，入所時《にゅうしょじ》の意思《いし》を優先《ゆうせん》する。

162 終末期《しゅうまつき》で食欲《しょくよく》が低下《ていか》してきた利用者《りようしゃ》の食事介護《しょくじかいご》では，高《こう》カロリーの食事《しょくじ》を用意《ようい》する。

163 終末期《しゅうまつき》で終日臥床《しゅうじつがしょう》している利用者《りようしゃ》が息苦《いきぐる》しさを訴《うった》えたときは，半座位《はんざい》（ファーラー位《い》）にする。

164 死期《しき》が近《ちか》づいたときの介護《かいご》として，利用者《りようしゃ》に傾眠傾向《けいみんけいこう》があるときであっても，声《こえ》かけは行《おこな》う。

○ 157 睡眠《すいみん》を促進《そくしん》するメラトニン（melatonin）は，起床時《きしょうじ》に日光《にっこう》を浴《あ》びると分泌《ぶんぴつ》が抑制《よくせい》され，夜間《やかん》，暗《くら》くなると分《ぶん》泌《ぴつ》が促進《そくしん》されることで，眠気《ねむけ》が誘発《ゆうはつ》される。

× 158 眠《ねむ》れないと訴《うった》える高齢者《こうれいしゃ》には，日中《にっちゅう》，適度《てきど》な運動《うんどう》をするように勧《すす》める。日中《にっちゅう》の適度《てきど》な運動《うんどう》は，適度《てきど》な身体疲労《しんたいひろう》をもたらし安眠《あんみん》につながる。

× 159 緑茶《りょくちゃ》やコーヒーなどに含《ふく》まれるカフェイン（caffeine）は，覚醒作用《かくせいさよう》があるため，安眠《あんみん》の妨《さまた》げになる。

○ 160 就寝前《しゅうしんまえ》に飲酒《いんしゅ》をすると，眠《ねむ》りが浅《あさ》くなり，中途覚醒《ちゅうとかくせい》の原《げん》因《いん》となる。

× 161 アドバンス・ケア・プランニング（ACP）の考《かんが》え方《かた》では，状況《じょうきょう》の変化等《へんかとう》に応《おう》じて利用者《りようしゃ》の意思《いし》は変化《へんか》し得《う》るものであることから，状況《じょうきょう》が変《か》わるごとに意思決定《いしけってい》ができるように支援《しえん》を行《おこな》う。

× 162 終末期《しゅうまつき》で食欲《しょくよく》が低下《ていか》してきた利用者《りようしゃ》の食事介護《しょくじかいご》では，利《り》用者《ようしゃ》の嗜好《しこう》を重視《じゅうし》する。

○ 163 終末期《しゅうまつき》で終日臥床《しゅうじつがしょう》している利用者《りようしゃ》が息苦《いきぐる》しさを訴《うった》えたときは，横隔膜《おうかくまく》が下《さ》がり呼吸《こきゅう》しやすいように，半座位《はんざい》（ファーラー位《い》）にする。

○ 164 死期《しき》が近《ちか》づいてくると傾眠傾向《けいみんけいこう》となるが，最期《さいご》まで耳《みみ》は聞《き》こえているため，声《こえ》かけを行《おこな》うことで，本人《ほんにん》の安心《あんしん》ややすらぎとなる。

1 2 165 呼吸《こきゅう》の状態《じょうたい》は，死《し》が極《きわ》めて近《ちか》い状態《じょうたい》にある利用者《りようしゃ》の看《み》取《と》りに必要《ひつよう》な情報《じょうほう》である。

1 2 166 施設《しせつ》の介護福祉職《かいごふくししょく》が，家族《かぞく》に，利用者《りようしゃ》の死亡後《しぼうご》の介護《かいご》を一緒《いっしょ》に行《おこな》うかを確認《かくにん》することは適切《てきせつ》である。

1 2 167 死亡後《しぼうご》の介護《かいご》は，死後硬直《しごこうちょく》が始《はじ》まる前《まえ》に開始《かいし》する。

1 2 168 死亡後《しぼうご》の介護《かいご》では，義歯《ぎし》を装着《そうちゃく》している場合《ばあい》には，義《ぎ》歯《し》を外《はず》す。

1 2 169 施設入所者《しせつにゅうしょしゃ》の終末期《しゅうまつき》から死後《しご》における家族《かぞく》への支援《しえん》として，故人《こじん》の思《おも》い出話《でばなし》は控《ひか》える。

1 2 170 利用者《りようしゃ》の死後《しご》に行《おこな》うデスカンファレンス（death conference）では，ケアを振《ふ》り返《かえ》り，悲《かな》しみを共有《きょうゆう》する。

○ **165** 死《し》が近《ちか》づくと，呼吸《こきゅう》が乱《みだ》れ，チェーンストークス呼吸《こきゅう》，肩呼吸《かたこきゅう》，下顎呼吸《かがくこきゅう》がみられる。そのため，呼吸《こきゅう》の状態《じょうたい》は，看取《みと》りに必要《ひつよう》な情報《じょうほう》である（p. 330 参照《さんしょう》）。

○ **166** 施設《しせつ》では，家族《かぞく》が希望《きぼう》した場合《ばあい》，利用者《りようしゃ》の死亡後《しぼうご》の介護《かいご》を一緒《いっしょ》に行《おこな》う。そのため，介護福祉職《かいごふくししょく》が家族《かぞく》の意向《いこう》を確《かく》認《にん》することは適切《てきせつ》である。

○ **167** 死後《しご》2～4時間《じかん》で死後硬直《しごこうちょく》が始《はじ》まると，死亡後《しぼうご》の介護《かいご》を行《おこな》うことが難《むずか》しくなるため，死亡後《しぼうご》の介護《かいご》は，死後硬直《しごこうちょく》が始《はじ》まる前《まえ》に開始《かいし》する。

× **168** 死亡後《しぼうご》の介護《かいご》では，顔《かお》を整《ととの》える介護《かいご》として，義歯《ぎし》の装《そう》着《ちゃく》，ひげ剃《そ》り，化粧《けしょう》などをする。乾燥《かんそう》していれば乳液《にゅうえき》やクリームを塗《ぬ》る。

× **169** 終末期《しゅうまつき》から死後《しご》における家族《かぞく》への支援《しえん》として，故人《こじん》の思《おも》い出話《でばなし》をすることや家族《かぞく》の話《はなし》を聴《き》くことは，グリーフケア（grief care）につながる。

○ **170** デスカンファレンスは，ケアを振《ふ》り返《かえ》り今後《こんご》のケアに生《い》かすこと，体験《たいけん》や悲《かな》しみなどを共有《きょうゆう》し精神的《せいしんてき》ストレスを軽減《けいげん》することが目的《もくてき》である。

事《じ》例《れい》問《もん》題《だい》

1 2

問題《もんだい》

Eさん（79歳《さい》，男性《だんせい》）は，嚥下機能《えんげきのう》が低下《ていか》している。週《しゅう》2回《かい》，訪問介護《ほうもんかいご》（ホームヘルプサービス）を利用《りよう》している。ある日《ひ》，訪問介護員《ほうもんかいごいん》（ホームヘルパー）が訪《ほう》問《もん》すると，Eさんは元気《げんき》がなく，食事《しょくじ》もほとんど食《た》べていないということであった。また，昨日《きのう》から食事以《しょくじい》外《がい》に摂取《せっしゅ》している水分《すいぶん》は，お茶《ちゃ》を2杯程度《はいていど》（約《やく》300ml）だという。尿量《にょうりょう》も少《すく》なく，尿《にょう》の色《いろ》は濃《こ》い黄色《きいろ》であった。

Eさんへ訪問介護員《ほうもんかいごいん》が勧《すす》める飲食物《いんしょくぶつ》として，**最《もっと》も適《てき》切《せつ》なものを1つ選《えら》びなさい。**

1　冷《つめ》たいお茶《ちゃ》

2　野菜《やさい》ジュース

3　コーヒー

4　みそ汁《しる》

5　ゼリー

解《かい》答《とう》・解《かい》説《せつ》

解説《かいせつ》　074～077で学習《がくしゅう》した嚥下機能《えんげきのう》が低下《ていか》している利《り》用者《ようしゃ》に提供《ていきょう》する飲食物《いんしょくぶつ》と，脱水《だっすい》の予防《よぼう》のための飲食物《いんしょくぶつ》という2つをテーマとした事例問題《じれいもんだい》である。

× 1　サラサラとした飲《の》み物《もの》は誤嚥《ごえん》の危険性《きけんせい》があり，お茶《ちゃ》に含《ふく》まれるカフェイン（caffeine）は利尿作用《りにょうさよう》があるため，適切《てきせつ》でない。

× 2　サラサラとした飲《の》み物《もの》は誤嚥《ごえん》の危険性《きけんせい》があり，野菜《やさい》ジュースに含《ふく》まれるカリウム（K）は利尿作用《りにょうさよう》があるため，適切《てきせつ》でない。

× 3　選択肢《せんたくし》1と同《おな》じ理由《りゆう》で，適切《てきせつ》でない。

× 4　脱水《だっすい》の予防《よぼう》にはなるが，サラサラとした飲《の》み物《もの》は誤嚥《ごえん》の危険性《きけんせい》があるため，適切《てきせつ》でない。

○ 5　誤嚥《ごえん》しにくい飲食物《いんしょくぶつ》であり，脱水《だっすい》の予防《よぼう》になる飲食《いんしょく》物《ぶつ》であるため，適切《てきせつ》である。

事例問題《じれいもんだい》では，まず事例《じれい》の情報《じょうほう》を正《ただ》しく読《よ》み取《と》ることが大切《たいせつ》だよ。その上《うえ》で，知識《ちしき》を活用《かつよう》して判断《はんだん》するようにしよう。

問題《もんだい》

Fさん（80歳《さい》，男性《だんせい》）は，高血圧症《こうけつあつしょう》（hypertension）と心疾患《しんしっかん》（heart disease）の持病《じびょう》がある。週《しゅう》2回《かい》，通所介護《つうしょかいご》（デイサービス）での入浴《にゅうよく》を楽《たの》しみにしている。

入浴《にゅうよく》の介護《かいご》に関《かん》する注意点《ちゅういてん》として，適切《てきせつ》なものを1つ選《えら》びなさい。

1　入浴前後《にゅうよくぜんご》の水分補給《すいぶんほきゅう》は控《ひか》える。
2　浴槽内《よくそうない》の水位《すいい》は，心臓《しんぞう》より下《した》にする。
3　浴室《よくしつ》より脱衣室《だついしつ》の室温《しつおん》を低《ひく》くする。
4　浴槽《よくそう》に入《はい》っている時間《じかん》は，20分程度《ぷんていど》とする。
5　43℃以上《いじょう》の湯温《ゆおん》に設定《せってい》する。

問題《もんだい》

Gさん（85歳《さい》，女性《じょせい》）は，以前《いぜん》は散歩《さんぽ》が好《す》きで，毎日《まいにち》，1時間《じかん》ぐらい近所《きんじょ》を歩《ある》いていた。最近《さいきん》，身体機能《しんたいきのう》が低下《ていか》したため，散歩《さんぽ》にも出《で》かけず，居室《きょしつ》で過《す》ごすことが多《おお》くなった。食事《しょくじ》は，就寝《しゅうしん》の3時間以上前《じかんいじょうまえ》に食《た》べている。夜《よる》，「横《よこ》になると呼吸《こきゅう》が苦《くる》しい時《とき》があり，眠《ねむ》れていない」という言葉《ことば》が聞《き》かれるようになった。

Gさんへの安眠《あんみん》の支援《しえん》に関《かん》する次《つぎ》の記述《きじゅつ》のうち，最《もっと》も適切《てきせつ》なものを1つ選《えら》びなさい。

1　寝《ね》る直前《ちょくぜん》に熱《あつ》い風呂《ふろ》に入《はい》るように勧《すす》める。
2　食事《しょくじ》の時間《じかん》を遅《おそ》くするように勧《すす》める。
3　1時間《じかん》の散歩《さんぽ》を再開《さいかい》するように勧《すす》める。
4　セミファーラー位《い》で寝《ね》るように勧《すす》める。
5　睡眠薬《すいみんやく》を服用《ふくよう》するように勧《すす》める。

解説《かいせつ》　高血圧症《こうけつあつしょう》と心疾患《しんしっかん》に応《おう》じた入浴《にゅうよく》の介護《かいご》の注意点《ちゅういてん》をテーマとした事例問題《じれいもんだい》である。

× 1　脱水《だっすい》を予防《よぼう》するため，入浴前後《にゅうよくぜんご》の水分補給《すいぶんほきゅう》は必要《ひつよう》である。

○ 2　水圧《すいあつ》による心臓《しんぞう》への負担《ふたん》を軽減《けいげん》するため，浴槽内《よくそうない》の水位《すいい》は，心臓《しんぞう》より下《した》にする。

× 3　ヒートショックを防《ふせ》ぐため，浴室《よくしつ》と脱衣室《だついしつ》の温度差《おんどさ》をなくす必要《ひつよう》がある。

× 4　心臓《しんぞう》への負担《ふたん》を軽減《けいげん》するため，浴槽《よくそう》に入《はい》っている時《じ》間《かん》はおおよそ 5 分以内《ふんいない》が望《のぞ》ましい。

× 5　心臓《しんぞう》への負担《ふたん》を軽減《けいげん》するため，湯温《ゆおん》は 42 ℃以下《いか》とするのが望《のぞ》ましい。

解説《かいせつ》　149 ～ 160 で学習《がくしゅう》した休息《きゅうそく》・睡眠《すいみん》の介護《かいご》と，163 で学習《がくしゅう》した息苦《いきぐる》しさがある場合《ばあい》の介護《かいご》をテーマとした事《じ》例問題《れいもんだい》である。

× 1　寝《ね》る直前《ちょくぜん》に熱《あつ》い風呂《ふろ》に入《はい》ると，交感神経《こうかんしんけい》が優位《ゆうい》になり，覚醒《かくせい》が促《うなが》されるため逆効果《ぎゃくこうか》である。

× 2　食事《しょくじ》の時間《じかん》を遅《おそ》くすると，食《た》べてから就寝《しゅうしん》するまでの時間《じかん》が短《みじか》くなり，睡眠《すいみん》の質《しつ》が低下《ていか》する。

× 3　適度《てきど》な運動《うんどう》は安眠《あんみん》につながるが，G さんは身体機《しんたいき》能《のう》が低下《ていか》しているため，適切《てきせつ》な支援《しえん》とはいえない。

○ 4　事例《じれい》からは呼吸《こきゅう》が苦《くる》しいことが不眠《ふみん》の原因《げんいん》と読《よ》み取《と》れるため，呼吸《こきゅう》を楽《らく》にするセミファーラー位《い》にすることは適切《てきせつ》な支援《しえん》である。

× 5　睡眠薬《すいみんやく》の必要性《ひつようせい》については医師《いし》が判断《はんだん》することであるため，適切《てきせつ》でない。

イラスト問題《もんだい》

1 2

問題《もんだい》

利用者《りようしゃ》から洗濯《せんたく》を依頼《いらい》された。以下《いか》に示《しめ》す取扱《とりあつか》い表《ひょう》示《じ》がある場合《ばあい》，乾燥《かんそう》の方法《ほうほう》として，適切《てきせつ》なものを1つ選《えら》びなさい。

1　日当《ひあ》たりのよい場所《ばしょ》でつり干《ほ》しする。
2　日当《ひあ》たりのよい場所《ばしょ》で平干《ひらぼ》しする。
3　日陰《ひかげ》でつり干《ほ》しする。
4　日陰《ひかげ》で濡《ぬ》れつり干《ほ》しする。
5　日陰《ひかげ》で濡《ぬ》れ平干《ひらぼ》しする。

解答《かいとう》・解説《かいせつ》

解説《かいせつ》　洗濯表示《せんたくひょうじ》の乾燥方法《かんそうほうほう》に関《かん》するイラスト問題《もんだい》である。洗《せん》濯表示《たくひょうじ》の乾燥方法《かんそうほうほう》は，正方形《せいほうけい》とその中《なか》の線《せん》によって示《しめ》される。

①	縦《たて》の線《せん》は「つり干《ぼ》し」
②	横《よこ》の線《せん》は「平干《ひらぼ》し」
③	一本線《いっぽんせん》は「脱水《だっすい》を行《おこな》った後《あと》で干《ほ》す」
④	二本線《にほんせん》は「脱水《だっすい》を行《おこな》わない濡《ぬ》れ干《ぼ》し」
⑤	斜《なな》め線《せん》は「日陰《ひかげ》」 （斜《なな》め線《せん》がなければ「日当《ひあ》たりのよい場所《ばしょ》」）

問題《もんだい》のイラストは，縦《たて》の線《せん》なので「つり干《ぼ》し」，二本《にほん》線《せん》なので「濡《ぬ》れ干《ぼ》し」，斜《なな》め線《せん》があるので「日陰《ひかげ》」となり，正答《せいとう》が決《き》まる。

✕　1
✕　2
✕　3
○　4
✕　5

イラスト問題《もんだい》は，基礎知識《きそちしき》があれば解《と》けるものが多《おお》いけれど，記号《きごう》の意味《いみ》を問《と》う問題《もんだい》は知《し》っていなければ解《と》けないから，覚《おぼ》えておく必要《ひつよう》があるよ。

POINT 生活支援技術《せいかつしえんぎじゅつ》

■介護保険《かいごほけん》の対象《たいしょう》となる住宅改修《じゅうたくかいしゅう》

①手《て》すりの取《と》り付《つ》け

- 取《と》り付《つ》けに工事《こうじ》を伴《ともな》わないものは，福祉用具貸与《ふくしようぐたいよ》となる。

②段差《だんさ》の解消《かいしょう》

- スロープによる段差《だんさ》の解消《かいしょう》は，福祉用具貸与《ふくしようぐたいよ》となる。
- 浴室内《よくしつない》すのこによる段差《だんさ》の解消《かいしょう》は，特定福祉用具販売《とくていふくしようぐはんばい》となる。
- 動力《どうりょく》により段差《だんさ》を解消《かいしょう》するものは対象《たいしょう》とならない。

③滑《すべ》りの防止《ぼうし》・移動《いどう》の円滑化等《えんかつかとう》のための床《ゆか》・通路面《つうろめん》の材料《ざいりょう》の変更《へんこう》

④引《ひ》き戸等《どとう》への扉《とびら》の取替《とりか》え

- 自動《じどう》ドアの動力部分《どうりょくぶぶん》は対象《たいしょう》とならない。

⑤洋式便器等《ようしきべんきとう》への便器《べんき》の取替《とりか》え

- 腰掛便座《こしかけべんざ》は，特定福祉用具販売《とくていふくしようぐはんばい》となる。
- 洗浄機能付《せんじょうきのうつ》きの洋式便器《ようしきべんき》への取替《とりか》えは対象《たいしょう》となるが，洗浄機能《せんじょうきのう》のみの付加《ふか》は対象《たいしょう》とならない。

⑥その他《た》①～⑤に付帯《ふたい》して必要《ひつよう》となる住宅改修《じゅうたくかいしゅう》

- 手《て》すりの取《と》り付《つ》けのための下地補強《したじほきょう》
- 扉《とびら》の取替《とりか》えに伴《ともな》う壁《かべ》や柱《はしら》の改修工事《かいしゅうこうじ》
- 便器《べんき》の取替《とりか》えに伴《ともな》う給排水設備工事《きゅうはいすいせつびこうじ》　など

住宅改修《じゅうたくかいしゅう》については，過去問《かこもん》では一段深《いちだんふか》い知識《ちしき》が求《もと》められたこともあるから，対《たい》象《しょう》とならないものもチェックしておくとよいよ。

■ボディメカニクスの基本原則《きほんげんそく》

- 支持基底面積《しじきていめんせき》を広《ひろ》くとり，重心《じゅうしん》を低《ひく》くする。
- 介護者《かいごしゃ》と利用者双方《りようしゃそうほう》の重心《じゅうしん》を近《ちか》づける。
- 大《おお》きな筋群《きんぐん》を使《つか》い，水平移動《すいへいいどう》を使《つか》う。
- 利用者《りようしゃ》の身体《しんたい》を小《ちい》さくまとめて摩擦面《まさつめん》を小《ちい》さくする。
- 「押《お》す」よりも手前《てまえ》に「引《ひ》く」。
- 介護者《かいごしゃ》の重心移動《じゅうしんいどう》で利用者《りようしゃ》を動《うご》かす。
- 足先《あしさき》と身体《しんたい》を動《うご》かす方向《ほうこう》に向《む》ける。
- てこの原理《げんり》を応用《おうよう》する。

■歩行時《ほこうじ》に使用《しよう》する福祉用具《ふくしようぐ》

手《て》すり	●支持性《しじせい》が高《たか》く，転倒予防《てんとうよぼう》に効果《こうか》がある。
歩行器《ほこうき》	●杖《つえ》に比《くら》べて支持性《しじせい》・安定性《あんていせい》が高《たか》い。 ●交互式歩行器《こうごしきほこうき》と固定式歩行器《こていしきほこうき》がある。
T字杖《じつえ》	●比較的少《ひかくてきすく》ない支持《しじ》で歩行《ほこう》が可能《かのう》な利用者《りようしゃ》に用《もち》いる。 ●杖《つえ》の長《なが》さは，肘《ひじ》を少《すこ》し曲《ま》げた状態《じょうたい》で握《にぎ》り手《て》が大《だい》転子《てんし》あたりの高《たか》さがよい。
ロフストランド・クラッチ	●上肢《じょうし》の力《ちから》を有効《ゆうこう》に使《つか》うことができるため，握力《あくりょく》の弱《よわ》い利用者《りようしゃ》などに適《てき》している。
プラットホームクラッチ	●腕《うで》で体重《たいじゅう》を支《ささ》えるため，手指《しゅし》・手関節《しゅかんせつ》に負担《ふたん》をかけられない利用者《りようしゃ》などに適《てき》している。
多点杖《たてんつえ》・ウォーカーケイン	●支持基底面《しじきていめん》が広《ひろ》いので，T字杖《じつえ》よりも安定性《あんていせい》がある。
シルバーカー	●歩行《ほこう》バランスの不安定《ふあんてい》な利用者《りようしゃ》に適《てき》している。

■片麻痺《かたまひ》の場合《ばあい》の歩行《ほこう》

3動作歩行《どうさほこう》	杖《つえ》 → 患側《かんそく》の足《あし》 → 健側《けんそく》の足《あし》
2動作歩行《どうさほこう》	杖《つえ》と患側《かんそく》の足《あし》 → 健側《けんそく》の足《あし》
階段《かいだん》を上《あ》がるとき	杖《つえ》 → 健側《けんそく》の足《あし》 → 患側《かんそく》の足《あし》
階段《かいだん》を下《お》りるとき	杖《つえ》 → 患側《かんそく》の足《あし》 → 健側《けんそく》の足《あし》

注《ちゅう》：杖《つえ》は健側《けんそく》の手《て》で持《も》つ。

■義歯《ぎし》の取扱《とりあつか》いの注意点《ちゅういてん》

外《はず》し方《かた》	●総義歯《そうぎし》は，先《さき》に小《ちい》さい下顎《かがく》から外《はず》す。 ●上顎《じょうがく》は，総義歯《そうぎし》の後方《こうほう》を下《さ》げるようにして外《はず》す。 ●下顎《かがく》は，総義歯《そうぎし》の後方《こうほう》を持《も》ち上《あ》げるようにして外《はず》す。
付《つ》け方《かた》	●総義歯《そうぎし》は，先《さき》に大《おお》きい上顎《じょうがく》から付《つ》ける。 ●総義歯《そうぎし》は，まず片側《かたがわ》を口腔内《こうくうない》に入《い》れ，次《つぎ》にもう片側《かたがわ》を回転《かいてん》させながら入《い》れる。
洗《あら》い方《かた》	●義歯《ぎし》は外《はず》してから洗《あら》う。 ●義歯《ぎし》の損傷《そんしょう》や摩耗《まもう》につながるため，歯磨《はみが》き粉《こ》や熱湯《ねっとう》は使用《しよう》せず，流水《りゅうすい》で洗《あら》う。 ●ブラッシングは義歯用《ぎしよう》歯《は》ブラシや硬《かた》めの歯《は》ブラシを使用《しよう》する。 ●部分床義歯《ぶぶんしょうぎし》の場合《ばあい》，クラスプに細菌《さいきん》が繁殖《はんしょく》しやすいため，クラスプ専用《せんよう》の歯《は》ブラシまたは植毛部《しょくもうぶ》の小《ちい》さいブラシ等《とう》を使用《しよう》して入念《にゅうねん》に洗《あら》う。
保管方法《ほかんほうほう》	●外《はず》した義歯《ぎし》は，乾燥《かんそう》しないように，義歯《ぎし》が全《すべ》てつかる程度《ていど》の水《みず》や義歯洗浄剤《ぎしせんじょうざい》などを保管容器《ほかんようき》に入《い》れて保管《ほかん》する。

■高齢者《こうれいしゃ》に配慮《はいりょ》した食事《しょくじ》

味覚《みかく》の低下《ていか》	●糖分《とうぶん》や塩分《えんぶん》を増《ふ》やすのではなく，だしの旨味《うまみ》などを工夫《くふう》して調理《ちょうり》する。
唾液分泌《だえきぶんぴつ》の低下《ていか》	●水分《すいぶん》を多《おお》く含《ふく》んだ食《た》べ物《もの》にする。
嚥下機能《えんげきのう》の低下《ていか》	●軟《やわ》らかい食《た》べ物《もの》にする。 ●滑《すべ》りが良《よ》く，適度《てきど》な粘度《ねんど》のある食《た》べ物《もの》（とろみのついた食《た》べ物《もの》など）にする。
咀嚼力《そしゃくりょく》の低《てい》下《か》	●軟《やわ》らかい食《た》べ物《もの》にする。 ●咀嚼《そしゃく》の負担《ふたん》を軽減《けいげん》する刻《きざ》み食《しょく》にする。
腸《ちょう》の機能《きのう》の低下《ていか》	●乳酸菌《にゅうさんきん》を多《おお》く含《ふく》んだ食《た》べ物《もの》にする。 ●食物繊維《しょくもつせんい》を多《おお》く含《ふく》んだ食《た》べ物《もの》にする。

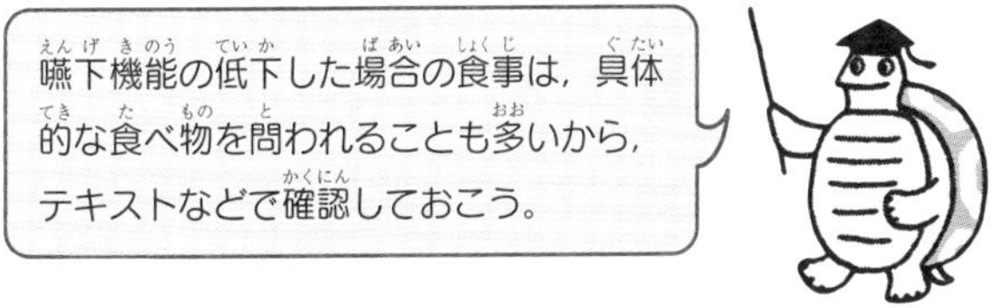

■入浴《にゅうよく》の作用《さよう》

作用《さよう》	状態《じょうたい》
温熱作用《おんねつさよう》	血行《けっこう》が良《よ》くなり，①体内《たいない》の老廃物《ろうはいぶつ》などが排泄《はいせつ》されやすくなる，②内臓《ないぞう》の働《はたら》きが活発《かっぱつ》になる，③腎臓《じんぞう》の働《はたら》きが活発《かっぱつ》になり，利尿作用《りにょうさよう》が働《はたら》く。
静水圧作用《せいすいあつさよう》	水圧《すいあつ》を受《う》け，血液循環《けつえきじゅんかん》が促進《そくしん》され，①下肢《かし》の血液《けつえき》が心臓《しんぞう》に戻《もど》りやすくなる，②心肺機能《しんぱいきのう》が促進《そくしん》される。
浮力作用《ふりょくさよう》	体重《たいじゅう》が9分《ぶん》の1程度《ていど》になり，関節《かんせつ》などへの負担《ふたん》が軽《けい》減《げん》され動《うご》きやすくなる。

■尿失禁《にょうしっきん》の特徴《とくちょう》

種類《しゅるい》	特徴《とくちょう》
機能性尿失禁《きのうせいにょうしっきん》	排泄行為《はいせつこうい》が困難《こんなん》となり漏《も》れる。
切迫性尿失禁《せっぱくせいにょうしっきん》	急《きゅう》に強《つよ》い尿意《にょうい》を感《かん》じて我慢《がまん》できずに漏《も》れる。
腹圧性尿失禁《ふくあつせいにょうしっきん》	女性《じょせい》に多《おお》く，くしゃみをしたときなどに漏《も》れる。
溢流性尿失禁《いつりゅうせいにょうしっきん》	残尿《ざんにょう》があり，知《し》らないうちに漏《も》れる。

■尿失禁《にょうしっきん》の対応方法《たいおうほうほう》

種類《しゅるい》	対応方法《たいおうほうほう》
機能性尿失禁《きのうせいにょうしっきん》	トイレ誘導《ゆうどう》，トイレに目印《めじるし》をつける
切迫性尿失禁《せっぱくせいにょうしっきん》	薬物療法《やくぶつりょうほう》，膀胱訓練《ぼうこうくんれん》
腹圧性尿失禁《ふくあつせいにょうしっきん》	骨盤底筋訓練《こつばんていきんくんれん》
溢流性尿失禁《いつりゅうせいにょうしっきん》	薬物療法《やくぶつりょうほう》，導尿《どうにょう》

尿失禁《にょうしっきん》については，とてもよく問《と》われるから，「種類《しゅるい》」「特徴《とくちょう》」「対応方法《たいおうほうほう》」を関連《かんれん》づけて覚《おぼ》えておく必要《ひつよう》があるよ！

■機能性便秘《きのうせいべんぴ》の特徴《とくちょう》

種類《しゅるい》	特徴《とくちょう》
弛緩性便秘《しかんせいべんぴ》	便《べん》が長時間排出《ちょうじかんはいしゅつ》できず，水分《すいぶん》が吸収《きゅうしゅう》されて便《べん》が硬《かた》くなる。
痙攣性便秘《けいれんせいべんぴ》	大腸《だいちょう》が痙攣《けいれん》を起《お》こして狭《せま》くなるために，便《べん》が通過《つうか》できなくなる。
直腸性便秘《ちょくちょうせいべんぴ》	排便反射《はいべんはんしゃ》が弱《よわ》く，便意《べんい》を催《もよお》さない。

■機能性便秘《きのうせいべんぴ》の対応方法《たいおうほうほう》

種類《しゅるい》	対応方法《たいおうほうほう》
弛緩性便秘《しかんせいべんぴ》	食物繊維《しょくもつせんい》の摂取《せっしゅ》，適度《てきど》な運動《うんどう》，薬物療法《やくぶつりょうほう》
痙攣性便秘《けいれんせいべんぴ》	精神的《せいしんてき》なケア，緩下剤《かんげざい》
直腸性便秘《ちょくちょうせいべんぴ》	トイレ誘導《ゆうどう》，摘便《てきべん》，浣腸《かんちょう》，坐薬《ざやく》（座薬《ざやく》）

機能性便秘《きのうせいべんぴ》については，「種類《しゅるい》」「特徴《とくちょう》」「対応方法《たいおうほうほう》」と併《あわ》せて，「原因《げんいん》」(p. 156参照《さんしょう》)についても確認《かくにん》しておくとよいよ！

■しみ抜《ぬ》きの方法《ほうほう》

水溶性《すいようせい》	しょうゆ，ソース，果汁《かじゅう》，コーヒーなど	水《みず》を使《つか》ってしみをたたく。
	血液《けつえき》	洗剤《せんざい》を水《みず》に溶《と》かし，しみをたたく。
水油混合《すいゆこんごう》	カレー，アイスクリーム，マヨネーズ，バターなど	洗剤《せんざい》を水《みず》に溶《と》かし，しみをたたく。
油性《ゆせい》	クレヨン，チョコレートなど	ベンジンを使《つか》う。
不溶性《ふようせい》	墨汁《ぼくじゅう》	歯磨《はみが》き粉《こ》でもみ洗《あら》いをする。
その他《た》	ガム	氷《こおり》で冷《ひ》やしてはがす。

■食中毒《しょくちゅうどく》の原因菌《げんいんきん》

菌名《きんめい》	主《おも》な原因食品《げんいんしょくひん》	予防法《よぼうほう》など
腸炎《ちょうえん》ビブリオ	魚介類《ぎょかいるい》の生食《せいしょく》（刺身《さしみ》，寿司《すし》）	真水《まみず》で洗浄《せんじょう》し，よく火《ひ》を通《とお》す（60℃，10分《ぷん》）
サルモネラ菌《きん》	加熱不十分《かねつふじゅうぶん》な食肉《しょくにく》，卵《たまご》またはその加工品《かこうひん》	熱《ねつ》に弱《よわ》いので加熱《かねつ》する（75℃以上《いじょう》，1分以上《ぷんいじょう》）
カンピロバクター	鶏肉《とりにく》や飲料水《いんりょうすい》	加熱調理《かねつちょうり》（中心部《ちゅうしんぶ》を75℃以上《いじょう》，1分以上《ぷんいじょう》），半熟卵《はんじゅくたまご》などに注意《ちゅうい》する
病原性大腸菌《びょうげんせいだいちょうきん》	飲料水《いんりょうすい》，サラダ，和《あ》え物《もの》	加熱調理《かねつちょうり》（75℃以上《いじょう》，1分以上《ぷんいじょう》）
黄色《おうしょく》ブドウ球菌《きゅうきん》	おにぎり，シュークリーム	切《き》り傷《きず》，化膿性疾患《かのうせいしっかん》のある人《ひと》は調理《ちょうり》しない
ボツリヌス菌《きん》	いずし，自家製《じかせい》の瓶詰《びんづめ》	冷蔵保存《れいぞうほぞん》（10℃以下《いか》），加熱《かねつ》調理《ちょうり》（120℃，4分《ふん》）
ウエルシュ菌《きん》	シチュー，カレー，肉《にく》	加熱調理済《かねつちょうりず》み食品《しょくひん》の常温放置《じょうおんほうち》を避《さ》ける

■死《し》が近《ちか》づいたときの身体《しんたい》の変化《へんか》

意識《いしき》	●意識《いしき》レベルが低下《ていか》する。
呼吸《こきゅう》	●リズムや深《ふか》さが乱《みだ》れる。喘鳴《ぜんめい》が聞《き》かれる。 ●チェーンストークス呼吸《こきゅう》，肩呼吸《かたこきゅう》，下顎呼吸《かがくこきゅう》がみられる。
体温《たいおん》	●低下《ていか》することが多《おお》い。
脈拍《みゃくはく》	●リズムが乱《みだ》れ微弱《びじゃく》になる。
血圧《けつあつ》	●徐々《じょじょ》に低下《ていか》する。
皮膚《ひふ》	●四肢末梢《ししまっしょう》が冷《つめ》たくなる。　●チアノーゼが出現《しゅつげん》する。 ●背部《はいぶ》や四肢《しし》に浮腫《ふしゅ》が生《しょう》じる。
尿《にょう》・便《べん》	●尿《にょう》・便《べん》の量《りょう》が減《へ》る。　●失禁《しっきん》がみられる。

介《かい》護《ご》過《か》程《てい》

問《もん》題《だい》

1 2 **001** 介護過程《かいごかてい》の目的《もくてき》は，利用者《りようしゃ》の自立《じりつ》を支援《しえん》することである。

1 2 **002** 介護過程《かいごかてい》の目的《もくてき》は，利用者《りようしゃ》の価値観《かちかん》を変《か》えることである。

1 2 **003** 介護過程《かいごかてい》を展開《てんかい》する意義《いぎ》は，直感的《ちょっかんてき》な判断《はんだん》をもとに介《かい》護《ご》を考《かんが》えることができることである。

1 2 **004** 介護過程《かいごかてい》を展開《てんかい》する意義《いぎ》は，チームアプローチ（team approach）による介護《かいご》を提供《ていきょう》することができることである。

1 2 **005** 介護福祉職《かいごふくししょく》は，利用者《りようしゃ》の健康状態《けんこうじょうたい》を把握《はあく》する必要《ひつよう》がある。

1 2 **006** 家族《かぞく》から聞《き》いた利用者《りようしゃ》の生活歴《せいかつれき》は，介護過程《かいごかてい》における主観的情報《しゅかんてきじょうほう》である。

1 2 **007** 利用者《りようしゃ》の情報収集《じょうほうしゅうしゅう》においては，他職種《たしょくしゅ》からの情報《じょうほう》も活《かつ》用《よう》する。

1 2 **008** 介護過程《かいごかてい》におけるアセスメント（assessment）では，利用者《りようしゃ》が嫌《いや》がることは検討《けんとう》しない。

解答《かいとう》・解説《かいせつ》

○ **001** 介護過程《かいごかてい》の目的《もくてき》は，利用者《りようしゃ》の自立《じりつ》を支援《しえん》し，利用者《りようしゃ》の生活《せいかつ》の質《しつ》（QOL）の向上《こうじょう》を実現《じつげん》することである。

× **002** 介護過程《かいごかてい》の目的《もくてき》は，利用者《りようしゃ》の価値観《かちかん》を尊重《そんちょう》して利用者《りようしゃ》のニーズに沿《そ》った個別《こべつ》ケアを行《おこな》い，利用者《りようしゃ》の望《のぞ》んでいる，より良《よ》い生活《せいかつ》を実現《じつげん》することである。

× **003** 介護過程《かいごかてい》を展開《てんかい》する意義《いぎ》は，客観的《きゃっかんてき》な根拠《こんきょ》をもとに介護《かいご》を考《かんが》えることができることである。

○ **004** 介護過程《かいごかてい》を展開《てんかい》する意義《いぎ》は，課題《かだい》や目標《もくひょう》を明確《めいかく》にすることにより，同一《どういつ》の目標《もくひょう》に向《む》かってチームアプローチによる介護《かいご》を提供《ていきょう》できることである。

○ **005** 介護過程《かいごかてい》で収集《しゅうしゅう》する情報《じょうほう》は，主観的情報《しゅかんてきじょうほう》と客観的情報《きゃっかんてきじょうほう》に分《わ》けられる（p. 347参照《さんしょう》）。客観的情報《きゃっかんてきじょうほう》の１つとして健康《けんこう》状態《じょうたい》を把握《はあく》する必要《ひつよう》がある。

× **006** 家族《かぞく》から聞《き》いた利用者《りようしゃ》の生活歴《せいかつれき》は，他人《たにん》が直接観察《ちょくせつかんさつ》することができるものであり，介護過程《かいごかてい》における客観的情報《きゃっかんてきじょうほう》である（p. 347参照《さんしょう》）。

○ **007** 利用者《りようしゃ》の情報収集《じょうほうしゅうしゅう》においては，多角的《たかくてき》な視点《してん》から情報《じょうほう》を収集《しゅうしゅう》するために，他職種《たしょくしゅ》が収集《しゅうしゅう》した間接的《かんせつてき》な情報《じょうほう》も活用《かつよう》する必要《ひつよう》がある（p. 347参照《さんしょう》）。

× **008** 目標《もくひょう》を達成《たっせい》するため，利用者《りようしゃ》の状況《じょうきょう》によっては，本人《ほんにん》が嫌《いや》がることであっても検討《けんとう》し，生活課題《せいかつかだい》を明《あき》らかにする必要《ひつよう》がある。

1 2 **009** 介護過程《かいごかてい》における生活課題《せいかつかだい》とは，利用者《りようしゃ》が望《のぞ》む生活《せいかつ》を実現《じつげん》するために解決《かいけつ》するべきことである。

1 2 **010** 生活課題《せいかつかだい》の優先順位《ゆうせんじゅんい》を決定《けってい》する際《さい》には，利用者《りようしゃ》が要望《ようぼう》する頻度《ひんど》の多《おお》いものから決定《けってい》する。

1 2 **011** 介護計画《かいごけいかく》の立案《りつあん》の際《さい》に注意《ちゅうい》することは，介護福祉職《かいごふくししょく》の望《のぞ》む利用者像《りようしゃぞう》を目指《めざ》すことである。

1 2 **012** 介護計画《かいごけいかく》の立案《りつあん》の際《さい》に注意《ちゅうい》することは，現実的《げんじつてき》で実践《じっせん》可能《かのう》な内容《ないよう》にすることである。

1 2 **013** 介護計画《かいごけいかく》の目標《もくひょう》を記述《きじゅつ》するときは，主語《しゅご》は介護福祉職《かいごふくししょく》にする。

1 2 **014** 短期目標《たんきもくひょう》は，長期目標《ちょうきもくひょう》とは切《き》り離《はな》して設定《せってい》する。

1 2 **015** 介護計画《かいごけいかく》は，内容《ないよう》が明確《めいかく》であれば支援方法《しえんほうほう》の記載《きさい》は省《しょう》略《りゃく》してもよい。

1 2 **016** 介護計画《かいごけいかく》は，利用者《りようしゃ》の正《ただ》しい理解《りかい》を促《うなが》すために専門用《せんもんよう》語《ご》を用《もち》いる。

1 2 **017** 介護計画《かいごけいかく》は，計画《けいかく》の見直《みなお》しの時期《じき》を決《き》めておく必要《ひつよう》がある。

○ **009** 介護過程《かいごかてい》における生活課題《せいかつかだい》とは，利用者《りようしゃ》が望《のぞ》む生活《せいかつ》を実《じつ》現《げん》するために解決《かいけつ》するべきことである。家族《かぞく》や介護福祉《かいごふくし》職《しょく》など他者《たしゃ》の課題《かだい》ではない。

× **010** 生活課題《せいかつかだい》の優先順位《ゆうせんじゅんい》を決定《けってい》する際《さい》には，利用者《りようしゃ》が要望《ようぼう》する頻度《ひんど》の多《おお》いものではなく，緊急性《きんきゅうせい》の高《たか》いものから決定《けってい》する。そのため，利用者《りようしゃ》の生命《せいめい》に関《かか》わるものが最《もっと》も優先《ゆうせん》順位《じゅんい》が高《たか》くなる。

× **011** 介護計画《かいごけいかく》の主体《しゅたい》は利用者《りようしゃ》であり，介護計画《かいごけいかく》の立案《りつあん》の際《さい》には，目標達成《もくひょうたっせい》に向《む》けて利用者《りようしゃ》や家族《かぞく》の希望《きぼう》を取《と》り入《い》れる。

○ **012** 介護計画《かいごけいかく》は，利用者《りようしゃ》の状態《じょうたい》を踏《ふ》まえて，現実的《げんじつてき》で実践可《じっせんか》能《のう》な内容《ないよう》とする。

× **013** 介護計画《かいごけいかく》の目標《もくひょう》を記述《きじゅつ》するときは，主語《しゅご》は利用者《りようしゃ》にする。また，誰《だれ》が読《よ》んでも理解《りかい》できるように具体的《ぐたいてき》な表現《ひょうげん》にする。

× **014** 短期目標《たんきもくひょう》は，長期目標《ちょうきもくひょう》を実現《じつげん》するための段階的《だんかいてき》な小《ち》さな目標《もくひょう》であるため，連動《れんどう》させる（p. 347 参照《さんしょう》）。

× **015** 介護計画《かいごけいかく》は，内容《ないよう》が明確《めいかく》であっても支援方法《しえんほうほう》をわかりやすく具体的《ぐたいてき》に記載《きさい》する。また，時間《じかん》の設定《せってい》，介護《かいご》をするときの注意点《ちゅういてん》についても記載《きさい》する。

× **016** 介護計画《かいごけいかく》は，利用者《りようしゃ》や家族《かぞく》など専門職以外《せんもんしょくいがい》の人《ひと》も理解《りかい》できるような表現《ひょうげん》を用《もち》いる。

○ **017** 介護計画《かいごけいかく》は，目標達成《もくひょうたっせい》の時期《じき》と評価基準《ひょうかきじゅん》を明確《めいかく》にしておき，目標《もくひょう》の達成状況《たっせいじょうきょう》を踏《ふ》まえて，計画《けいかく》の見直《みなお》しを定期的《ていきてき》に行《おこな》う必要《ひつよう》がある。

---

018 介護実践《かいごじっせん》のプロセスをSOAP方式《ほうしき》で記録《きろく》する場合《ばあい》，Pに該当《がいとう》するものは，介護福祉職《かいごふくししょく》が行《おこな》う今後《こんご》の介護計《かいごけい》画《かく》である。

019 介護記録《かいごきろく》は，事実《じじつ》はありのままに記録《きろく》する。

020 利用者《りようしゃ》が発《はっ》した言葉《ことば》は，介護福祉職《かいごふくししょく》の主観《しゅかん》を加《くわ》えて記《き》録《ろく》する。

021 介護記録《かいごきろく》は，鉛筆《えんぴつ》で記録《きろく》する。

022 介護計画《かいごけいかく》を実施《じっし》する際《さい》，他職種《たしょくしゅ》への経過報告《けいかほうこく》は目標《もくひょう》の達成後《たっせいご》に行《おこな》う。

023 介護計画《かいごけいかく》を実施《じっし》する際《さい》は，計画《けいかく》の内容《ないよう》を事前《じぜん》に利用者《りようしゃ》または家族《かぞく》に説明《せつめい》し，同意《どうい》を得《え》ておく。

024 実施《じっし》している介護計画《かいごけいかく》を変更《へんこう》する場合《ばあい》は，介護計画《かいごけいかく》の変更内容《へんこうないよう》の説明《せつめい》は省略《しょうりゃく》してもよい。

025 利用者《りようしゃ》の状態《じょうたい》に変化《へんか》があった場合《ばあい》は，目標《もくひょう》の達成時期《たっせいじき》の前《まえ》であっても，再《さい》アセスメントし，生活課題《せいかつかだい》を抽出《ちゅうしゅつ》する。

026 モニタリング（monitoring）とは，実施《じっし》する介護《かいご》について，利用者《りようしゃ》や家族《かぞく》に説明《せつめい》することである。

○ 018 SOAP方式《ほうしき》では，S（Subject：主観的情報《しゅかんてきじょうほう》）・O（Object：客観的情報《きゃっかんてきじょうほう》）・A（Assessment：課題分《かだいぶん》析《せき》）の情報《じょうほう》を基《もと》に，問題解決《もんだいかいけつ》のためのP（Plan：計画《けいかく》）を記述《きじゅつ》することになる。

○ 019 介護過程《かいごかてい》の展開《てんかい》において，記録《きろく》は法的《ほうてき》な根拠《こんきょ》にもなり得《う》るため，事実《じじつ》はありのままに記録《きろく》する必要《ひつよう》がある。

× 020 介護福祉職《かいごふくししょく》は，利用者《りようしゃ》が発《はっ》した言葉《ことば》をありのままに記録《きろく》する。正確《せいかく》で客観的《きゃっかんてき》な記録《きろく》にすることが重要《じゅうよう》である。

× 021 介護記録《かいごきろく》は，意図的《いとてき》な改《かい》ざんなどが行《おこな》われないように，鉛筆《えんぴつ》ではなく消《き》えないペンで記録《きろく》する。また，訂正《ていせい》は修《しゅう》正液《せいえき》などを使《つか》わず，二重線《にじゅうせん》を引《ひ》き，訂正印《ていせいいん》を押《お》す。

× 022 介護計画《かいごけいかく》を実施《じっし》する際《さい》，他職種《たしょくしゅ》への経過報告《けいかほうこく》は定期的《ていきてき》に行《おこな》い，情報《じょうほう》を共有《きょうゆう》できるようにする。

○ 023 介護計画《かいごけいかく》を実施《じっし》する際《さい》は，計画《けいかく》の内容《ないよう》を事前《じぜん》に利用者《りようしゃ》または家族《かぞく》に説明《せつめい》し，利用者《りようしゃ》の同意《どうい》を得《え》なければならない。

× 024 実施《じっし》している介護計画《かいごけいかく》を変更《へんこう》する場合《ばあい》は，利用者《りようしゃ》や家族《かぞく》に対《たい》して十分《じゅうぶん》な説明《せつめい》を行《おこな》い，同意《どうい》を得《え》る必要《ひつよう》がある。

○ 025 利用者《りようしゃ》の状態《じょうたい》に変化《へんか》があった場合《ばあい》は，支援内容《しえんないよう》が変《か》わる可能性《かのうせい》があるため，目標《もくひょう》の達成時期《たっせいじき》の前《まえ》であっても，再《さい》アセスメントし，生活課題《せいかつかだい》を抽出《ちゅうしゅつ》する。

× 026 モニタリングとは，計画《けいかく》どおりに実施《じっし》できているかどうかを点検《てんけん》することである。

027 介護計画《かいごけいかく》の最終的《さいしゅうてき》な評価《ひょうか》は，介護支援専門員《かいごしえんせんもんいん》（ケアマネジャー）が担当《たんとう》する。

028 利用者本人《りようしゃほんにん》には，評価《ひょうか》を伝《つた》えない。

029 介護過程《かいごかてい》の評価《ひょうか》では，介護計画《かいごけいかく》の内容《ないよう》に対《たい》する介護福《かいごふく》祉職《ししょく》の満足度《まんぞくど》を評価《ひょうか》する。

030 介護過程《かいごかてい》の評価《ひょうか》では，支援《しえん》の実施状況《じっしじょうきょう》に関《かん》する情報《じょうほう》を整理《せいり》して，評価《ひょうか》する。

031 介護過程《かいごかてい》の評価《ひょうか》では，複数《ふくすう》ある短期目標《たんきもくひょう》は集約《しゅうやく》して評《ひょう》価《か》する。

032 チームアプローチ（team approach）をする際《さい》，チームアプローチの中心《ちゅうしん》は，利用者《りようしゃ》である。

033 介護過程《かいごかてい》においては，チームメンバーを固定《こてい》する必要《ひつよう》がある。

034 介護福祉職間《かいごふくししょくかん》で共通認識《きょうつうにんしき》を持《も》つために行《おこな》うこととして，スクリーニング（screening）がある。

× 027 介護計画《かいごけいかく》の最終的《さいしゅうてき》な評価《ひょうか》は，介護福祉職《かいごふくししょく》が担当《たんとう》する。介《かい》護《ご》支援専門員《しえんせんもんいん》が最終的《さいしゅうてき》な評価《ひょうか》を担当《たんとう》するのは，ケアプランである。

× 028 介護《かいご》は利用者主体《りようしゃしゅたい》で展開《てんかい》することが基本《きほん》であり，計画《けいかく》の実施後《じっしご》は目標《もくひょう》とした効果状況《こうかじょうきょう》などの評価《ひょうか》を利用者《りようしゃ》に伝《つた》える必要《ひつよう》がある。

× 029 介護過程《かいごかてい》の評価《ひょうか》では，利用者《りようしゃ》に対《たい》するサービス提供《ていきょう》の効《こう》果《か》や実施状況《じっしじょうきょう》，計画内容《けいかくないよう》の適切性《てきせつせい》などについて利用者《りようしゃ》の満足度《まんぞくど》を踏《ふ》まえて評価《ひょうか》する。

○ 030 介護過程《かいごかてい》の評価《ひょうか》では，さまざまな職種《しょくしゅ》や介護福祉職《かいごふくししょく》が提《てい》供《きょう》する支援《しえん》の実施状況《じっしじょうきょう》に関《かん》する情報《じょうほう》を整理《せいり》して，評価《ひょうか》する必要《ひつよう》がある。

× 031 短期目標《たんきもくひょう》が複数《ふくすう》ある場合《ばあい》には，それぞれの短期目標《たんきもくひょう》に対《たい》して評価《ひょうか》を行《おこな》う必要《ひつよう》がある。

○ 032 チームアプローチは，利用者《りようしゃ》の望《のぞ》む生活《せいかつ》を実現《じつげん》するために行《おこな》われるものであることから，チームアプローチの中《ちゅう》心《しん》は利用者《りようしゃ》である。

× 033 利用者《りようしゃ》の多様《たよう》なニーズに合《あ》わせ，支援内容《しえんないよう》に柔軟性《じゅうなんせい》を持《も》たせるためにも，チームのメンバーや人数《にんずう》を固定《こてい》する必《ひつ》要《よう》はない。

× 034 介護福祉職間《かいごふくししょくかん》で共通認識《きょうつうにんしき》を持《も》つために行《おこな》うこととして，ケアカンファレンス（care conference）がある。

1 2 035

ケアカンファレンス（care conference）は，定期《ていき》的《てき》に開催《かいさい》するよりは，問題《もんだい》が発生《はっせい》したときに迅速《じんそく》に開《かい》催《さい》するほうが望《のぞ》ましい。

1 2 036

介護福祉職《かいごふくししょく》には，カンファレンス（conference）において，利用者《りようしゃ》の状態《じょうたい》や気持《きも》ちを報告《ほうこく》することが求《もと》められる。

1 2 037

ケアカンファレンス（care conference）では，援《えん》助活動《じょかつどう》を追体験《ついたいけん》し，共感的《きょうかんてき》な理解《りかい》を深《ふか》める。

1 2 038

ケアカンファレンス（care conference）に出《だ》された介護記録《かいごきろく》は，個人管理《こじんかんり》ではなく，事業所全体《じぎょうしょぜんたい》で管理《かんり》する。

1 2 039

事例研究《じれいけんきゅう》を行《おこな》う目的《もくてき》は，介護過程《かいごかてい》から介護実践《かいごじっせん》を振《ふ》り返《かえ》ることである。

1 2 040

事例研究《じれいけんきゅう》を行《おこな》うときの倫理的配慮《りんりてきはいりょ》として，個人《こじん》が特定《とくてい》できるように，氏名《しめい》を記載《きさい》する。

× **035** ケアカンファレンスは，問題《もんだい》が発生《はっせい》したら迅速《じんそく》に開催《かいさい》できることと同時《どうじ》に，定期的《ていきてき》に開催《かいさい》して支援《しえん》のあり方《かた》に問《もん》題《だい》がないかモニタリング（monitoring）することも重《じゅう》要《よう》である。

○ **036** 利用者《りようしゃ》に最《もっと》も近《ちか》い場所《ばしょ》で支援《しえん》する介護福祉職《かいごふくししょく》には，カンファレンスにおいて，利用者《りようしゃ》の状態《じょうたい》や気持《きも》ちを報告《ほうこく》することが求《もと》められる。

○ **037** ケアカンファレンスを開《ひら》いて援助活動《えんじょかつどう》を追体験《ついたいけん》することで，利用者《りようしゃ》に対《たい》する共感的理解《きょうかんてきりかい》を深《ふか》めることができる。

○ **038** ケアカンファレンスに使用《しよう》する資料《しりょう》は，個人情報《こじんじょうほう》を含《ふく》む重要《じゅうよう》な書類《しょるい》であるため，事業所全体《じぎょうしょぜんたい》で慎重《しんちょう》に管理《かんり》しなければならない。

○ **039** 事例研究《じれいけんきゅう》を行《おこな》う目的《もくてき》は，介護過程《かいごかてい》から介護実践《かいごじっせん》を振《ふ》り返《かえ》ることで，より良《よ》い介護実践《かいごじっせん》へとつなげることである。

× **040** 事例研究《じれいけんきゅう》を行《おこな》うときの倫理的配慮《りんりてきはいりょ》として，個人情報《こじんじょうほう》の保《ほ》護《ご》，文献《ぶんけん》の明示《めいじ》，研究協力者《けんきゅうきょうりょくしゃ》へ説明《せつめい》し同意《どうい》を得《え》ることなどがある。

事例問題《じれいもんだい》

1 2 問題《もんだい》

Hさん（83歳《さい》，女性《じょせい》）は，アルツハイマー型認知《がたにんち》症《しょう》（dementia of the Alzheimer's type）で，介護《かいご》老人保健施設《ろうじんほけんしせつ》に入所《にゅうしょ》している。最近《さいきん》，もの盗《と》られ妄想《もうそう》がひどくなり，「時計《とけい》がない」「金《きん》の時計《とけい》だから盗《ぬす》まれた」「嫁《よめ》が盗《ぬす》んだに違《ちが》いない」と言《い》い，週末《しゅうまつ》に訪《おとず》れる長男《ちょうなん》の妻《つま》のＪさんに対《たい》して大声《おおごえ》で，「返《かえ》して」と言《い》っている。

Hさんへの介護目標《かいごもくひょう》として，**最《もっと》も適切《てきせつ》なものを1つ**選《えら》びなさい。

1　行動《こうどう》・心理症状《しんりしょうじょう》（BPSD）を改善《かいぜん》する。
2　Ｊさんの汚名《おめい》を晴《は》らすことができる。
3　Ｊさんと穏《おだ》やかに過《す》ごすことができる。
4　説明《せつめい》を受《う》けて理解《りかい》することができる。
5　興奮時《こうふんじ》は薬《くすり》で鎮静《ちんせい》を図《はか》る。

解答《かいとう》・解説《かいせつ》

解説《かいせつ》

013で学習《がくしゅう》した，介護計画《かいごけいかく》における「目標《もくひょう》」をテーマとした事例問題《じれいもんだい》である。「目標《もくひょう》」でポイントとなるのは，「主語《しゅご》が利用者《りようしゃ》であること（利用者自身《りようしゃじしん》が取《と》り組《く》むことができるものであること）」である。

× 1 Hさんはアルツハイマー型認知症《がたにんちしょう》であり，自分《じぶん》で取《と》り組《く》むことができるものではないため，適切《てきせつ》でない。

× 2 Hさんが取《と》り組《く》むことができるものではないため，適切《てきせつ》でない。

○ 3 Hさんが取《と》り組《く》むことができるものであり，内容《ないよう》も適切《てきせつ》である。

× 4 Hさんはアルツハイマー型認知症《がたにんちしょう》であり，自分《じぶん》で取《と》り組《く》むことができるものではないため，適切《てきせつ》でない。

× 5 Hさんが取《と》り組《く》むことができるものではないため，適切《てきせつ》でない。また，興奮時《こうふんじ》に薬《くすり》で鎮静《ちんせい》を図《はか》ることは身《しん》体拘束《たいこうそく》に該当《がいとう》することからも，適切《てきせつ》でない。

介護計画《かいごけいかく》の「目標《もくひょう》」は事例問題《じれいもんだい》で問《と》われやすいよ。「利用者《りようしゃ》が」と主語《しゅご》を付《つ》けてみることで判断《はんだん》できる場合《ばあい》もあることを覚《おぼ》えておこう。

1 2

問題《もんだい》

Kさん（80歳《さい》，男性《だんせい》）は，一人暮《ひとりぐ》らしである。片《かた》麻痺《まひ》があり，週《しゅう》2回《かい》の訪問介護《ほうもんかいご》（ホームヘルプサービス）を利用《りよう》している。訪問介護員《ほうもんかいごいん》（ホームヘルパー）が訪問《ほうもん》すると，部屋《へや》の中《なか》は衣服《いふく》やごみなどが散乱《さんらん》しているが，Kさんは「片《かた》づけなくていい」と言《い》って片《かた》づけようとしない。

介護福祉職《かいごふくししょく》が書《か》いた客観的《きゃっかんてき》な記録《きろく》として，**最《もっと》も適切《てきせつ》なものを1つ選《えら》びなさい。**

1 部屋《へや》は衣服《いふく》やごみが散乱《さんらん》していて，汚《きたな》い。

2 部屋《へや》は衣服《いふく》やごみが散乱《さんらん》していて，生活《せいかつ》しづらそうである。

3 部屋《へや》は衣服《いふく》やごみが散乱《さんらん》しているが，片《かた》づけようとしない。

4 片《かた》づけることが面倒《めんどう》なので，片《かた》づけようとしない。

5 片麻痺《かたまひ》があり掃除《そうじ》しづらいため，片《かた》づけようとしない。

解説《かいせつ》

020 で学習《がくしゅう》した客観的《きゃっかんてき》な記録《きろく》をテーマとした事例問《じれいもん》題《だい》である。

× 1 「汚《きたな》い」の部分《ぶぶん》が主観的《しゅかんてき》な記録《きろく》であるため，適切《てきせつ》でない。

× 2 「生活《せいかつ》しづらそう」の部分《ぶぶん》が主観的《しゅかんてき》な記録《きろく》であるため，適切《てきせつ》でない。

○ 3 客観的《きゃっかんてき》な記録《きろく》であるため，適切《てきせつ》である。

× 4 「片《かた》づけることが面倒《めんどう》なので」の部分《ぶぶん》が主観的《しゅかんてき》な記《き》録《ろく》である（「片《かた》づけなくていい」とKさんが言《い》う理由《りゆう》は事例《じれい》からは読《よ》み取《と》れない）ため，適切《てきせつ》でない。

× 5 「片麻痺《かたまひ》があり掃除《そうじ》しづらいため」の部分《ぶぶん》が主観的《しゅかんてき》である（「片《かた》づけなくていい」とKさんが言《い》う理由《りゆう》は事例《じれい》からは読《よ》み取《と》れない）ため，適切《てきせつ》でない。

POINT 介護過程《かいごかてい》

■介護過程《かいごかてい》の展開《てんかい》イメージ

- 情報《じょうほう》の収集《しゅうしゅう》
- 情報《じょうほう》の解釈《かいしゃく》・関連《かんれん》づけ・統合化《とうごうか》
- 課題《かだい》の明確化《めいかくか》

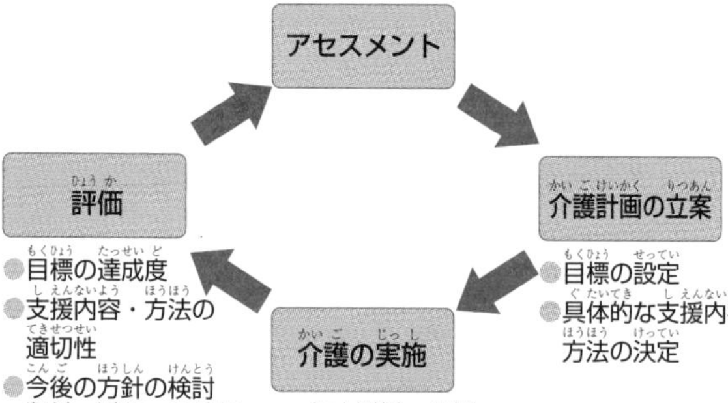

介護計画の立案
- 目標《もくひょう》の設定《せってい》
- 具体的《ぐたいてき》な支援内容《しえんないよう》・方法《ほうほう》の決定《けってい》

介護の実施
- 実施状況《じっしじょうきょう》の把握《はあく》
  - ・計画《けいかく》に基《もと》づく実施《じっし》
  - ・自立支援《じりつしえん》・安全《あんぜん》と安心《あんしん》・尊厳《そんげん》の保持《ほじ》
  - ・利用者《りようしゃ》の反応《はんのう》・可能性《かのうせい》
  - ・新《あら》たな課題《かだい》

評価
- 目標《もくひょう》の達成度《たっせいど》
- 支援内容《しえんないよう》・方法《ほうほう》の適切性《てきせつせい》
- 今後《こんご》の方針《ほうしん》の検討《けんとう》
- 計画《けいかく》の修正《しゅうせい》の必要性《ひつようせい》

出典《しゅってん》：介護福祉士養成講座編集委員会編《かいごふくししようせいこうざへんしゅういいんかいへん》『最新《さいしん》 介護福祉士養成講座《かいごふくししようせいこうざ》9 介護過《かいごか》
程《てい》 第《だい》2版《はん》』中央法規出版《ちゅうおうほうきしゅっぱん》，2022年《ねん》，p.4

■主観的情報《しゅかんてきじょうほう》と客観的情報《きゃっかんてきじょうほう》

主観的情報《しゅかんてきじょうほう》	本人《ほんにん》の意見《いけん》や考《かんが》え方《かた》など，他人《たにん》が直接観察《ちょくせつかんさつ》できないもの
客観的情報《きゃっかんてきじょうほう》	検査結果《けんさけっか》や家族《かぞく》からの情報《じょうほう》など，他人《たにん》が直接観察《ちょくせつかんさつ》できるもの

■情報収集《じょうほうしゅうしゅう》を行《おこな》うときの留意点《りゅういてん》

- 五感《ごかん》を活用《かつよう》するなど，正《ただ》しく情報《じょうほう》を得《え》るための観察《かんさつ》を行《おこな》う。
- 先入観《せんにゅうかん》や偏見《へんけん》を持《も》たない。
- 多角的《たかくてき》な視点《してん》から複数《ふくすう》の情報《じょうほう》を収集《しゅうしゅう》する。
- 利用者《りようしゃ》の「できない」情報《じょうほう》だけでなく，「できる」情報《じょうほう》も集《あつ》める。
- 情報《じょうほう》を収集《しゅうしゅう》するときは，利用者《りようしゃ》の了解《りょうかい》を得《え》ておく。

■短期目標《たんきもくひょう》と長期目標《ちょうきもくひょう》

短期目標《たんきもくひょう》	長期目標《ちょうきもくひょう》を実現《じつげん》するための段階的《だんかいてき》な小《ち》さな目標《もくひょう》
長期目標《ちょうきもくひょう》	最終的《さいしゅうてき》に課題《かだい》が解決《かいけつ》した状況《じょうきょう》を表《あらわ》す目標《もくひょう》

介護過程《かいごかてい》とは，利用者《りようしゃ》が望《のぞ》む「より良《よ》い生活《せいかつ》」「より良《よ》い人生《じんせい》」を実現《じつげん》するためのアプローチだよ。

■本書に関する訂正情報等について

弊社ホームページ（下記 URL）にて随時お知らせいたします。

https://www.chuohoki.co.jp/foruser/care/

■本書へのご質問について

下記の URL から「お問い合わせフォーム」にご入力ください。

https://www.chuohoki.co.jp/contact/

介護福祉士国家試験 2025 一問一答ポケットブック

2024 年 7 月 1 日　発行

編　集……………………中央法規介護福祉士受験対策研究会
発行者……………………荘村明彦
発行所……………………中央法規出版株式会社
〒110-0016　東京都台東区台東 3-29-1　中央法規ビル
TEL　03-6387-3196
https://www.chuohoki.co.jp/
印刷・製本……………株式会社太洋社
本文デザイン…………株式会社ジャパンマテリアル
本文イラスト…………石川恭子
装幀デザイン…………二ノ宮匡（ニクスインク）
装幀キャラクター……坂木浩子

ISBN978-4-8243-0046-1

A046